U0516531

中國古代地理總志叢刊

太平寰宇記

八

〔宋〕樂史撰
王文楚等點校

中華書局

太平寰宇記卷之一百七十二

四夷一

四夷總序

周禮司徒：「以土圭之法測土深，正日景以求地中。日南則景短多暑，日北則景長多寒，日東則景夕多風，日西則景朝多陰。日至之景，尺有五寸，謂之地中，天地之所合也，四時之所交也，風雨之所會也，陰陽之所和也。然則百物阜安，乃建王國。」李淳風曰：「今洛陽告成縣以土圭測天地之中也。」然則四夷之所距，推此可知焉。爾雅云：「東至于泰遠，西至于邠國，南至于濮鉛，北至于祝栗，謂之四極。皆謂四方極遠之國。觚竹、北户、西王母、日下，謂之四荒。觚竹在北，北户在南，西王母在西，日下在東，皆四方昏荒之國次四極者。〔一〕九夷、八狄、七戎、六蠻，謂之四海。九夷在東，八狄在北，七戎在西，六蠻在南，次四荒者。岠齊州以南，戴日爲丹穴，岠，去也。齊，中也。北戴斗極爲空桐，戴，負也。〔二〕東至日所出爲太平，西至日所入爲大蒙。即蒙汜也。太平之人仁，丹穴之人智，大蒙之人信，空桐之人武。地氣使然。」此五方之性也。太演十二次分野圖云：「天下山河之象，在乎兩戒：『北戒』地形自三危、三危山在沙州燉煌縣。積石，負終南，積石山在鄯州龍支縣，終南山在長安縣。地絡之陰，東及太華，今華州鄭縣。而逾河，並雷首、山在今蒲州河東縣。砥柱，至于王屋、今洛陽王屋縣。太行，今澤州晉城縣。乃西北抵常山，山在今鎮州。之右，東折循塞垣至濊貊、朝鮮，是謂『北紀』，所以限戎狄也，〔三〕故星傳謂之『北戒』，或謂之『胡門』；『南戒』地形自岷山、在茂州汶山縣。嶓冢，今在梁州金牛縣。負終南，地絡之陽，東及太華，在華州。抵商山，在商州。阻熊耳，連外方、熊耳山在虢州盧氏縣。桐柏，南折自上洛南逾江漢、桐柏山在唐州。武當、荆山，至于衡陽，武當山在均州，荆山在襄州南漳縣，衡陽山在衡州。乃東折嶺徼，達東甌、今福州。閩中，是謂『南紀』，所以限蠻夷，星傳謂之『南戒』，亦謂之『越門』。華裔之大經也。」尚書五服之制，去王城面五百里甸服，又五百里侯服，又五百里綏服，又五百里要服，距王城凡二千里，其外五百里荒服。國語曰：「周穆王征犬戎，得白狼、白鹿以歸，〔四〕自後荒服不至。」然則二千里之外乃四夷。及蠻夷猾夏，詩云：「玁狁匪茹，整居焦穫。」今岐州。又秦晉遷陸渾之戎于伊川，今陸渾縣。則參居中國矣，而其本域蓋四荒之裔也。記曰：「東方曰夷，被髮文身，有不火食者矣。夷者，觝也〔五〕東方之人好生，萬物觝觸地而出，以其居東，故曰東夷。夷有九種：一曰玄菟，二曰樂浪，三曰高驪，四曰滿飾，〔六〕五曰島夷，〔七〕六曰索家，七曰東屠，八曰倭人，九曰天鄙，謂之九夷。文身謂以丹青文飾其身。有不火食者，以其地氣多煖，雖不火食不爲害也，言有不火食者，亦有火食者。南方曰蠻，雕題交趾，有不火食者矣。君臣同川而浴，極爲簡慢。蠻者，慢也。其類有八：一曰天竺，二曰咳首，三曰僬僥，四曰破踵，五曰穿胸，六曰儋耳，七曰狗軹，八曰旁春。雕題交趾者，題謂額也，謂以丹青雕刻其額，非唯雕題，亦文身也，故仲雍居吴越，左傳曰：「斷髮文身。」趾，足也，言蠻卧時頭向外，足在内而相交，故云交趾。不云被髮者，髮斷故也。注云：「雕文謂刻其肌，以丹青涅之；交趾，足相向。言浴則同川，卧則僢，不火食，地氣煖，不爲病。」按漢書地理志：「越俗斷髮文身，以避蛟龍之害。」故刻其肌，以丹青涅之，以東南俱近于海，故皆文身。爾雅中言六蠻也。西方曰戎，被髮衣皮，有不粒食者矣。戎，凶也，斬伐殺生，故曰戎。然戎有六：一曰僥傸，二曰戎央，三曰老白，四曰耆羌，五曰鼻息，六曰天剛。衣皮不粒食者，以其無絲麻，惟食禽獸肉，故衣皮。地氣寒，少五穀，故有不粒食者。爾雅中言七戎，七曰山崙是也。北方曰狄，衣羽毛穴居，有不粒食者矣。狄者，辟也，父子同穴無别，其行邪辟，故曰狄也。類有五：一曰月支，二曰濊貊，三曰匈奴，四曰單于，五曰白屋。東方多鳥，故曰衣羽，正北多羊，故曰衣毛；凝寒至盛，林木又少，故穴居，亦少五穀，故不粒食也。爾雅言八狄，多六曰宣威，七曰宣鞅鞨，八曰達怛，禮只云五，五狄也。中國、夷、蠻、戎、狄，皆有安居，和味，宜服，利用，備器。其事雖異，各自足。五方之民，言語不通，嗜慾不同，達其志，通其欲。東方曰寄，此言帝王立此傳達四方之人，東方謂之寄也。南方曰象，西方曰狄鞮，北方曰譯。皆俗間之名，依其事類耳，鞮之言知也。今冀州部有言狄鞮也。先王以是總知其情而從其俗，務以德安其性，不以力致其來。其國土之别，固已具于職方誦訓矣。禹之敷土也，使大章亥步四極之所距，〔八〕海外之地，則山海經存焉。方言國號，今古不同，備其紀綱，難可盡究。自是以降，唐史所書，推其土域所存，記其名號之變，載于國史之末，以備華夏之文。至于戰伐之情，朝貢之數，事此非禮，不復具焉。凡今地理之說，蓋定其方域，表其山川，而四夷之居，本在四表，雖獫狁之整居焦穫，陸渾之處于伊川，其人則夷，其地則夏，豈可以周原、洛邑謂之夷裔乎！昔唐開元、天寶之盛也，南至越裳，北至雲朔，東窮遼石，〔九〕西及河湟，皆爲郡縣，覃于風教，既編九州之記，豈可具之于四夷。兩漢之制，縣有蠻夷曰道，而其總述皆九牧之所領矣，是以今四夷之所說，皆其裔荒之本土焉。

東夷一

東夷總述

東夷之地，自朐山而東，其北則樂浪、音洛郎。〔一〇〕朝鮮、遼東，其南則越閩、晉安泉州。之東，今泉州濱海極望，海中諸夷國可見焉。皆其域也。昔周武王封殷太師箕子于朝鮮，而遼東則戰國時燕地，而帶方、真番、音蕃。〔一〕玄菟，音徒。〔二〕皆漢之郡，後皆爲東夷之地矣。蓋先王之時，罔不率俾，夏太康失德，夷人始叛，至桀而諸夷内侵。殷仲丁伐藍夷，後雖凌暴諸夏，而其境則遼海之東焉。遼，故燕地，秦爲徼外，秦亂，而中國人多往避地焉。漢興，修遼東故塞，至浿滂拜切。〔三〕水爲界，屬燕。燕王盧綰反，燕人衛滿亡命而出塞，渡浿水，居秦故空地，王之地方數千里。至漢武帝破之，以朝鮮爲真番、臨屯、樂浪，玄菟四郡。後漢末，公孫康據而有之，魏景初元年乃滅。後魏、周、齊以來，高麗强盛，隋煬帝三征之，初渡遼而敗，再行，次遼水征之而楊玄感反，又將征之而天下亂。至唐高宗乃滅之。其餘具于本國矣。

朝鮮　濊國　百濟國　三韓國

朝　鮮

朝鮮，晉張華曰：朝鮮有泉水、洌水、汕水，三水合爲洌水，疑樂浪、朝鮮取名于此也。汕，所宴切。周封箕子之國。昔武王釋箕子之囚，箕子不忍周之釋，走之朝鮮。武王聞之，因以朝鮮封之。見尚書大傳。箕子教以禮義、田蠶，作八條之教，無門户之閉而人不爲盜。其後四十餘代，至戰國時，朝鮮侯亦僭稱王。始全燕時畧屬焉，爲置吏，〔四〕築鄣塞。其後燕王盧綰反，入匈奴。

燕人衛滿亡命，聚黨千餘人，椎結蠻服，東走出塞，渡浿水，擊破朝鮮王準，居秦故空地上下鄣，稍役屬真番、朝鮮諸夷及故燕、齊亡命者王之，都王險。地名，在浿水東。會孝惠、高后時，天下初定，遼東太守即約滿爲外臣，保塞外蠻夷，是故滿得以威力侵其傍小邑，真番、臨屯皆來服屬，地方數千里。傳子至孫右渠，誘漢亡人滋多。武帝元封二年遣樓船將軍楊僕從齊浮渤海，兵五萬，左將軍荀彘出遼東討之，三年朝鮮人殺右渠來降，遂定其地，因立爲真番、臨屯、樂浪、玄菟四郡。今悉爲東夷之地也。昭帝時罷臨屯、真番以併樂浪、玄菟，自此内屬。

四至：秦滅燕，屬遼東外徼。秦遼東郡，今安東府之地。及秦亂，中國人或往避地者數萬口。漢興，爲其遠難守，復修遼東故塞，至浿滂拜切。水爲界。武帝時即爲四郡之地。〔一五〕

土俗物產：始箕子以八條之教，世得其理。自漢内屬以後，風俗稍薄，法禁亦寖多，至於六十餘條。按四夷志云：「東方仁，故其俗頗有中國之風。孔子欲居九夷，又聞郯子述鳥官曰：『天子失官，學在四夷也。』」其俗土著遲署切。〔一六〕喜飲酒歌舞，或冠弁衣錦，器用俎豆。

濊國

濊。亦朝鮮之地，後漢光武封其渠帥爲縣侯，皆歲時朝貢。無大君長，漢以來，〔一七〕其官有侯、邑君、三老，統主下户。其耆舊自謂與高句麗同種，言語法俗大抵相類。魏齊王正始六年，濊侯等舉邑降，四時詣樂浪、帶方二郡朝謁。並今東夷之地。有軍征賦調，如華人焉。四至：南與辰韓、北與高句麗、沃沮接，東窮大海，西接樂浪。土俗物產：其人性謹愿，少嗜慾，有廉恥。男女衣皆著曲領，男子繫銀花，廣數寸，以爲飾。俗重山川，山川各有部分，〔一八〕不得輒相干涉。同姓不婚，多所忌諱，疾病死亡，即棄舊宅。知種麻，養蠶，作綿布。又頗曉氣候星宿，先知年歲豐約。不以珠玉爲寶。又祭虎以爲神。其邑落有侵犯者，輒相罰，責生口牛馬，名之爲「責禍」。少寇盜。作矛長三丈，或數人共持之，能步戰。樂浪檀弓出其地。又多文豹，有果下馬，高三尺，一作「丈」。其海出班魚皮，漢時恒獻之。

百濟國

百濟。即後漢末夫餘王尉仇台之後。後魏時，百濟王上表云：「臣與高麗源出夫餘也。」初以百家濟海，因號百濟。晉時句麗既畧有遼東，而百濟亦據有遼西、晉平二郡地。今營、平二州之間也。自晉以後，吞併諸國，據有馬韓地。晉代授蕃爵，自置百濟郡。義熙中以百濟王夫餘腆他典切。爲使持節、都督百濟諸軍事。〔一九〕宋、齊、梁並遣使朝貢，授官，封其人。土著地多下濕，率皆山居。其王都有東西二城，號建居拔城。王號「于羅瑕」，百姓呼爲鞬音乾。吉支，夏言並王也。王妻號「于陸」。夏言妃也。官屬有十六品：左平一品，達率二品，恩率三品，德率四品，扞率五品，〔二〇〕奈率六品，〔二一〕以上冠飾銀花；將德七品，紫帶；施德八品，皁帶；固德九品，赤帶；季德十品，青帶；對德十一品，文督十二品，皆黄帶；武督十三品，佐軍十四品，振武十五品，剋虞十六品，皆白帶。統兵以達率、德率、扞率爲之，人庶及餘小城咸分隸焉。其國用法：叛逆者死；殺人者以奴婢三人贖；官人受財及盜者，三倍追贓。其王以四仲月祭天及五帝之神，每歲四祠其始祖仇台之廟。大姓有八族：謂沙氏、燕氏、劦氏、劦音俠〔二二〕。解氏、真氏、國氏、木氏、苩氏。苩，音白。國西南人島居者十五所，皆有城邑。

後魏孝文帝遣衆征破之，後其王牟大爲高句麗所破，衰弱累年，遷居南韓舊地。隋初，其王夫餘昌遣使貢方物，〔二三〕拜爲帶方郡公、百濟王。唐武德四年，其王夫餘璋遣使獻果下馬。與新羅世爲仇讎。貞觀十六年，與高麗通和，以絶新羅入朝之道。太宗新征高麗，百濟懷二，〔二四〕數年之間，朝貢遂絶。顯慶五年，蘇定方討平之，因虜其王義慈以歸。其地舊有五部，分統三十七郡、二百城、七十六萬户，至是以其地分置熊津、馬韓、東明、金連、〔二五〕德安等五都督府，以其酋渠爲都督府刺史、縣令，命右衛郎將王文度爲都督，總兵以鎮之。至麟德三年，其舊地没于新羅，城傍餘衆後漸寡弱，散投突厥及靺鞨，其主夫餘崇竟不敢還舊國，〔二六〕土地盡没于新羅、靺鞨，夫餘氏君長因之遂絶。義慈事親以至孝聞，友于兄弟，時人號爲「海東曾閔」，及至京數日病卒，葬于孫皓、陳叔寶墓側。

四至：其國東西四百里，〔二七〕南北九百里，南接新羅，北距高麗千餘里，西限大海，過海至越州，處小海之南，南渡海即至倭國。

土俗物産：其衣服男子略同于高麗，拜謁之禮，兩手據地爲敬。婦人衣似袍而袖微大，在室者編髮盤于首，後垂一道爲飾，出嫁者乃分爲兩道焉。兵有弓箭刀矟，重騎射，兼愛墳史，其秀異者頗解屬文，又解陰陽五行。用宋元嘉曆，以建寅月爲歲首。亦解醫藥、卜筮、占相之術。有投壺、樗蒲等雜戲，然尤尚弈棋。僧尼、寺塔甚多，而無道士。賦税以布、絹、麻、米等。〔二八〕婚娶之禮，畧同華俗，父母及夫死，三年持服，餘親則葬訖除之。氣候温煖，五穀、雜果、蔬菜及酒醴、肴饌、樂器之屬，多同于内地，惟無駝、驢、騾、羊、鵝、鴨等。西南海中有三島，其上出黄漆樹，〔二九〕似小檟樹而大，〔三〇〕六月輒取其汁，漆器物色如黄金，其光奪目。

三韓國

馬韓。後漢時通焉。有三種：一曰馬韓，二曰辰韓，三曰弁韓。三韓之地，凡大小共七十八國，或云百濟是其一國焉。大者萬餘户，小者數千家，各在山海間，地合方四千餘里，〔三二〕東西以海爲限，皆古之辰國也。馬韓最大，共立其種爲辰王，都目支國，盡王三韓之地。其諸國王先皆是馬韓種焉。

辰韓。耆老自言秦之亡人，避苦役適韓，韓割東界地與之。有城栅。其言語有類秦人，由是或謂之秦韓。其王常用馬韓人作之，代相係襲，辰韓不得自立爲王，明其流移之人故也。其俗名國爲邦，弓爲弧，賊爲寇，行酒爲行觴，相呼爲徒。諸小别邑，各有渠帥，大者名臣智，次有儉側，〔三三〕次有樊濊，〔三三〕次有殺奚，次有邑借，皆其官名。人文身。步戰兵仗，與馬韓同。

弁韓。與辰韓雜居，城郭衣服皆同，言語風俗祀神有異，施竈皆在户西。

初，朝鮮王準爲衛滿所破，乃將其餘衆數千人走入海，〔三四〕攻馬韓，破之，自立爲韓王。準後滅絶，馬韓人復自立爲辰王。後漢光武時，韓人廉斯人蘇馬諟等詣樂浪貢獻，諟，音是。帝封蘇馬諟爲漢廉斯邑君，使屬樂浪郡。靈帝末，韓、濊並盛，郡縣不能制，百姓苦亂，多流亡入韓者。建安中，公孫康分屯有、有鹽二縣以南荒地爲帶方郡，〔三五〕因遣公孫模、張敞收遺民，伐韓、濊，舊民稍出。是後倭、韓遂屬帶方郡。魏明帝初，遣帶方太守劉昕、樂浪太守鮮于嗣越海定二郡，部從事吴林以樂浪本統韓國，分割辰韓八國以屬樂浪。晉武帝咸寧中，馬韓主來朝，自後無聞。按三韓尋爲百濟、新羅所併。

四至：馬韓在西，五十有四國，其北與樂浪接，南與倭接。辰韓在東，十有二國，其北與濊貊接。弁韓在辰韓之南，亦有十二國，與倭接。

土俗物産：馬韓人知田蠶，作綿布，出大栗如梨，有細尾雞，尾長五尺。邑落雜居，亦無城郭，作土室，形如冢，開户在上。不知跪拜，無長幼男女之別，少綱紀。國邑雖有主帥，不能相制御。其葬有棺無槨。不知騎乘牛馬，不貴金寶錦罽，惟重瓔珠，以綴衣爲飾，及懸頸垂耳。大率皆魁頭魁，科也。露髻，布袍草履。其人勇壯，少年有築室作力者，輒以繩貫脊皮，以杖捶繩，嚾呼爲健，嚾音喧。終日力作，不以爲痛。善用弓、楯、矛、櫓，雖有鬬爭攻戰，而貴相屈服。俗信鬼神，〔三六〕常以五月耕種畢祭鬼神，晝夜酒會，羣聚歌舞，舞輒數十人相隨踏地爲節。十月農功畢，亦復如之。諸國邑各以一人主祭天神，〔三七〕號「天君」，又立蘇塗，有似浮屠。建大木以懸鈴鼓事鬼神。其南界近倭，亦有文身者。

又有州胡，在馬韓之西海大島上，〔三八〕其人差短小，語言不與韓同，皆髡頭如鮮卑，衣韋衣，有上無下。好養牛豕，乘船往來貨市韓中。

辰韓，其地肥美，宜五穀，知蠶桑，作縑布，乘駕牛馬，嫁娶以禮。其俗男女有別，以大鳥羽送死，其意欲使死者神魂飛揚也。國出鐵，韓、濊、倭皆從取之，凡諸市易皆用鐵，如中國用錢刀，又以供給二郡。俗喜歌舞、飲酒、鼓瑟，瑟形如筑，彈之有音曲。兒生便以石壓其頭，欲令其扁，故辰韓之人皆扁頭。男女近倭。〔三九〕弁韓，其俗衣服皆與辰韓同。

卷一百七十二校勘記

〔一〕四方　「方」，底本作「荒」，萬本同，據庫本及爾雅釋地郭璞注改。

〔二〕負也　「負」，萬本、庫本同，爾雅釋地郭璞注作「值」。

〔三〕所以限戎狄也　「戎狄」，萬本同，庫本作「中外」。

〔四〕得白狼白鹿以歸　按國語周語作「得四白狼、四白鹿以歸」，史記卷四周本紀同，此疑脱二「四」字。

〔五〕觝也　「觝」，底本作「觚」，萬本、庫本同。按禮記王制唐孔穎達疏：「風俗通云：東方人好生，萬物觝觸地而生。夷者，觝也。」後漢書卷八五東夷列傳：「夷者，柢也，言仁而好生，萬物柢地而出。」太平御覽卷七八〇引後漢書曰：「夷者，抵也。」抵，同觝，此「觚」乃「觝」形近而訛，據改。

〔六〕滿飾　「滿」，底本作「蒲」，萬本、庫本同。按禮記王制唐孔穎達疏、爾雅釋地宋邢昺疏皆作「滿」，此「蒲」爲「滿」字之誤，據改。

〔七〕鳥夷　萬本同，庫本作「鳥臾」，禮記王制孔穎達疏、爾雅釋地邢昺疏作「梟臾」，庫本之「鳥」爲

「㲋」字之誤，則作「㲋臾」是。

〔八〕使大章亥步四極之所距　原校：「按大章亥，山海經作竪亥。」

〔九〕東窮遼石　「石」字未解，疑爲「左」或「右」字形近而訛，又或爲「碣」字之誤。

〔一〇〕音洛郎　萬本、庫本皆無此三字。

〔一一〕音蕃　萬本無此二字。

〔一二〕音徒　萬本無此二字

〔一三〕滂拜切　萬本無此三字。

〔一四〕爲置吏　「爲」底本作「而」，據萬本、庫本史記卷一一五朝鮮列傳、漢書卷九五朝鮮傳、後漢書卷八五東夷列傳李賢注引前書及傳校改。

〔一五〕武帝時即爲四郡之地　「時」，萬本、庫本皆作「因之」。

〔一六〕暹畧切　萬本、庫本皆無此三字。

〔一七〕漢以來　庫本同，萬本「漢」上有「自」字，同通典卷一八五邊防一。

〔一八〕山川各有部分　「分」，通典邊防一同，後漢書東夷列傳作「界」。

〔一九〕夫餘㬂　「㬂」，萬本、庫本皆作「腆」，通典邊防一同；宋書卷九七夷蠻傳、南史卷七九夷貊傳下、太平御覽卷七八一四夷部二皆作「映」。

〔二〇〕扞率五品　「扞」，通典邊防一同，北史卷九四百濟傳、隋書卷八一東夷傳、太平御覽四夷部二皆作「杆」。

〔二一〕奈率六品　「奈」，底本作「祭」，據萬本、中大本、庫本、傅校及北史百濟傳、隋書東夷傳、通典邊防一、太平御覽四夷部二改。

〔二二〕劦音俠　「俠」，底本作「狹」，據萬本、傅校及通典邊防一改。

〔二三〕夫餘昌　「昌」，底本作「璋」，萬本、庫本同，中大本缺。按北史百濟傳、通典邊防一皆載：隋開皇初，「其王夫餘昌遣使貢方物，拜爲帶方郡公、百濟王。」隋書東夷傳載：開皇十八年，餘昌來獻方物，「昌死，子餘宣立，死，子餘璋立。大業三年，璋遣使者燕文進朝貢。」則隋開皇初，其王爲餘昌，大業時爲餘璋，此「璋」爲「昌」字之誤，據改。

〔二四〕百濟懷二　「懷二」，底本作「恨之」，萬本、中大本皆作「懷二」，傅校改同。庫本作「懷」，下闕。按舊唐書卷一九九上東夷傳：「太宗親征高麗，百濟懷二。」則作「懷二」是，據改。

〔二五〕金漣　「漣」，萬本據文獻通考改爲「漣」。按新唐書卷二二〇東夷傳亦作「漣」，則宜作「漣」。

〔二六〕夫餘崇　按舊唐書東夷傳、新唐書東夷傳皆作「夫餘隆」，此避唐玄宗諱而改。

〔二七〕其國東西四百里　「國」，底本作「地」，據萬本、中大本、庫本及北史百濟傳、隋書東夷傳改。

〔二八〕賦税以布絹麻米等　「米」，底本作「木」，萬本、庫本同，按北史百濟傳：「賦税以布、絹、絲、麻及米等。」通典邊防一同，此「木」爲「米」字之誤，據改。

〔二九〕其上出黄漆樹　「出」，底本作「多」，據萬本、庫本、傅校及通典邊防一改。

〔三〇〕似小擾樹而大　「擾」，庫本同，萬本作「棕」，太平御覽四夷部二作「擾」，此「擾」蓋爲「擾」字之誤。

〔三一〕地合方四千餘里　「合」，底本作「各」，萬本、庫本同，據後漢書東夷列傳、通典邊防一、太平御覽卷七八〇四夷部一引後漢書改。

〔三二〕儉側　「儉」，後漢書東夷列傳、太平御覽四夷部一同，通典邊防一作「險」。

〔三三〕樊濊　「濊」，通典邊防一同，後漢書東夷列傳作「秖」，太平御覽四夷部一作「祇」。

〔三四〕乃將其餘衆數千人走入海　「走」，底本無，據萬本、庫本、傅校及後漢書東夷傳、通典邊防一、太平御覽四夷部一補。

〔三五〕公孫康分屯有有鹽二縣以南荒地爲帶方郡　原校：「按魏志云：『建安中，公孫康分屯有縣以南荒地爲帶方郡』，無有鹽縣，今記乃通典之文，未知據何書。」按兩漢樂浪郡有屯有縣，載於漢書地理志、續漢書郡國志，無有鹽縣。

〔三六〕俗信鬼神　「信」，底本作「重」，據萬本、庫本及通典邊防一、太平御覽四夷部一改。

〔三七〕主祭天神　「神」，底本作「地」，萬本、庫本同，據後漢書東夷傳、太平御覽四夷部一改。

〔三八〕在馬韓之西海大島上　「西海」，底本作「海西」，萬本、庫本同。按後漢書東夷傳：「馬韓之西，海島上有州胡國。」三國志卷三〇魏書東夷傳、通典邊防一皆載：州胡「在馬韓之西海大島上。」此「海西」乃「西海」之倒誤，據以乙正。

〔三九〕男女近倭　三國志魏書東夷傳、通典邊防一皆載：辰韓，「男女近倭，亦文身。」疑此脱「亦文身」三字。

太平寰宇記卷之一百七十三

四夷二

東夷二

高句麗國

高句麗。後漢朝貢，云本出于夫餘先祖朱蒙。朱蒙母河伯女，閉于室内，爲日所照，引身避之，日影又逐，因有孕，生卵大如五升。夫餘棄之與犬，犬不食；與豕，豕不食；棄于路，牛馬避之；棄于野，衆鳥以毛茹之。王剖之不破，以還其母。母以物裹置煖處，有一男破殼而生。及長，名曰朱蒙。其俗言朱蒙者，善射也。國人以非人所生，欲殺之。朱蒙棄夫餘東走，渡普述水，至紇升骨城，遂居之，號曰高句麗國，因以高爲氏，子孫繼立。

至漢武元封三年滅朝鮮，置玄菟郡，以高句麗爲縣以屬之，賜以冠幘、朝服、鼓吹，常從玄菟郡授之。後稍驕，不復詣郡，但于東界築小城受之，遂名此城爲幘溝婁，〔一〕溝婁者，句麗名城也。王莽時，發句麗兵以伐匈奴，其人不欲行，皆亡出塞爲盜，王莽更名高句麗王爲下句麗侯。于是貊人寇邊愈甚。光武建武八年，遣使朝貢，因復其王號。

凡有五族，有消奴部、絶奴部、順奴部、灌奴部、桂婁部。本消奴部爲王，稍微弱，後桂婁部代立。其置官有相加、對盧、沛者、古雛大加、〔二〕主簿、優台、使者、皁衣先人。其公會衣服皆錦繡金銀以自飾。大加、主簿皆著幘，如冠幘而無後，其小加著折風，形如弁。無牢獄，有罪，諸加評議便殺之，没入妻子爲奴婢。兵器有甲、弩、弓、箭、戟、矟、矛、鋋。習戰鬭，好寇鈔，沃沮、東濊皆屬焉。又有小水貊，句麗作國，依水而居，漢遼東郡西安平縣北有小水南流入海，句麗别種依小水作居，因名之爲小水貊也。地出好弓，所謂貊弓是也。

後句麗王宫生而開目能視，國人懷之。〔三〕及長勇壯，和帝時，頻掠遼東、玄菟等郡。宫死，玄菟太守姚光上言，欲因其喪發兵擊之。尚書陳忠曰：「宫前桀黠，光不能討，死而擊之，非義也。宜遣弔問，因責讓前罪，赦不加誅。」安帝從之。明年，宫子遂成還漢生口，詣玄菟降。詔曰：「自今以後，不與縣官戰鬭，而自以親附送生口者，皆與贖直，縑人四十匹，小口半之。」自爾率服，東陲少事。

其後王伯固死，有二子，長曰拔奇，少曰伊夷模，國人立伊夷模爲王。自伯固時，數寇遼東，又受亡胡五百餘家。獻帝建安中，拔奇怨爲兄而不得立，與消奴部各將下户三萬餘口詣公孫康降，還住沸流水。降胡亦叛伊夷模，伊夷模更作新國，都于丸都山下。拔奇遂往遼東，有子留句麗國，古雛加駮位居是也。伊夷模死，子位宫立。始位宫曾祖名宫生而開目能視，及長而勇壯，〔四〕今王生亦能視，句麗呼相似爲位，以其生似曾祖，故名之爲位宫。位宫有勇力，便鞍馬。魏齊王正始三年，位宫寇西安平，遼東屬邑。五年，幽州刺史毌丘儉將萬人出玄菟討之，戰于沸流，位宫敗走，儉追至赬音赫。〔五〕峴，懸車束馬，登丸都山，屠其所都，斬首虜萬餘級。六年，儉復討之，位宫輕騎將諸加奔沃沮，〔六〕儉使王頎追之，絶沃沮千餘里，到肅慎南界，刻石紀功，又刊丸都山，銘不耐城而還。

至位宫五葉孫釗，晉康帝建元初，慕容皝音晃。率兵伐之，大敗，單馬奔走。皝乘勝追至丸都，焚其宫室，掠男女五萬餘口以歸。釗後爲百濟所殺。其後慕容寶以句麗王安爲平州牧，封遼東、帶方二國王，安始置長史、司馬、參軍官，後畧有遼東郡。至孫高璉，晉安帝義熙中，遣長史高翼獻赭白馬，以璉爲都督營州諸軍事、高麗王、樂浪郡公。宋元嘉中，又獻馬八百匹。自東晉、宋至于齊、梁、後魏、周，其王皆受南北兩朝封爵，分遣貢使。初，後魏時，置諸國使邸，齊使第一，高麗次之。南齊武帝永明中，高麗使至，服窮袴，冠折風，中書郎王融戲之曰：「服之不衷，身之災也。頭上定是何物？」答曰：「此則古弁之遺象也。」

自東晉以後，其王所居平壤城，即漢樂浪郡王險城。〔七〕自慕容皝來伐，後徙國内城，移都此城。亦曰長安城，其城隨山屈曲，南臨浿水，在遼東南東千餘里。城内惟積倉儲器械，寇至，方入固守。王别爲宅于其側。其外有國内城及漢城，亦别都也。復有遼東、玄菟等數十城，皆置官司以相統攝焉。其地，後漢時二千里，至後魏南北漸狹，境纔千餘里，至隋漸大，東西六千里。其國中書籍，有五經、三史、三國志、晉陽秋、玉篇、字統、字林。

自璉七葉至元，隋文帝時，率靺鞨之衆萬餘騎寇遼東，〔八〕帝遣漢王諒討之，次遼水，大遭疫癘，又乏糧，元懼請罪，遂班師。煬帝徵元入朝，不至。大業七年，帝親征元。八年，師渡遼水，營于遼東城，分道出師，頓兵于其城下。高麗嬰城固守，帝命諸軍攻之，又勅諸將：「高麗若降，即宜撫納，不得縱兵。」城將陷，賊輒言請降，諸將奉旨不敢赴機，先令馳奏，比報至，賊守禦亦備，隨出拒戰。如此者再三，帝不悟，食盡師老，輸糧不繼，諸軍敗績，還者千人而已。是行也，唯于遼水西拔賊武厲邏，置遼東郡及通定鎮而還。九年，帝復親征，乃勅諸軍以便宜從事。諸將分道攻城，賊勢日蹙。會楊玄感作亂，反書至，帝班師，兵部侍郎斛斯政，玄感之黨，亡入高麗，具知事實，〔九〕悉鋭兵來追，殿軍多敗。十年，又發天下兵，會盜賊蜂起，所在阻絶，軍多失期。少至遼水，又屬饑饉，六軍遞相掠奪，復多疾疫，自黄龍以東，骸骨相屬，止泊之處，軍人皆積屍以禦風雨，死者十八九，高麗亦困弊于守禦，遣使乞降，因送斛斯政以贖罪。帝許之，頓于懷遠鎮，受其降款，旋師，仍徵元入朝，不至，帝更圖後舉。會天下大亂，不克復行。

唐武德四年，遣使朝貢。其國建官有九等：其一曰吐捽，胙没切。舊名大對盧，總知國事；次曰太大兄；次鬱折，之悦切。華言主薄；次太大夫使者；次皁衣頭大兄，東夷相傳所謂皁衣先人者也。以前五官掌機密，謀政事，徵發兵馬，選授官爵。次大使者；次大兄；次收位使者；次上位使者；次小兄；次諸兄；次過節；次不過節；次先人。又有狀古雛加，掌賓客，比鴻臚卿，以大夫使者爲之。又有國子博士、太學博士、舍人、通事、〔一〇〕典書客，皆小兄以上爲之。又其諸大城置傉內屋切。薩，比都督；諸城置處閭近支，比刺史，亦謂之道使。其武官曰大模達，比衛將軍，以皁衣頭大兄以上爲之；次末客，比中郎將，以大兄以上爲之；其次領千人以下，各有差等。又其國有五部，皆貴人之族也：一曰內部，即後漢時桂婁部也；二曰北部，〔一一〕即絶奴部也；三曰東部，即順奴部也；四曰南部，即灌奴部也；五曰西部，即消奴部也。又遣使請道教。七年二月，遣使內附，受正朔，請頒曆，許之。詔沈叔安將天尊像并道士至其國，〔一二〕講五千文，開釋玄宗，自是始崇重之，化行于國，有踰釋典。八年三月，高祖謂羣臣曰：「名實之間，理須相副。高麗稱臣于隋，終拒煬帝，此亦何臣之有！朕敬於萬物，不欲驕貴，〔一三〕但據有土宇，務共安人，何必令其稱臣，以自尊大。可即詔述朕此懷也。」裴矩、温彦博進曰：「遼東之地，周爲太師之國，漢家之玄菟郡耳。魏、晉以前，近在提封之內，不可許以不臣。若以高麗抗禮，四夷必當輕漢。且中國之與夷狄，如太陽之與列星，理無降尊，俯同藩服。」乃止。其後東部大人蓋蘇文殺其主高武，其主元在位十八年死，高武即元異母弟。立其姪藏爲主，自爲莫離支，此官總選兵，猶吏部、兵部尚書也，于是號令遠近，遂專國命。蘇文鬚面甚偉，形體魁傑，衣服冠履皆飾以金綵，身佩五刀，常挑臂高步，意氣豪逸，左右莫敢仰視。恒令武官貴人俯伏于地，登背上下馬。

貞觀十八年二月，太宗謂大臣曰：「高麗莫離支賊殺其主，盡誅大臣。夫出師弔伐，須有其名，因其殺君虐民，取之爲易。」諫議大夫褚遂良進曰：「兵若渡遼，事須克捷。萬一不獲，無以威示遠方，必更發怒，再動兵衆，〔一四〕若至於此，安危難測。」太宗然之。兵部尚書李勣曰：「近者延陀犯邊，陛下必欲追擊，但爲魏徵苦諫遂止。向若討伐，無一人生還，〔一五〕可五十年間邊境無事。」至十一月，以刑部尚書張亮爲平壤道行軍大總管，自萊州泛海趨平壤，又以特進李勣爲遼東道行軍大總管，趨遼東，兩軍合勢。三十日，征遼之兵集于幽州。十九年，太宗親征渡遼。四月，李勣攻拔蓋牟城，獲口二萬，以其城置蓋州。勣又攻遼東城，拔之，以其城爲遼州。六月，攻拔白巖城，以其城爲巖州。遂引軍次安市城，進兵以攻之。會高麗北部傉薩高延壽、南部高惠真率靺鞨之衆十五萬來援，于安市城東南八里，依山爲陣。上令所司張受降幕于朝堂之側，夜召文武，躬自指麾。是夜有流星墜賊營中。明日及戰，大破之，延壽、惠真率三萬六千八百人來降。上以酋首三千五百人授以戎秩，遷之內地，餘三萬人悉放還平壤城，靺鞨三千人並坑之，獲馬五萬匹，牛五萬頭，甲一萬領，因名所幸山爲駐蹕山，命許敬宗爲文，勒石以紀其績。遂移軍于安市城南，〔一六〕久不尅，九月，遂班師。先遣遼、蓋二州户口渡遼，乃召兵馬歷于城下而旋，城主升城拜辭，太宗嘉其堅守，賜縑百匹，以勵事君者。

二十一年，李勣復大破高麗于南蘇，班師至頡利城，〔一七〕渡白狼、黃巖二水，皆由膝以下，勣怪二水狹淺，問契丹遼源所在，云：「此二水更行數里，合而南流，即稱遼水，更無遼源可得也。」旋師之後，更議再行。〔一八〕

二十二年，司空房玄齡病亟，乃謂諸子曰：「當今天下清謐，咸得其宜，唯東討不庭，方爲國害。主上含怒意決，臣下莫敢犯顏，吾若不言，可謂銜恨入地。」遂封表諫曰：「臣聞兵惡不戢，武貴止戈。當今聖化所覃，無遠不薄，〔一九〕上古所不臣者，陛下皆能臣之，所不制者，皆能制之。詳觀古今，爲中國患害者，無過突厥，遂能坐運神畧，不下殿堂，大小可汗，相次束手，分典禁衛，執戟行間。其後延陀鴟張，尋就夷滅，鐵勒慕義，請置州縣，沙漠以北，萬里無塵。至如高昌叛涣于流沙，吐渾首鼠于積石，偏師薄伐，俱從平蕩。如高麗者，歷代逋誅，莫能討擊。陛下責其逆亂，弑主虐人，親總六軍，問罪遼、碣，未經旬日，即拔遼東，前後虜獲，數十萬計，分配諸州，無處不滿。雪往代之宿恥，掩崤陵之枯骨，比功校德，萬倍前王。此聖主之所自知，微臣安敢備説。且陛下仁風被于率土，孝德彰于配天，兼衆美而有之，靡不備具，微臣深爲陛下惜之重之，愛之寶之。易曰：『知進而不知退，知存而不知亡。』又曰：『知進退存亡而不失其正者，其惟聖人乎！』由此言之，進有退之義，存有亡之機，得有喪之理，老臣所以爲陛下惜之，蓋謂此也。老子曰：『知足不辱，知止不殆。』臣謂陛下威名功德，亦可足矣，拓地開疆，亦可止矣。彼高麗者，邊夷賤類，不足待以仁義，不可責以常禮。古來以魚鼈畜之，宜從闊畧。若必欲絶其種類，深恐獸窮則搏。且陛下每決死囚，必命三覆五奏，進素食，停音樂，蓋以人命所重，感動聖慈也。況今兵士之徒，無一罪戾，無故驅之于戎陣之間，委之鋒刃之下，使肝腦塗地，魂魄無歸，令其老父孤兒、寡妻慈母，覩轊車而掩泣，轊音衛。抱枯骨而摧心，足以變動陰陽，感傷和氣，實天下之冤痛也。且兵凶器，戰危事，不得已而用之。向使高麗違失臣節，而陛下誅之可也；侵軼百姓，而陛下滅之可也；久長爲中國之患，而陛下除之可也。有一于此，雖日殺萬夫，不足爲愧。今無此三條，坐煩中國，内爲舊主雪怨，外爲新羅報仇，豈非所存者小，所損者大。願陛下遵皇祖老子止足之戒，以保萬代巍巍之功，〔二〇〕發霈然之恩，降寬大之詔，順陽春以布澤，許高麗以自新，自然華夷慶賴，遠肅邇安。臣老病三公，朝夕入地，謹罄殘魂餘息結草之誠，〔二二〕倘蒙録此哀鳴，即臣死且不朽。」

蓋蘇文死，其子男生嗣立，爲其弟建所逐，使其子獻誠詣闕。高宗總章元年，遣司空李勣攻拔夫餘城，一時來降，遂與諸軍相會。時侍御史賈言忠充度支遼東軍糧使回，上問以軍事，言忠畫其山川地勢，且言遼東可平之狀，上問曰：「卿何以知其可平也？」對曰：「昔隋主親率六軍，覆于遼東者，人事然也。煬帝無道，軍政嚴酷，舉國授役，天下離心，玄感一倡，狼狽而返，身死國亡，自取之也。及先帝親征問罪，所以不得志者，高麗未有釁也。諺曰：『賊無媒，中道回。』今高麗失其政，人心不附，男女兄弟内離，〔二三〕遞相攻擊，脱身來奔，爲我鄉導，彼之情僞，盡知之矣。以國家富强，陛下明聖，將士盡力，滅之必矣。且聞高麗秘記云：『不及九百年，當有八十老將來滅之。』自前漢末，高麗氏即有國土，及今已九百年矣；李勣年八十，亦與符記相同。又高麗頻歲飢荒，賣鬻男女，無故地裂，狼狐入城，蚡鼠穴于門闕之下，夷俗信妖，遞相驚駭，天意如此，人事如彼，臣竊以爲是行不再舉矣。」上曰：「卿觀遼東諸將孰賢？」對曰：「李勣先朝舊臣，聖鑒所悉。龐同善雖非鬬將，而持軍嚴整。薛仁貴勇冠三軍，威名遠振。〔二三〕高侃勤儉自處，果敢有餘。契苾何力沈毅持重，有統御之才，雖頗有忌前之癖，而臨事斷。〔二四〕然諸將夙夜小心，忘身憂國者，莫逮於李勣。」

上深然其言。九月十二日，拔平壤城，虜其王高藏并男建、男産等以歸，平其國，下城百七十六，〔二五〕户六十九萬七千。二年，移高麗户二萬八千二百配江淮以南、山南、京西。咸亨元年四月，其餘類有酋長劍牟岑者率衆叛，立高藏外孫安舜爲王，令左衛大將軍高侃討平之。其後餘衆不能自保，散投新羅、靺鞨舊國，土盡入于靺鞨，高氏君長遂絶。

武后聖曆二年，鸞臺侍郎、平章事狄仁傑表請拔安東鎮，復其君長，曰：「臣聞先王疆理天下，皆是封域之內，制井田，出兵賦，其有逆命者因而誅焉。罪其君，弔其民，存其社稷，不奪其財，非欲土地之廣，非貪玉帛之貨。至漢孝武籍四帝之資儲，于是定朝鮮，討西域，平南越，擊匈奴，府庫皆空，盗賊蜂起，百姓嫁妻賣子，流離于道路者萬計。于是榷酤市利，算及舟車，籠天下貨財而財用益屈。末年覺悟，息兵罷役，封丞相爲富民侯。然而漢室中微，釁由此起，豈不惑哉！人有四支者，所以扞頭目；君有四方者，所以衛中國也。然以蝮蛇在手，既以斷節全身；狼戾一隅，亦宜棄之存國。漢元帝罷珠崖之郡，宣帝棄車師之田，非惡多而好少也，知難即止，是爲愛人。今以海中分爲兩運，風波漂蕩，没溺至多，準兵計糧，由苦不足。且中國之于蕃夷，〔二六〕天文自隔，遼東所守，已是石田，靺鞨遐方，更爲雞肋。今欲肥四夷而瘠中國，恐非通典，且得其地不足以耕織，得其人不足以賦税。臣請罷薛訥，廢安東鎮。三韓君長，高氏爲其主，誠願陛下體存亡繼絶之義，復其故地，此之美名，高于堯舜遠矣。」

四至：其國在遼東之東千里，南與朝鮮、濊貊，東與沃沮，北與夫餘接。其地方，後漢時南北二千里，至後魏，南北漸狹，纔千餘里，至隋漸大，東西六千里。

土俗物産：其俗淫，而形貌潔淨，國中邑落男女，每夜羣聚爲倡樂。〔二七〕好祀鬼神、社稷、靈星，以十月祭天，大會，名曰「東盟」。其國東有大穴，號禭神，〔二八〕亦以十月迎而祭之。婚娶之禮略無財幣，若受財者謂之賣婢，俗甚恥之。父母及夫喪，其服制同于華夏，兄弟則服以三月。〔二九〕樂有五絃琴、箏、篳篥、横吹、簫、鼓之屬。賦税則絹布及粟，隨其所有，量貧富差等輸之。有馬皆小，便登山，本朱蒙所乘馬種，即果下馬也。畜有牛、豕，豕多白色。其人性凶急，有氣力，好戰。其地多山谷，無原澤，隨山谷而居，少田業，力作不足以自資。其俗節于飲食，而好修宫室。始以爲夫餘別種，而言語法則多同之。跪拜伸一足，行步皆如走。

碣石山，在漢樂浪郡遂成縣。長城起于此山，今驗長城東截遼水而入高麗，遺址猶存。按尚書云：「夾右碣石入于海。」〔三〇〕碣石山則河赴海處，在今之平州南二十餘里，〔三一〕則高麗爲碣石之左也。

平壤城東北有魯陽山，魯城在其上。西南二十里又有葦山，南臨浿水。

大遼水，源出靺鞨國西南山，南流至安市也。

小遼水，源出遼山，西南流，又有大梁水在國西，出塞外，西南流注小遼水。

馬訾水，訾，則移切。一名鴨緑水，水源出東北靺鞨白山，水色似鴨頭，故俗名之。去遼東五百里，經國内城南，又西與一水合，即鹽難水也。二水合流，西南至安平城，入高麗之地。以此水最大，波瀾清澈，所經津濟，皆貯大船，其國恃此以爲天塹。其水凡闊三百步，在平壤城西北四百五十里，遼水東南四百八十里。按高麗記云：「分前漢樂浪、玄菟郡之地，自後漢及魏，爲公孫氏所據。至淵滅，西晉永嘉以後，復入高麗。其不耐、屯有、帶方、安市、平郭、安平、居就、文龍城，皆漢二郡之屬縣，〔三〕分則朝鮮、濊貊、沃沮之地，是也。

卷一百七十三校勘記

〔一〕幘溝婁　「婁」，庫本同，萬本作「漊」。按梁書卷五四東夷傳、太平御覽卷七八三四夷部四作「婁」，三國志卷三〇魏書東夷傳、北史卷九四高麗傳、通典卷一八六邊防二皆作「漊」。下文溝婁同。

〔二〕古雛大加　「雛」，三國志魏書東夷傳、通典邊防二同，後漢書卷八五東夷列傳、梁書東夷傳、太平御覽四夷部四皆作「鄒」。

〔三〕國人懷之　「懷之」，後漢書東夷傳同，三國志魏書東夷傳作「惡之」，通典邊防二作「憎之」，此「懷」蓋爲「憎」字之誤。

〔四〕及長而勇壯　傅校改爲「及長果凶虐」，同三國志魏書東夷傳、北史高麗傳、通典邊防二。

〔五〕音赫　萬本、庫本皆無此二字，傅校删，蓋非樂史原文。

〔六〕位宫輕騎將諸加奔沃沮　「騎」，庫本同，萬本無，同北史高麗傳、通典、邊防二、太平御覽四夷部四，此「騎」蓋衍字。

〔七〕王險城　「險」，底本作「儉」，萬本同，庫本作「險」；「城」，底本脱，萬本、庫本同，據史記卷一一五朝鮮列傳正義引括地志、通典邊防二改補。

〔八〕遼東　按北史高麗傳、隋書卷八一東夷傳、通典邊防二皆作「遼西」，太平御覽四夷部四作「遼東西」。

〔九〕具知事實　萬本、庫本皆作「知其事實」。按北史高麗傳、隋書東夷傳皆作「高麗具知事實」，此脱「高麗」二字。

〔一〇〕通事　「事」，底本作「士」，據萬本、庫本及通典邊防二改。

〔一一〕北部　「北」，底本作「比」，萬本、庫本同，據本卷下文及通典邊防二、新唐書卷二二〇東夷傳改。

〔一二〕詔沈叔安將天尊像并道士至其國 「將」，底本作「持」，庫本同，據萬本及通典邊防二、舊唐書卷一九九上東夷傳改。

〔一三〕不欲驕貴 「欲」，底本作「敢」，據萬本、庫本及通典邊防二、舊唐書東夷傳改。

〔一四〕再動兵衆 「動」，底本作「勤」，庫本同，據萬本及通典邊防二、唐會要卷九五高句麗改。

〔一五〕無一人生還 按唐會要高句麗：兵部尚書李勣曰：「倘若仰申聖策，延陀無一人生還，可五十年間邊境無事。」此「無」上脱「延陀」二字。

〔一六〕遂移軍于安市城南 「南」，底本空缺，庫本缺，據萬本及通典邊防二、唐會要高句麗補。

〔一七〕頡利城 「頡」，萬本、庫本皆作「頗」，通典邊防二、唐會要高句麗同，新唐書東夷傳、資治通鑑卷一九八皆作「積」。

〔一八〕更議再行 「再」，底本作「東」，據萬本、庫本、通典邊防二及傳校改。

〔一九〕無遠不薄 「薄」，底本作「泊」，據萬本、中大本、庫本及傳校改。通典邊防二作「服」，舊唐書卷六六房玄齡傳作「屆」，於文較此爲優。

〔二〇〕以保萬代巍巍之功 「功」，萬本、庫本皆作「業」，舊唐書房玄齡傳、唐會要高句麗皆作「名」，是也。

〔二一〕謹罄殘魂餘息結草之誠 通典邊防二同，唐會要高句麗作「謹罄殘魂餘息，先代結草之誠」，舊唐書房玄齡傳作「謹罄殘魂餘息，預代結草之誠」。

〔二二〕男女兄弟內離　按唐會要高句麗：「男生兄弟，相爲攻擊。」此「女」爲「生」字之誤。

〔二三〕勇冠三軍威名遠振　「冠」，底本作「貫」，據萬本、庫本、傅校及舊唐書卷一九〇賈曾傳、新唐書卷一一九賈曾傳改。「振」，底本作「鎮」，據萬本、庫本、傅校及舊唐書賈曾傳改。唐會要高句麗作「震」。

〔二四〕雖頗有忌前之癖而臨事斷　「癖」，底本作「僻」，據萬本、庫本及唐會要高句麗、舊唐書賈曾傳改。「而臨事斷」，唐會要作「而臨事能斷」，此蓋脱「能」字。

〔二五〕下城百七十六　「六」，底本脱，萬本、庫本同，據舊唐書卷一九九上東夷傳、新唐書東夷傳、資治通鑑卷二〇一補。

〔二六〕且中國之于蕃夷　「于」，庫本、萬本作「與」，同通典邊防二，傅校改同。

〔二七〕羣聚爲倡樂　「聚」，底本作「衆」，萬本、庫本同，據後漢書東夷傳、魏書卷一〇〇高句麗傳、梁書東夷傳、北史高麗傳、通典邊防二、太平御覽四夷部四改。

〔二八〕號襚神　「襚」，萬本、庫本皆作「隧」。按三國志魏書東夷傳作「隧」，後漢書東夷傳、通典邊防二皆作「襚」。

〔二九〕兄弟則服以三月　「服」，通典邊防二作「限」，此蓋誤。

〔三〇〕夾右碣石入于海　「海」，尚書禹貢作「河」，史記卷二夏本紀作「海」。

〔三一〕在今之平州南二十餘里　「平州」，萬本作「忠州」，庫本「州」上缺字。按本書卷七〇平州治盧龍縣：「碣石山，「在縣南二十三里，碣然而立，在海傍。」通典邊防二：「碣石「在今北平郡南二十餘里。」北平郡即平州之郡名，則在平州南，非「忠州」，此「州」上脱「平」字，據補。

〔三二〕不耐至皆漢二郡之屬縣　「居就」，底本作「居」，萬本、中大本、庫本同，按漢書卷二八地理志遼東郡有居就縣，此脱「就」字，據補。又「安平」，漢書地理志遼東郡有西安平縣，此疑脱「西」字。龍城縣，漢書地理志不載，蓋有誤。不耐，漢書地理志作「不而」，三國志卷二八魏書毌丘儉傳、通典邊防二作「不耐」。據漢書地理志載，安市、平郭、西安平、居就、文等縣，屬遼東郡，不而、屯有、帶方等縣屬樂浪郡，則此云漢樂浪、玄菟二郡之屬縣，有誤。文爲漢書地理志遼東郡屬縣，續漢書郡國志作「汶」，仍屬遼東郡，通典邊防二作「文城」，此作「文龍城」，疑誤。

太平寰宇記卷之一百七十四

四夷三

東夷三

新羅　倭國　夫餘　蝦夷

新羅國

新羅國。魏時爲新盧國焉，其先本辰韓種也。辰韓始有六國，稍分爲十二，新羅則其一也。初曰新盧，宋曰新羅，或曰斯羅。魏將毌丘儉討高麗，破之，奔沃沮。其後復歸故國，留者遂爲新羅焉，故其人雜有華夏、高麗、百濟之屬，兼有沃沮、不耐、韓、濊之地。其王本百濟人，自海逃入新羅，遂王其國。國小不能自通使聘。

苻堅時，其王樓寒遣使衛頭朝貢，堅曰：「卿言海東之事與古不同，何也？」答曰：「亦猶中國，時代變革，名號改易，今之與古，焉得同之。」梁武帝普通二年，王姓募名秦，〔一〕始使人隨百濟獻方物。

其俗呼城曰「健牟羅」，其邑在内曰「喙評」，喙，呼穢切。在外曰「邑勒」，亦猶中國之言郡縣也。國有六喙評、五十二邑勒。

至隋文帝時，遣使來貢，其王姓金名真平，按隋東藩風俗記云：「金姓相承三十餘葉。」文帝拜爲樂浪郡公、新羅王。又按其先附庸于百濟，後因百濟征高麗，人不堪戎役，〔二〕相率歸之，遂致强盛，因襲加羅、任那諸國，滅之，並三韓之故地也。其西北界犬牙出高麗、百濟之閒。

官有十七等：其一曰伊罰于，貴如相；次伊尺于，次迎于，次破彌于，次大阿尺于，次阿尺于，次乙吉于，次沙咄于，咄，都骨切。次及伏于，次大奈摩于，次奈摩，次大舍，〔三〕次小舍，次吉士，次大烏，次小烏，次造位。外有郡縣。其文字、甲兵，同于中國。選人之壯健者悉入軍，鋒、戍、邏郎左切。俱有營屯部伍。〔四〕風俗及刑政、衣服，畧與高麗、百濟同。

唐貞觀二十二年，其王遣金春秋來朝，拜爲特進，請改章服以從華制。永徽元年，其王金真德大破百濟，遣春秋子法敏以聞，又使獻織錦作五言太平詩。〔五〕龍朔三年，詔新羅置雞林大都督。〔六〕麟德二年，其王法敏與熊津都督扶餘隆盟于百濟之熊津城，其盟書藏于百濟之廟。〔七〕于是帶方州刺史劉仁軌領新羅、百濟、儋羅、倭人四國使浮海而還，以赴泰山之下。上元元年，法敏納高麗叛亡之衆，又畧百濟故地，遣兵守之。帝大怒，詔削法敏官爵，遣宰臣劉仁軌討之，仍以法敏弟右驍衛員外大將軍、〔八〕臨海郡公金仁問爲新羅王。時仁問在京師，詔令歸國，以代其兄。仁問行至中路，聞新羅降，仁問乃還。二年，雞林道行軍大總管劉仁軌大破新羅之衆于七重城而還，新羅于是遣使入朝伏罪，并貢方物，前後相屬，竟復加敏官爵。既盡有百濟之地及高麗南境，東西約九百里，南北約一千八百里，于界内置尚、良、康、熊、金、〔九〕武、漢、朔、溟等九州，其武州所輸物産，爲新羅之最。自開耀元年至于會昌元年，朝貢不絶。

四至：其國在百濟東南五百餘里，當高麗東南，兼有漢樂浪郡地，東濱大海。

土俗物産：土地肥美，宜植五穀，〔一〇〕多桑麻、果菜、鳥獸，物産略與華同。風俗、刑政、衣服，畧與高麗、百濟同，而朝服尚白。好祭山神，重元日，每以其日拜日月神。國人金、朴兩姓，異姓不爲婚。〔一一〕婦人多美髮。

倭國又曰日本國〔一二〕

倭。自後漢通焉。古倭奴國也，在新羅東南大海中，世世依山島爲居，凡百餘國。後漢書云：「建武中元二年，倭奴國奉貢朝賀，使人自稱大夫。桓、靈間，倭國大亂，更相攻伐，〔一三〕歷年無主。有一女子名曰卑彌呼，年長不嫁，事鬼神道，〔一四〕能以妖惑衆，于是共立爲王。侍婢千人，少見者，〔一五〕惟男子一人給王飲食，傳辭語。居處宫室樓觀城栅，皆持兵守衛，爲法甚嚴。」

魏明帝景初二年，司馬宣王之平公孫氏也，倭女王始遣大夫貢獻，以爲親魏倭王。正始中，卑彌呼死，立其宗女一粤爲王。〔一六〕又按魏略云「倭人自謂泰伯之後」，未詳其由。其後復立男主，〔一七〕受中國爵命。晉泰始初，遣使重譯入貢。

宋永初二年，倭王讚修貢職，至曾孫武，順帝昇明二年，遣使上表云：「封國偏遠，作藩于外，自昔祖禰，躬擐甲冑，跋涉山川，不遑寧處。東征毛人五十五國，西服衆夷六十六國，渡平海北九十五國。臣雖下愚，忝纘先緒，驅率所統，歸崇天極，道經百濟，裝理船舫，而高麗無道，圖欲見吞，虔劉不已，每致稽滯。臣欲練理兵甲，摧此强敵，克靖方難，無替前功。竊自假開府儀同三司，其餘咸各假授。」因詔除武使持節、安東大將軍、倭王。

按其王理邪馬臺國，〔一八〕或名邪摩堆。〔一九〕去遼東萬二千里，在百濟、新羅東南，其國界東西五月行，南北三月行，四境各至于海，大較在會稽、閩川之東，〔二〇〕亦與珠崖、儋耳相近。官有十二等：一曰大德，次小德，次大仁，次小仁，次大義，次小義，次大禮，次小禮，次大智，次小智，次大信，次小信，員無定數。有軍尼百二十人，猶中國之牧宰。八十户置一仍一作「伊」。尼翼，如里長也；十仍尼翼屬一軍尼。其王以天爲兄，以日爲弟。尤信巫覡。每正月一日，必射戲飲酒，其餘節畧與華同。樂有五絃之琴，好棋博、握槊、樗蒲之戲。

隋開皇二十年，〔二二〕倭王姓阿每，名多利思比孤，其國號「阿輩雞彌」，華言天兒也，遣使詣闕。其書曰「日出處天子致書日没處天子無恙」云云，帝覽之不悦，謂鴻臚卿曰：「蠻夷書有無禮者，勿復以聞。」明年，帝遣文林郎裴清使于倭國，〔二三〕渡百濟，東至一支國，又至竹斯國，〔二三〕又東至秦王國，其人同于華夏，以爲夷洲，〔二四〕疑不能明也。又經十餘國，達于海岸。自竹斯國以東，皆附庸于倭。清將至，倭王遣小德阿輩臺，從數百人，設儀仗，鳴鼓角來迎，又遣大禮歌多毗，從二百餘騎郊勞。既至彼都，其王與清相見，設宴享以遣，復令使者隨清來貢方物。其國跣足，以幅布蔽其前後，椎髻無冠帶。隋煬帝時始賜與衣冠，令以綿綵爲冠飾，裳皆施襈，音撰，緣也。綴以金玉。衣服之制，頗同新羅，腰間或佩銀花，長八寸，左右各數枝，以明貴賤等級。

唐貞觀五年，使至，太宗矜其路遠，遣新州刺史高仁表持節撫之，〔二五〕浮海數月方至。自云路經地獄之門，親見其上氣色蓊蓊，又聞鏈鍛之聲，甚可畏懼也。仁表無綏遠之才，與其王爭禮，不宣朝命而還，由是遂絶。至永徽五年，遣使貢琥珀、瑪瑙，琥珀大如斗，瑪瑙大如五升器。高宗降書慰撫之，仍云：「本國與新羅接近，新羅數爲高麗、百濟所侵，若有危急，王宜遣兵救之。」因有是勅。

其國東海嶼中野人有邪古、波邪、多尼三國，〔二六〕皆附庸于倭，西南與越州相距，頗有絲綿，出瑪瑙，有黄白二色，其琥珀，云海中湧出。又東北千餘里至侏儒國，人長三四尺。自侏儒東行一年，至裸國、黑齒國，使譯所傳，極于此矣。又東夷記云：〔二七〕「倭又名日本。」自云國在日邊，故以爲稱，蓋惡舊名也。顯慶中，其國使又領蝦夷國人同來朝貢。咸亨元年，遣使賀平高麗。爾後繼來朝貢。長安三年，又遣使貢方物，其使號朝臣真人，真人者官號，猶中國尚書也，頗讀經史，解屬文，首冠進德冠，其頂有花，分而四散，身服紫袍，以帛爲腰帶，容止温雅。則天宴之，拜爲司膳員外郎，放還。開元初，又遣使來朝，表請儒者講論語，遣四門博士趙玄默就鴻臚寺教之，乃遺玄默闊幅布以爲束修之禮，題云「白龜元年調布」，蓋誇誕耳。所得賜賚，盡市文籍，泛海而還。其偏使朝臣仲滿，慕中國之風，因留不去，改姓名爲朝衡，歷左補闕，終左常侍、鎮南都護。二十三年，遣使請老子經本及天尊像歸本國。天寶已後，海路多爲新羅隔絶，朝貢乃由明州、越州等路。大曆十二年，〔二八〕遣大使朝檝寧、〔二九〕副使和聰達來朝貢。建中元年，遣大使真人興能、判官調攝悉唐會要作「調攝志」。〔三〇〕自明州路朝貢。真人興能，蓋因本官命氏也，風調甚高，善書札，其本國紙似繭而緊滑，〔三一〕

人莫能名。貞元十五年，其國有二百人浮海至揚州，市易而還。永貞元年，遣使真人遠誠等來朝貢。開成四年，遣使滕原朝韋嗣等來貢方物。〔三二〕

四至：按其王理邪馬臺國，或名邪摩堆是也。去遼東萬二千里，在百濟、新羅東南。其國界東西五月行，南北三月行，四境各至大海，大較在會稽、閩川之東，亦與珠崖、儋耳相近。

土俗物産：其國土俗宜禾稻、麻苧、蠶桑，知機織爲縑布，出白珠、青玉。其山出銅及丹。土氣温煖，冬夏生菜茹，無牛、馬、虎、豹、羊、雞，有桂、薑、橘、椒、荷。〔三三〕出黑雉，又有獸如牛，名山鼠。又有大蛇吞此獸，皮堅不可斫。其上孔乍開乍閉，時或有光，射中之，其蛇即死。其兵有矛、楯、木弓、竹矢，以骨爲鏃。男子皆黥面文身。自謂泰伯之後，衣皆横幅結束相連，女人被髮屈紒，衣如單被，貫頭而著之，並以丹朱坋身，如中國之用粉也。有城栅、屋宇，父母兄弟異處，唯會同男女無别。飲食以手，而用籩豆。俗皆徒跣，以蹲踞爲恭敬。人性嗜酒，多壽考。國多女，大人皆四五妻，其餘或兩或三，女人不淫不妬。又俗不盜竊，少爭訟。其婚嫁不娶同姓，婦入夫家必先跨火，〔三四〕乃與夫相見。其死停喪十餘日，家人哭泣，不進酒食肉，親賓就屍歌舞爲樂。有棺無槨，封土作冢。舉大事，灼骨以卜吉凶。其行來渡海詣中國，恒使一人不櫛沐，不食肉，不近婦人，名曰「持衰」。若在塗吉利，則顧以財物，如疾病、遭害，以爲持衰不謹，便共殺之。

夫餘國

夫餘國。後漢通焉。初，北夷索離國索，一作「槖」。王有子曰東明，長而善射，王忌其猛，而欲殺之。東明奔走，南渡掩淲水，因至夫餘而王之。順帝永和初，其王始來朝，帝作黄門鼓吹、角抵戲以遣之。夫餘本屬玄菟，至漢末，公孫度雄張海東，威服外夷，其王始死，子尉仇台立，更屬遼東。時句麗、鮮卑强，度以夫餘在二虜之間，妻以宗女。至孫位居嗣立，〔三五〕魏正始中，毌丘儉討句麗，因遣玄菟太守王頎詣夫餘，位居遣使郊迎，供軍糧。自後漢時，夫餘王葬用玉匣，常先付玄菟郡庫，王死即迎取以葬。及平公孫淵，玄菟庫猶得玉匣一具。晉時，夫餘庫有玉璧、圭瓚，數代之物，傳以爲寶，耆老言先代之所賜也。其印文稱「濊王之印」。國中有故城名濊城，蓋本濊貊之地。太康六年，爲慕容廆音呼罪切。所襲破，其王依慮自殺，子弟走保沃沮。武帝以何龕爲護東夷校尉。明年，夫餘後王依羅遣使詣龕，〔三六〕求還舊國。龕遣督郵賈沈以兵送之。〔三七〕爾後每爲廆掠其種人，賣于中國。帝又以官物贖還，禁市夫餘之口。自後無聞。

四至：其國在長城北，去玄菟千里，南隣高句麗，東與挹婁、西與鮮卑接。北有弱水，地方可二千里。按後漢、魏二史皆云夫餘國在高句麗北，〔三八〕又按後魏及隋書，高句麗在夫餘南，而隋書云百濟出于夫餘，夫餘出于高句麗國王子東明之後，又謂櫜離乃夫餘，在高麗之南。若詳考諸家所説，疑櫜離在夫餘之北，别是一國。未詳孰是。

風俗物産：其國有户八萬。土宜五穀，無五果。有宫室、倉庫、牢獄。多山陵廣澤。其人性强勇謹厚，不寇抄。以六畜名官，有馬加、牛加、猪加、犬加，邑落有豪人，名下户皆爲奴僕。諸加别主四出，道大者數千家，小者數百家。會同拜爵，揖讓升降，有似中國。以臘月祭天。譯人傳辭，皆跪手據地竊語。用刑嚴急，殺人者死，没其家人爲奴婢，盜一責十二。男女淫，婦人妬，皆殺之。兄死妻嫂，與北狄同俗。以弓矢刀矛爲兵，家家自有鎧仗。作城栅皆圓，有似牢獄。行人無晝夜好歌吟，通日聲不絶。有軍事亦祭天，殺牛觀蹄，以占吉凶，蹄解者爲凶，合者爲吉。有敵，諸加自戰，下户但擔糧食音嗣。之。其死，夏月皆用冰。殺人殉葬，多者數百。厚葬，有槨無棺。其居喪，男女皆純白，婦人著布面衣，去環佩，大體與中國髣髴焉。

蝦夷國

蝦夷國。〔三九〕海島中小國也。其人鬚長四尺，尤善弓矢，插箭于首，令人戴瓠而立，數十步射之，無不中者。唐顯慶四年十月，隨倭國使人入貢。

卷一百七十四校勘記

〔一〕王姓募名秦　「募」，萬本、庫本皆作「慕」，傅校改同。按梁書卷五四諸夷傳、南史卷七九夷貊傳下、太平御覽卷七八一四夷部二皆作「募」，通典卷一八五邊防一作「慕」。又「秦」，梁書諸夷傳、通典邊防一、太平御覽四夷部二同，南史夷貊傳下作「泰」。

〔二〕人不堪戎役　按隋書卷八一東夷傳：「後因百濟征高麗，高麗人不堪戎役，相率歸之。」此「人」上蓋脱「高麗」二字。

〔三〕大舍　「舍」，底本作「吉」，萬本、庫本同。據北史卷九四新羅傳、隋書東夷傳、通典邊防一、太平御覽四夷部二改。

〔四〕鋒戍邏俱有營屯部伍　「屯」，底本作「長」，萬本同，據中大本、庫本、傅校及北史新羅傳、隋書東夷傳、通典邊防一、太平御覽四夷部二改。

〔五〕太平詩　「詩」，萬本作「頌」。按舊唐書卷一九九上東夷傳、太平御覽四夷部二皆作「頌」。

〔六〕雞林大都督　按舊唐書東夷傳、新唐書卷二二〇東夷傳、太平御覽四夷部二皆作「雞林州大都督」，此蓋脱「州」字。

〔七〕其盟書藏於百濟之廟　「百濟」，萬本、庫本同，中大本作「新羅」，唐會要卷九五新羅同，此「百濟」蓋爲「新羅」之誤。

〔八〕右驍衛員外大將軍　「右」，底本作「左」，萬本、庫本同，據新唐書東夷傳、資治通鑑卷二〇一唐上元元年、唐會要新羅改。

〔九〕金　新唐書東夷傳作「全」。

〔一〇〕宜植五穀　「宜」，底本作「種」，據萬本、庫本、傅校及梁書諸夷傳、南史夷貊傳下、通典邊防一、太平御覽四夷部二改。

〔一一〕國人金朴兩姓異姓不爲婚　底本無此十一字，據萬本、中大本、傅校及舊唐書東夷傳、太平御覽四夷部二補。「爲」，庫本作「通」。「朴」，萬本、中大本、庫本、傅校作「林」，據舊唐書東夷傳、太平御覽四夷部二改。

〔一二〕又曰日本國　萬本、庫本皆無此五字，傅校刪。按應無。

〔一三〕更相攻伐　「更」，底本作「自」，據萬本、庫本、傅校及後漢書卷八五東夷列傳改。

〔一四〕事鬼神道　「道」，底本作「教」，據萬本、庫本、傅校及後漢書東夷列傳、三國志卷三〇魏書東夷傳、北史倭傳、隋書東夷傳、太平御覽四夷部三改。

〔一五〕少見者　傅校作「少有見者」，同後漢書東夷列傳。按梁書諸夷傳：「自爲王，少有見者，以婢千人自恃，唯使一男子出入傳教令。」隋書東夷傳：「其王有侍婢千人，罕有見其面者。」此疑脱「有」字。

〔一六〕一粤　萬本、庫本皆作「一與」，傳校改同。按三國志魏書東夷傳作「壹與」，梁書諸夷傳、北史倭傳作「臺與」，通典邊防一作「臺輿」，太平御覽四夷部三作「臺舉」。

〔一七〕其後復立男主　「主」，梁書諸夷傳、北史倭傳、通典邊防一皆作「王」，是。

〔一八〕邪馬臺國　「臺」，底本作「焉」，萬本同，庫本作「爲」，據傳校及後漢書東夷傳、三國志魏書東夷傳、北史倭傳、隋書東夷傳、通典邊防一、太平御覽四夷部三改。下文同。

〔一九〕邪摩堆　「堆」，底本作「惟」，萬本同，庫本作「維」，據北史倭傳、隋書東夷傳、通典邊防一改。下文同。

〔二〇〕大較在會稽閩川之東　「較」，底本作「概」，據萬本、庫本、傳校及後漢書東夷列傳、通典邊防一、太平御覽四夷部三改。本書下文四至亦作「較」。

〔二一〕隋開皇二十年　按本書下文所云是年倭王多利思比孤遣使致書，帝覽之不悦事，通典邊防一亦記在開皇二十年。北史倭傳、隋書東夷傳、太平御覽四夷部三皆載：倭王多利思比孤二次遣使，一在開皇二十年，一在大業三年；遣使致書，帝覽之不悦，實爲大業三年事，資治通鑑卷一八一記于大業四年，此處錯誤爲一。

〔二二〕裴清　萬本、庫本同，同通典邊防一。按北史倭傳、太平御覽四夷部三皆作「裴世清」，唐人避太宗諱，省「世」字，本書多取材於通典，故沿襲未改。

〔二三〕竹斯國　「斯」，底本脱，萬本、庫本同，據本書下文、傅校及北史倭傳、隋書東夷傳、通典邊防一補。

〔二四〕夷洲　「洲」，底本作「州」，萬本、庫本同，據北史倭傳、隋書東夷傳、通典邊防一改。

〔二五〕高仁表　「仁表」，通典邊防一、新唐書東夷傳同，舊唐書東夷傳、唐會要卷九九倭國、太平御覽四夷部三作「表仁」。

〔二六〕邪古波邪多尼　底本空闕二「邪」字，萬本、庫本同，據傅校及新唐書東夷傳、唐會要倭國補。「尼」，底本作「凡」，庫本同，據萬本、傅校及新唐書東夷傳、唐會要倭國改。

〔二七〕又東夷記云　「又」下萬本、庫本皆有「按」字，傅校補。

〔二八〕大曆十二年　「二」，底本作「三」，據萬本、中大本、庫本及唐會要倭國改。

〔二九〕朝檝寧　「檝」，底本作「襯」，據萬本、庫本改。唐會要倭國作「楫」，同「檝」。

〔三〇〕唐會要作調攝志　按唐會要倭國無此文。

〔三一〕緊滑　「緊」，萬本、庫本皆作「潔」。

〔三二〕滕原朝韋嗣　按唐會要倭國作「薛原朝常嗣」。據續日本後記卷四至卷九，知此次遣唐大使爲藤原朝臣常嗣，此「韋」乃「常」之譌。

〔三三〕桂薑橘椒荷　底本「薑」下衍「椒」字，據萬本、庫本及梁書諸夷傳、南史夷貊傳下、通典邊防一删。「荷」，萬本、庫本皆作「蓑荷」，通典邊防一作「蘘荷」，「蓑」爲「蘘」字之誤，此宜作「蘘荷」。

〔三四〕婦入夫家必先跨火　原校：「按隋書倭國傳作『跨火』，通典作『跪火』，今云『跨火』，所載各舛異，或疑于跨火是。」按隋書東夷傳倭國作「跨犬」，通典作「跨火」，蓋所見本不同。

〔三五〕位居　按三國志魏書東夷傳作「簡位居」。

〔三六〕依邏　「邏」，晉書卷九七四夷傳、通典邊防一、太平御覽四夷部二皆作「羅」。

〔三七〕督郵　通典邊防一同。按晉書卷一〇八慕容廆載記作「督護」，資治通鑑卷七一晉太康七年同，是。

〔三八〕夫餘國在高句麗北　「句」，底本脱，據傅校及後漢書東夷傳、三國志魏書東夷傳、通典邊防一補。

〔三九〕蝦夷國　底本脱「國」字，據萬本、庫本、傅校及通典邊防一、太平御覽四夷部三補。

太平寰宇記卷之一百七十五

四夷四

東夷四

東沃沮　挹婁　勿吉　扶桑　女國　文身　大漢　流求

東沃沮國

東沃沮。後漢通焉。初，衛滿王朝鮮時，沃沮屬焉。至漢武帝平朝鮮，分其地爲四郡，以沃沮城爲玄菟郡。後爲夷貊所侵，徙郡于高句麗西北。至光武，以其渠率爲縣侯，不耐、華麗、沃沮諸縣皆爲侯國。後漢末，猶置功曹、主簿諸曹，皆濊人作之。其諸邑落渠帥，皆自稱三老，則故縣國之制也。後以國小，迫于大國之間，遂臣服句麗，後以其中大人爲使者，〔一〕使相爲主領，又使大加統之，大加，高麗官號，所謂馬加、牛加、狗加，其所部有大小也。責其租税，貂布、魚鹽，海中食物，千里擔負致之，又發其美女以爲婢妾焉。魏齊王正始五年，幽州刺史毌丘儉討句麗，句麗王位宫奔沃沮，遂進師擊沃沮邑落，皆破之。位宫又奔北沃沮，一名置溝婁，去南沃沮八百餘里。其俗皆與南同，界與挹婁接。挹婁喜乘船寇抄，北沃沮畏之，夏月藏在山巖深穴中爲守備，冬月冰凍，船道不通，乃下居邑落。毌丘儉遣玄菟太守王頎追討位宫，盡其東界。其耆老言國人嘗乘船捕魚，遭風吹數十日，東到一島，上有人，言語不相曉，其俗嘗以七月取童女沈海。又言有一國亦在海中，純女無男人。或傳其國有神井，闚之輒生子。〔二〕又説得一布衣，從海中浮出，其形如中國人衣，〔三〕其兩袖長三丈。又得一破船，隨波出在海岸邊，有一人項中復有面，生得之，與語不相通，不食而死。其城皆在沃沮東大海中也。〔四〕

四至：其國在句麗蓋音合。馬大山之東，東濱大海，北與挹婁、夫餘接，南與濊貊接。其地東西狹，南北長，可折方千里。

土俗物産：户五千。土肥美，背山向海，宜五穀，善田種。無大君主，有邑落長帥。人性質直强勇，便持矛步戰。言語、飲食、居處、衣服有似句麗。其葬，作大木槨，長十餘丈，開一頭爲户。〔五〕新死者先假埋之，令皮肉盡，乃取骨置槨中。家人皆共一槨，刻木爲主，〔六〕隨死者爲數。又有瓦鑩，置米于中，編懸之于槨户邊。

挹婁國

挹婁。魏時通焉，云即古肅慎之國也。周武王及成王時，皆貢楛矢、石砮。爾後千餘年，雖秦漢之盛，莫能致也。常道鄉公景元末，方來貢，獻楛矢、石砮、弓甲、貂皮之屬。晉元帝初，又詣江左貢石砮。成帝時，通貢于石季龍，四年方達，季龍問之，答曰：「每候牛馬向西南卧者三年矣，是知大國所在，故來焉。」

四至：其國在不咸山北，在夫餘東北千餘里，〔七〕濱大海，南與北沃沮接，不知其北所極。廣袤數千里。

土俗物產：土地多山險，車馬不通，人形似夫餘，其言語各異。有五穀、牛馬、麻布，出赤玉、好貂，所謂挹婁貂是也。無君長，其邑落各有大人。處于山林之間，土氣極寒，常爲穴居，以深爲貴，大家至接九梯。好養豕，食其肉，衣其皮。冬以豕膏塗身，厚數分，以禦風寒。夏則裸袒，以尺布蔽其前後。其人臭穢不潔，作厠于中，圜之而居。無文墨，以言語爲約。坐則箕踞，以足挾肉啖之。得凍肉，坐其上令温煖。土無鹽鐵，燒木作灰，灌之，取汁而食。俗編髮，將嫁娶，男以毛羽插女頭，女和則將歸，然後致禮聘之。婦貞而女淫，貴壯而賤老。死者其日即葬之于野，交木作小椁，殺猪積其上，以爲死者之糧。性凶悍，以無憂哀相尚。父母死，男女不哭泣，有哭泣者，謂之不壯相。竊盜無多少皆殺之，雖野處而不相犯。有石砮，皮骨之甲。國東北有山出石，〔八〕其利入鐵，將取之，必先祈神。其人衆雖少，而多勇力，處山險，又善射。弓長四尺，力如弩，〔九〕矢用楛，長尺八寸，青石爲鏃，皆施毒，中人即死。鄰國畏其弓矢，卒不能服也。便乘船，好寇盜，鄰國患之。東夷飲食之器，皆用俎豆，惟挹婁獨無，法俗最無綱紀。

勿吉國

勿吉。後魏通焉，亦謂之靺鞨，在高句麗北，亦古肅慎國地。邑落各自有長，不相總一。凡有七種：其一號粟末部，〔一〇〕與高麗相接；二曰汨咄部，〔一一〕在粟末之北；三曰安車骨部，〔一二〕在汨咄東北；四曰拂湟隋書、新唐書作「拂涅」。部〔一三〕在汨咄東；五曰號室部，在拂湟東；六曰黑水部，在安車骨西北；七曰白山部，在粟末東南。勝兵各數千，而黑水部尤爲勁健。自拂湟以東，矢皆石鏃，長二寸，所居多依山水，渠帥曰大莫弗瞞咄，東夷中爲强國，諸國皆患之。

孝文延興中，其王遣乙力支朝獻。乙力支稱：初廢其國，乘船溯難河西上，〔一四〕至太沴河，沈船于水。南出陸行，渡洛孤水，從契丹西界達和龍。乙力支還，從其來道，取得本沈船，達其國。

隋初，靺鞨國有使來獻，謂即勿吉也。西北與契丹接，每相劫掠，與中華懸隔，唯粟末、白山爲近。煬帝初，其渠帥度地稽率其部來降，居于柳城。及遼東之役，度地稽率其徒以從，每有戰功。從帝幸江都，尋放歸柳城。

唐武德三年，其部落酋長突地稽遣使朝貢，以其部落置燕州，拜突地稽爲總管。劉黑闥之叛也，以戰功封蓍國公，又徙其部落于幽州之昌平城。會高開道引突厥來攻幽州，突地稽率兵邀擊，大破之。貞觀初，拜右衛將軍，賜姓李氏，尋卒。子謹行，武力絶人。麟德中，累遷營州都督、右領軍大將軍，爲積石道經略大使。至上元三年，大破吐蕃數萬衆於青海之上，璽書勞之，乃封燕國公。永淳元年卒，贈幽州都督，祔葬乾陵。自後或有酋長自來，或遣使朝貢，每歲不絶。

其白山部，素附于高麗，因收平壤後，部衆多入于中國。汨咄、安車骨與號室等部，亦因高麗破後奔散微弱，今無聞焉，縱有遺人，並于渤海編户。唯黑水部全盛，分爲十六部落，又以南北爲㭊地。〔一五〕開元十三年，安東都護薛泰請于黑水靺鞨内置黑水軍，續更以最大部落爲黑水府，仍以首領爲都督，諸部刺史隸屬焉。中國置長史，就其部落監領之。十六年，其部落都督賜姓李氏，賜名獻誠，授雲麾將軍兼黑水經略使，仍以幽州都督爲其押使，自此朝貢不絶。

舊説黑水西北有思慕靺鞨，正北微東十日程有郡利靺鞨，東北十日程有窟説靺鞨，亦謂之屈設，東南十日程有莫曳，皆靺鞨。今黑水靺鞨界，南至渤海國德理府，〔一六〕北至小海，東至大海，西至室韋，南北約二千里，東西約一千里。其國少馬，國人步戰。多貂鼠皮尾骨齒角、白兔、白鷹等。

初，太宗謂侍臣曰：「靺鞨遠來，蓋突厥降，朕之所致也。昔周宣之時，獫狁孔熾，出兵驅逐，比之蚊蚋，議者以爲中策。漢武北事匈奴，中國虚竭，議者以爲下策。秦始皇北築長城，人神怨怒，議者以爲無策。然則自古以來，其無上策乎！朕承隋之弊，而四夷歸服，無爲而治，得非上策乎！」禮部侍郎李百藥進曰：「陛下以武功定四方，以文德綏萬物，至道所感，格于天地，斯蓋二儀降福，以祚聖人，豈與夫周、漢設策，校其長短哉！」太宗大悦。其拂湼、鐵利等諸部落，自唐初至天寶末，亦嘗朝貢，或隨渤海使而來，惟郡利、莫曳皆三兩部未至。及渤海寖强，黑水亦爲其役。至元和十一年，渤海、靺鞨遣使朝貢焉。

土俗物産：其國有大水，闊三里餘，名速末水。其地下濕，築堤鑿穴以居，屋形象冢，開口于上，以梯出入。無牛，有車馬。田則耦耕，車則步推。有粟及麥穄，菜則有葵。水氣鹹，凝鹽生樹上，亦有鹽池。多猪，無羊。嚼米醞酒，飲能致醉。婦人則布裙，男子衣猪犬皮裘，頭插虎豹尾，善射獵。其父母春夏死，立埋之，冢上作屋，不令雨濕；若秋冬死，以其屍捕貂，貂食其肉，則多得之。俗以溺洗手面，于諸夷最爲不潔。

扶桑國

扶桑國。南齊時聞焉。廢帝永元初，其國有沙門慧深來至荆州，説云：「扶桑在大漢國東二萬餘里，地在中國之東。作板屋，無城郭。有文字，以扶桑皮爲紙。無兵甲，不攻戰。名國王爲乙祁，貴人第一者爲大對盧，第二爲小對盧，第三者爲納咄沙。國王行有鼓角導從。〔一七〕其衣色隨年改易，甲乙年青，丙丁年赤，戊己年黄，庚辛年白，壬癸年黑。嗣王立，三年不視國事。自宋孝武帝大明二年，罽賓國有比丘五人遊行至其國，始通佛法像教焉。」

風俗物産：其土多扶桑木，葉似桐，初生如筍，國人食之。實如梨而赤，績其皮爲布，以爲衣，亦以爲錦。有牛角甚長，以角載物，至勝二十斛。車有馬車、牛車、鹿車。國人養鹿如牛，以乳爲酪。有赤梨，經年不壞。多蒲萄。其地無鐵有銅，不貴金銀。市無租估。其婚姻法，大抵與中國同。親喪七日不食，祖父母喪五日不食，兄弟伯叔姊妹喪三日不食。設坐爲神像，朝夕拜奠，不制衰絰。嗣王立，三年不視國事。

地。

女國

女國。〔一八〕慧深曰：「在扶桑東千餘里。其人容貌端正，色甚潔白，身體有毛，髮長委地。至二三月，競入水則妊娠，六七月産子。女人胸前無乳，項後生毛，根白，毛中有汁，乳子百日能行，三四年則成人矣。見人驚避，偏畏丈夫。食鹹草，如禽獸。鹹草葉似邪蒿，而氣香味鹹。」梁武帝天監六年，有晉安人渡海，爲風所飄，至一島，登山岸，有人居，女則如中國人，而言語不可曉。男則人身狗頭，其聲如犬吠。其食有小豆，其衣如布。築土爲墻，其形圓，其户如竇。

文身國

文身國。梁時聞焉。在倭國東北七千餘里。人體有文如獸，其額上有三文，文大直者貴，文小曲者賤。土俗歡樂，物豐而賤，行客不賫糧。有屋宇，無城郭。國王所居，飾以金銀珍麗，繞屋爲塹，廣一丈，實以水銀，雨則流于水銀之上。市用珍寶。

大漢國

大漢國。梁時聞焉。在文身國東五千餘里。無兵戈，不攻戰。風俗並與文身國同，而言語異。

流求國

流求國，自隋聞焉。居海島之中，當建安郡之東，水行五日而至。閩川東也。土多山洞。其王姓歡斯，名渴剌兜，不知其由來有國代數也，彼土人呼之爲「可老羊」，妻曰「多拔茶」。所居曰「波羅檀洞」，塹柵三重，環以流水，樹棘爲藩。王所居舍，其大十六間，雕刻禽獸。國有四五帥，統諸洞，洞有小王。往往有村，村有鳥了帥，並以善戰者爲之，自相樹立，理一村之事。男女皆以白紵繩纏頭髮，從後盤繞至額，婦人以羅紋白布爲帽，織鬬鏤皮并雜色紵及雜毛以爲衣，製裁不一。織藤爲笠，飾以毛羽。兵有刀、矟、弓、箭、劍、鈹之屬。編紵爲甲，或用熊豹之皮。王乘木獸，令人轝之而行，導從不過數十人。國人好相攻擊，人皆驍健善走，難死而耐瘡。諸洞各爲部隊，不相救助。兩陣相當，勇者三五人相擊射，如其不勝，一軍皆走。遣人致謝，即共和諧，收其鬬死者共聚而食之。

隋煬帝大業初，海帥何蠻等云：「春秋二時，天清風静，東望依稀，似有烟霧之氣，亦不知有幾千里。」三年，帝命羽騎尉朱寬入海求訪異俗，遂與何蠻俱往，因到流求國，言語不相通，掠人并取其布甲而還。〔一九〕時倭國使來朝，見之曰：「此夷邪久國人所用也。」帝遣武賁郎將陳稜、朝請大夫張鎮州率兵自義安今潮陽郡。〔二〇〕浮海擊之，至流求。初，稜將南方諸國人從軍，有崑崙人頗解其語，遣人慰諭之，流求不從，拒逆官軍，稜擊走之，進至其都，頻戰皆敗，焚其宫室，虜其男女數千人而還。自爾遂絶。

風俗物産：其人食用手。無賦斂，有事則均税。無文字，視月虧盈而以紀時節，候草枯以爲年歲。人深目長鼻，頗類于胡人。縱年老，髮多不白。無君臣上下之節、拜伏之禮。父子同床而寢。婦人産乳，必食子衣。以木槽中曝海水爲鹽，木汁爲醋，釀米麴爲酒，其味甚薄，遇得異味，先進尊長。凡有宴會，執酒者必待呼名而後飲；上王酒者，亦呼王名，銜盃同飲，頗同突厥。歌呼蹋蹄，一人唱，衆人皆和，〔二一〕音頗哀怨。扶女子上膊，摇首而舞。其死者氣將絶，舉于庭，浴其屍，以布纏之，裹以葦草，襯土而殯，〔二二〕上不起墳。〔二三〕子爲父者，〔二四〕數月不食肉。有熊、羆、豺、狼，尤多猪、雞，無牛、羊、驢、馬。厥田良沃，先以火燒，而引水灌之，持一插，以石爲刃，長尺餘，闊數寸，而墾之。土宜播種，樹木同江表，多鬭鏤樹，似橘而葉密，條纖如髮，紛然垂下。氣候與嶺南相類。俗事山海之神，祀以酒肴。鬭戰殺人，便將所殺人祭其神。王之所居，壁下多聚髑髏以爲佳。

卷一百七十五校勘記

〔一〕後以其中大人爲使者　按後漢書卷八五東夷列傳：「臣屬句麗，句麗復置其中大人爲使者。」三國志卷三〇魏書東夷傳同，此當脱「句麗」二字。

〔二〕闞之輒生子　「闞」，底本作「闕」，據萬本、傅校、庫本及後漢書東夷傳、通典卷一八六邊防二、太平御覽卷七八四四夷部五改。

〔三〕其形如中國人衣　後漢書東夷列傳作「其形如中衣人」，三國志魏書東夷傳作「其身如中衣人」，此「國」當爲衍字。

〔四〕其城皆在沃沮東大海中也　「在」，底本脱，據萬本、庫本、傅校及三國志魏書東夷傳、通典邊防二補。

〔五〕開一頭爲户　「頭」，底本作「竇」，據萬本、庫本、傅校及三國志魏書東夷傳、通典邊防二、太平御覽四夷部五改。

〔六〕刻木爲主　「爲主」，萬本、庫本同，傅校改作「如生」。太平御覽四夷部五同，三國志魏書東夷傳作「如生形」，通典邊防二作「如主」，皆是。

〔七〕在夫餘東北千餘里　「東」，原脱，據後漢書東夷傳、三國志魏書東夷傳、通典邊防二、太平御覽四夷部五補。

〔八〕國東北有山出石　「東北」，底本作「東」，萬本、庫本同，據傅校及晉書卷九七四夷傳、通典邊防二、太平御覽四夷部五補改。

〔九〕力如弩　「弩」，原作「砮」，據後漢書東夷列傳、三國志魏書東夷傳、通典邊防二、太平御覽四夷部五改。

〔一〇〕粟末部　「粟」，底本作「栗」，萬本、庫本同。據册府元龜卷九五六、新唐書卷二一九北狄傳、資治通鑑卷一八九唐武德四年胡三省注改。下同。

〔一一〕汨咄部　「汨」，北史卷九四勿吉傳、隋書卷八一東夷傳、新唐書北狄傳、太平御覽四夷部五作「伯」，册府元龜卷九五六作「泊」，唐會要卷九六靺鞨作「泊」。

〔一二〕安車骨部　北史勿吉傳、隋書東夷傳、太平御覽四夷部五同，新唐書北狄傳、唐會要靺鞨「車」作「居」。

〔一三〕拂湼隋書新唐書作拂涅部　按北史勿吉傳、唐會要靺鞨、太平御覽四夷部五亦作「拂涅」，通典邊防二作「拂湼」。

〔一四〕難河　「難」，底本作「灘」，萬本、庫本同，據魏書卷一〇〇勿吉傳、北史卷九四勿吉傳、通典邊防

二、太平御覽四夷部五改。

〔一五〕又以南北爲椈地　「椈地」，舊唐書卷二一九北狄傳、新唐書北狄傳、唐會要靺鞨皆作「稱」，疑此誤。

〔一六〕南至渤海國德理府　「德理府」，唐會要靺鞨作「顯德府」。按新唐書卷四三地理志七附賈耽入四夷道里記：渤海王城，「其北經德理鎮，至南黑水靺鞨千里。」則是德理鎮，疑此「府」爲「鎮」字之誤。

〔一七〕國王行有鼓角導從　「王」，底本作「主」，庫本同，據萬本、本書上文及梁書卷五四諸夷傳、南史卷七九夷貊傳下、通典邊防二改。

〔一八〕女國　原校：「按諸書所載女國有三：其一在扶桑東，似非人類；其一在西南夷中，號東女國；其一在西域葱嶺之南，當是東女國所別東西者。通典有扶桑女國，無葱嶺女國，唐會要有東女國、葱嶺女國，新唐書但有東女國。今記元本亦止載東女國一國，然誤置之東夷扶桑國之下，今從通典移入西南蠻中，以其接附國，故置之附國、哀牢之間。又以通典扶桑女國增附于扶桑之後，補今記之遺缺云。」按通典卷一九三邊防九載有葱嶺南之女國，云「通典有扶桑女國，無葱嶺女國」，甚誤。又通典卷一八七邊防三南蠻上附國前後無「東女國」，云「從通典移入西南蠻中，以其接附國，故置之附國、哀牢之間」，亦誤，實據新唐書卷二二一上西域傳、唐會要卷九九所載西羌之別種東女國誤移於西南蠻附國之後，參見本書卷一七九校勘記〔二九〕。本記所載與通典邊防二同，是也。

〔一九〕掠人并取其布甲而還　按隋書東夷傳：「言不相通，掠一人而返。明年，帝復令寬慰撫之，流求不從，寬取其布甲而還。」北史流求傳略同，則掠人、取布甲非一年事。

〔二〇〕潮陽郡　「潮」，底本作「朝」，據新唐書卷四三地理志七上、本書卷五八潮州及通典邊防二改。萬本、庫本皆缺。

〔二一〕衆人皆和　「皆」，底本脱，據庫本及通典邊防二補。萬本、傅校及北史流求傳、隋書東夷傳皆作「衆皆和」。

〔二二〕襯土而殯　「襯」，北史流求傳、太平御覽四夷部五同，隋書東夷傳作「親」，通典邊防二作「雜」。

〔二三〕上不起墳　「不」，底本作「下」，萬本同，據庫本及北史流求傳、隋書東夷傳、通典邊防二、太平御覽四夷部五改。

〔二四〕子爲父者　北史流求傳、隋書東夷傳同，通典邊防二、太平御覽四夷部五作「爲子者」，是，此「子爲」乃「爲子」之倒誤，「父」衍字。

太平寰宇記卷之一百七十六

四夷五

南蠻一

南蠻總述

昔在虞舜，南巡至于蒼梧，今桂州也。禹貢：「淮、海惟揚州。」傳曰：「北距淮，南至海。」然則南至海裔，尚爲九州焉。其後德有衰隆，化有遠邇，蓋自五嶺以外，浸爲夷俗焉。流驩兜于崇山，今驩州也。去長安一萬一千三百里。周爲越裳之國。秦初得天下，謫卒戍五嶺而守之，其後踰嶺攻取陸梁之地，命任囂尉之，今南越是也，其爲中國也久。東自閩越濱海，而及瓊、振、儋、崖五州，〔一〕自此西限海裔，其南皆南夷，今海中諸國是也。其海南諸國，漢時通焉，大抵在交趾南及西南，居大海中洲上，相去或四五千里，遠者乃二三萬里，乘舶舉帆，道里不可詳知。外國諸書雖言里數，〔二〕亦非近實。其西與諸胡國接。漢書云元鼎中，遣伏波將軍路博德開南越，置日南郡。其徼外諸國，自武帝以來皆獻貢。後漢桓帝時，〔三〕大秦、天竺皆由此道遣使貢獻。及吴大帝遣宣化從事朱應、中郎康泰使諸國，其所經及傳聞，則有百數十國，因立記傳。洎晉代通中國者蓋尠。及宋、齊，至者有十餘國。自梁武、隋煬，其至者踰于前代。唐已來，又踰梁、隋，至者皆是重譯而至。其牂柯、夜郎、黔中、武陵，今爲郡暨縣，雜居中夏，爲徼内夷，附之篇末。

徼外南蠻〔四〕

黄支　哥羅　林邑　扶南　頓遜　毗騫　于陀利

狼牙修　婆利　盤盤

黄支國

黄支國。漢時通焉。去合浦、日南三萬里。俗畧與朱崖相類。自武帝已來皆獻見，地貢銀、硃、〔五〕玉璧、琉璃、奇石異物，大珠圓及二寸，〔六〕而至圓者，置之平地，終日不停。

哥羅國

哥羅國。漢時通焉。在盤盤東南，亦曰歌羅富沙羅云。其王姓矢梨婆羅，名米矢鉢羅。其理城疊石爲之，城有樓闕，門有禁衛，宫室覆之以草。國有二十四州而無縣。庭列儀仗，有纛，以孔雀羽飾焉。兵器有弓箭、刀稍、皮甲。征伐乘象，一隊有象百頭，每象有百人衛之。象鞍有鉤欄，欄中有四人，一人執稍，一人執弓矢，一人執殳，一人執刀。賦税人出銀一銖。國無蠶絲、麻苧，惟有古貝布。畜有牛，少馬。其俗，非有官者不得上髮裹頭。又嫁娶初問婚，惟以檳榔爲禮，多者至二百盤。成婚之時，惟以黄金爲財，多者至二百兩。女嫁訖，從夫姓。音樂有琵琶、横笛、銅鈸、鐵鼓。死則焚屍，盛以金罌，沈之大海。自唐天寶初至乾元中，並來朝貢。

林邑國

林邑國。本秦象郡林邑縣地，漢爲象林縣，屬日南郡。按日南郡，古越裳之國也，〔七〕伏波將軍馬援開境置此縣。縱廣六百里，〔八〕在交趾南，海行三千里，馬援所植二銅柱表漢界處。後漢末大亂，縣功曹姓區，有子曰連，殺縣令，自號爲王，子孫相承。吴時通使，其後王無嗣，外孫范熊代立。熊死，子逸代立。尊官有二：其一曰西那婆帝，其二曰薩婆帝歌。〔九〕其屬官三等：其一曰倫多姓，次歌倫致帝，次乙地伽蘭。外官分爲二百餘部，其長官曰弗羅，次曰阿倫，〔一〇〕如牧宰之差。書樹葉爲紙，施椰葉爲席。男女皆横幅古貝繞腰以下，謂之干縵，亦曰都漫。穿耳以小環爲飾。〔一一〕貴者著革履，賤者跣行。自林邑並扶南以南諸國皆然也。其王戴金花冠，形如章甫，加瓔珞，出則乘象，吹螺擊鼓，罩古貝繖，又以古貝爲幡旗，則王者之飾也。不設刑獄，有罪則付象蹋殺之。又林邑浦外有不勞山，罪人亦逐此山，〔一二〕令其自死。其大姓號「婆羅門」，嫁娶必用八月。女先求男，由貴男而賤女也，同姓還相婚姻。人性凶悍，果于戰鬭。有弓箭、刀槊，以竹爲弩。樂有琴、笛、琵琶、五絃，頗與中國同。每擊鼓以警衆，吹蠡以即戎。〔一三〕其人深目高鼻，髮拳色黑，婦人椎髻。四時暄煖，無霜雪。王死七日而葬，有官者三日，庶人一日。皆以函盛尸，鼓舞導從，〔一四〕舉至水次焚之，〔一五〕收餘骨，王則納金罌中，沈之于海；有官者以銅，沈之于海口；庶人以瓦，送之于江。男女皆截髮，隨喪至水次，盡哀而止。其寡婦孤居，散髮至老。人皆奉釋法，文字同于天竺。王事尼乾道，鑄金銀人像大十圍。

至晉武帝太康中，又來貢獻。成帝咸康二年，范逸死，奴文簒立。文本日南西捲音拳。〔一六〕縣夷帥范稚家奴也，常牧牛于山澗，得鯉魚二，化爲鐵，因以鑄刀。刀成，文向石呪曰：〔一七〕「若斫石破者，〔一八〕文當王此國。」因斫石如斷芻藁，文心異之。范稚常使之商賈至林邑國，遂教林邑國王作宮室及兵車器械，王寵任之。後乃讒王諸子，各奔餘國。王死無嗣，遂脅國人自立爲王，乃攻旁國，併之，〔一九〕有衆四五萬。至穆帝永和三年，文率其衆攻陷日南，今郡也。〔二〇〕遂據其地，告交州刺史朱蕃，交州，今安南府。求以日南北鄙今郡也。橫山爲界。初，徼外諸國嘗賫寶物自海路來貿貨賄，而交州刺史、日南太守多貪利侵侮，十折二三，由是諸國怨憤。且林邑少田，故貪日南之地，攻陷之。文又襲九真，今郡也。〔二一〕害士庶十八九。文死，子佛立，猶屯日南。九真太守灌邃率兵討佛，走之，邃追至林邑。時五月立表，日在表北，影在表南九寸一分，自北影之南，故開北户以向日，此大較也。佛乃請降。其後頻寇日南、九德之郡，今安南日南郡界。殺傷甚多，交州遂致虛弱。至佛曾孫文敵立，後爲扶南王子當根純所殺，大臣范諸農平其亂，而自立爲王。死，子陽邁立；死，子咄立，〔二二〕復名曰陽邁。初，其父陽邁母始產，夢人以金席藉之，夷人謂金曰陽邁，故爲名。至咄纂父業，故又名。

宋文帝元嘉中，侵暴日南、九德諸郡，宋九德即今安南日南郡縣。〔二三〕宋使交州刺史檀和之、振武將軍宗慤討之，克林邑，陽邁父子並挺身奔逃，所獲珍異，皆是未名之寶，又銷其金人，得黃金數十萬斤。其後累代，自宋、齊、梁、陳皆遣使朝貢。隋文帝既平陳，後遣大將軍劉方率步騎萬餘人擊之，〔二四〕其王梵志率其徒乘象而戰，方多掘小坑，草覆其上，因以兵挑之。

梵志悉衆而陣，方僞北走，梵志逐之，其象多陷，轉相驚駭，軍遂亂。方縱兵擊之，〔二五〕大破之，遂棄城而走。方入其都，獲其廟主十八枚，皆鑄金爲之，蓋其有國十八葉矣。方既平其國，班師，故地遂空。梵志收合遺人，別建國邑。

至唐貞觀中，其王范頭利死，國人共立頭利女爲王。諸葛地者，頭利之姑子。女王獨任，國中不寧，大臣何倫翁定乃立地爲王，〔二六〕妻之以女主，其國乃定。諸葛地自立後，遣使何倫因地盤獻火珠，大如雞卵，圓白皎潔，狀如水晶，日正午時，以珠承影，取艾依之，火見，云得之于羅刹國。八年，又獻白鸚鵡，善于應答，太宗憫之，付其使，令放還林藪。今之主即梵志之後，〔二七〕在日南郡西，陸行二十餘日方至。十四年，又獻通天犀十枝，及諸寶珍稱是。永徽、總章中，其王鉢迦舍跋摩累獻馴象。〔二八〕開元中，其王建多達磨又貢馴象、琥珀、沈香。天寶八載，其王盧陀羅使獻珍珠一百條、沈香二十斤、〔二九〕鮮白氎音牒。〔三〇〕二十隻。自至德後，遂改稱環王國，〔三一〕不復以林邑爲國號。又貞元九年十一月，遣使來貢犀牛。元和四年八月，安南都護張舟奏破環王國，〔三二〕執僞驩、愛州都統，殺三萬餘人，獲其王子五十九人，戰械船、戰象稱之。

四至：其地縱廣可六百里，〔三三〕去日南界四百餘里。其南，水步道二百餘里，〔三四〕有西屠夷，亦稱王焉，即馬援所植兩銅柱表漢界處。馬援北還，留十餘户于銅柱處。至隋有三百餘户，悉姓馬，土人以爲流寓，號曰「馬流人。」銅柱尋没，馬流人常識其處。又林邑記云「馬援樹兩銅柱于象林南界，與西屠國分漢之南界」是也。又云：「銅柱山周十里，形如倚蓋，西跨重巖，〔三五〕東臨大海。」屈璆道理記又云：「林邑大浦口有五銅柱存。」

土俗物産：其地常温，不識冰雪，多霧雨。人能用弩，以藤爲甲。信佛法。以二月爲歲首，稻一歲再熟。有結遼鳥，解人語也。山石皆赤色，其中生金，金夜即飛，〔三六〕狀如螢火。又出瑇瑁、貝齒、古貝、沈香。古貝，樹名也，其華成如駥音崧。毛，〔三七〕抽以績紡作布，潔白與紵布不殊，亦染成五色，織爲斑布也。沈木者，土人破斷之，積以歲年，朽爛而心節獨在，置水中則沈，故曰沈香，次不沈者，棧香也。又出猩猩獸。爾雅云：「肉之美者，猩猩之脣。」多琥珀。松脂淪入地，千歲爲茯苓，又千歲爲琥珀，在地，其上及旁不生草木，深者或八九尺，大如斛，削去皮成焉，初如桃膠，凝成乃堅。其金寶物産，大抵與交趾同。以塼爲城，蜃灰塗之。居處爲閣，名曰干蘭，皆開北户向日，或東西無定。

扶南國

扶南國。在日南郡之南，海西大島中。〔三八〕國俗本倮，文身被髮，不製衣裳。其先有女人爲王，號曰柳葉，年少壯健如男子。其南有激國人名混填來伐，柳葉降之，遂以爲妻，惡其躶露，乃穿疊布貫其首，理其國。子孫相傳。至王混盤況死，國人立其大將范師蔓爲王。蔓勇健有權畧，以兵伐旁國，咸服屬之，自號扶南大王，開地五六千里。蔓死，國亂，大將范尋自立爲王。是中國吴、晉之代也。

吴時，遣康泰、朱應使于尋國，國人猶躶，惟婦人着貫頭。泰、應謂曰：「國中實佳，但人褻露可怪耳。」尋始令國内男子著横幅，今干縵也。大家乃截錦爲之，貧者用布。晉泰始、太康中，皆遣使貢獻。東晉時，有竺旃檀稱王，亦遣使。其後王憍陳如，本天竺婆羅門也，有神語曰應王扶南，憍陳如南至盤盤。扶南人聞之，迎而立焉，復改制度，用天竺法。今其國人居不穿井，〔三九〕數十家共一池引汲之。俗事天神，以銅爲像，二面者四手，四面者八手，手各有所持，或小兒，或鳥獸，或日月。王坐則偏踞翹膝，垂左膝至地，以白疊敷前，設金盆香爐于其上。居喪則剃除鬚髮。其國法無獄訟，訟者以金環、雞卵投沸湯中，令探取之，若無實者，手即爛，有理者不損。又于城溝中養鰐魚，門外圈猛獸，有罪者，輒以餧猛獸及鰐魚，〔四〇〕魚獸不食者爲無罪，三日乃放之。

宋、齊、梁常獻方物。其國有佛，髮長一丈二尺，梁武帝詔沙門迎之。〔四一〕先是，武帝改造阿育王寺塔，出舊塔下舍利及佛爪髮，髮有青紺色，衆僧以手伸之，隨手長短，放之即旋屈如螺蠡形。又隋書：「其扶南國王姓古龍，諸國亦多姓古龍，訊耆老，言『崑崙無姓氏，乃訛矣。』」唐武德後，頻使人貢獻。貞觀中，又獻白頭國二人于洛陽。其國在扶南之西，又當參半之西南，男女生皆素首，身又凝白，居山洞之中，四面巖險，故人莫至，其地界與參半國相接。

四至：去日南可七千里，在林邑西南三千餘里，其境廣袤三千餘里。

土俗物産：土地坳下而平博，氣候、風俗、物産大較與林邑同。有城邑宮室，國王居重閣，以木柵爲城。海邊生大若葉，〔四二〕長八九尺，編其葉以覆屋。國人亦爲閣居。爲船八九丈，廣方六七尺，頭尾似魚。國王行乘象。人無禮義，男女共奔。皆醜黑鬈髮，躶身跣行。耕種爲務，一歲種，三歲穫。又好彫文刻鏤，食器多以銀爲之。出金剛，可以刻玉，狀如紫石英，其所生乃在百丈水底盤石上，如鍾乳，人没水取之，竟日乃出，以鐵鍾之而不傷，鐵乃自損，以羖一作「羚」。〔四三〕羊角扣之，灌然冰泮。貢賦以金、銀、珠、香。亦有書記府庫，文字類胡。

頓遜國

頓遜國。梁時聞焉，一曰典遜。徼外諸國賈人多至其國市焉，所以然者，頓遜迴入海中千餘里，漲海無涯岸，船未曾得逕過也。其市東西交會，日有萬餘人，珍物寶貨無種不有。又有酒樹，似安石榴，採其花汁，停酒甕中，數日成酒。出藿香，插枝便生，葉似都梁，以裛衣。國有區撥等花十餘種，〔四四〕冬夏不衰，日載數十車貨之。其花，燥更芬馥，亦末爲粉，以傅身焉。其俗又多鳥葬，將死，親賓歌舞送于郭外，有鳥如鵝，口似鸚鵡而紅色，飛來萬計，家人避之，鳥食肉盡乃去，燒其骨沈海中，以爲上行人也，必生天。鳥若迴翔不食，其人乃自悲，復以己爲有穢，乃更就火葬，以爲次行也。若不能生入火，又不被鳥食者，以爲下行也。

四至：在海崎上，地方千里，有五王，〔四五〕並羈屬扶南，北去扶南可三千餘里。〔四六〕其國之東界通交州，其西界接天竺、安息。

物産：序中但屬物産，不復録于此也。〔四七〕

毗騫國

毗騫國。梁時聞焉。在頓遜之外大海洲中，去扶南八千里。傳其王身長丈二，頸長三尺，〔四八〕自古來不死，莫知其年。其王神聖，〔四九〕知將來事，南方號曰長頸王。國俗，有室屋衣服，噉粳米。其人言語小異扶南。國内不受估客，有往者亦殺而噉之，是以商旅不敢至。王常樓居，不血食，不事鬼神。其子孫生死如常人，唯王不死。

又傳扶南東界即大漲海，海中有大洲，洲上有諸薄國，國東有馬五洲，復東行漲海千餘里有然火洲，〔五〇〕其上有樹生火中，洲左近人剥其皮，紡績作布，極得數尺，以爲手巾，與蕉麻無異而色微青黑，若小有垢污，則投火，復更精潔，即火浣布，或作燈炷，用之不盡也。

干陁利國〔五一〕

干陁利國。梁時通焉。在南海洲上。其俗與林邑、扶南畧同。出班布、古貝、檳榔。檳榔特精好，〔五二〕爲諸國之極。武帝天監初，遣使入貢。後無聞焉。

狼牙修國

狼牙修國。梁時通焉。在南海中。其界東西三十日行，〔五三〕南北二十日行，北去廣州二萬四千里。土氣物産與扶南略同。其土偏多箋、沈、婆律等香。其俗男女皆袒而被髮，以古貝布爲干縵。其王及貴臣乃加雲霞布覆髀，〔五四〕髀，簿計切。以金繩爲絡帶，金環貫耳。女則披布，以纓絡纏身。其國累磚爲城，有重門樓閣。王出乘象，有幡旄旗鼓，罩白蓋，兵衛甚設。武帝天監中，遣使貢方物，其使云，立國以來四百餘年。

婆利國

婆利國。梁時通焉。在林邑東南，海行可萬里，海中洲上，自交趾浮海，南過赤土、丹丹國，乃至其國，去廣州二月日行。國界東西五十日行，南北二十日行，有一百三十六聚，其地延袤數千里。土氣暑熱，常如中國之盛夏。穀一歲再熟，〔五五〕草木常榮。海中出文螺、紫貝。有石名蚶火談切。貝羅，初採之時柔軟，刻削爲物曝乾之，遂堅硬。有鳥名舍利，解人語。其國人皆黑色，穿耳附璫，披古貝如帊，音帕。〔五六〕及爲都縵。王乃用班絲者，〔五七〕以瓔絡繞身，頭著金冠，高尺餘，形如弁，綴以七寶，帶金裝劍，偏坐金高坐，以銀蹬支足，〔五八〕侍女皆爲金花雜寶之飾，或持白旄拂及孔雀扇。王出以象駕輿，輿以雜香爲之，施羽蓋珠簾，其導從吹螺擊鼓。國人善投輪刃，其大如鏡，中有竅，外鋒如鋸，遠以投人，無不中，其餘兵器，與中國略同。俗類真臘，物産同于林邑。

王姓憍陳如，自古未通中夏。武帝天監中，來貢方物。隋大業中，亦來，其王姓刹利耶伽。唐貞觀四年，遣使朝貢。

盤盤國

盤盤國。梁時通焉。在南海大洲中，北與林邑隔小海，自交州船行四十日，至其國。其王曰揚粟翨，〔五九〕音翅。粟翨父曰揚德武連，亦不知其來。百姓多緣水而居。國無城，皆竪木爲柵。王坐金龍床，每坐，諸大人皆兩手交抱肩而跪。〔六〇〕又其國多有婆羅門，自天竺來，就王乞財物，王甚重之。其大臣曰勃郎索濫，次曰崑崙帝也，次曰崑崙勃和，去聲。〔六一〕次曰崑崙勃帝索甘，〔六二〕或謂古龍，蓋其言崑崙、古龍，聲相近耳。在外城者曰那延，猶中夏刺史、縣令也。其兵矢多以石爲鏃，矟則以鐵爲刃。有僧尼，皆食肉，而不飲酒，亦有道士，不食酒肉，〔六三〕讀阿修羅王經，其國不甚重之。俗皆呼僧尼爲比丘，呼道士爲貪。隋大業中，亦遣使朝貢。

卷一百七十六校勘記

〔一〕瓊振儋崖五州　按瓊、振、儋、崖，僅四州，云「五州」，數不符。諸州地，今皆有海南島，據舊唐書卷四一地理志四、新唐書卷四三地理志七，在今海南島尚設萬安州，與上述四州合爲五州之數，此或脱「萬安」二字。

〔二〕外國諸書雖言里數　「書」，通典卷一八八邊防四同，宋書卷九七夷蠻傳作「夷」。

〔三〕後漢桓帝時　「後漢」，底本無，據萬本及梁書卷五四諸夷傳、南史卷七八夷貊傳上、通典邊防四補。

〔四〕徼外南蠻　萬本「南蠻」下有「一」字，中大本、庫本同，傅校補。按本卷上文已列目「南蠻一」，此不應重出，且本書卷一七七、一七八徼外南蠻並不注「二」、「三」，萬本、中大本、庫本並誤。

〔五〕銀硃　傅校改「明珠」，同通典邊防四、太平御覽卷七八五四夷部六。

〔六〕大珠圓及二寸　「圓」，傅校作「圍」，同通典邊防四、太平御覽四夷部六，疑此「圓」爲「圍」字之誤。

〔七〕古越裳之國也　「國」，梁書諸夷傳、南史夷貊傳上、通典邊防四、太平御覽卷七八六四夷部七皆作「界」，疑此誤。

〔八〕縱廣六百里　「廣」，底本作「横」，萬本、庫本同，據傅校及梁書諸夷傳、南史夷貊傳上、通典邊防四、太平御覽四夷部七改。

〔九〕薩婆帝歌　「帝」，庫本同，萬本作「地」，北史卷九五林邑傳、隋書卷八二南蠻傳、太平御覽四夷部七同，音同字異。

〔一〇〕阿倫　「阿」，萬本作「可」，北史林邑傳、隋書南蠻傳作「可輪」，太平御覽四夷部七作「可倫」。

〔一二〕穿耳以小環爲飾　庫本同，萬本作「穿耳貫小環」，傳校改同，同南史夷貊傳上、通典邊防四、太平御覽四夷部七。

〔一三〕罪人亦逐此山　「逐」，萬本、庫本皆作「送」，傳校改同，同通典邊防四。按於文義作「逐」爲長。

〔一四〕吹蠡以即戎　「即」，底本作「節」，萬本、庫本同，據北史林邑傳、隋書南蠻傳改。

〔一五〕鼓舞導從　「導」，底本作「道」，萬本、庫本同，據傳校及北史林邑傳、隋書南蠻傳、通典邊防四、太平御覽四夷部七改。

〔一六〕舉至水次焚之　「舉」，萬本、庫本同，傳校改作「轝」，同通典邊防四。北史林邑傳、隋書南蠻傳作「輿」。此「舉」蓋爲「轝」字之誤。

〔一七〕音拳　萬本、庫本皆無此二字。

〔一八〕文向石呪曰　「石」，底本作「北」，庫本同，據萬本及梁書諸夷傳、南史夷貊傳上改。

〔一九〕若斫石破者　「者」，底本脱，據萬本、庫本、傳校及南史夷貊傳上、太平御覽四夷部七補。

〔二〇〕王死無嗣至併之　萬本作「及王死無嗣，文僞於鄰國迓王子，置毒於漿中而殺之，遂脅國人自立爲王，舉兵攻旁小國，皆吞滅之」，略同梁書諸夷傳、南史夷貊傳上。

〔二一〕今郡也　「也」，通典邊防四作「地」。下文「日南北鄙」注文「今郡也」同。

〔二二〕今郡也　「也」，通典邊防四作「地」。

〔二二〕子咄立　「立」，底本脱，萬本、庫本同，據梁書諸夷傳、南史夷貊傳上補。

〔二三〕宋九德即今安南日南郡縣　按通典邊防四作「宋九德郡即今安南日南郡界」，此「九德」下當脱「界」字。

〔二四〕劉方率步騎萬餘人擊之　「率」，底本脱，萬本、庫本同，據北史林邑傳、隋書南蠻傳、通典邊防四補。

〔二五〕方縱兵擊之　「之」，底本脱，據萬本、庫本、傅校及隋書南蠻傳補。

〔二六〕何倫翁定　「何」，萬本、庫本同，通典邊防四、太平御覽四夷部七作「可」，下文「何倫因地盤」之「何」同。

〔二七〕今之主即梵志之後　「主」，通典邊防四作「環王國主」。按新唐書卷二二二下南蠻傳下：「環王，本林邑也。」又云：「至德後，更號環王。」則通典是。

〔二八〕鉢迦舍跋摩　「舍」，唐會要卷九八林邑國作「含」。

〔二九〕沈香二十斤　「二」，萬本、庫本同，中大本作「三」。按唐會要林邑國作「三十觔」，此「二」蓋爲「三」字之誤。

〔三〇〕音牒　萬本、庫本皆無此二字。

〔三一〕遂改稱環王國　底本無「王國」二字。按新唐書南蠻傳下：林邑，「至德後，更號環王。」唐會要林邑國：「自至德後，遂改稱環王國，不以林邑爲號。」本書下文亦云「環王國」，此當脱「王國」二字，據補。萬本、庫本皆作「遂改稱藩」，誤。

〔三二〕張舟　「舟」，底本作「冉」，庫本同，據新唐書南蠻傳下、唐會要林邑國及舊唐書卷一四憲宗紀上、資治通鑑卷二三八元和四年改。萬本、中大本作「丹」，乃「舟」字形近而訛。

〔三三〕其地縱廣可六百里　「廣」，底本作「横」，萬本、庫本同，據中大本、傅校及梁書諸夷傳、南史夷貊傳上、通典邊防四、太平御覽四夷部七改。

〔三四〕水步道二百餘里　「百」，底本作「千」，萬本、庫本同，據梁書諸夷傳、南史夷貊傳上、太平御覽四夷部七改。

〔三五〕西跨重巖　「巖」，底本作「崖」，據萬本、庫本及通典邊防四改。

〔三六〕金夜即飛　庫本作「夜即飛」，萬本作「金夜則出飛」，同梁書諸夷傳、南史夷貊傳上、通典邊防四。

〔三七〕駥音崧毛　萬本、庫本「駥」皆作「鵝」，無「音崧」二字，傅校同。按梁書諸夷傳、南史夷貊傳上、通典邊防四皆作「鵝毳」，此誤。

〔三八〕在日南郡之南海西大島中　梁書諸夷傳、南史夷貊傳上「島」作「灣」，晉書卷九七四夷傳作「在海大灣中」，南齊書卷五八東南夷傳作「在日南之南大海西灣中」。

〔三九〕今其國人居不穿井　「今」，底本作「令」，萬本、庫本同，據梁書諸夷傳、通典邊防四改。

〔四〇〕輒以飫猛獸及鰐魚　「飫」，萬本、庫本作「食」，傳校改同。按梁書諸夷傳作「餵」，南史夷貊傳上作「餧」。

〔四一〕梁武帝　底本作「梁時」，據萬本、庫本改補。按梁書諸夷傳、南史夷貊傳上皆載梁武帝大同年「詔遣沙門釋雲寶隨使往迎之」，是也。

〔四二〕海邊生大若葉　「若」，通典邊防四同，南齊書東南夷傳作「箬」，當是。

〔四三〕一作羚　萬本、庫本皆無此三字，傳校删，蓋非樂史原文。

〔四四〕區撥　「區」，底本作「逼」，據萬本、庫本及通典邊防四改。

〔四五〕在海崎上地方千里有五王　「崎」，底本作「嶇」，庫本同，據萬本、中大本、傳校及梁書諸夷傳、南史夷貊傳上、通典邊防四改。「有五」，底本脱，萬本、中大本、庫本同，據梁書諸夷傳、南史夷貊傳上、太平御覽卷七八八四夷部九補。

〔四六〕北去扶南可三千餘里　「可」，底本脱，據萬本、庫本、傳校及通典邊防四補。

〔四七〕序中但屬物産不復録于此也　萬本、庫本皆作「序中有述，不再注」，傳校改作「序中所述，多屬物産，不復録于此也」。

〔四八〕身長丈二頸長三尺　「丈二」，傳校作「丈二尺」，按梁書諸夷傳、南史夷貊傳上作「丈二」，通典邊防四作「丈二尺」。「頸」，底本作「頭」，萬本、庫本同，據傅校及册府元龜卷九九七、太平御覽四夷部九改。按本書下云「南方號曰長頸王」，則「頭」爲「頸」字之誤。

〔四九〕其王神聖　「聖」，底本作「異」，據萬本、庫本及梁書諸夷傳、南史夷貊傳上、通典邊防四、太平御覽四夷部九改。

〔五〇〕然火洲　通典邊防四同，梁書諸夷傳、南史夷貊傳上皆作「自然大洲」。

〔五一〕干陀利國　「干」，底本作「于」，庫本同，據萬本及梁書諸夷傳、南史夷貊傳上、通典邊防四、太平御覽卷七八七四夷部八改。下同。

〔五二〕檳榔特精好　「特」，底本脱，庫本同，據萬本、傅校及梁書諸夷傳、南史夷貊傳上、通典邊防四、太平御覽四夷部八補。

〔五三〕東西三十日行　「三」，底本作「二」，萬本、庫本同，據傅校及梁書諸夷傳、南史夷貊傳上、通典邊防四、太平御覽四夷部八改。

〔五四〕加雲霞布覆髀　「髀」，庫本同，萬本作「胛」。按通典邊防四作「髀」，梁書諸夷傳、南史夷貊傳上皆作「胛」。

〔五五〕穀一歲再熟　「一」，底本脱，據萬本、庫本、傅校及梁書諸夷傳、南史夷貊傳上、通典邊防四、太平御覽四夷部八補。

〔五六〕音帕　萬本、庫本皆無此二字。

〔五七〕王乃用班絲者　「者」，庫本同，萬本作「布」。按南史夷貊傳上、通典邊防四作「者」，梁書諸夷傳作「布」。

〔五八〕以銀蹬支足　「以」，底本脱，庫本同，據萬本及梁書諸夷傳、南史夷貊傳上、通典邊防四補。太平御覽四夷部八作「以金蹬支足」。

〔五九〕楊栗鷤　「栗」，底本作「粟」，據萬本、庫本、傅校及通典邊防四、太平御覽四夷部八改。下同。

〔六〇〕兩手交抱肩而跪　「跪」，太平御覽四夷部八同，通典邊防四、新唐書南蠻傳下皆作「跽」，傅校改同。

〔六一〕去聲　萬本、庫本皆無此二字。

〔六二〕崑崙勃帝索甘　按通典邊防四、太平御覽四夷部八皆作「崑崙勃帝索甘且」，此蓋脱「且」字。

〔六三〕亦有道士不食酒肉　新唐書南蠻傳下同，太平御覽四夷部八「食」上有「飲」字，當是。

太平寰宇記卷之一百七十七

四夷六

南蠻二　徼外南蠻

赤土國

赤土國。隋時通焉，扶南之别種也。直崖州之南，渡海水行百餘日，便風十餘日，經雞籠島至其國。所都土色多赤，因以爲號。王姓瞿曇氏，名利富多寒，〔四〕不知有國近遠。居僧祇城，亦曰師子城，有門三重，相去各百許步。王宫諸屋悉是重閣，北面而坐，座三重榻，衣朝霞布，冠金花冠，垂雜寶瓔珞。王榻後作一木龕，以金銀五香木雜鈿之，龕後懸一金光焰，〔五〕遠視之如項後。其官有薩陀迦羅一人，陀拏女除切。達叉二人，〔六〕迦利密迦三人，共掌政事；俱羅末帝一人，掌刑法。每城置那邪迦一人，鉢帝十人。

煬帝時，募能通絶域者。大業三年，〔七〕屯田主事常駿、虞部主事王君政等應詔，駿等自南海郡乘舟，晝夜二旬，〔八〕每值便風，至焦石山而過，東南泊陵伽鉢拔多洲，西與林邑相對，上有神祠焉。又南行，至獅子石，自是島嶼連接。又行二三日，西見狼牙修國之山，于是南達雞籠島，至于赤土之界。其王遣婆羅門鳩摩羅以舶三十艘來迎，吹蠡擊鼓，以樂隋使，進金鏁以纜駿船，月餘至其都。王遣其子那邪迦請與駿等禮見，先遣人送金盤，貯香花并鏡鑷，金盒貯香油，金缾貯香水，〔九〕白疊布四條，以擬供使者盥洗。其日未時，男女百人奏蠡鼓，婆羅門二人導路，至王宫。駿等奉詔書上閣，王以下皆坐。宣詔訖，引駿等入宴。〔一〇〕王前設兩床，其上並設草葉盤，方丈五尺，上有黄白紫赤四色之餅，牛、羊、魚、鼈、猪、瑇瑁之肉百餘品。延駿升床，從者坐于地席。及還，遣那耶迦隨駿貢方物。既入海，見緑魚羣飛水上，浮海十餘日，至林邑東南，並山而行，其海水闊千餘步，〔一一〕色黄氣腥，舟行一日不絶，云是大魚糞也。循海北岸，達于交趾。六年，還卻到中國焉。

四至：東則波羅剌國，〔一二〕西則婆羅娑國，南則訶羅旦國，北距大海，地方數千里。

土俗物産：其俗皆穿耳剪髮，無跪拜之禮，以香油塗身。俗敬佛，尤重婆羅門。婦人作髻于項後，男女通以朝霞朝雲雜色布爲衣。豪富之家，恣意華靡，唯金鐰非王賜不得服用。冬夏常温，雨多霽少，種植無時，特宜稻、穄、音祭。白豆、黑麻，〔一三〕自餘物産多同于交趾。以甘蔗作酒，雜以紫瓜根，酒色黄赤，味亦香美。亦名椰漿爲酒。〔一四〕戲有雙陸、雞卜。冬至之日，影直在下；夏至之日，影在南。户皆北向。

真臘國

真臘國。隋時通焉，在林邑西南，本扶南之屬國也。王姓刹利，自其祖漸以强盛。有戰象五千頭。〔一五〕至其王質多斯那，遂兼扶南而有之。其國王死，子伊奢那先代立。大業中，遣使朝貢。居于伊奢那城，郭下二萬餘家。城中有大堂，是其聽政之所。大城三十，城有數千家，各有部帥，官名與林邑國同。其王坐五香七寶床，上施寶帳，以文木爲竿，象牙金鈿爲壁，狀如小屋，〔一六〕懸金光焰，有同于赤土。有五大臣及諸小臣。朝者，輒于階下三稽首，王喚上階，則跪，以兩手抱膊，繞王環坐。議政事訖，跪伏而去。其國與參半、朱江二國和親，數與林邑、陀桓二國戰爭。王初立之日，所有兄弟並刑殘之，或去一指，或劓其鼻，别處供給，不得仕進。

唐武德六年，遣使貢方物。貞觀二年，又與林邑國俱來朝貢，時太宗嘉之，賜物甚厚。今南方人謂真臘國爲吉蔑國。自神龍以後，真臘分爲二：半以南近海多陂澤處，今謂之水真臘國；半以北多山阜處，今謂之陸真臘國，亦謂之文單國。永徽二年，貢馴象。聖曆初、開元五年、天寶九載，並遣使來朝貢，進犀牛。

其國分爲水陸二國，水真臘國者，其境東西南北約皆八百里，東至奔陀浪州，〔一七〕西至墮羅鉢底國，南至小海，北至陸真臘國。其王所居城號婆羅提拔城。國之東界有小城，皆謂之國。其國甚多象，餘所出物產并語言，與陸真臘同。至元和八年，遣使李摩那等來朝貢。

四至：去日南郡舟行六十日而至，南接車渠國，西有朱江國。

土俗物產：其國俗東向開户，國以東爲上。人形小而色黑，婦人亦有白者，悉拳髮垂耳，性氣捷勁。〔一八〕居處器物，頗類赤土。以右手爲淨，左手爲穢。飲食多酥酪、沙糖、秔粟、〔一九〕米餅。欲食之時，先取雜肉羹與餅相和，手擩食之。其國北多山阜，南有水澤，地氣尤熱。有婆那娑樹，無花，葉似柿，實似冬瓜；菴羅樹，花葉似棗，實似李；毗野樹，花似木瓜，葉似杏，實似楮；婆田羅樹，〔二〇〕花、葉、實並似棗而小異；歌畢他樹，花似林檎，葉似榆而厚大，〔二一〕其實如李，其大如升。自餘多同九真。〔二二〕海中有魚名建同，四足無鱗，其鼻如象，吸水上噴，高五六十尺。有浮胡魚，其形似鮔，〔三三〕觜如鸚鵡，有八足。多大魚，半身出水，覩之如山。每五六月中，毒氣流行，即以白猪、〔三四〕白牛、白羊于城西門外祠之；不然，五穀不登，六畜多死，人衆疾疫。東有神名婆多利，祭用人肉。其王年别殺人，以夜祠禱，有守衛千人，其敬鬼如此。多奉佛法，尤信道士，並立像于館。

羅剎國

羅剎國。在婆利之東。其人朱髮黑身，獸牙鷹爪。時與林邑人作市，輒以夜，晝日則自掩其面。隋大業三年，使常駿等到焉。其國出火珠，狀如水晶，日正午以珠承影，取艾依之，即火出。唐貞觀四年，林邑國來獻，云于羅剎國得之，或云出師子國。

投和國

投和國。隋時聞焉。在南海大洲中，真臘之南，自廣州西南行百日，至其國。王姓投和羅，名脯邪乞遥。所理城覆屋以瓦，並爲閣而居，壁皆彩畫之。城内皆王宫室，城外居人可萬餘家。王衛士可百人。每臨朝，則衣朝霞布，冠金冠，耳掛金環，頸掛金涎衣，足履寶裝皮履。官屬有朝請將軍，總知國政；又有參軍、功曹、主簿、城局、金威將軍、贊理、贊府等官，分理文武。又有州及郡、縣，州有參軍，郡有金威將軍，縣有城局，其爲長官，初至，各選官僚助理政事。刑法：盜賊多者死，輕者穿耳及鼻并鑽鬢，私鑄銀錢者截腕。國無賦稅，俱隨意貢奉，無多少之限。多以農商爲業。國人乘象及馬，一國之中，馬不過千匹，又無鞍轡，惟以繩穿頰爲之節制。音樂則吹蠡、擊鼓。死喪則祠祀哭泣，又焚尸以甖盛，沈於水中。若父母之喪，則截髮爲孝。其國市六所，貿易皆用銀錢，小如榆莢。有佛道，有學校，文字與中夏不同。訊其耆老，云王無姓，名齊杖摩。其屋以草覆之。王所坐塔，圓如佛塔，金飾之，門皆東開，坐亦東向。唐貞觀中，遣使奉表，以金函盛之，又獻金榼、金鎖、寶帶、犀、象、海物等數十品。〔二五〕

丹丹國

丹丹國。隋時聞焉，在多羅磨羅國西北，當振州之東南。振州，今爲崖州也。王姓刹利，名尸陵伽，理所可二萬餘家，亦置州縣以相統領。王每晨夕二時臨朝，其大臣八人，號曰八座，並以婆羅門爲之。王每以香粉塗身，冠通天冠，掛雜寶瓔珞，身衣朝霞，足履皮履，近則乘輿，遠則馭象。其攻伐則吹螺擊鼓，兼有幡旗。其刑法，盜賊無多少皆殺之。土産金銀、白檀、蘇方、檳榔。其穀、畜、果、菜，頗類中夏。

邊斗四國

邊斗國、一云班斗。**都昆國**、一云都君。〔二六〕**拘利國**、一作九雅。〔二七〕**比嵩國**。並隋時聞焉，扶南度金鄰大灣南行三千里，有此四國。其農作與金鄰國同。其人多白色。惟都昆出好棧香、藿香及硫黄，其藿香樹生千歲，根本甚大，伐之，四五年木皆朽敗，惟中節堅貞，芬香獨存，取以爲香。

杜薄國

杜薄國。隋時聞焉。在扶南東漲海中，直渡海數十日至其國。〔二八〕人色白晳，皆有衣服。土有稻田。女子作白疊華布。出金、銀、鐵，以金爲錢。出雞舌香，可含。雞舌爲木，氣辛而性厲，禽獸不能至，故未識其樹者，〔二九〕花熟自零，隨水而出，方得之。按杜薄，即海中大洲之名，其上有十餘國，城皆稱王，不能盡記。

薄剌洲國

薄剌洲國。隋時聞焉。在拘利南海灣中。其人色黑而齒白，眼正赤，男女並無衣服。

一名教同勃。〔三〇〕焚洲，〔三一〕抱朴子云：「教焚洲，在南海中，薰緑水膠所出，如楓脂矣。」所以不可多得者，止患狤猂獸狤，音吉。猂，音屈。啖人；斯獸大者重十斤，狀如水獺，其頭身及他處了無毛，唯從鼻上以竟脊至尾上有毛，廣一寸許，青色長三四分許，其無毛處則如韋囊。人張捕得之，斬刺不能傷，積薪烈火，縛以投火中，薪盡而此獸不焦，須以大棒打之，皮不傷惟骨都碎盡，乃死耳。

火山國

火山國。隋時聞焉。去社薄東五千里。〔三二〕國中山皆有火，雖雨不息。火中有白鼠。扶南土俗傳云：「火洲在五馬洲之東可千餘里。春月霖雨，〔三三〕雨止則火燃洲上，林木得雨則皮黑，得火則皮白。諸左右洲人，以春月採木皮，績以爲布，即火浣也，或作燈炷。〔三四〕又有加營國北、社薄國西有山周三百里，〔三五〕從四月火生，正月火滅，則草葉落，〔三六〕如中國寒時。人以三月至此山，取木皮績爲布，同火山所成也。

無論國

無論國。隋時聞焉。在扶南西二千餘里。其國大道左右夾種枇杷樹及諸花果，行其下恒有重陰。〔三七〕十里一亭，亭有井。食麥飯，飲葡萄酒，酒如膠，若飲，即以水和之，其味甚甘美。

婆登國

婆登國。在林邑南，海行二月到。東與訶陵，西與迷黎連接，北鄰大海。風俗與訶陵同。稻每月一熟。有文字，書于貝多葉。其死者，口實以金，又以金釧貫于四支，然後加以婆律膏及檀、沈、龍腦等香，積薪焚之。唐貞觀二十一年，遣使朝貢。

烏篤國

烏篤國。在中天竺南，一名烏伏那。地方五千餘里。百姓殷實，人性愞弱，頗詭詐，尤工禁術，篤信佛法。文字禮義畧同天竺。自古不通中國。唐貞觀中，其王達摩因陀訶斯遣使獻龍腦香。

褥陀洹國

褥陀洹國。在火羅西北。其王姓察失利，字婆那。〔三八〕其國海行五月至廣州。土無蠶桑，以白疊、朝霞布爲衣。穀有稻、麥。皆樓居，謂之「干欄」。父母死，停喪在室，輒數日不食，燔屍之後，男女並剔頭臨池洗浴，然後進食。自古不通中國。唐貞觀十八年，遣使獻鸚鵡，毛羽皓素，頭上有紅毛數十莖，與翅齊。

訶陵國

訶陵國。在真臘之南。王之所居，堅木爲城，〔三九〕造大屋重閣，覆以棕櫚皮。以象牙爲床席之具。食則以手撮之。又以椰樹花爲酒，飲之亦醉。有山穴，每涌而出鹽，國人採以調食。唐貞觀二十一年，遣使獻金花等物，云其國別有毒人，與常人同止宿，即令人身上生瘡；與之交合，便即致死；若涎液霑著草木，即枯。其人死，不臭不爛。元和十年，遣使貢僧祇僮及五色鸚鵡。

多蔑國

多蔑國，唐貞觀中始通焉。在南海邊，國界周迴可一月行。南阻大海，西俱遊國，北波剌國，東真陀洹國。〔四〇〕户口極多。置三十州，不役屬他國。有州郭、宫殿、樓櫓，並用瓦木。以十二月爲歲首。其物産有金、銀、銅、鐵、象牙、犀角，朝霞、朝雲等布。其俗交易並

用金、銀、朝霞等衣服爲賈。百姓二十而税一。五穀、蔬果與中國不殊

多摩長國

多摩長。國居南海島中。東與婆鳳，西與多隆，南與半支跋，華言「五山」也。北與訶陵等國接。其界東西可一月行，南北可二十五日行。其王之先祖，龍子也，名骨利，嘗得大鳥卵，剖之，得一女子，容色殊妙，即以爲妻，其王尸羅劬傭伊説，即其後也。唐顯慶中，遣使貢獻。其俗無姓名。〔四一〕王居以栅爲城，板屋，〔四二〕坐獅子座，仍東向。衣服與林邑同。勝兵二萬餘。無馬，有弓、刀、甲、矟。婚姻無同姓之别。其食器有銅、鐵、金、銀。所食尚酥、乳酪、沙糖、石蜜。無喪葬之制。畜獸頗同中夏。音樂畧同天竺。有波那婆、宅護遮、〔四三〕菴磨、石榴、甘蔗等果。從其國經薛盧都、思訶盧、君那盧、林邑等國，方達交州。

哥羅舍分國

哥羅舍分國。在南海之南，接墮和羅國。勝兵二萬餘人。其王名蒲越伽摩。唐顯慶五年，其使發本國至。龍朔二年五月，到京朝貢。

松外諸蠻

松外諸蠻。唐貞觀末爲寇，遣兵從西洱河討之。其西洱音貳。河從嶲州西千五百里，〔四四〕其地有數十百部落，大者五六百户，小者二三百户。無大君長，有數十姓，以楊、李、趙、董爲名家，各擅山川，不相役屬，自云其先本漢人。有城郭、村邑、弓矢、矛鋋，言語雖小訛舛，大畧與中夏同。有文字，頗解陰陽曆數。

自夜郎、滇池以西，皆云莊蹻之餘種也。其俗，有盜竊、殺人、淫穢之事，酋長即立一長木，爲擊鼓警衆，共會其下，其强盜者衆共殺之。若賊家富强，但燒其屋，奪其田業而已。

土俗物産：其土有稻、麥、粟、豆，種穫與中國同，而以十二月爲歲首。菜則葱、韭、蒜、菁，果則桃、梅、李、柰。有絲麻、蠶織之事，出絁絹絲布，幅廣七寸以下。早蠶正月生，二月熟。畜有牛、馬、猪、羊、雞、犬。飯用竹筲，摶之而噉，羹用象杯，形若雞彝。有船無車。男子以氈皮爲衣，〔四五〕女子絁布爲裙衫，仍披氈皮之帔。頭髻有髮，一盤而成，形如髽。祖加切。男女皆跣。至死喪哭泣，棺椁襲斂，無不畢備。六年之内，〔四六〕穿地爲坎，殯于舍側，止作小屋。〔四七〕三年而後，出葬之，蠡蚌封棺，〔四八〕令其耐濕。父母死，皆斬衰布衣，遠者至四五年，近者二三年，然後即吉。其被人殺者，喪主以麻結髮，而黑其面，衣裳不緝。惟服内不廢婚聘，娶妻不避同姓。

殊奈國

殊奈國。崑崙人也，在林邑南，去交趾海行三月餘日。習俗與婆羅門同。絶遠，古未嘗通中國。唐貞觀二年十月，朝貢使至。

甘棠國

甘棠國。在大海之南，崑崙人也。唐貞觀十年，與朱俱婆國朝貢使同日至。唐史云：太宗謂羣臣曰：「南荒、西域，自遠而至，其故何也？」房玄齡對曰：「中國乂安，帝德遐被也。」太宗曰：「誠如公言。向使中國不安，何緣而至，朕何德以堪之！觀此番使懷懼，所望卿等匡朕不逮也。」

金利毗逝國〔四九〕

金利毗逝國。在京西南四萬餘里，行經旦旦國、〔五〇〕摩訶、新國、多隆國、〔五一〕者埋國、婆樓國、多郎婆黄國、摩羅逝國、〔五二〕真臘、林邑國，乃至廣州。東去致物國二千里，西去赤土國一千五百里，南去波利國三千里，北去柳衢國三千里。其國有城邑、庭舍。衣朝霞、白氎。音牒。〔五三〕每食，先泥上鋪席而後坐。國王名本多揚牙，前有隊仗甲鎧，甲用貝，多樹皮。其風俗、物産，與真臘同。

驃國

驃國。唐史云：「貞元十八年春正月，〔五四〕南詔使來朝，驃國王始遣其弟悉利移來朝。」華言謂之「驃」，自謂突羅朱，闍婆人謂之徒里掘。〔五五〕古未嘗通中國，魏、晉間有著西南異方志及南中八郡志者云：「永昌，古哀牢國也，傳聞永昌西南三千里有驃國，君臣、父子，長幼有序。」然無見史傳者，今其王聞南詔異牟尋歸附，心慕之，乃因南詔重譯遣子朝貢。東北距南詔陽苴咩城六千八百里，凡去上都一萬四千里，在永昌故郡南二千餘里。其國境東西三千里，南北三千五百里。往來通聘者迦羅婆提等二十國，役屬者道林王等九城，食境土者羅君潛等二百九十八部落。東鄰真臘國，西鄰東天竺國，南盡溟海，北通南詔些樂城界，其王姓困没長，〔五六〕名摩羅惹。其國相名摩訶斯那。其王近適則輿以金繩床，遠適則乘象。嬪御甚衆，侍御常數百人。其羅城構以甎甓，周一百六十里，壕岸構以塼，相傳本是舍利佛城。城内有居人數萬家，佛寺百餘區。其屋宇皆錯以金銀，渥以丹彩，施以紫鑛，〔五七〕

覆以錦罽。其俗好生惡殺。其土宜菽、粟、稻、粱，無麻、麥。其理無刑名桎梏之具，犯罪者以竹五本束之，〔五八〕撻其背數至五，輕者三，殺人者戮之。男女七歲則落髮，止寺舍，依禁桑門，〔五九〕至二十不悟佛理，乃復長髮爲居人。其衣服悉以白氎與朝霞，繞腰而已，不衣繒帛，云出于蠶而傷生也。又獻其國樂凡十二曲，與樂工三十人來朝獻。〔六〇〕樂曲皆演釋氏經論之詞意。二十一年四月，封彌臣國嗣王道勿禮爲彌臣國王。

占卑國

占卑國。唐大中六年十二月，占卑國勿邪葛等六人來朝，貢方物。

卷一百七十七校勘記

〔一〕丹丹　萬本此下注：「唐書作單單。」按丹丹即新唐書卷二二二下南蠻傳下之單單，音同字異。

〔二〕薄剌洲　「剌」，底本作「頬」，據中大本、傅校及通典卷一八八邊防四、太平御覽卷七八八四夷部九改。下同。

〔三〕占卑　「卑」，萬本、庫本皆作「畢」。按唐會要卷一〇〇作「卑」。

〔四〕利富多寒　「寒」，庫本同，北史卷九五赤土傳、隋書卷八二南蠻傳、通典邊防四皆作「塞」，萬本據改。

〔五〕龕後懸一金光焰　庫本同，萬本據隋書南蠻傳「焰」後補入「夾榻又樹二金鏡，鏡前並陳金甕，甕前各有金香爐。當前置一金伏牛，牛前樹一寶蓋，蓋左右皆有寶扇。婆羅門等數百人，東西重行，相向而坐」，實非樂史原文。

〔六〕陀挐達叉　「叉」，底本作「義」，庫本同，萬本作「乂」，據北史赤土傳、通典邊防四、太平御覽卷七八七四夷部八改。傅校改作「乂」，同隋書南蠻傳。

〔七〕大業三年　「三年」，底本作「時」，據萬本、中大本、庫本及北史赤土傳、隋書南蠻傳、通典邊防四、太平御覽四夷部八改。

〔八〕晝夜二旬　「二」，底本作「三」，庫本同，據萬本及北史赤土傳、隋書南蠻傳、通典邊防四、太平御覽四夷部八改。

〔九〕金盒貯香油金缾貯香水　「金盒」，萬本作「金合二枚」，同北史赤土傳、隋書南蠻傳。「金缾」，北史赤土傳作「金瓶二枚」，隋書南蠻傳作「金瓶八枚」。

〔一〇〕宣詔訖引駿等入宴　按北史赤土傳、隋書南蠻傳皆載：「宣詔訖，引駿等坐，奏天竺樂，事畢，駿等還館，又遣婆羅門就館送食。後數日，請駿等入宴。」此誤併爲一天事。

〔一一〕其海水闊千餘步　「其」，底本作「見」，庫本同，據萬本及北史赤土傳、隋書南蠻傳、通典邊防四太平御覽四夷部八改。

〔一二〕波羅剌國　「剌」，底本作「剩」，據萬本、中大本、庫本及北史赤土傳、隋書南蠻傳改。通典邊防四作「刹」。

〔一三〕特宜稻穄白豆黑麻　「宜」，底本作「以」，萬本、庫本同，據傳校及北史赤土傳、隋書南蠻傳、通典邊防四改。

〔一四〕亦名椰漿爲酒　「名」，北史赤土傳作「以」，此「名」爲「以」字之誤。

〔一五〕有戰象五千頭　「千」，底本作「十」，庫本同，據萬本及舊唐書卷一九七南蠻傳、新唐書南蠻傳下改。

〔一六〕狀如小屋　「狀」，底本作「床」，萬本同，據庫本及北史卷九五真臘傳、隋書南蠻傳、通典邊防四改。

〔一七〕奔陀浪州　「奔」，底本作「莽」，據新唐書南蠻傳、唐會要卷九八真臘國、太平御覽四夷部七改。

〔一八〕性氣捷勁　「捷」，底本作「健」，據萬本、庫本、傳校及北史卷九五真臘傳、隋書南蠻傳、通典邊防四、太平御覽四夷部七改。

〔一九〕秔粟　「粟」，底本脱，萬本同，據北史真臘傳、隋書南蠻傳、太平御覽四夷部七補。

〔二〇〕婆田羅樹　「羅」，底本作「多」，萬本同，據庫本及北史真臘傳、隋書南蠻傳、通典邊防四、太平御覽四夷部七改。

〔二二〕葉似榆而厚大 「大」，底本脱，據萬本、庫本、傅校及北史真臘傳、隋書南蠻傳、通典邊防四、太平御覽四夷部七補。

〔二三〕自餘多同九真 「自」，底本作「其」，據萬本、庫本及北史真臘傳、隋書南蠻傳、通典邊防四改。

〔二三〕其形似鉏 「鉏」，底本作「鯤」，萬本同，據庫本及北史真臘傳、隋書南蠻傳、通典邊防四、太平御覽四夷部七改。

〔二四〕白猪 底本脱，庫本同，據萬本及北史真臘傳、隋書南蠻傳、通典邊防四、太平御覽四夷部七補。

〔二五〕又獻金榼金鎖寶帶犀象海物等數十品 「數十」，底本倒誤爲「十數」，庫本同，據萬本、傅校及通典邊防四、太平御覽四夷部九乙正。

〔二六〕都君 「君」，通典邊防四、册府元龜卷九五七作「軍」。

〔二七〕九雅 「雅」，册府元龜卷九五七、太平御覽四夷部九同，通典邊防四作「離」。

〔二八〕直渡海數十日至其國 「數」，底本作「四」，據萬本、中大本、庫本及通典邊防四、太平御覽四夷部九改。

〔二九〕故未識其樹者 傅校「未」下有「有」字，同通典邊防四，太平御覽四夷部九作「可」。

〔三〇〕同勃 萬本、庫本皆無此二字。

〔三一〕焚洲　「焚」，底本作「樊」，萬本、庫本同，據傅校及通典邊防四、太平御覽四夷部九改。下同。

〔三二〕社薄　「社」，萬本、庫本皆作「諸」，同通典邊防四。下同。

〔三三〕春月霖雨　「霖」，底本作「零」，據萬本、庫本、傅校及通典邊防四改。

〔三四〕燈炷　通典邊防四作「燈炷布」，此蓋脱「布」字。

〔三五〕加營國北社薄國西有山周三百里　「北」，底本作「皆」，庫本同，萬本作「在」，據通典邊防四、文獻通考卷三三二四裔考九改。

〔三六〕則草葉落　按通典邊防四作「火燃則草木葉落」，疑此「則」上脱「火燃」二字，「草」下脱「木」字。

〔三七〕行其下恒有重陰　「重」，通典邊防四作「玄」，疑此誤。

〔三八〕婆那　舊唐書南蠻傳作「婆末婆那」。

〔三九〕堅木爲城　「堅」，萬本及唐會要卷一〇〇訶陵國同；庫本及通典邊防四、舊唐書南蠻傳、册府元龜卷九五七皆作「竪」。

〔四〇〕真陀洹國　「洹」，唐會要卷一〇〇多蔑國同，新唐書南蠻傳下、通典邊防四、太平御覽四夷部九皆作「桓」，按作「桓」是。

〔四一〕其俗無姓名　按通典邊防四、新唐書南蠻傳下皆載：「其俗無姓」，此「名」蓋衍字。

〔四二〕板屋　按通典邊防四、太平御覽四夷部九皆作「以板爲屋」，此疑脱「以」、「爲」二字。

〔四三〕宅護遮　「宅」，底本作「賤」，據萬本及通典邊防四、新唐書南蠻傳下、太平御覽四夷部九改。庫本、傅校作「賊」，與「宅」音同。

〔四四〕其西洱河從巂州西千五百里　「西」，底本作「四」，萬本、庫本同。通典卷一八七邊防三、太平御覽卷七九〇四夷部一一皆作「西」。舊唐書南蠻傳下：「梁建方遣奇兵自巂州道千五百里掩之，其帥楊盛大駭。」此「四」乃「西」字之誤，據改。

〔四五〕男子以氈皮爲衣　「衣」，通典邊防三、新唐書南蠻傳下、册府元龜卷九六〇、太平御覽四夷部一一皆作「帔」。

〔四六〕六年之内　「六年」，通典邊防三、册府元龜卷九六〇、太平御覽四夷部一一皆作「三年」，此「六年」爲「三年」之誤。

〔四七〕止作小屋　「止」，通典邊防三、太平御覽四夷部一一皆作「上」，此「止」蓋爲「上」字之誤。

〔四八〕蠡蚌封棺　「蚌」，原作「畔」，據通典邊防三、新唐書南蠻傳下、太平御覽四夷部一一改。

〔四九〕金利毗逝國　「逝」，册府元龜卷九五七、太平御覽四夷部九同，唐會要作「迦」。

〔五〇〕旦旦國　萬本作「丹丹國」。按丹丹，新唐書南蠻傳下作「單單」，唐義浄南海寄歸内法傳作「呾呾」，皆音同字異。唐會要作「日亘」，疑誤。

〔五一〕多隆國　「隆」，唐會要作「薩」。

〔五二〕摩羅逝國　「逝」，唐會要作「遊」。

〔五三〕音牒　萬本、庫本皆無此二字。

〔五四〕貞元十八年　「十」，底本脱，萬本、中大本、庫本同，據唐會要驃國、資治通鑑卷二三六、册府元龜卷九七二補。

〔五五〕徒里掘　「徒」，底本作「結」，據萬本、庫本及舊唐書南蠻傳、新唐書南蠻傳下、唐會要驃國、太平御覽卷七八九四夷部一〇改。

〔五六〕困没長　「困」，底本作「困」，萬本、庫本同，據舊唐書南蠻傳、新唐書南蠻傳下、唐會要驃國、太平御覽四夷部一〇改。

〔五七〕施以紫鑛　「施」，舊唐書南蠻傳、唐會要驃國、册府元龜卷九五七、太平御覽四夷部一〇皆作「地」，新唐書南蠻傳下：「紫鑛塗地」，此蓋誤。

〔五八〕犯罪者以竹五本束之　「五」，舊唐書南蠻傳、唐會要驃國、太平御覽四夷部一〇皆作「五十」。

〔五九〕依禁桑門　按舊唐書南蠻傳、唐會要驃國、册府元龜卷九六〇、太平御覽四夷部一〇皆無「禁」字，傳校删。

〔六〇〕樂工三十人　「三十」，舊唐書南蠻傳、唐會要驃國、册府元龜卷九六〇、太平御覽四夷部一〇皆作「三十五」，此蓋脱「五」字。

太平寰宇記卷之一百七十八

四夷七

南蠻三　徼内南蠻

盤瓠　廩君　板楯　南平　東謝　西趙　牂柯

獠　夜郎

徼内南蠻敘

三代之後，中國之化，極于五嶺，自是而西，故南蠻之居中國者衆。春秋之時，楚之羣蠻、百濮固常爲患。自秦、漢之後，漸爲郡縣，而黔中、武陵、夜郎、沔中不能無之。公孫述時，夜郎大姓爲漢保境，後漢初從番禺江奉貢。建武中，武陵蠻率單程大寇郡縣，漢將劉尚戰敗，數歲方平。順帝時，武陵太守增其租賦，蠻又舉衆反，殺鄉吏。東晉時，沔中蠻因劉、石亂後，漸徙于陸渾以南，遍滿山谷。宋、齊以後，荆、雍二州各置校尉以撫寧之，羣蠻酋帥互受南北朝封爵。至後魏末，暴患滋甚，僭稱侯王，屯居峽路，斷絶行旅。周武帝遣陸騰大破之。其獠，初因蜀李勢亂後，自蜀漢山谷出，侵擾郡縣。至梁時，州郡每歲伐獠以利公私。及後周平梁、益，自爾遂同華人矣。其黔中東謝、西趙自古不臣中國，貞觀以後，置羈縻州以領之。〔一〕

盤瓠

盤瓠種。昔帝嚳時患犬戎之寇，乃訪募天下有能得犬戎之將吴將軍之頭者，妻以少女。時帝有畜犬名曰盤瓠，銜吴將軍之首而至，帝乃以女配之。盤瓠得女，負走入于南山，在國之南，即今五溪中山也。止石穴中，所處險絶，生六男六女，因自相夫妻。織績木皮，染以草實，好五色衣服，裁製皆有尾形。衣裳斑斕，語言侏離。其後滋蔓，號曰蠻夷。有邑君長，名渠帥曰精夫，相號爲姎烏郎反。説文曰：「姎，女人稱我也。」徒。所居皆深山重阻，人跡罕到。今長沙、黔中五溪蠻皆是也。一曰辰溪，二曰酉溪，〔二〕三曰巫溪，四曰武溪，五曰沅溪。

始秦昭王使白起伐楚，略取蠻夷，始置黔中郡。漢興，改爲武陵郡。今即澧、施、費、播、辰、錦、巫等州地也。〔三〕歲令大人輸布一匹，其小口二丈，是爲賨布。賨，才冬反，南蠻賦也。雖時爲寇盜，而郡國討平之。後漢建武二十三年，武陵蠻精夫相單程等大寇郡縣，遣武威將軍劉尚發南郡、今江陵、巴東、夷陵地。長沙、今長沙、衡陽、巴陵郡也。武陵今澧陽、武陵、黔中郡地也。兵萬餘人，乘船泝沅水入武溪擊之，沅水出牂柯故且蘭東北，經靈溪、長沙、巴陵郡、入洞庭通江也，武溪今在盧溪郡盧溪縣。尚輕敵深入，悉爲所没。又遣伏波將軍馬援將兵至臨沅，今武陵郡武陵縣，即漢臨沅縣。擊之，破單程，單程等饑困乞降，會援病卒，謁者宗均爲置吏以司之，〔四〕羣蠻遂平。歷章、和、安、順四朝，累反叛，攻劫郡縣，旋討平之。永和初，武陵太守上書，以蠻夷率服，可比漢人，增其租賦。議者皆以爲可。尚書令虞詡獨奏曰：「自古聖王不臣異俗，非德不能及，威不能加，知其獸心貪婪，難率以禮。是故羈縻而綏撫之，附則受而不逆，叛則弃而不追。先帝舊典，貢賦多少，所由來久矣。今猥增之，必有怨叛。計其所得，不償所費。」帝不從。其冬，澧中、漊中蠻漊水出今澧陽郡縣。漊，音婁。果爭貢布非舊約，殺鄉吏，舉種反。〔五〕自後至桓、靈二帝，又累反叛，攻劫州郡，討平之。蜀先主章武初，吴將李異屯巫、秭歸，今巴東郡縣。秭音子。先主遺將軍吴班攻破之，于是武陵五溪蠻夷相率響應。今黔中道謂之五溪。

四至：按其地長沙西南黔中五溪之地，皆爲其有。至秦、漢立其地爲州郡，或爲内屬。

土俗：其民皆射生而食用，輸布與朱砂、銀。

廩君

廩君種。不知何代。初有巴、樊、瞫、音審。相、鄭五姓，皆出于武落鍾離山。在今峽州巴山縣。其山有赤黑二穴，巴氏之子生于赤穴，四姓之子皆生于黑穴。未有君長，共立巴氏子務相，是爲廩君。從夷水下至鹽陽。按今峽州巴山縣清江水，一名夷水，一名鹽水，其源出施州清江縣西都亭山。廩君于是居乎夷城，〔六〕四姓皆臣之，今巴梁閒諸巴民皆是。即巴漢之地。按范曄後漢書云：「四姓之子，未有君長，俱事鬼神，乃共擲劍于石穴，約能中者，奉以爲君。務相乃獨中之。又令各乘土船，約能浮者，當以爲君。餘姓悉沈，〔七〕唯務相獨浮，因共立之，是爲廩君。乃乘土船，從夷水下至鹽陽。鹽水有神女謂廩君曰：『此地廣大，魚鹽所出，願留共居。』廩君不許。鹽神暮輒來宿，詰朝即化爲蟲，與諸蟲羣飛，掩蔽日光，天地晦冥。積十餘日，廩君伺其便，因射殺之，天乃開朗。廩君於是居乎夷城，四姓皆臣之。廩君死，魂魄化爲白虎。巴氏以虎飲人血，故遂以人祠焉。」是皆怪誕，以此不取。

戰國時，秦惠王并巴中，以巴氏爲蠻夷君長。其人歲出賦二千一十六錢，〔八〕三歲一出義賦千八百錢。其人户出幏音駕。〔九〕布八丈二尺，雞羽三十鍭。說文：「幏，南郡蠻夷布也。」音公亞切。〔一〇〕毛詩：「四鍭既均。」儀禮：「鍭矢一乘。」鄭玄云：「鍭猶候也，候物而射之。」三十鍭，一百二十也。〔一一〕鍭音侯。〔一二〕漢興，南郡太守靳强奏請一依秦時故事。至光武建武二十三年，南郡潳音居。山蠻雷遷等始反叛，武威將軍劉尚討破之，徙其種人七千餘口置江夏界中，其後沔中蠻是也。漢之江夏郡，今竟陵、富水、安陸、齊安、漢陽、江夏、蘄春郡地是也。和帝永元十三年，巫蠻許聖等漢之巫縣，今雲安郡巫山縣也。以郡收税不均反叛，發荆州諸郡兵今江陵、夷陵、澧陽、武陵、長沙、衡陽等郡也。討破之，〔一三〕後復悉徙置江夏。〔一四〕靈帝光和三年，江夏蠻復反，寇患累年，廬江太守陸康討破之。皆廪君之裔也

四至：按始生自武落鍾離山，即夷陵屬邑之地。後散居巴梁間，即古荆、梁之境。五姓雜居。大約今爲巴、峽、巫、夔四郡地皆是也。

土俗物産：烏羽，〔一五〕幏布，錢刀。俗尚巫鬼，而好叛亂。

板楯蠻

板楯蠻。即秦昭襄王時有一白虎于秦、蜀、巴、漢之境，傷害千餘人，昭王乃募有能殺虎者，賞邑萬家。時有巴郡閬中夷廖仲等射殺白虎，〔一六〕昭王以其夷，不欲加封，乃刻石盟要，復夷人頃田不租，十妻不算，一户免其一頃田之租，雖有十妻，不輸口算之錢。傷人者論，〔一七〕殺人得以倓錢贖死。倓，吐濫切。蠻人贖罪貨名。盟曰：「秦犯夷，輸黄龍一雙；夷犯秦，輸清酒一鍾。」夷人安之。

至高帝爲漢王，發夷人還伐三秦。秦地既定，乃遣還巴中，復其渠帥羅、朴、督、鄂、度、夕、龔七姓，不輸租稅，餘户乃歲入賨錢，〔一八〕口四十。巴人呼賦爲賨，謂之賨人焉。世號爲板楯蠻夷。閬中有渝水，其人多居水左右，天性勁勇。初爲漢前鋒，數陷陣。俗喜歌舞，喜，虚記切。高帝命樂人習之，所謂巴渝舞也。遂世世服從。至後漢以後，郡守常率以征伐。靈帝光和三年，巴郡板楯蠻叛。〔一九〕今通川、潾山、南平、涪陵、南川、清化、雲安、始寧、巴川、南賓、南浦、閬中、南充、安岳、盛山等郡地，則巴郡也。〔二〇〕靈帝乃問益州計吏，考以方略，漢中上計程包對曰：「板楯七姓，以射殺白虎立功，先世復爲義人，勇猛善戰。昔安帝永初中，羌入漢中，〔二一〕郡縣破壞，得板楯救之，〔二二〕羌死敗殆盡，〔二三〕故號爲神兵。至桓帝建和二年，羌復大進，實賴板楯連摧破之。前車騎將軍馮緄南征武陵，緄，古本切。亦倚板楯以成其功。〔二四〕近益州郡亂，太守李顒亦以板楯討而平之。忠功如此，本無惡心。但長吏鄉亭，更賦至重，僕役箠楚，過於奴虜，〔二五〕闕廷悠遠，不能自聞，含怨呼天，叩心窮谷，故邑落相聚，以致叛戾，非有謀主僭號，以圖不軌。今但遣明能牧守，自然安集，不煩征伐也。」帝從其言，遣太守曹謙宣詔赦之，即皆降伏。

及漢末天下亂，自巴西之宕渠今符陽郡也。遷于漢中楊車坂，抄掠行旅，號爲楊車巴。魏武克漢中，李特祖將五百家歸之，〔二六〕魏武又遷于略陽，北土復號之爲巴氐。〔二七〕略陽，今天水郡隴城縣也。〔二八〕蜀後主禪建興十一年，涪陵屬國人夷反。今涪陵郡地。涪，音浮。車騎將軍鄧芝討平之。其沔中蠻，至晉時劉、石亂後，漸得北遷陸渾以南，滿于山谷。

宋時荆州置南蠻校尉，今江陵、巴東、夷陵、雲安等郡地。雍州置寧蠻校尉以領之。今襄陽、南陽郡地。如蠻人順附者，一户輸穀數斛，其餘無雜調。宋人賦役嚴苦，貧者不復堪命，多逃亡入蠻。蠻無徭役，强者不供官税，結黨連羣，動有數百千人，伺州郡稍弱，則起爲盜。宋元嘉中，天門今澧陽郡地。溇中令宗矯之徭賦過重，〔二九〕蠻不堪命，蠻酋田向求等爲寇，破溇中，虜掠百姓。及劉道産善撫諸蠻，〔三〇〕前後不附官者，莫不順服，皆引出平土，多緣沔爲居。道産亡後，蠻又反叛。孝武帝出爲雍州，時巴東、今巴東也。建平、今巴郡。宜都、今夷陵。天門四郡蠻爲寇，諸郡民户流散，百不存一。〔三一〕孝武即位後，大明中西陽蠻今弋陽郡也。皆反叛，沈慶之率江、雍、荆河州諸軍討破之。江，今潯陽、鄱陽、章郡、臨川、廬陵等郡地。雍，已具上。荆河，今廬江、同安郡地是也。明帝、順帝時尤甚，雖遣攻討之，終不能禁，荆州爲之虚敝。」

齊高帝時，武陵酉溪蠻田思飄，〔三二〕武帝永明初，黔陽蠻田豆渠，武陵、黔陽皆今五溪中地。〔三三〕湘川蠻陳雙李答並寇掠州郡，討平之。當南北之時，淮、汝、江、漢閒諸蠻渠帥互有所屬，皆受封爵焉，然叛服無常，雖屢經破敗，而寇攘不止。

至後周武帝天和元年，詔開府陸騰討之，蠻衆大潰，斬首萬餘級，騰乃積其骸骨于水邏城側爲京觀。後蠻、蜑望見輒大哭，自此狼戾之心輟矣。信州舊理白帝，騰更于蜀先主故宮城南，八陣之北，臨江岸築城，移置信州，又以巫縣、信陵、秭歸今雲安、巴東二郡界也。並是峽中要險，于是築城置防，以爲襟帶焉。大約今爲巴、閬至歸、夔峽之地皆是。

四至：按後漢書云，其在黔中、五溪、長沙間則爲盤瓠之後，其在峽中巴、梁間則爲廩君之後。其後種衆繁盛，侵擾州郡，或移徙交雜，亦不可得詳別焉。

土俗物產：按閬中今閬州。有渝水，其人多居水左右，天性勁勇。初爲漢前鋒，數陷陣，俗喜歌舞，漢高帝命樂人習之，謂之巴渝舞也。

南平蠻

南平蠻。〔三四〕北與涪州接，部落四千餘户。山有毒草及沙虱、蝮蛇，人並樓居，登梯而上，號爲「干欄」。其王姓朱氏，號爲劍荔王。唐貞觀三年，遣使入朝，以其地隸渝州。

按即南詔蠻是也。〔三五〕大曆十四年十月，吐蕃率南蠻衆十萬來寇：一入茂州，過文川及灌口；一入扶、文，過方維、白埧；一入黎、雅，過邛郲，連陷郡縣。乃發禁兵四千人并幽州兵五千人同討伐，大破之。貞元十年三月，劍南西川節度使韋皋奏雲南蠻王異牟尋部落兵馬破吐蕃，〔三六〕并收鐵橋以來城壘等，擒吐蕃列土王五人，〔三七〕歸降百姓一十二萬人，約計三萬餘户，大小城一十六所。下制付所司管係。自貞元十九年至太和二年，朝貢不絶。太和三年宰臣杜元穎鎮西川，以文儒自高，不練戎事。南蠻乘其無備，入寇黎州，牧守屢陳，皆不之信。十月，黎州陷，十一月，犯西川，驅迫玉帛子女而去，即日隣境以狀聞奏。上大怒，貶元穎爲邵州刺史，不日又貶循州司馬，命東川節度使郭釗代之。明年春正月，其王蒙嵯巔以表自陳請罪，〔三八〕兼疏元穎之過失。國家方事柔遠，尋宥其過，自後朝貢不絶，以至會昌年中。

土俗物産：其人美髮，爲椎髻。土多女少男，爲婚之法，女氏必先以貨求男族，貧人無以嫁女，多賣與富人爲婢。俗皆婦人執役。

東謝蠻

東謝蠻。渠帥姓謝氏，南蠻别種，在黔州之西數百里，地方千里。有酋長，即謝元深也，世襲。其一族不育女，〔三九〕自云高姓不可下嫁。

唐貞觀三年，元深入朝，冠烏熊皮冠，若今之旄頭，以金絡額，〔四〇〕身披毛帔，韋皮行縢而著履。時中書侍郎顔師古奏言：「昔周武王時，〔四一〕天下太平，遠國歸旋，應作「誠」。太史乃集其事爲王會篇，今萬國來朝，至如此輩章服，實可圖寫，今請撰王會圖。」詔從之。開其地爲應州，隸黔中都督府。今黔中郡所管羈縻州也。又有南謝首領謝彊，與西謝蠻隣接，與元深俱來朝，拜爲南壽州刺史，後改爲莊州是也。貞元十三年，西南蕃大首領、正議大夫、檢校蠻州長史、繼襲蠻州刺史、資陽郡開國公宋鼎，〔四二〕左右大首領、〔四三〕朝散大夫、前檢校邛州刺史謝汕，左右大首領、〔四四〕朝散大夫、繼襲攝蠻州巴江縣令宋萬傳，界首子弟大首領、朝散大夫、牂柯録事參軍謝文經。〔四五〕黔中經略招討觀察使王礎奏：「前件刺史，建中三年一度來朝賀，貢方物，自後不令隨例入朝。今年懇訴稱與牂柯同被聲教，獨此排擯，竊自慚恥，謹隨牂柯等朝賀。伏乞特賜優諭，兼同牂柯刺史等授官。其牂柯蠻兩州，户口殷盛，人力强大，鄰側諸蕃，悉皆敬憚。請比二州每三年一度朝貢，仍依牂柯例輪還差定，以才幹位望爲衆所推者充之。」勑旨：「宋鼎已改官訖，餘並依奏。」

四至：南接守宫獠，西連夷子，北至白蠻。

土俗物産：其地宜五穀。無文字，刻木爲契。散則山谷，依樹爲巢居。無賦税之事，皆自爲生業。刀劍不離其身。男女椎髻，以緋束之，後垂向下，冠熊皮，〔四六〕披猛獸革。

西趙蠻

西趙蠻。在東謝之南，並南蠻別種。其界山洞深阻，莫知里數，南北十八日行，東西二十三日行。趙氏代爲酋長，有萬餘户，自古不臣中國。唐貞觀三年，遣使入朝；至二十一年，以其地置明州，以首領趙磨爲刺史。

四至：東至夷子，西至昆明，南至西洱河。

土俗物産：同東謝。

牂柯

牂柯蠻。帥姓謝氏，舊臣中國，世爲本土牧守。隋末大亂，遂絶。唐貞觀三年，〔四七〕其酋領謝龍羽遣使朝貢，授牂州刺史，封夜郎公。勝兵戰士數萬，于是列其地爲牂州，今爲黔中郡羈縻州也，〔四八〕後爲正郡。自開元至于會昌以前，皆遣使朝貢不絶。又有充州，乃牂柯之别部，與牂柯鄰境，有勝兵二萬。今亦爲黔中羈縻州。

四至：按其地西至昆明九百里。

土俗物産：土氣鬱熱，稻再熟。無徭役。刻木爲契。風物多同東謝。

獠

獠。蓋南蠻之别種，初出自梁、益之間，自漢中達于邛、筰，川洞之間，所在皆有。北自漢中，〔四九〕西南及越巂以東皆有之。〔五〇〕筰，才各切。俗多不辨姓氏，又無名字，往往推一酋長爲主，亦不能遠相統攝。父死則子繼，若中國之貴族也。獠王各有鼓角一雙，使其子弟自吹擊之。

按蜀本無獠，李勢時，諸獠始出巴西、渠川、廣漢、陽安、資中、犍爲、梓潼，今蜀川之内。布在山谷，十餘萬落，攻破郡縣，爲益州大患。自桓元子破蜀之後，力不能制。又蜀人東流，山險之地多空，獠遂挾山傍谷，與夏人參居。參居者頗輸租賦，在深山者仍不爲編户。至梁武帝時，梁、益二州今漢川、蜀川二郡縣也。歲歲伐獠，以自裨潤，公私頗藉爲利。後魏正始初，梁將夏侯道遷舉漢中附魏，魏遣尚書邢巒爲梁、益二州刺史以鎮之。其後以梁、益二州控攝險遠，乃立巴州，今在清化郡置。以統諸獠，後以巴酋帥嚴始欣爲刺史，〔五一〕又立隆城鎮，所綰獠二十萬户，所謂北獠是也，歲輸租布。魏明帝孝昌中，據城叛，梁、益二州遣將討之，攻陷巴州，執始欣，斬之。後梁州入梁，〔五二〕自此又屬梁矣。後周文帝平梁、達奚武平之。益之後，尉遲迥平之。〔五三〕令所在撫慰，其與華人雜居者，亦頗從賦役。然天性暴亂，旋致擾動。每歲命隨近州鎮出兵討之，獲其人以充賤隸，謂之壓獠焉。後有商旅往來者，〔五四〕亦資以爲貨，公卿逮于民庶之家有獠口者多矣。然其種類滋蔓，保據巖壑，依林走險，若履平地，性又無知，殆同禽獸，諸夷之中最難以道義招懷也。

四至：初出自梁、益之間，自漢中達于邛、筰，川谷之間，所在皆有。

土谷物產：俗多不辨姓氏，又無名字，所生男女，唯以長幼次第呼之。其丈夫稱阿謩、阿段，婦人阿夷、阿等之類，皆其語之次第稱謂也。依樹積木，以居其上，名曰「干欄」，干欄大小，隨其家口之數。好相殺害，多仇怨，不敢遠行。性同禽獸，至于憤怨，父子不相避，唯手有兵刃者先殺之。若殺其父，走避于外，求得一狗以謝其母，然後敢歸。母得狗謝，不復嫌恨；若報怨相攻擊，必殺而食之。遞相劫掠，不避親戚，賣如猪狗而已。〔五五〕亡失兒女，一哭便止。親戚比鄰，指授相賣，被賣者啼叫不服，逃竄避之，乃將買人捕逐，若亡叛，獲便縛之。但經縛者，即服爲賤隸，不敢更稱良矣。惟執楯持矛，〔五六〕不識弓矢。用竹爲簧，羣聚鼓之，以爲音節。能爲細布，色至鮮淨。大狗一頭，買一生口。性尤畏鬼。所殺之人，美鬚髯者，必剥其面皮，籠之于竹，及燥，號之曰鬼，鼓舞祀之，以求福利。俗尚淫祀，至有賣其昆季妻孥盡者，乃自賣以供祭焉。鑄銅爲器，大口寬腹，名銅爨，甚薄且輕，易于熟食。

夜郎國

夜郎國。今夜郎、播川、犍爲郡，即其地是也。〔五七〕漢時南夷君長以十數，夜郎最大，在蜀郡徼外，東接交趾，西鄰滇國。今雲南郡滇國。其國臨牂柯江，江廣數里，出番禺城之下。戰國時，楚頃襄王遣將莊豪從沅水伐夜郎，〔五八〕軍至且蘭，椓船于岸而步戰。既滅夜郎國，〔五九〕因留王滇池，以且蘭有椓船牂柯處，乃改其名爲牂柯。牂柯，繫船杙也。番禺即今南海郡城南江也。

武帝時，唐蒙上書曰：「竊聞夜郎精兵，可得十餘萬，浮船牂柯江，出不意，此制越一奇也。」乃拜蒙爲郎中將，〔六〇〕遂見夜郎侯。蒙厚賜，諭以威德。夜郎貪漢繒帛，以爲漢道險，終不能有也，乃且聽蒙約。還報，乃以爲犍爲郡。今犍爲、陽安、仁壽、通義、和義、資陽皆其地也。發巴、巴郡今通川等十五郡地，已具上注。蜀卒今蜀郡、濛陽、〔六一〕唐安、臨邛、盧山等郡，亦曰蜀川。治道，自僰道指牂柯江。蜀人司馬相如亦言西夷邛、筰可置郡。今越巂郡。帝使相如往諭，皆如南夷，爲置一都尉，〔六二〕十餘縣，屬蜀郡。當是時，巴蜀四郡，漢中、廣漢、巴郡、蜀郡，今漢川、巴川、蜀川等地。通西南夷道，戍轉相饟，古餉字。數歲，道不通，士罷餓，離罷，音疲。離，遭也。暑濕，死者甚衆。西南夷又數反，發兵興擊，耗費無功。帝患之，使公孫弘往視問焉。還，言其不便。時上方築朔方，據河逐胡，弘因數言西南夷爲害，通西南夷大爲損害。可且罷，專力事匈奴。上罷西夷，獨置南夷兩縣一都尉。

及元狩元年，張騫言使大夏時，見蜀布、邛竹杖，問所從來，曰：「從東南身毒國，即天竺也。可數千里，得蜀賈人市。」或聞邛西可二千里有身毒國。于是乃令王然于、柏始昌等間出西南夷，往身毒國。至滇，道皆爲昆明所閉，昆明在今越巂郡西南也。莫能通身毒。及南越反，上使發南夷兵。且蘭君小邑，乃與其衆反。漢發巴蜀校尉擊破之，遂平南夷爲牂柯郡。

今涪川、〔六三〕夜郎、義泉郡也。夜郎侯始倚南越，南越滅，恐懼，遂入朝，封爲夜郎王。昭帝始元元年，牂柯、談指、同並等二十四邑，凡三萬餘人皆反，談指、同並後皆爲縣，屬漢牂柯郡。遣水衡都尉發蜀郡、犍爲兵擊牂柯，大破之。後姑繒、葉榆人復反，鉤町侯亡波率其人擊之有功，漢立亡波爲鉤町王。

至成帝河平中，夜郎王興與鉤町王禹、〔六四〕漏卧侯俞漏卧，夷邑名，後爲縣，屬牂柯郡。更舉兵相攻。更，古行切。牂柯太守請發兵誅興等，漢以道遠不可擊，遣太中大夫張匡持節和解，並不從。杜欽説王鳳曰：「匡使和解蠻夷王侯，〔六五〕王侯不從，不憚國威，其效可見。恐議者選耎，復守和解，選耎，怯不前之意。選，息兖切。耎，人兖切。太守察動靜，有變迺以聞，如此則復曠一時，曠，空也；一時，三月。言空廢一時不早發兵也。王侯得收獵其衆，申固其謀，黨助衆多，各不勝忿，必相殄滅。自知罪成，狂犯守尉，言起狂犯之心而殺守尉也。遠藏温暑毒草之地，雖有孫、吴將，賁、育士，若入水火，往必焦没，智勇亡所設施。屯田守之，費不可勝量。宜因其罪惡未成，未疑國家加誅，陰勑旁郡守尉練士馬，大司農先調穀積要害處，調，發也。要害者，在我爲要，于敵爲害。調，音徒釣切。選任職太守往，以秋涼時入，誅其王侯尤不軌者，即以爲不毛之地，亡用之人，聖王不以勞中國，即猶若也。不毛言不生草木也。宜罷郡，放弃其人，絶其王侯勿復通。如以先帝所立累世之功不可隳壞，亦宜因其萌芽，早斷絶之，及已成形然後興師，則萬姓被害矣。」鳳于是荐陳立爲牂柯太守。至牂柯，及從吏數十人出行縣，召興。興將數千人往，立數責，因斷興頭，〔六六〕出曉其衆，皆釋兵降。釋，解也。興子邪務收餘兵，迫脅旁二十二邑反。立又擊平之。

公孫述時，大姓龍、傅、尹、董氏與郡功曹謝暹保境爲漢，乃遣使從番禺江奉貢。番禺江，今南海郡。光武嘉之，並加褒賞。

桓帝時，郡人尹珍乃從汝南許慎、應奉受經書，學成，還鄉里教授，自是南域始有學焉。珍官至荆州刺史。

四至：東接交趾，西鄰滇國。其國臨牂柯江，江廣數里，出番禺城下。

土俗物産：其地多雨潦，俗好巫鬼禁忌。寡畜産，又無蠶桑，故其郡最貧。鉤町縣有桄榔木，可以爲麪，百姓資之。鉤町，漢以爲縣，屬牂柯郡也。鉤，巨于切。町，大鼎切。

遯水。按後漢史云：「有女子浣于遯水，有三節大竹流于足閒，剖之，得一男兒養之。及長，自立爲夜郎侯，以竹爲姓。武帝元鼎中置牂柯郡，夜郎侯迎降，天子賜其王印綬，後遂殺之。夷獠咸以竹王非血氣所生，甚重之，求爲立後。牂柯太守吴霸以聞，天子乃封其三子爲侯，死，配食其父。」按曄所撰，乃引華陽國志。又按漢書，其夜郎侯降封王，不言殺之。至成帝時猶謂之夜郎王，曄焉得云「竹王被殺，後封其子爲侯」？與班文全乖，自疑華陽國志爲怪誕也。大抵范曄敘述，多稱詭異，若無他書可以辨證，則且因習纂録，不復刊革之也。

卷一百七十八校勘記

〔一〕置羈縻州以領之　「領」，底本作「理」，據萬本、中大本、庫本、傅校及通典卷一八七邊防三改。

〔二〕西溪　「酉」，底本作「西」，萬本、庫本同，據傅校及宋書卷九七夷蠻傳、南史卷七九夷貊傳下改。

〔三〕今即澧施費播辰錦巫等州地也　按通典邊防三記爲「今武陵、澧陽、黔中、寧夷、盧溪、盧陽、靈溪、潭陽郡地皆是也」，即朗州、澧州、黔州、思州、辰州、錦州、溪州、巫州等州地，與此有不同。

〔四〕宗均　「宗」，底本作「宋」，萬本、庫本同，據後漢書卷八六南蠻西南夷列傳、通典邊防三、文獻通考卷三二八四裔考五改。

〔五〕舉種反　「種」，底本作「衆」，據萬本、庫本、傅校及後漢書南蠻西南夷列傳、通典邊防三、文獻通考四裔考五改。

〔六〕廩君于是居乎夷城　「乎」，底本作「平」，萬本、庫本同，據後漢書南蠻西南夷列傳、通典邊防三、册府元龜卷九五六、文獻通考四裔考五改。

〔七〕餘姓悉沈　「姓」，原脱，據後漢書南蠻西南夷列傳、通典邊防三補。

〔八〕其人歲出賦二千一十六錢　「人」，文獻通考四裔考五同，後漢書南蠻西南夷列傳、册府元龜卷九五六皆作「君長」，當是。

〔九〕音駕　萬本、庫本皆無此二字。

〔一〇〕音公亞切　底本脱，庫本同，據萬本、傅校及册府元龜卷九五六補。通典邊防三、文獻通考四裔考五作「音公亞反」。

〔一一〕一百二十也　「二十」，萬本及通典邊防三、文獻通考四裔考同，庫本及後漢書南蠻西南夷列傳李賢注、册府元龜卷九五六皆作「四十九」。

〔一二〕鍭音侯　底本脱，庫本同，據萬本、傅校及通典邊防三、文獻通考四裔考五補。

〔一三〕永元十三年至討破之　按後漢書南蠻西南夷列傳載，永元十三年，巫蠻許聖等反叛，明年遣使者督荆州諸郡討伐，許聖等敗。則此誤併爲一年事。

〔一四〕後復悉徙置江夏　「悉」，底本脱，據萬本、庫本、傅校及後漢書南蠻西南夷列傳、通典邊防三、文獻通考四夷考五補。又後漢書、通典、文獻通考皆無「後」字，蓋衍。

〔一五〕烏羽　「烏」，萬本、庫本皆作「鳥」。

〔一六〕廖仲　「仲」，原作「种」，據後漢書南蠻西南夷列傳李賢注引華陽國志、華陽國志卷一巴志、通典邊防三改。

〔一七〕傷人者論　底本「者」下衍「勿」字，據萬本、庫本及後漢書南蠻西南夷列傳、通典邊防三、太平御覽卷七八五四夷部六删。

〔一八〕餘户乃歲入賨錢　「賨」，底本脱，萬本、庫本同，據後漢書南蠻西南夷列傳、太平御覽四夷部六補。

〔一九〕光和三年巴郡板楯蠻叛　按後漢書卷八孝靈帝紀載，光和二年，巴郡板楯蠻叛，此「三」爲「二」字之誤。

〔二〇〕則巴郡也　通典邊防三、文獻通考四裔考五皆作「則巴川之地是也」。

〔二一〕漢中　後漢書南蠻西南夷列傳、通典邊防三、太平御覽四夷部皆作「漢川」。

〔二二〕得板楯救之　「之」，底本脱，據萬本、庫本、傅校及後漢書南蠻西南夷列傳、通典邊防三補。

〔二三〕羌死敗殆盡　「敗」，底本脱，萬本、庫本同，據傅校及後漢書南蠻西南夷列傳、通典邊防三補。

〔二四〕亦倚板楯以成其功　「倚」，底本作「得」，據萬本、庫本、傅校及後漢書南蠻西南夷列傳、通典邊防三改。

〔二五〕過於奴虜　「於」，底本脱，萬本、庫本同，據傅校及後漢書南蠻西南夷列傳、通典邊防三補。

〔二六〕李特祖將五百家歸之　按華陽國志卷九李特雄期勢志載：「魏武定漢中，李特祖父虎與杜濩等移于略陽。」晉書卷一二一李雄載記：「追尊其曾祖武曰巴郡桓公。」雄爲特子，其尊祖武，即虎，晉書避唐諱，改「虎」爲「武」，此「祖」下脱「武」字。

〔二七〕北土復號之爲巴氏　「土」，底本脱，萬本、庫本同，據晉書卷一二〇李特載記補。

〔二八〕隴城縣　「隴」，底本作「龍」，萬本同，據通典邊防三改。即舊唐書卷四〇地理志三、新唐書卷四〇地理志四秦州天水郡之隴城縣。

〔二九〕宗矯之　「宗」，萬本、庫本皆作「宋」，傳校改同。按宋書卷九七夷蠻傳作「宗」，南史卷七九夷貊傳下、通典邊防三皆作「宋」。

〔三〇〕及劉道產善撫諸蠻　按宋書夷蠻傳、南史夷貊傳下載，蠻酋田向求爲寇，破漊中，在元嘉十八年。宋書卷六五劉道產傳：「元嘉八年，遷竟陵王義宣左將軍諮議參軍，督雍梁南秦三州荆州六郡諸軍事、寧蠻校尉、雍州刺史、襄陽太守，「善於臨民，在雍部政績尤著，蠻夷前後叛戾不受化者，並皆順服，悉出緣沔爲居」，「十三年，進號輔國將軍。十九年卒。」則劉道產善撫諸蠻事在前，蠻田向求爲寇事在後，此乃倒敍，故宋書夷蠻傳、南史夷貊傳下「及」皆作「先是」，此「及」字誤，乃沿襲通典邊防三而誤。

〔三一〕孝武帝出爲雍州至百不存一　據宋書卷六孝武帝紀，文帝元嘉二十二年劉駿出爲雍州刺史，宋書夷蠻傳、南史夷貊傳下載：「至孝武出爲雍州，羣蠻斷道」，臺遣軍主沈慶之連年討蠻，所向皆平；而「時巴東、建平、宜都、天門四郡蠻爲寇，諸郡民户流散，百不存一」在孝武帝大明中，二事相距十餘年，此混合爲一，亦沿襲通典邊防三而誤。

〔三二〕西溪蠻　「西」，底本作「酉」，萬本、庫本同，據傳校及南齊書卷五八蠻傳、通典邊防三改。

〔三三〕武陵黔陽皆今五溪中地　「地」，底本作「也」，萬本同，據通典邊防三改。

〔三四〕南平蠻　原校：「按南平蠻當是今南平軍以南部族，而南詔蠻乃今之雲南，相距甚遠，唐會要誤合爲一，今記承誤，遂以南平蠻土俗并南詔言之。」按唐會要卷九九，分别記述南平蠻、南詔蠻，各不相混，原校謂「誤合爲一」，實屬無稽之論。本書所述南平蠻土俗及唐貞觀三年遣使入朝，其地隸渝州，與通典邊防三、舊唐書卷一九七南蠻傳、新唐書卷二二二下南蠻傳下、唐會要記載相符，惟此後云「按即南詔蠻也」，又竄入南詔蠻事，誤甚。

〔三五〕按即南詔蠻是也　按南平蠻，亦稱南平獠，據新唐書南蠻傳載：「東距智州，南屬渝州，西接南州，北涪州。」即在唐南平州地，約今重慶市巴南區及涪陵區以西、綦江縣以北地帶。據新唐書卷二二二上南蠻傳上載，烏蠻有六詔，「蒙舍詔在諸部南，故稱南詔。」居永昌、姚州之間，鐵橋之南，東距爨，東南屬交趾，西摩伽陀，西北與吐蕃接，南女王，西南驃，北抵益州，東北際黔、巫。王都羊苴咩城（今雲南大理市西北舊大理）。」主要佔有今雲南地。則南平蠻非南詔蠻，此下所述乃南詔事，與南平蠻無涉，誤甚。

〔三六〕雲南蠻王異牟尋部落兵馬破吐蕃　按唐會要南詔蠻：「雲南蠻異牟尋領部落兵馬破吐蕃。」此「異牟尋」下蓋脱「領」字。

〔三七〕擒吐蕃列土王五人　按舊唐書南蠻傳：「擒其王五人。」新唐書南蠻傳上、唐會要南詔蠻同，此

「列土」二字蓋衍。

〔三八〕蒙嵯巔　「嵯」，底本作「差」，萬本、庫本同，據舊唐書南蠻傳、新唐書南蠻傳中、唐會要南詔蠻改。

〔三九〕其一族不育女　「一」，底本作「子」，萬本、庫本同，據傳校及通典邊防三、舊唐書南蠻傳、唐會要東謝蠻、太平御覽卷七八八四夷部九改。

〔四〇〕以金絡額　舊唐書南蠻傳「金」下有「銀」字。

〔四一〕昔周武王時　「時」，底本脱，萬本、庫本同，據舊唐書南蠻傳、新唐書南蠻傳下、唐會要東謝蠻、太平御覽四夷部九補。

〔四二〕資陽郡　「陽」，底本作「開」，萬本、庫本同。按舊唐書南蠻傳、新唐書南蠻傳下、唐會要東謝蠻並作「資陽郡」，舊唐書卷四一地理志四、新唐書卷四二地理志六並載資州郡名資陽郡，此「開」爲「陽」字之誤，據改。

〔四三〕左右大首領　「右」，底本脱，據萬本、庫本及舊唐書南蠻傳、唐會要東謝蠻補。

〔四四〕左右大首領　「左」，底本脱，萬本、庫本同，據舊唐書南蠻傳、唐會要東謝蠻補。

〔四五〕朝散大夫至牂柯録事參軍謝文經　按新唐書南蠻傳下記此事云：「建中三年，大酋長檢校蠻州長史、資陽郡公宋鼎與諸謝朝賀，德宗以其國小，不許，訴於黔中觀察使王礎，以州接牂柯，願隨牂柯朝賀，磋奏：『牂、蠻二州，户繁力彊，爲鄰蕃所憚，請許三年一朝。』詔從之。」此處當有脱誤。又「牂柯」，舊唐書南蠻傳、唐會要東謝蠻皆作「牂州」。

〔四六〕冠熊皮　「熊皮」，通典邊防三、舊唐書南蠻傳、新唐書南蠻傳下、唐會要東謝蠻皆作「烏熊皮」。

〔四七〕貞觀三年　「三年」，庫本同，萬本作「二年」，按唐會要牂牁蠻作「貞觀二年」，「二」當爲「三」字之誤。舊唐書南蠻傳、新唐書南蠻傳下、册府元龜卷九六四皆作「武德三年」。

〔四八〕黔中郡　「郡」，底本無，據通典邊防三補。萬本、庫本皆作黔州，其郡名黔中也。

〔四九〕北自漢中　「北」，底本作「此」，據通典邊防三、文獻通考四裔考五改。萬本、庫本缺。

〔五〇〕西南及越嶲以東　「東」，底本作「來」，據萬本、庫本及通典邊防三改。

〔五一〕嚴始欣　「欣」，底本作「興」，萬本、庫本同，據中大本及魏書卷一〇一獠傳、北史卷九五獠傳、通典邊防三、文獻通考四裔考五改。下同。

〔五二〕後梁州入梁　「州」，底本脱，庫本同。通典邊防三：「後梁州爲梁氏所陷，自此又屬梁矣。」文獻通考四裔考五同，傅校作「梁州」，是，據補「州」字。萬本誤缺「梁州」二字。

〔五三〕後周文帝平梁達奚武平之益之後尉遲迥平之　「文」，底本作「武」，萬本、庫本同。按周書卷十九達奚武傳、卷二一尉遲迥傳載，達奚武平梁州，尉遲迥平益州，皆在周文帝宇文泰執政時。周書卷四九異域傳上、北史獠傳皆云文帝平梁益之後，此「武」乃「文」字之誤，據改。

〔五四〕後有商旅往來者　「後」，底本作「復」，萬本、庫本同，據周書異域傳上、北史獠傳改。

〔五五〕賣如猪狗而已　「如」，底本脱，萬本、庫本同，據傅校及通典邊防三、文獻通考四裔考五補。魏書獠傳、北史獠傳作「取」。

〔五六〕惟執楯持矛　「矛」，底本作「戈」，據萬本、庫本、傅校及魏書獠傳、通典邊防三改。

〔五七〕即其地是也　「即」，底本脱，據萬本、庫本、傅校及通典邊防三、文獻通考四裔考五補。

〔五八〕楚頃襄王遣將莊豪從沅水伐夜郎　「遣」，底本脱，萬本、庫本同，據後漢書南蠻西南夷列傳、通典邊防三補。

〔五九〕既滅夜郎國　「既」，底本作「攻」，據傅校及後漢書南蠻西南夷列傳、通典邊防三改。萬本、庫本皆缺。

〔六〇〕乃拜蒙爲郎中將　「中將」，底本脱，萬本、庫本同，據史記卷一一六西南夷列傳、漢書卷九五西南夷列傳補。

〔六一〕濛陽　「濛」，底本作「蒙」，據通典邊防三、舊唐書地理志四、新唐書地理志六改。

〔六二〕都尉　「都」，底本作「郡」，萬本、庫本同，據史記西南夷列傳、漢書西南夷傳改。

〔六三〕涪川　「川」，底本作「州」，萬本、庫本同。通典邊防三作「川」。按舊唐書地理志三、新唐書地理志五，涪川爲費州郡名，此「州」乃「川」字之誤，據改。

〔六四〕夜郎王興與鉤町王禹　「與」，底本脱，據萬本、庫本、傅校及漢書西南夷傳、通典邊防三補。

〔六五〕匡使和解蠻夷王侯　「王侯」，底本脱，萬本、庫本同，據傅校及漢書西南夷傳、通典邊防三補。

〔六六〕因斷興頭　「斷」，底本作「斬」，據萬本、庫本及漢書西南夷傳、通典邊防三改。

太平寰宇記卷之一百七十九

四夷八

南蠻四

滇國滇，音顛。

滇國。漢時在夜郎之西，靡莫之屬以十數，滇最大。靡莫，西南徼外獠。始楚頃襄王使將軍莊蹻蹻，楚莊王之苗裔。蹻，居略反。將兵循江上略巴、黔以西。巴國，今清化、始寧、咸安、符陽、巴川、南賓、〔二〕南浦是其地也。黔，即黔中也。蹻至滇池，方三百里，在今雲南郡。其澤在西北，水源深廣，末更淺狹，如倒流，故曰滇池。旁平地肥饒數千里。池旁之地也。以兵威定屬楚。欲歸報，會秦擊奪楚巴、黔中郡，道塞不通，因以其衆王滇，變服，從其俗，以長之。爲其長帥也。按史記及漢書皆云：「楚威王時使莊蹻略巴、黔以西。蹻至滇池，欲歸，會秦奪楚巴、黔中，因以其衆王滇。後十餘歲，秦滅。」又按：楚自威王後，懷王立三十年，至頃襄王之二十二年，秦昭襄王遣兵攻楚，取巫、黔中。後漢史則云：「頃襄王時，〔三〕莊豪王滇。」豪即蹻也。若莊蹻自威王時將兵略地屬楚，秦陷巫、黔中郡，道塞不通，凡經五十二年，豈得如此淹久？或恐史記誤，班生因習便書。范曄所記，詳考爲正。又按：莊蹻王滇，後十五載頃襄王卒，考烈王立二十五年，幽王立十年，王負芻立五年而楚滅，〔四〕後十五年而秦亡，凡七十載，何故云蹻之王滇後十餘歲而秦亡，斯又未之詳也。

至武帝時，滇王有衆數萬人。〔五〕元封二年發巴、蜀兵臨滇。滇王舉國降，請置吏入朝。于是以爲益州郡，今雲南郡也。賜滇王王印，復長其人，因割牂柯、越嶲各數縣以配之。後數年并昆明之地，皆以屬之。當是時西南夷君長以百數，獨夜郎、滇受王印。滇，小邑也，最寵焉。

後王莽篡位，改漢制，貶鉤町王爲侯。王邯怨恨，蠻夷之國盡叛，遣平蠻將軍馮茂發巴、蜀、犍爲吏士，以擊益州。出入三年，疾疫死者什有六七，巴、蜀騷動。更遣寧始將軍廉丹大發天水、隴西騎士，并廣漢、巴、蜀、犍爲吏民十萬人，轉輸者合二十萬人擊之，不克。及公孫述據有益土，文齊爲太守，亦固守拒險不降。

後漢初，遣使朝貢。建武十八年，夷渠帥棟蠶與姑復、葉榆、梇棟、連然、滇池、建伶、〔六〕昆明諸蠻叛，殺長吏。漢姑復縣屬越巂郡，餘六縣並屬益州郡也，並在今越巂、雲南郡也。梇，音弄。遣武威將軍劉尚等發廣漢、犍爲、蜀郡人及朱提夷擊之。尚軍遂渡瀘水，入益州郡界。瀘水，一名若水，出旄牛徼外，經朱提至僰道入江，〔七〕在今巂州南，特有瘴氣。〔八〕羣夷聞大兵至，皆棄壘奔走，尚獲其羸弱、穀畜，斬棟蠶帥，凡首虜萬餘人，諸夷悉平。〔九〕

至蜀後主建興三年，〔一〇〕諸葛孔明率兵南征四郡，平之，改益州郡爲建寧郡，分建寧、永昌郡今雲南郡地。爲雲南郡，〔一一〕又分建寧、牂柯爲興古郡。亮至南中，所戰皆捷。孟獲者，爲夷、漢所服，募生致之。既得，使觀于營陣之閒，問曰：「軍如何？」曰：「不知虛實，故敗。定易勝耳。」亮縱使更戰，〔一二〕七縱七擒，而亮猶遣獲。獲止不去，曰：「公，天威也，南人不復反矣。」遂至滇池。南中平，皆即其渠率而用之。或以諫亮，亮曰：「若留外人，即當留兵，兵留則無食，一不易也；今夷新傷破，父母死喪，〔一三〕留外人而無兵者，必成禍患，二不易也；又夷累有廢殺之罪，〔一四〕自嫌釁重，若留外人，終不相信，三不易也；今吾欲使不留兵，不運糧，而綱紀粗定，夷、漢相安也。」

四至：在巴、黔之外，爲楚之西邊，牂柯、越巂、昆明、夜郎之地，皆有焉。

僰道。滇水。

邛都

邛都。漢時自滇以北，君長以十數，〔一五〕邛都最大。今越嶲郡本其地也。武帝開以爲邛都縣，屬越嶲郡。無幾而地陷爲汙澤，因名爲邛池，南人以爲邛河。其後復反叛。元鼎六年，漢兵自越嶲水伐平之。嶲水，源出今越嶲郡西南嶲山下。

王莽時，郡守枚根枚根，太守姓名。調邛人長貴以爲軍候。更始二年，長貴攻殺枚根，自立爲邛穀王。〔一六〕至光武因就封之，授越嶲太守印綬。後長貴爲劉尚所襲，徙其家屬于成都。安帝時，永昌、益州、蜀郡夷皆叛，結衆一十餘萬，〔一七〕破壞二十餘縣。益州刺史張喬乃遣從事楊竦將兵至葉榆，破之，渠帥三十六種皆來降附。今爲嶲州。竦因奏長吏奸滑，侵犯蠻夷者九十人，皆減死論。

四至：其外西自桐師以東，北至葉榆，葉榆，澤名。名爲嶲、昆明，嶲，即今郡也，昆明又在其西南，〔一八〕諸爨所居。地方數千里，無君長，隨畜遷徙。

土俗物産：自夜郎、滇、邛都人皆椎髻左衽，〔一九〕邑聚而居，知耕田，其土地平原，有稻田。俗多遊蕩而喜謳歌，略與牂柯相類。豪帥放縱，難得制御。

莋都國

莋都國。漢時自越巂以東北，君長以十數，莋都最大。武帝開之，立爲莋都縣。元鼎六年以爲沈黎郡。今漢源縣也。〔二〇〕至天漢四年，并蜀爲西部，置兩都尉，一居旄牛，主徼外夷，一居青衣，主漢人。旄牛、青衣並今蜀郡西地。

後漢永平中，益州刺史朱輔慷慨有大略，宣示漢德，威懷遠夷，自汶山以西，前代正朔所不加，白狼、槃木、唐菆音鄒。〔二一〕等百有餘國，户百三十餘萬，舉種奉貢稱臣。和帝永元十二年，旄牛徼外白狼、樓薄蠻夷王唐繒等，遂率種人十七萬口内屬。安帝元初元年，蜀郡三襄種夷與徼外汙衍種反叛，〔二二〕攻蠶陵城，蠶陵，漢縣，今翼州地，在蜀郡西。殺長吏。二年，青衣道夷邑長令田令姓，田名。與徼外三種夷三十一萬口，舉土内屬。後旄牛夷叛，攻零關，零關道，漢越巂地是。益州刺史張喬與西部尉擊破之，于是分置蜀郡屬國都尉，領四縣，如太守理之。靈帝時以蜀郡屬國爲漢嘉郡。

土俗物産：其人被髮左衽，言語多好譬類，居處略與汶山夷同。汶山夷在蜀郡西北，即冉駹也。

冉駹國

冉駹國。漢時莋以東北，君長以十數，〔二三〕冉駹最大。武帝元鼎六年所開，以爲汶山郡。今通化郡地是。至宣帝地節三年，夷人以立郡賦重，帝乃省并蜀郡爲北部都尉。其山有六夷、七羌、九氏，各有部落。其王侯頗知文書。後漢靈帝時復分蜀郡北部爲汶山郡。蜀延熙十年，汶山平康夷反，姜維討破之。〔二四〕今爲茂州。

四至：其俗土著，或隨畜遷徙。在蜀正西，其西又有三河、槃于虜，北有黄石、北地、盧水胡，〔二五〕其表乃爲徼外。

土俗物産：土氣多寒，雖在盛夏，冰猶不釋。皆因山居止，累石爲室，高者十餘丈，爲邛籠。彼呼爲雕也。又土地剛鹵，不生穀粟麻菽，唯以麥爲資，而宜畜牧。有旄牛，無角，一名童牛，肉重千斤，毛可爲毦。出名馬。有靈羊，可療毒。又有食藥鹿，鹿麑有胎者，其腸中糞亦療毒疾。又有五角羊。

附國

附國者，隋代通焉，在蜀郡西北二千餘里，即漢之西南夷。有嘉良夷，即其東部，所居種姓自相率領，不相統一。隋大業三年，〔二六〕其王遣其弟子宜林率嘉良夷六十人朝貢。嘉良有水，闊六七十丈，附國水闊一百丈，〔二七〕並南流。以皮爲船而濟。又南有薄緣夷，風俗亦同。西有女國。其東北連山，綿亘數千里，接党項及諸羌界。按其地接汶山，故附焉。

土俗物產：其人並無姓氏。其地南北八百里，東西一千五百里。無城柵，近川谷，傍山險。俗好復仇，故壘石爲礫而居，以避其患。其礫與巢同。高至十餘丈，下至五六丈，狀似浮屠，于下級開小門，從内上通，夜必關閉。有二萬餘家。弓長六尺，以竹爲弦。妻其羣母及嫂。兒弟死，父兄亦納其妻。好歌舞，鼓簧，吹長笛。有死者，無服制，置屍于高床上，沐浴衣服，被以牟甲，覆以獸皮。子孫不哭，帶甲舞劍而呼云：「我父爲鬼所取，我欲報寃殺鬼。」〔二八〕其俗以皮爲帽，形圓如鉢，或戴羃䍦。衣多毛毼，全剥牛脚皮爲靴。項繫鐵鎖，手貫鐵釧。王與酋帥，金爲首飾，胸前懸一金花，徑三寸。其土高，氣候涼，多風少雨。土宜小麥、青粿。山出金銀，多白雉。水有嘉魚，長四尺而鱗細。

東女國〔二九〕

東女國。西羌之别種也。以西海中有女國，故稱東女國。俗以女爲王。東與茂州、党項接，東南與雅州接，界隔羅女蠻及白狼夷。有八十餘城。王之所居名康延川，中有弱水南流，用牛皮爲船以渡。户四萬餘衆。女王號爲賓就。在外官僚，並男夫爲之。王死，即于王族求令女立之，無篡奪。所居皆重起屋，王至九重，國人至六重。王服青毛綾裙，下領衫，〔三〇〕其袖委地。重婦人，輕丈夫。文字同于天竺。以十一月爲正，〔三一〕每至十月，〔三二〕令巫者賫酒殽詣山中，散糟麥于空，大咒呼鳥，俄有鳥如雞，飛入巫者懷中，因剖其腹視之，有一穀，來歲必登，若有霜雪，必多災異。其俗因之，名爲鳥卜。

唐武德中，女王湯滂氏始遣使貢方物。自永徽七年至於天寶元年，朝貢不絶。貞元九年，其王湯立悉與哥鄰國董卧庭、白狗國王羅陀忩、〔三三〕逋租國王弟鄧吉知、南水國王姪薛尚悉曩、弱水國王董辟和、悉董國王湯悉贊、清遠國王蘇唐磨、咄霸國王董藐蓬，各率其種落詣劒南西川乞内附。其哥鄰等國，皆散居西山。弱水王即唐初女國之弱水部落。其悉董王，〔三四〕舊皆分隷邊郡，祖、父例授將軍、中郎、果毅等官。自中原多故，皆吐蕃所役屬。其部落，大者不過三二千户，各置縣令十數人理之。土有絲絮，歲輸吐蕃。至是立悉與之同盟，相率獻款，兼賫天寶中國家所賜官告三十九道以進。節度使韋臯處其衆于維、霸、保等州，〔三五〕給以糧種耕牛，咸樂生業。立悉等數國王自來朝，召見麟德殿，授立悉銀青光禄大夫、歸化州刺史；鄧吉知試太府少卿兼丹州長史；薛尚悉曩試少府少監兼霸州長史；董卧庭行至綿州卒，贈武德州刺史，命其子利羅爲保寧都督府長史，襲哥鄰王。立悉妹乞悉漫頗有才智，從其兄來朝，封和義郡夫人。其大首領董卧卿等，皆授以官職。又授女國王兄湯厥銀青光禄大夫、〔三六〕試太府卿；清遠王弟蘇歷顛銀青光禄大夫、試衛尉卿；南水國王薛莫庭及湯悉贊、〔三七〕董邈蓬，女國唱後使湯佛庭、美玉鉢、〔三八〕南郎唐，並授銀青光禄大夫、試太僕卿。

其時，西山松州生羌等二萬餘口，相繼内附，其黏信部落主蕚葱、龍諾部落主辟忽，〔三九〕皆授試衛尉卿。立悉等並赴明年元會訖，賜以金帛，各遣還。至八月召韋皋統押羌蠻及西山八國使。其部落至今猶代襲刺史等官，然亦潛通吐蕃，故謂之「兩面羌」也。

哀牢國

哀牢國。後漢通焉。其先有婦人名沙壹，居于牢山，嘗捕魚水中，觸沈木若有感，因妊十月生子男十人。後沈木化爲龍，出水上。沙壹忽聞龍語曰：「若爲我生子，今悉何在？」九子見龍皆走，獨小子不能去，背龍而坐，龍因舐之。其母鳥語，謂背爲九，謂坐爲隆，因名曰九隆。後牢山下有一夫一婦，復生十女子，九隆兄弟因娶以爲妻，後漸相滋長。種人皆畫其身，象龍文，衣皆著尾。九隆死，代代相繼，乃分置小王，往往邑居，散在溪谷。絶域荒外，山川阻深，生民以來，未嘗交通中國。

後漢光武建武中，其王賢栗等遂率種人户二千七百七十，詣越巂太守鄭鴻降，求内屬，帝封賢栗等爲君長。自是歲來朝貢。明帝永平中，哀牢王柳貌遣子率種人内屬，其稱邑王者七十七人，户五萬一千八百九十。西南去洛陽七千里，明帝以其地置哀牢、博南二縣，今雲南、越巂之西。割益州郡西部都尉所領六縣，後漢六縣謂不韋、巂唐、比蘇、楪榆、邪龍、雲南，並今雲南、越巂之西。合爲永昌郡。即今雲南郡。始通博南山，渡蘭倉水，華陽國志云：「博南縣西山，高三十里，越之度蘭倉水也。」行者苦之，〔四〇〕歌曰：「漢德廣，開不賓。度博南，〔四一〕越蘭津。渡蘭倉，爲他人。」後永昌太守鄭純爲政清潔，化行夷人，與哀牢約，邑豪歲輸布貫頭衣二領，鹽一斛，以爲常賦，夷俗安之。

唐麟德元年五月于昆明之梇棟川置姚州都督，每年募兵五百人鎮守，路越山險，死者甚衆，蜀州刺史張柬之表論其弊曰：「臣竊按姚州者，古哀牢之舊國，絶域荒外，山高水深，自生人以來，洎于後漢，不與中國交通。前漢唐蒙開夜郎、滇、筰，而哀牢不附。至光武季年，始請内屬。漢置永昌郡以統理之，乃收其鹽布氈罽之税，以利中國。其國西通大秦，南通交趾，奇珍異寶進貢，歲時不缺。劉備據有巴、蜀，〔四二〕常以甲兵不充。及備死，諸葛亮五月渡瀘，收其金銀鹽布以益軍儲，使張伯岐選其勁兵以增武備。故蜀志稱自亮南征之後，國以富饒，甲兵充足。由此言之，則前代置郡，其利頗深。今鹽布之税不供，珍奇之貢不入，戈戟之用不實於行伍，寶貨之資不輸於大國，而空竭府庫，驅率平人，受役蠻夷，肝腦塗地，臣竊爲國家惜之。昔漢以得利既多，歷博南山，涉蘭倉水，更置博南、哀牢二縣。蜀人愁怨，行人作歌曰：『歷博南，越蘭津，渡蘭倉，爲他人。』蓋譏漢貪珍奇鹽布之利，而爲蠻夷之所驅役也。漢獲其利，人且怨歌。今減耗國儲，費用日廣，而使陛下之赤子身膏野草，骸骨不歸，老母幼子，哀號望祭于千里之外。于國家無絲髮之利，在百姓受終身之酷。臣竊爲國家痛之。往者，諸葛亮破南中，使其渠率自相統領，不置漢官，亦不留兵鎮守。人問其故，亮曰置官夷漢雜居，猜疑必起，留兵運糧，爲患更重；設若反叛，勞費更多，但粗設紀綱，自然久定。臣竊以亮之此策，妙得羈縻蠻夷之術。今姚府所置之官，既無安邊靖寇之心，又無諸葛亮且縱且擒之技。唯知詭謀狡算，恣情割剥，貪叨劫掠，積以爲常。煽動酋渠，遂成朋黨，折支諂笑，取媚蠻夷，拜跪趨伏，無復慚恥。挈提子弟，嘯引凶愚，聚會蒱博，一擲累萬。劍南逋逃，中原亡命，有二千餘户，見散在彼州，專以掠奪爲業。姚州本龍朔中武陵縣主簿石子仁奏置，其後長史李孝讓、辛文協並爲羣蠻所殺。前朝遣郎將趙武貴討擊，貴及蜀兵應時破敗，噍類無遺。又使將軍李義總等往征，郎將劉惠基在陣戰死，其州遂廢。臣竊以諸葛亮稱置官留兵有三不易，其言遂驗。至垂拱四年，蠻郎將王善寶、昆州刺史爨乾福又請置州，奏言所有課税，自出姚府管内，更不勞擾蜀中。及置州後，録事參軍李稜爲蠻所殺。〔四三〕延載中，司馬成琛奏請于瀘南置鎮七所，遣蜀兵防守，自此蜀中騷擾，于今不息。且姚府總管五十七州，巨猾遊客，不可勝數。國家設官分職，本以化俗防奸，無恥無厭，狼籍至此。今不問夷夏，負罪並深，見道路劫殺，不能禁止，臣恐一旦驚擾，爲禍轉大。伏乞省罷姚州，使隸巂府，歲時朝覲，同之蕃國。瀘南諸鎮，亦皆悉廢，于瀘北置關，百姓自非奉使入蕃，不許交通往來。增巂府兵選，擇清良宰牧以統理之。臣愚將爲穩便。」疏奏，則天不允。

土谷物產：九州記云：「哀牢人皆儋耳穿鼻，其渠帥自謂王者，耳皆下肩三寸，庶人則至肩而已。土地沃美，宜五穀、蠶桑。知染綵文繡，有蘭干細布，蘭干，獠言紵也。織成文章如綾錦。有梧桐木華，〔四四〕績以爲布。廣志云：「梧桐有白者。剽國有梧木，其華有白毳，取毳淹漬，緝以爲布。幅廣五尺，潔白不受垢污。先以覆亡人，然後服之。有濮竹，其節相去一丈。〔四五〕地出銅、鐵、鉛、錫、金、銀、光珠、琥珀、水精、琉璃、軻蟲、蚌珠、孔雀、翡翠、犀、象、猩猩、貊獸。」山海經云：「猩猩知人名。」常璩華陽國志云：「永昌郡有猩猩，能言，取其血可以染朱罽。」荀子曰：「猩猩能言笑。」淮南萬畢術曰：「婦終知來，猩猩知往。」注云：「並神獸也。」酈道元注水經云：「武平郡封溪縣有獸名猩猩，猨形人面，身毛黃，姿顏端正，善學人語，聞者無不酸楚。」太原王綱著傳云：「阮研曾使封溪，見邑人說，猩猩好酒及履，里人置之山谷常行路。百數爲羣，〔四六〕見酒物等，知人設張取之。此獸甚靈，先知其人祖父姓名而罵之曰：『奴欲殺我，〔四七〕捨爾去也。』」

既去復還，因相呼曰：『試共嘗酒。』及飲，乃甘其味。逮乎醉，皆擒之，無遺逸。遂置檻中，隨其所欲飼之。將烹，索其肥者，乃自推擇，泣而遣之。」又禮記云：「猩猩能言。」廣志云：「猩猩但聞其啼，不聞其言語，出交趾郡封溪縣。」按前代永昌郡即今之雲南郡，武平郡即今之安南府，並封略之內。若謂其靈而智，〔四八〕不因人教而解人語，殊爲珍異。秦漢以降，天下一家，即嶺南獻能言鳥及馴象，西域獻汗血馬，皆載之史傳，以爲奇物，復廣異聞，聲教遠覃，如越裳白雉之類。故彰示後代。即猩猩不劣于鳥、象，何爲獨無獻乎？獲之以充口實，則致之固不難也。〔四九〕王莽置漢孺子于四壁中，禁人與語，及長不能名六畜。猩猩若非靈異自解人語，即須因教方成，又不可容易而充庖也。是知諸家所説，不加考覈，遞相祖述。佑以爲廣志尤足徵矣。「血染朱罽」，遍問胡商，元無此事，故詳而疏之。

焦僥國

焦僥國。後漢時通焉，故後漢書云「明帝永平中，西南夷焦僥貢獻」是也。安帝永初中，永昌徼外焦僥種夷陸類等三千餘口舉種内附，獻象牙、水牛、封牛。其人長三尺，穴居，善游泳，鳥獸皆懼。其地草木冬落夏生。

樿國

樿音擅。**國**。後漢時通焉。和帝永元中，其國王雍由調遣譯奉國珍寶，和帝賜金印紫綬。安帝永寧初，復遣使朝貢，獻樂及幻人，能變化、吐火、自支解，易牛馬頭，又善跳丸，數乃至十。自言我海西人，海西即大秦也。樿國西南通大秦。〔五〇〕明年元會，安帝作樂于廷，封雍由調爲漢大都尉。

西爨國

西爨國。南寧之渠帥，梁時通焉。自云本河東安邑人，七葉祖事晉，爲南寧太守，屬中國亂，遂王蠻夷。梁元帝時南寧州刺史徐文盛徵詣荆州，有爨瓚者，遂據南寧州地，延袤二千餘里。俗多華人，有震、翫統其衆。〔五一〕

隋開皇初，遣使朝貢，文帝命韋世沖將兵鎮戍，〔五二〕置恭、協、昆三州。未幾復叛，後遣史萬歲擊之，所至皆破，至西洱河、滇池而還。震、翫懼，入朝，文帝誅之，諸子没爲奴。唐武德初，拜翫子弘達爲昆州刺史，令持其父屍歸葬本鄉，段綸又遣俞大施至南寧諭之，部落歸款。三年七月，遣使貢方物。

昆彌國

昆彌國。一名昆明，西南夷也，在爨之西，西洱河爲界，〔五三〕即葉榆河也。其俗與突厥略同，相傳與匈奴本是兄弟國也。漢武帝得其地入益州部，其後復絶。諸葛亮定南中，亦所不至。

唐武德四年，嶲州治中吉弘偉使南寧，因至其國諭之，至十二月，遣使朝貢。其使多由黔中南路而至。貞觀十九年四月，右武候將軍梁建方討蠻，降其部落七十二，户十萬九千，〔五四〕遣使往西洱河，〔五五〕降其首領十人。有數十百部落，〔五六〕大者五六百户，小者三百户，無大君長，有數十姓，以楊、李、趙、董爲名家，各擅一州，不相統攝，自云先本漢人。有城郭、村邑。自夜郎、滇池以西，皆云莊蹻之餘種也。其土五穀，與中夏同。以十二月爲歲首。

尾濮國

尾濮國。一名木濮，漢魏以後在興古郡今雲南郡。西南一千五百里徼外。又扶南土俗傳云：「拘利東有蒲羅，中人人有尾，〔五七〕長五六寸。其俗食人。」按其地並西南，蒲羅，蓋尾濮之地名也。

土俗物産：其人有尾，長三四寸，欲坐，則先穿地爲穴，以安其尾，尾折便死。〔五八〕居木上，能食人，又噉其老者。人唯識母不識父。其俗，有賓客，殺老以供厨，〔五九〕故賓婚有日，老者必泣。其地有稷及陸稻，多鹽井，有犀象，兵有弓矢，甲鎧以赤猱猴皮，加垂錫珠、翠羽爲冠幘。

木綿濮

木綿濮。土有木綿樹，多葉，又生房甚繁，房中綿如蠶所作繭，其大如棬。音拳。

文面濮

文面濮。其俗劖音讒。面，而以青蓋之。

赤口濮

赤口濮。在永昌南。其俗折其齒，劖其脣使赤，又露身無衣服。

折腰濮

折腰濮。其俗子皆折其腰。

黑僰濮

黑僰濮。在永昌西南，山居耐勤苦。其衣服，婦人以一幅布爲裙，或以貫頭；丈夫以穀皮爲衣。〔六〇〕其境出白蹄牛、犀、象、琥珀、白金、桐華布。又諸濮之域皆出楛矢。爾雅曰：「南至于濮鈆。」周書王會篇：「卜人丹砂。」注云：「卜人，西南之蠻，丹砂所出。」今按卜人蓋濮人也。按諸濮與哀牢地相接，故附之。

占城國

占城國。周朝通焉。顯德五年，其王釋利因得漫遣其臣蒲訶散等來貢方物，中有灑衣薔薇水一十五琉璃瓶，言出自西域，凡鮮華之衣，以此水灑之，則不黦而復郁烈，其香連歲不歇；又進猛火油八十四琉璃瓶，是油得水而愈熾，彼國凡水戰則用之。是日，因賜蒲訶散等冠帶、衣服、繒帛、裀褥等有差，且言其國在中華西南。其地東西七百里，南北三千里，東暨海，西暨雲南國，南暨真臘國，北暨驩州界，東北暨兩浙，海程三十日。其王因得漫在位已五十五年矣。其衣服制度，大略與大食國同。所乘皆象、馬。粒食稻米，肉食水兕、山羊之類。獸之奇者有犀牛，禽之大者有孔雀。所貢表文以貝多葉，檢以香木函，其言譯之，方諭其意云。

渤泥國

渤泥國，載籍不紀，蓋異域多易舊名也。皇朝太平興國二年八月，其國王向打遣使施弩、副使蒲亞利、判官哥心等來朝。其表非紙，類木皮而瑩薄，微緑色，長數尺而闊寸餘，横軸之僅盈掌握，以數小囊重複貯之。其文不可識，字細而横其行，詔蒙骨以華言譯之，云：「渤泥國王向打云云，因蕃人蒲盧歇船到，今得引路。」進貢大片龍腦六十兩、米龍腦二十兩、蒼龍腦二十兩、龍腦板五片、玳瑁殼一百、〔六一〕檀香三截、玳瑁二千兩、象牙六株。〔六二〕復詢其使者，云：「在上都之西南居海中，去闍婆四五十日，〔六三〕去三佛齊四十日，去摩逸三十日，去占城與摩逸同。帆上之日，皆以順風爲計，不則無限日。」其國以板爲城，城中萬餘人。其小山州凡一十四。〔六四〕國王之屋覆以貝多葉，民舍覆以草。王左右者爲大人，坐以繩床，出入以阮囊，即大布單坐其上而舁之。戰爭則用長刀，以銅鑄爲甲，若筒之狀，護其腹背。土之出者有龍腦、玳瑁、蘇木、檳榔、丁香、烏楠木子。民食雞、羊與魚。耕有黄牛、水牛，無麥，有麻與稻，無蠶絲，衣用吉貝布，〔六五〕布用花織成。婚嫁以椰子酒、檳榔、指環，然後以吉貝布或景刀，〔六六〕雜以金而終其禮。喪亦有棺殮，孩孺則燎之，成人則以竹爲棚，〔六七〕載之棄山中。二月始耕則祀之，凡經七年則不復祀矣。凡歲終十二月以七日爲節。地熱，多風雨。民最樂必坎鼓、吹笛、擊鈸、〔六八〕抵掌，歌舞爲樂。食無器皿，竹編貝多葉爲器，食畢棄之。

卷一百七十九校勘記

〔一〕樿國　「樿」，底本作「禪」，萬本同，據宋版目録卷下、傅校及通典卷一八七邊防三、太平御覽卷七九一四四夷部一二、文獻通考卷三三〇四裔考七改。下同。按後漢書卷八六南蠻西南夷列傳作「撣」。

〔二〕南賓　「賓」，底本作「濱」，庫本同，據通典邊防三改。按舊唐書卷三九地理志二，新唐書卷四〇地理志四，南賓爲忠州之郡名。

〔三〕頃襄王時　「王」，底本脱，據萬本、庫本及後漢書南蠻西南夷列傳補。

〔四〕王負芻　「王」，底本脱，萬本同，據史記卷四〇楚世家、通典邊防三補。

〔五〕滇王有衆數萬人　「人」，底本脱，據萬本、庫本及史記卷一一六西南夷列傳、漢書卷九五西南夷列傳補。

〔六〕建伶　「伶」，底本作「怜」，據漢書卷二八地理志上、續漢書郡國志五改。

〔七〕經朱提至僰道入江　「經」，底本脱，萬本、庫本同，據後漢書南蠻西南夷列傳李賢注補。

〔八〕特有瘴氣　「特」，底本作「時」，萬本、庫本同，據後漢書南蠻西南夷列傳李賢注改。

〔九〕建武十八年至諸夷悉平　據後漢書南蠻西南夷列傳載，建武十八年，諸夷叛，十九年遣劉尚發兵擊之，二十年，劉尚與棟蠶連戰數月，皆破之，二十一年斬棟蠶，諸夷悉平。此誤併爲一年事。

〔一〇〕建興三年　「三」，底本作「二」，萬本、庫本同，據三國志卷三三蜀書後主傳改。

〔一一〕改益州郡爲建寧郡分建寧永昌郡爲雲南郡　底本前者「建寧」下脱「郡」字，又脱「分建寧」三字，「永昌」下脱「郡」字，並據三國志蜀書後主傳補。

〔一二〕亮縱使更戰　「亮」，底本作「乃」，據萬本、庫本及三國志卷三五蜀書諸葛亮傳裴松之注引漢晉春秋改。

〔一三〕今夷新傷破父母死喪　「今」、「母」，三國志蜀書諸葛亮傳裴松之注引漢晉春秋作「加」、「兄」。

〔一四〕又夷累有廢殺之罪　「夷」，原作「吏」，據三國志蜀書諸葛亮傳裴松之注引漢晉春秋改。

〔一五〕君長以十數　「以」，底本脱，萬本、庫本同，據史記西南夷列傳、漢書西南夷列傳補。

〔一六〕邛穀王　「穀」，底本作「谷」，萬本同，據中大本、庫本、傳校及後漢書南蠻西南夷列傳改。

〔一七〕結衆一十餘萬　「一」，底本作「二」，萬本、庫本同，據後漢書南蠻西南夷列傳改。

〔一八〕昆明又在其西南　「西」，底本作「東」，萬本、庫本同。按漢書西南夷列傳顏師古注：「嶲即今之嶲州也，昆明又在其西南。」唐嶲州即今四川西昌市，昆明縣即今鹽源縣，在其西南，此「東」爲「西」字之誤，據改。

〔一九〕自夜郎滇邛都人皆椎髻左衽　「滇」，底本作「滇池」，萬本、庫本同。按漢書西南夷傳：夜郎、滇、邛都，「此皆椎結。」通典邊防三、文獻通考卷三二九四裔考六文並同此，皆作「滇」，此「池」衍字，據删。

〔二〇〕漢源縣　「源」，底本作「元」，萬本、庫本同。按通典邊防三注：「今洪源郡。」舊唐書卷四一地理志四、新唐書卷四二地理志六黎州郡名洪源，治漢源縣，此「元」爲「源」字之誤，據改。

〔二一〕音鄒　萬本、庫本皆無此二字。

〔二二〕汙衍　「汙」，底本作「汗」，萬本同，據庫本及後漢書南蠻西南夷列傳改。

〔二三〕君長以十數　「以」，底本脱，萬本、庫本同，據史記西南夷列傳、漢書西南夷傳補。

〔二四〕延熙十年汶山平康夷反姜維討破之　「延熙」，底本作「建興」，萬本、庫本同。按三國志蜀書後主傳、姜維傳載：延熙十年，汶山平康夷反，姜維往討，破平之。華陽國志卷七劉後主志亦記此事於延熙十年，此「建興」乃「延熙」之誤，據改。又底本脱「破」字，萬本、庫本同，據通典邊防三、文獻通考四裔考六補。

〔二五〕北有黄石北地盧水胡　「地」，底本脱，「盧」，底本作「慮」，萬本同，並據後漢書南蠻西南夷列傳、通典邊防三補改。

〔二六〕大業三年　按北史卷九六附國傳、隋書卷八三西域傳皆載：大業五年，其王「遣其弟子宜林率嘉良夷六十人朝貢」。通典邊防三、文獻通考四裔考六記其事於大業四年，此「三年」，當誤。

〔二七〕附國水闊一百丈　按北史附國傳：「附國有水闊百餘丈。」隋書西域傳、通典邊防三同，此「百」下脱「餘」字。

〔二八〕我欲報寃殺鬼　「寃」，底本作「仇」，據萬本、庫本、傅校及北史附國傳、隋書西域傳、通典邊防三改。

〔二九〕東女國　按新唐書卷二二一上西域傳上載：東女，西羌之別種，「西海亦有女自王，故稱『東』別之。東與吐蕃、党項、茂州接，西屬三波訶，北距于闐，東南屬雅州羅女蠻、白狼夷。」唐會要卷九九略同，新唐書列於西域諸國，宜是。本書卷一七五女國原校之東女國「從通典（按通典南蠻不載，誤）移入西南蠻中」，以地域而論，移置於此，甚誤。

〔三〇〕王服青毛綾裙下領衫　「毛」，底本作「色」，據萬本、中大本、庫本及舊唐書卷一九七西南蠻傳、新唐書卷二二一西域傳上改。「下領衫」，庫本同，萬本作「被青袍」，按舊唐書西南蠻傳作「下領衫，上披青袍」，新唐書西域傳上作「被青袍」。

〔三一〕以十一月爲正　「一一」，底本作「一二」，據萬本、中大本、庫本及舊唐書西南蠻傳、新唐書西域傳上改。

〔三三〕每至十月　底本「十」下衍「一」字，萬本、庫本同，據舊唐書西南蠻傳、新唐書西域傳上、唐會要卷九九東女國刪。

〔三三〕羅陀忩　「忩」，舊唐書西南蠻傳、唐會要東女國皆作「怱」，資治通鑑卷二三四作「忽」。

〔三四〕其悉董王　按舊唐書西南蠻傳：「其悉董國，在弱水西，故亦謂之弱水西悉董王。」唐會要東女國同，此蓋脱「在弱水西故亦謂之弱水西悉董王」一四字。

〔三五〕節度使韋臯　按舊唐書西南蠻傳、唐會要東女國皆作「西川節度使韋臯」，此蓋脱「西川」二字。

〔三六〕女國王　底本作「國光」，萬本同，據庫本及舊唐書西南蠻傳、唐會要東女國改補。

〔三七〕南水國王　「水」，底本脱，萬本、庫本同，據唐會要東女國及本書前文補。

〔三八〕女國唱後使湯佛庭美玉鉢　「使」，舊唐書西南蠻傳、唐會要東女國無，蓋衍字。「玉」，底本作「王」，萬本同，據庫本及舊唐書、唐會要改。

〔三九〕辟忽　「忽」，底本作「葱」，萬本同，據庫本及舊唐書西南蠻傳、唐會要東女國改。

〔四〇〕行者苦之　「苦之」，底本作「莫不」，據庫本、傅校及後漢書南蠻西南夷列傳、通典邊防三改。

〔四一〕度博南　「度」，底本作「歷」，據萬本、中大本、庫本及後漢書南蠻西南夷列傳、通典邊防三改。

〔四二〕劉備據有巴蜀　「劉備」、「巴」，底本作「先主」、「益」，據萬本、中大本、庫本及舊唐書卷九一張柬之傳改。

〔四三〕李稜　「稜」，底本作「陵」，萬本、庫本同，據新舊唐書張柬之傳、通典邊防三改。

〔四四〕梧桐木華　「華」，底本作「葉」，萬本、庫本同，據後漢書南蠻西南夷列傳、華陽國志卷四南中志、太平御覽卷七八六四夷部七引九州記改。按本書下文注引廣志云：「剽國有梧木，其華有白毳，取毳淹漬，緝以爲布。」其文取於後漢書南蠻西南夷列傳李賢注引廣記，惟「梧木」，李賢注引廣記作「桐木」，「梧木華」，可证作「葉」誤。

〔四五〕其節相去二丈　「二」，太平御覽四夷部七引九州記同，後漢書南蠻西南夷列傳、華陽國志南中志作「一」。

〔四六〕百數爲羣　「百數」，底本倒誤爲「數百」，萬本、庫本同，據通典邊防三乙正。

〔四七〕奴欲殺我　「欲」，底本脱，萬本同，據通典邊防三補。

〔四八〕若謂其靈而智　「若」，通典邊防三作「古」。

〔四九〕則致之固不難也　萬本、庫本皆無「固」字。通典邊防三無「不」字。

〔五〇〕樿國西南通大秦　「通」，底本作「近」，據萬本、庫本及後漢書南蠻西南夷列傳、通典邊防三改。

〔五一〕有震𤭢統其衆　按新唐書卷二二二南蠻傳下：「瓚死，有二子震、𤭢分統其衆。」太平御覽四夷部一二引唐書：「瓚死，有二子震、𤭢分統其衆。」此「𤭢」下脱「分」字。

〔五二〕韋世沖　「世」，底本脱，萬本、庫本同，據傳校及新唐書南蠻傳下、太平御覽四夷部一二、文獻通考四裔考七補。

〔五三〕在爨之西西洱河爲界　前「西」字，底本脱，萬本、庫本同。新唐書南蠻傳下：「爨蠻西有昆明蠻，一曰昆彌，以西洱河爲境。」據補。

〔五四〕户十萬九千　按通典邊防三作「户十萬九千三百」，唐會要卷九八昆彌國同，此脱「三百」二字。

〔五五〕西洱河　「洱」，底本脱，萬本、庫本同，據唐會要昆彌國及本書前文補。

〔五六〕有數十百部落　「有」，底本作「并」，萬本、庫本同，據唐會要昆彌國改。

〔五七〕中人人有尾　底本脱一「人」字，萬本、庫本同，據通典邊防三，太平御覽四夷部一二皆引扶南土俗傳補。

〔五八〕尾折便死　「尾」，底本脱，萬本、庫本同，據通典邊防三、太平御覽四夷部一二補。

〔五九〕殺老以供厨　按太平御覽四夷部一二：「俗云貸老相食。」此「殺」爲「貸」字之誤。

〔六〇〕丈夫以穀皮爲衣　「穀」，底本作「穀」，萬本同，據庫本及太平御覽四夷部一二改。

〔六一〕玳瑁殼一百　「百」，底本作「一個白」，萬本、庫本同，據宋史卷四八九外國傳五改。

〔六二〕象牙六株　「象」，底本脱，萬本、庫本同，據傳校及文獻通考卷三三二四裔考九、宋史外國傳五補。

〔六三〕闍婆　「闍」，底本作「蛇」，萬本、庫本同，據諸蕃志卷上、文獻通考四裔考九、宋史外國傳五改。

〔六四〕其小山州凡一十四　按諸蕃志卷上、文獻通考四裔考九、宋史外國傳五皆作「所統十四州」，疑「小山」二字衍。

〔六五〕衣用吉貝布　「吉」，底本作「古」，萬本、庫本同，據諸蕃志卷上、文獻通考四裔考九、宋史外國傳五改。下同。

〔六六〕然後以吉貝布或景刀　原校：「景刀疑作泉刀，然未有所考證。」按諸蕃志卷上、文獻通考四裔考九、宋史外國傳五皆作「然後以吉貝布」，無「或景刀」三字。

〔六七〕以竹爲棚　「棚」，諸蕃志卷上、文獻通考四裔考九、宋史外國傳五皆作「轝」。

〔六八〕擊鈸　「鈸」，底本作「鈥」，萬本、庫本同，據傳校及文獻通考四裔考九、宋史外國傳五改。諸蕃志卷上作「鉢」。

太平寰宇記卷之一百八十

四夷九

西戎一

西戎總述

古西戎之域，蓋自古肅州古月氏國。以南，甘、古張掖郡。涼、古武威郡。洮、古臨洮郡。鳳、龍、茂、隆、蜀、邛、古臨邛郡。雅、黎、古沈黎郡。嶲古越嶲郡。等州之西，並西夷也。昔禹之理平九州，聲教所暨，西被於流沙。流沙，今甘州，距長安二十五日里。服之制，去王城面二千里之外，是爲荒服五百里。又導弱水，至合黎，餘波入於流沙。弱水，亦今甘州。然則禹之所加功焉，蓋今甘之西，則在荒服之外矣。舜放三苗于三危。三危，在燉煌，今沙州，古允姓之戎所居也。夏后相征畎夷，一曰犬夷。七年乃服。桀之亂，犬夷入居邠、岐。成湯攘夷狄，〔一〕高宗伐鬼方。至武乙時，犬戎寇邊，周古公避戎於岐山，蓋漸揉於中國矣，渭南、潁首，莫不有戎。周貞王八年，秦厲公滅大荔，而取其地。韓、魏稍并伊、雒之戎，滅之。其遺者西走，踰汧、隴，中國自是無戎寇。及秦昭王滅義渠戎，置隴西、北地、上郡。始皇平天下，西逐諸戎出塞。

故漢初，西戎尚微弱。景帝時，研種羌按說文：「羌，西戎牧羊人也。從人，從羊。」風俗通云：「本戎之牧羊人也。」求徙於狄道、安故。今蘭州縣。〔二〕至漢武帝時，北患匈奴之强，因問匈奴降者，言：「月氏王嘗爲匈奴所破遁逃，恒怨匈奴，無與共擊之者。」武帝因令張騫由匈奴中而使月氏，爲匈奴所得，亡走西數十日至大宛，傳致大月氏，凡十三歲乃還。騫所至大宛、月氏、康居、大夏，及傳聞其旁國五六。安息、犛軒、奄蔡、烏孫、樓蘭、條支、身毒、扜彌、于闐。初，漢通西南夷，費多罷之，騫言：「大夏東南有身毒國，有蜀物，去蜀不遠。」乃復通西南夷。元狩二年乃命驃騎破匈奴西邊數萬人，渾邪王降漢，即以其地置張掖、酒泉、武威、燉煌，〔三〕謂之河西四郡。其地勢西北斜出在匈奴之西，烏孫之南，西羌之東北，隔絕西羌與匈奴相連之路，所謂斷匈奴右臂，於是始築令居塞，令，音鈴。今鄯州西北。酒泉列亭障至玉門矣。其地南北有大山，中央有河，東西約六千里，南北千餘里。東則接漢，阸以燉煌界內，玉門、陽關爲隔，西則以葱嶺諸國爲鄰，有三十六國。其俗大率土著，有城郭田畜，與烏孫異，故始皆役屬匈奴。匈奴西邊日逐王，領西域，賦稅諸國，取富給焉。其南山東出金城，今蘭、會、河、鄯四州，是漢金城郡也。與漢南山聯焉。自玉門、陽關出西域有兩路。從鄯善傍南山北，循河西行至莎車，爲南道，西踰葱嶺則出大月氏、安息；自車師前王庭今西州。隨北山，循河西行至疏勒爲北道，北道西踰葱嶺則出大宛、康居、奄蔡焉。自李廣利伐大宛之後，西域震懼，多遣使來貢獻，於是自燉煌西至鹽澤，即蒲昌海，在今西州、北庭界河地是也。往往起亭障，是爲漢提封之域焉。其後都尉桑弘羊請田輪臺、渠犂以東之地，以資邊用，竟不成。昭帝時乃用弘羊前議，以田給使外國者。

至宣帝時，使衛司馬使護鄯善以西數國。及破姑師，未盡殄，分以爲車師前後王及山北六國。時漢獨護南道，未能盡并北道也。神爵三年，匈奴日逐王來降，護鄯善以西使者鄭吉迎之，乃因使吉并護北道，故號曰都護。都護之起，自吉置矣。由是匈奴益弱，不得近西域。于是徙屯田于北胥鞬，披莎車之地，鞬，音乾。披，分也。屯田校尉始屬都護。都護督察烏孫、康居諸外國，理烏壘城，去陽關二千七百三十八里，與渠犂田官相近，土地肥饒，于西域爲中，故都護理焉。

至元帝時，復置戊己二校尉，屯田于車師前王庭，戊己，中央鎮伏四方，又開渠播種，以爲厭勝，故曰戊己焉。哀、平閒，自相分剖爲五十五國。〔四〕凡國自譯長、城長、君、監、吏、大禄、百長、千長、都尉、且渠、當户、將、相至侯、王，皆佩漢印綬，凡三百七十六人。而康居、大月氏、安息、罽賓、烏弋之屬，皆以絶遠，不在數中。其來貢獻，則與相報，不督護總領也。〔五〕至王莽時，四邊亂，與中國遂絶，並復役屬匈奴。

按前往西域有二道，自元始以後有三道：從玉門關西出，經婼羌婼，音而遮切。轉西，越葱嶺，經懸度，入大月氏，爲南道；從玉門關西出，發都護井，〔六〕迴三隴沙北頭，經居盧倉，從沙西井轉西北，〔七〕過龍堆，至故樓蘭，轉西詣龜茲，至葱嶺，爲中道；從玉門關西北出，經横坑，辟三隴沙及龍堆，出五船北，至車師界戊己校尉所理高昌，轉西與中道合龜茲，爲新道。

後漢永平中，匈奴乃脅諸國共寇河西郡縣，城門晝閉。明帝乃命將出征匈奴，取伊吾盧地，置宜禾都尉以屯田，遂通西域于闐諸國。西域自絶六十五載，乃復通焉。其後班超定西域，至于海濱四萬里外，皆重譯入貢。自魏至唐，歷代貢獻。此皆西域塞外之羌夷也，其居中國，今附之于篇末焉。

車師國後爲高昌

車師前王後王。並漢時通焉。前王國，一曰前部，理交河城。今交河郡，本河州也。水分流繞城下，故爲號。

初，漢武帝征和四年，遣重合侯馬通將諸國兵，共圍車師，車師王降服。後其王烏貴與匈奴爲親，教匈奴遮漢道通烏孫者。宣帝地節二年，遣侍郎鄭吉、校尉司馬憙許吏切。將免刑罪人田渠犂，積穀，欲以攻車師。至秋收穀，吉、憙發城郭諸國兵擊車師，攻交河城，破之。王尚在北石城，未得，會吉食盡，歸渠犂田。秋收後，更往攻石城，王乃輕騎奔烏孫，吉還田渠犂及車師，〔八〕益積穀以安西國，侵匈奴。匈奴單于大臣曰：「車師地肥美，近匈奴，使漢得之，多田積穀，必害我國，不可不爭也。」遣騎來擊吉，吉將田卒保車師城，匈奴圍城數日乃解。吉上書言：「車師去渠犂千餘里，閒以河山，北近匈奴，漢兵在渠犂者勢不能相救，願益田卒。」于是故車師太子軍宿在焉耆者，立以爲王，盡徙車師國人令居渠犂，遂以車師故地與匈奴。車師王得近漢田官，與匈奴絕，亦安樂親漢。其後置戊己校尉，屯田車師故地。即今交河郡，漢取之，以置校尉。

平帝元始中，車師後王國有新道，出五船北，通玉門關，往來差近，戊己校尉徐普欲開以省道里半，避白龍堆之阸。車師後王姑句音鉤。以道通當爲拄置，〔九〕心不便也。拄，支拄也。言有所置立而支拄于己，〔一〇〕故心不便也。拄，音竹羽切。地又頗與匈奴南將軍地接，其後舉國降匈奴。是時，王莽易匈奴單于璽，單于大怒，擊北邊，而西域亦瓦解。焉耆國近匈奴，先叛，殺都護但欽，莽不能討，西域因絶。

至後漢和帝永元二年，大將軍竇憲破北匈奴，車師震懾，之涉切。前後王各遣子入侍。其後屢叛。至安帝延光四年，長史班勇擊其後王軍就，大破，斬之。桓帝永興初，後部王阿羅多攻圍漢屯田且固城，殺傷吏士。後部侯炭遮領餘人叛阿羅多，詣漢降。阿羅多從百餘騎亡走北匈奴中。漢立後部故王軍就質子卑君爲後部王。後阿羅多復從匈奴中來降，于是更立阿羅多爲王，仍將卑君還燉煌，以後部人三百帳別屬役之，食其税。帳者，猶中國之户數也。

至魏時，賜其王一多離守魏侍中，〔一一〕號大都尉。晉以交河城爲高昌郡。蓋因其地高敞，人庶昌盛立名。或云昔漢武帝遣兵西討，師旅頓敝者因住焉，〔一二〕有漢時高昌故壘也。〔一三〕張軌、吕光、沮渠蒙遜在河西，皆置太守以統之。

後魏太武帝時，其前部王爲沮渠無諱所攻，遣使上表云：「不能自全，遂捨國東奔，三分免一。已到焉耆東界，思歸天闕，幸垂賑救。」魏使撫慰，開焉耆倉給之。文成末，其地又爲蠕蠕所并，立闞伯周爲王，高昌稱王自此始也。闞，苦濫切。孝文太和五年，高車王阿伏至羅殺闞王，〔一四〕以燉煌人張孟明爲高昌王。太和二年，孟明爲國人所殺，立馬儒爲王，以鞏顧禮、麴嘉爲左右長史。儒又通使後魏，請内屬。人皆戀，不願東遷，相與殺儒，立嘉爲王。麴嘉字靈鳳，金城郡榆中人也，今郡地。既立爲王，會焉耆爲嚈噠所破，衆不能自立，請主于嘉。〔一五〕嘉遣其第二子爲焉耆王，由是始大，益爲國人所服。

其都城周迴一千八百四十步，于坐室畫魯哀公問政于孔子之像。國内有城十八，置四十六鎮。官有令尹，有交河公，有田地公，皆其王子也。餘官多同中國。大事決之于王，小事則世子及二公隨狀斷決。平章録記，事訖即除，〔一六〕籍書之外，無久掌文案。官人雖有列位，並無曹府，唯每朝集于朝門，評議衆事。諸城各有户曹、水曹、田曹。每城遣司馬、侍郎相監檢校，名爲城令。服飾，丈夫從胡法，婦人略同華夏。兵器有弓、箭、刀、楯、甲、矟。文字亦同華夏。兼用胡書。其國北有赤石山，山北七十里有貪汗山，〔一七〕夏有積雪。此山之北，鐵勒界也。從武威西北有捷路，度沙磧千餘里，四面茫然，無有蹊徑。欲往者，不準記，〔一八〕唯以人畜骸骨及駝糞爲驗。路中或聞歌哭之聲，行人尋之，多致亡失，蓋魑魅魍魎也。故商旅往來，多取伊吾路。〔一九〕孝明帝正光中，嘉遣使求請五經、諸史，〔二〇〕并請國子助教劉燮以爲博士。

隋文帝開皇中，突厥破其四城，有二千人來歸中國。嘉孫伯雅立，其大母本突厥可汗女，其父死，突厥令依其俗，伯雅不從者久之，突厥逼之，不得已而從。煬帝大業五年，伯雅來朝，因從擊高麗。還，尚宗女華容公主。八年，歸蕃。

至唐武德七年，遣使獻狗，雌雄各一，高六寸，長尺餘，性甚慧，能牽馬銜燭，〔二一〕云本生拂菻。中國有拂菻狗自此始。其後不供職貢。貞觀四年，其王文泰來朝。文泰，伯雅子，妻宇文氏，即隋煬帝所賜華容公主也，請入宗親，詔賜姓李氏，封常樂公主。其後與西突厥連結，諸國朝貢者皆路出高昌，文泰稍擁絶之。至十三年，太宗謂其使曰：「高昌數年來朝貢脱略，〔二二〕無蕃臣禮。今茲歲首，萬國來朝，而文泰不至，我使人至彼，文泰云：『鷹飛于天，雉竄于蒿，猫遊于堂，鼠安于穴，各得其所，豈不快耶！』〔二三〕明年當發兵擊爾國。」十四年八月，交河道行軍大總管侯君集平高昌，下其郡三、縣五、城三十二、〔二四〕户八千四十六、口一萬七千七百三十、〔二五〕馬四千三百匹。太宗欲以其地爲州縣，魏徵諫曰：「未若撫其人而立其子，所謂伐罪弔人，威德被于遐外，爲國之善也。今若利其土壤，以爲州縣，常須千餘兵鎮守，數年一易，往來交易，死者十有三四，遣辦衣資，離别親戚，十年之後，隴右空虚。陛下終不能得高昌撮粟尺布以助中國，所謂散有用而資無用。」太宗不從，以其地爲西州，以交河城爲交河縣，始昌城爲天山縣，田地城爲柳中縣，〔二六〕東鎮城爲蒲昌縣，高昌城爲高昌縣。初，西突厥遣其葉護葉護，其國官也。屯兵于可汗浮圖城，與高昌爲影響，至是懼而來降，以其地爲庭州，并置蒲類縣。國威既震，西域大懼。焉耆王詣諸軍請謁，〔二七〕留兵鎮守，刻石紀功而還，每歲調内地更發千人鎮遏焉。

黄門侍郎褚遂良上疏曰：「臣聞古者哲后，必先華夏而後夷狄，務廣德化，不事遐荒。是以周宣薄伐，至境而止；始皇遠塞，中國分離。漢武負文景之聚財，玩士馬之餘力，始通西域，將三十年。得天馬于宛城，採蒲萄于安息，而海内空竭，生人物故，所以租至六畜，算至舟車，因之年凶，盜賊並起。搜粟都尉桑弘羊復希主意，請遣士卒遠田輪臺，築城以威西域。武帝翻然追悔，棄輪臺之野，下哀痛之詔，人神感悦，海内乂康。向使武帝復用弘羊之言，天下生靈皆盡矣。是以光武中興，不踰葱嶺；孝章即位，都護來歸。今誅滅高昌，威加西域，收其鯨鯢，以爲州縣。然則王師初發之歲，河西供役之年，飛芻輓粟，十室九空，數郡蕭然，五年不復。陛下歲遣千餘人遠事屯戍，終年離别，萬里思歸。去者資裝，自須營辦，既賣菽粟，傾其機杼。塗經死亡，復在言外，兼遣罪人，增其防遏。彼罪人者，生放販肆，終朝墮業，犯禁違公，必能擾于邊城，無益于行陣。所遣之内，復有逃亡，官司捕捉，爲國生事。設令張掖塵飛，酒泉烽擧，陛下豈能得高昌一人斗粟而及事乎？終須發隴右諸州，星馳電擊。由斯而言，此河西者乃己腹心，〔二八〕彼高昌者他人手足，豈得靡費中華，以事無用？書曰：『不作無益害有益。』此之謂也。陛下平頡利于沙塞，滅吐渾于西海，突厥餘衆，爲立可汗，吐渾遺萌，更樹君長。復立高昌，非無前例，此所謂有罪而誅之，既伏而立之。四海百蠻，誰不聞見，蠕動懷生，畏威感德。宜擇高昌可立者而立之，徵給首領，遣還本國，負戴漢恩，〔二九〕長爲蕃翰。中國不擾，既富且寧，傳之子孫以貽永代矣。」不從。

四至：去長安八千一百里。〔三〇〕户一千五百。西南至都護理所一千八百里，至焉耆八百里。西域長史及戊己校尉並理于此。去燉煌十三日行。其地東西三百里，南北五百里，四面多大山。後王國理務塗谷，即今蒲城，〔三一〕今北庭府蒲類縣，去長安八千九百里。户六百。西南至都護理所一千二百三十餘里，北與匈奴接。

土俗物産：其國亦有毛詩、論語、孝經、歷代子史，〔三二〕集學官弟子，以相教授。雖習讀之，而皆爲胡語。賦税則計田輸銀，〔三三〕無者輸麻布。其刑法、風俗、婚姻、喪葬與華夏小異而大同。其人面貌類高麗，辮髮垂之于背，女子頭髮辮而不垂。〔三四〕其地高燥，多石磧，氣候温煖，與益州相似。穀麥再熟，宜蠶，多五果。有草名爲羊刺，其上生蜜，而味甚佳。赤鹽如朱，白鹽如玉。多蒲萄酒。俗事天神，兼信佛法。國中羊馬，牧于隱僻，以避外寇，非貴人不知其所。又有草實如繭，繭中絲如細纑，名爲白疊子，國人取織以爲布，交市用焉。按唐史，葉護馬乳蒲萄一房，長二尺，子亦極大，深紫色。

卷一百八十校勘記

〔一〕成湯攘夷狄　「狄」，萬本、庫本皆作「戎」，傳校改同。

〔二〕狄道安故今蘭州縣　按漢置狄道、安故縣，狄道縣唐初屬蘭州，天寶後爲臨州治；安故縣早廢於東晉十六國時，此云有誤。

〔三〕元狩二年至以其地置張掖酒泉武威燉煌　按漢書卷六武帝紀載：元狩二年，匈奴昆邪王降，「以其地爲武威、酒泉郡」，元鼎六年「分武威、酒泉地置張掖、敦煌郡。」此以河西四郡並置於元狩二年，誤。關於河西設置年代，長期以來，衆説紛紛，此不贅述。

〔四〕自相分剖爲五十五國　「相」，底本脱，萬本、庫本同，據傳校及後漢書卷八八西域傳補。

〔五〕不督護總領也　「護」，萬本、庫本皆作「録」，同通典卷一九一邊防七。

〔六〕都護井　「井」，底本作「并」，萬本、庫本同，據傳校及三國志卷三〇魏書烏丸鮮卑東夷傳裴松之注引魏略西戎傳改。

〔七〕從沙西井轉西北　「井轉西」，底本脱，萬本、庫本同，按三國志魏書烏丸鮮卑東夷傳裴松之注引魏略西戎傳作「從沙西井轉西北」，此脱「井轉西」三字，據補。

〔八〕吉還田渠犂及車師　「田」，底本脱，萬本、庫本同，據傳校及漢書卷九六下西域傳下補。

〔九〕以道通當爲拄置　「通」，通典卷一九一邊防七同，漢書西域傳下無。

〔一〇〕支柱也言有所置立而支拄于己　底本脱前者之「柱」、「有」、後者之「支」，萬本、庫本同，據傳校及漢書西域傳下顔師古注、通典邊防七補。

〔一一〕一多離 「一」，通典邊防七作「壹」，是。

〔一二〕師旅頓敝者因住焉 「敝」，北史卷九七西域傳作「弊」，當是。

〔一三〕有漢時高昌故壘也 「有」，底本脱，萬本、中大本、庫本同，據北史西域傳、隋書卷八三西域傳、通典邊防七補。

〔一四〕阿伏至羅 原校：「按後魏書本傳作『可至羅』，今記從通典之文，未知孰是。」按北史卷九八高車傳、隋書西域傳、通典邊防七皆作「阿伏至羅」，魏書卷一〇一高昌傳、北史西域傳作「可至羅」，「可」乃「阿」之訛，省「伏」字。

〔一五〕請主于嘉 「主」，隋書西域傳、通典邊防七同；萬本、庫本皆作「王」，北史西域傳同。

〔一六〕事訖即除 「即」，底本作「則」，據萬本、庫本、傳校及北史西域傳、通典邊防七改。

〔一七〕貪汗山 「汗」，底本作「汙」，萬本、庫本同，據傳校及北史西域傳、通典邊防七改。

〔一八〕不準記 傳校作「不可準記」，同通典邊防七。

〔一九〕多取伊吾路 底本「路」下衍「去」字，萬本、中大本、庫本同，據隋書西域傳、通典邊防七、册府元龜卷九六一删。

〔二〇〕嘉遣使求請五經諸史 「請」，北史西域傳、通典邊防七作「借」。

〔二一〕能牽馬銜燭 「牽」，舊唐書卷一九八西戎傳、新唐書卷二二一西域傳上皆作「曳」。

〔二二〕高昌數年來朝貢脱略　底本「年」下衍「不」字，萬本、庫本同，據通典邊防七、舊唐書西戎傳、唐會要卷九五高昌、資治通鑑卷一九五删。

〔二三〕豈不快耶　「快」，萬本、庫本皆作「和」，傅校改同。按通典邊防七、唐會要高昌作「快」，舊唐書西戎傳作「活」。

〔二四〕城三十二　「三十二」，萬本、庫本同，中大本作「二十二」。按通典邊防七作「三十二」，元和郡縣圖志卷四〇、舊唐書西戎傳、新唐書西域傳上、唐會要高昌皆作「二十二」，當是。

〔二五〕口一萬七千七百三十　通典邊防七、文獻通考卷三三六四裔考一三同，舊唐書西戎傳作「口三萬七千七百」，新唐書西域傳上作「口三萬」，唐會要高昌作「口三萬七千七百三十八」，資治通鑑卷一九五作「口一萬七千七百」。

〔二六〕田地城爲柳中縣　「地」，底本作「北」，萬本、庫本同。通典邊防七作「地」，舊唐書西戎傳：「高昌，『田地城，校尉城也。』」新唐書西域傳上：「田地城，戊己校尉所治也。」此「北」爲「地」字之誤，據改。

〔二七〕焉耆王詣諸軍諸謁　「詣諸軍」，唐會要高昌作「詣軍門」，資治通鑑卷一九五同，此疑脱「門」字。

〔二八〕此河西者乃己腹心　「乃」，萬本同，庫本、傅校作「方」，同通典邊防七、貞觀政要卷九、舊唐書卷八〇褚遂良傳、唐會要高昌。

〔二九〕負戴漢恩 「漢」，通典邊防七、唐會要高昌同，貞觀政要卷九、舊唐書褚遂良傳作「洪」。

〔三〇〕去長安八千一百里 「一百」，通典邊防七作「九百」。

〔三一〕即今蒲城 「今」，底本作「金」，據萬本、庫本及通典邊防七改。

〔三二〕歷代子史 「子史」，底本作「史子」，庫本同，據萬本、傅校及通典邊防七乙正。

〔三三〕賦税則計田輸銀 按北史西域傳、太平御覽卷七九四四夷部一五「銀」下有「錢」字。

〔三四〕女子頭髮辮而不垂 按通典邊防七：「女子頭髮辮而垂。」新唐書西域傳上：「俗辮髻垂後。」文獻通考四裔考一三：「其人面貌類高麗，辮髮垂之於背，女子亦然。」此云不知所據。

太平寰宇記卷之一百八十一

四夷十

西戎二

葱嶺羌

葱嶺羌。在燉煌西，西域之南山中，從婼羌婼，音而遮反。西至葱嶺，有月氏餘種葱茈音紫。羌、白馬、黄牛羌，各有酋豪，其黄牛羌種類，孕身六月而生，南與白馬羌鄰，並魏時聞焉。按梁載言記云：「婼羌王號去胡來王。」土地十三州志云：「婼羌國濱帶南山，西有葱嶺。餘種或虜或羌，户口甚多。在古不立君臣，無相長一。〔一〕强則分種爲酋豪，弱則爲人附落。更相抄暴，以力爲雄，唯殺人償死，無他禁令。其兵長于山谷，短于平地，不能持久，而果於觸突，以戰死爲吉利，病終爲不祥。」

四至：西至葱嶺數千里，北與諸國接，不知其道里廣狹。去陽關一千八百里，去長安六千三百里。

土俗物産：所居無常，依隨水草。地少五穀，以産牧爲業。其俗氏族無定，或以父名母姓爲種號。妻後母，納嫠嫂，嫠，音離。〔二〕如北狄之俗，〔三〕故國無鰥寡，種類繁熾。廣志云：「羌與北狄同，其人魯鈍，饒妻妾，多子姓，一人生子數十，或至百人。嫁女得高資者，聘至百犢，女被大華氈，以爲盛服。一狗皮置數十匹。〔四〕甚耐寒苦，同之禽獸。」

樓蘭國

樓蘭國。在婼羌西北，漢時通焉。王理扜泥城。扜，音烏。户一千五百七十。

初，漢武因張騫言，欲通大宛諸國，〔五〕使者一歲中多至十餘輩。樓蘭、姑師當道，苦之，每供給使者，受其勞費，故厭之耳。攻劫漢使王恢等。漢將趙破奴等率屬國騎謂諸外國屬漢者。及郡兵數萬擊之，虜樓蘭王，遂破姑師，於是列亭障至玉門矣。樓蘭既降伏貢獻，匈奴聞，發兵擊之。於是樓蘭遣一子質匈奴，一子質漢。後貳師將軍李廣利擊大宛，上詔任文因便引兵捕樓蘭王。將詣闕，責之，對曰：「小國在大國閒，不兩屬無以自安，願徙國入漢地。」上直其言，遣歸國。樓蘭王死，後王立。樓蘭國最在東垂，近漢，當白龍堆，乏水草，常主發導，負水擔糧，送迎漢使，又爲吏卒所寇，懲艾不便與漢通。後復爲匈奴反間，居莧反。數遮殺漢使。昭帝遣平樂監傅介子往刺其王，懸首北闕。乃立其弟尉屠耆爲王，更名其國爲鄯善。王自請天子曰：「身在漢久，今歸，單弱，而前王有子在，恐爲所殺。國中有伊循城，其地肥美，願漢遣一將屯田積穀，令臣得依其威重。」於是漢遣司馬一人、吏士四十人，田伊循以鎮撫之。其後更置都尉，伊循官置始此矣。鄯善當漢道衝，西通且末且，此餘切。七百二十里。自且末以往皆宜五穀，〔六〕土地、草木、畜產及作兵，略與漢同。自後無聞。

至後魏太武時，其國爲沮渠安周所攻，其王西奔且末，且末役屬之。西魏大統八年，其王兄鄯米率衆內附。〔七〕

四至：東至長安六千一百里，西北至車師一千九百里，西北至安西都護理所一千八百里，至山國一千三百餘里，此國山居，故名山國。去陽關一千六百里。

土俗物產：地沙鹵，少田，寄田仰穀旁國。國出玉，多葭葦、檉柳、胡桐、白草。白草者，牛馬所嗜也。胡桐亦似桐，蟲食其樹而沫出下流者，俗名胡桐淚，言似眼淚也，可以釬金銀。人隨畜牧逐水草，有牛馬，〔八〕多橐駝，能作兵，與婼羌同。釬，音翰。〔九〕

且末國

且末國。漢時通焉。王理且末城。其王安末深盤，梁武帝普通五年，遣使貢獻，梁書謂之末國。其國西北有流沙數百里，夏月有熱風，〔一〇〕爲行旅之患。風之欲至，橐駝先知，即鳴而聚立，埋口鼻於沙中，人每以爲候，即將氈擁蔽口鼻。其風迅駛，斯須過盡，若不防者，必至危斃。

四至：去長安六千八百二十里，西北至都護治所二千二百五十八里，北接尉犁、丁零，東接白題，西接波斯、精絶，南至小宛可三日行。

土俗物産：地有蒲萄諸果。土人皆翦髮，著氈帽，小袖衣，爲衫則開頸而縫前。多牛羊騾驢。

扜彌國

扜彌國。漢時通焉。王理扜彌城。户三千三百四十。後漢謂其國曰拘彌，居寧彌城，亦曰寧彌國。順帝永建中，爲于闐王放前所破，殺其王興。陽嘉初，燉煌太守徐由遣疏勒發兵擊破于闐，遂立拘彌王。靈帝熹平中，又爲于闐所破，殺掠殆盡，衆纔千口。

四至：去長安九千三百里，東北至都護理所三千五百五十三里，南與渠勒、東北與龜茲、西北與姑墨接，西通于闐四百里。

龜茲國

龜茲國。一名丘茲，又曰屈茨，漢時通焉。王理延城，今名伊邏盧城。都白山之南二百里，隋西域圖記云：「白山，一名阿羯山，常有火及烟，即是出硇砂處。」〔二〕户七千。宣帝時，烏孫公主遣女來至京師學鼓琴，龜茲王絳賓請取爲妻，言得尚漢外孫爲昆弟，願與公主女俱入朝。元康初，遂來朝賀，王及夫人皆賜印綬，夫人號稱公主。樂漢衣服制度，歸其國，治宫室，作徼道，出入傳呼，撞鐘鼓，如漢家儀。外國胡人皆曰：「驢非驢，馬非馬，若龜茲王，所謂羸也。」

至後漢光武時，其王名弘，爲莎車王賢所殺，滅其族，賢使其子則羅爲龜茲王。國人殺則羅，匈奴立龜茲貴人身毒爲王，由是屬匈奴。

魏文帝初，晉武帝太康中，並遣使朝貢。嘗爲焉耆所滅，後裔卻復。惠、懷末，中國亂，遣使貢方物於張重華。至孝武帝太元七年，秦王苻堅遣將吕光率衆討平之，光立其王白純弟震爲王而歸，獲龜茲樂，今名屈茨。自此與中國不通。至後魏、後周、隋，並遣使貢方物。

其使云：男女皆翦髮垂項。〔一二〕其刑法，殺人者死，劫賊則斷其臂并刖一足。〔一三〕稅賦準地租徵，無田者則稅金銀錢。〔一四〕婚姻、喪葬、風俗與焉耆略同，唯氣候少温爲異。土多稻、粟、菽、麥，饒銅、鐵、硇砂、鹽緑、〔一五〕雌黃、胡粉、安息香、良馬、犎牛，又出細氈、氍毹。多孔雀，羣飛山谷間，人取養而食音飼。之，孳乳如雞鶩，音木。〔一六〕其王家恒有千餘隻云。其國西北大山中有如膏者流出如川，行數里入地，狀如醍醐，甚臭，服之髮齒已落者能令更生，癘人服之皆愈。

唐貞觀二十年，將軍阿史那社爾伐龜茲，虜其王而歸，立其嗣子素稽爲王。〔一七〕今安西都護府所理，則龜茲城也。今王則震之後也，并有漢時姑墨、温宿、尉頭三國之地。〔一八〕

四至：東去長安七千五百里。南與精絶、東南與且末、西南與扜彌、北與烏孫、西與姑墨接。能鑄冶。俗有城郭。東至都護理所烏壘城四百里。烏壘户一百一十。與都護同理。其南三百里至渠犂城，都尉一人，户百三十。東北與尉犂、東南與且末、南與精絶接。昭帝田輪臺，與渠犂地皆相連也。東有大河東流，號計戍水，漢書曰即黃河也。

土俗物産：俗有城郭。能鑄冶。其刑賦、風俗略與焉耆同，唯氣候少暖爲異。土多稻、粟、菽、麥，饒銅、鐵、硇砂、鹽緑、雌黃、胡粉、安息香、良馬、細氈、氍毹、孔雀。

烏壘城，在國東三百五十里。漢都護所理城也。

渠犁城，在國東南五百八十里。漢屯田校尉所理城也。

水山：赤砂山。白山，隋西域圖云：「白山，一名阿羯山，常有火及烟，即是硇砂處也。」姑墨水，今名越水。龜茲。東川水，在國東。

焉耆國

焉耆國。漢時通焉。王理員渠城，員，于君切。〔一九〕在白山南七十里。户四千。後漢明帝永平末，有户萬五千，與龜茲共攻没都護陳睦。至和帝永元六年，都護班超發諸國兵討之，殺其王，超乃立焉耆左候元孟爲王。〔二〇〕安帝時，西域皆叛。延光中，超子勇爲西域長史，復討定之。

晉武帝太康中，其王龍安遣子入侍。安夫人獪胡之女，獪，音古邁切。妊娠十二月，剖脇生子，曰會，立爲世子。會少而勇傑，安病篤，謂會曰：「我嘗爲龜茲王白山所辱，汝能雪之，乃吾子也。」及會立，襲滅白山，遂據其國，遣子熙歸本國爲王。會有膽氣籌略，遂霸西胡，葱嶺以東，莫不率服。

其後張駿遣沙州刺史楊宣率衆疆理西域，宣以部將張植爲前鋒，軍次其國，〔二一〕進屯鐵門，未至十餘里，熙又率衆先要之於遮留谷。植將至，或曰：「漢祖畏于柏人，岑彭死於彭亡，〔二二〕谷爲遮留，殆將有伏。」單騎嘗之，果有伏發。植擊敗之，進據尉犂，熙降於宣。吕光僭位，熙遣子入侍。

至後魏，遣成周公萬度歸討之，其王鳩尸畢那衆大潰，單騎走入山中。度歸進屠其城，四鄙諸戎皆降伏。焉耆爲國，斗絶一隅，〔二三〕不亂日久，獲其珍奇異玩，殊方詭譎難名之物，橐駝、牛馬、雜畜巨萬。至後周保定四年，其王遣使獻名馬。隋大業中，其王龍突騎支遣使貢方物。

唐貞觀六年，又遣使貢方物，其王姓龍，即突騎支之後，盡併有漢時尉犂、危須、山國三國之地，并鄯善之北界。

四至：去長安七千三百里。西南至都護治所四百里，南至尉犂百里，北與烏孫接，東去交河城九百里，西去龜兹九百里，皆沙磧。其國近海水，多魚鹽蒲葦之利。四面有大山，道險阨易守。海水曲入四山之内，周匝其城三十餘里。〔二四〕

土俗物産：其俗丈夫翦髮，婦人衣襦，著大袴。婚姻同華夏。兵有弓、刀、甲、矟。死亡者皆焚而後葬，其服制滿七日即除之。俗事天神。氣候寒，土田良沃，穀有稻、粟、菽、麥，畜有駝、馬、牛、羊。養蠶不以爲絲，惟取綿纊。俗尚蒲萄酒，兼愛音樂。

激濊山，沙山，遮留谷，激濊藪，結屑水。以上皆焉耆山水之名。

尉犂城，在國南一百里，故尉犂國也。

危須城，在國東一百里。故危須國也。

黑山城，在國東南一百六十六里。

樓蘭城。在黑山城東。

于闐國

于闐國。漢時通焉。都葱嶺之北二百餘里。户三萬二千。風俗物産與龜茲略同。

後漢建武末，莎車王賢强盛，攻併于闐，徙其主俞林爲驪歸王，以莎車將軍居德爲于闐王。明帝永平中，居德死後，于闐將休莫霸自立爲王。休莫霸死，兄子廣德立後，遂滅莎車，其國轉盛，從精絶西北至疏勒十三國皆服。〔二五〕從而鄯善亦始强盛。自是南道自葱嶺以東，〔二六〕唯此二國爲大。

後漢、魏、後魏、梁、後周、隋、唐貞觀中，並遣使通焉。其王髮不令人見，俗曰若見髮，年必儉。自漢孝武至唐，中國詔令、書册、符節，悉得傳以相付，敬以存焉。今並有漢戎盧、扜彌、渠勒、皮山、精絶五國之地。

四至：去長安九千七百里。東北至都護治所三千九百里。南與婼羌接，北與姑墨接，東北去龜兹一千四百里，東去鄯善一千五百里，其國西通皮山國四百里，去朱俱波國千里，西北至疏勒國一千五百里。

土俗物産：其地多水潦沙石。氣候温，土良沃，宜稻麥、蒲萄。有水出玉，名曰玉河。國人善鑄銅器。其居曰西山城，有屋室市井菰蔬，與中國同。王所居室加以朱畫。其人恭敬，相見則跪，其跪一膝至地。書則以木爲筆札，以玉爲印。國人得書，先戴於首，而後開封。自高昌以西，諸國人多深目高鼻，唯此一國，貌不甚胡，頗類華夏。

兩海，其國之西水皆流注於西海，其東水東流注鹽澤，即蒲昌海也。

葱嶺南河，或云即黄河也，北流七百里入計戍水。〔二七〕

于闐河。

略沙門谷。

阿耨達山，在國南。據漢書，河源出焉。按河一名首拔河，亦名樹跋河，或云即黄河也，北流七百里入計戍水，亦名計首水，此即與葱嶺南河同入鹽澤，或言阿耨達即崑崙山是也。

皁品故城，在國東南，故戎盧國也。漢書西域傳云：「戎盧國王理皁品城也。」

寧彌故城。

精絶故城。

皮山城。

比摩寺。其國西五百里有比摩寺，俗云是老子化胡成佛之所。初，老子至此，白日升天，與羣胡辭訣，言：「我暫遊天上，尋當下生。」其後出天竺國，化爲胡王太子，自稱曰佛，因立此寺焉。〔二八〕

疏勒國

疏勒國。漢時通焉。王理疏勒城，俗名沙勒城。都白山南百餘里。户一千五百。後漢明帝永平中，龜茲王建攻殺疏勒王成，自以龜茲左候兜題爲疏勒王。〔二九〕漢遣軍司馬班超劫縛兜題，而立成之兄子忠爲疏勒王。忠後反叛，超擊斬之。又耿恭爲戊己校尉，屯車師後王金蒲城，爲匈奴所攻，恭引衆入疏勒。城中乏水，穿井十五丈不得水，吏士笮馬糞汁而飲之，恭整衣服向井再拜，〔三〇〕爲吏士禱，有頃，水泉湧出，乃令吏士揚水以示虜，賊遂退。元初中，疏勒王安國死，國人共立舅臣磐爲王，漸以强盛，户至二萬一千。永建二年，遣使奉貢。至靈帝建寧初，爲其季父和得所殺，漢不能禁。至後魏孝文末，及隋大業中，皆遣使通焉。其人手足皆六指，産子非六指則不育。王戴金獅子冠。

唐貞觀中，來朝貢。其王姓裴，并有漢時莎車、捐毒、休循三國之地。按杜環經行記云：「拔汗那國在怛羅斯南千餘里，〔三一〕東隔山，去疏勒二千餘里。西去石國千里。〔三二〕城有數十，〔三三〕兵有數萬。唐天寶十年，嫁和義公主于此國中。」

四至：去長安九千三百里。東至都護理所二千二百里。南有黄河，西帶葱嶺，亦名雪山。在國西北百餘里，〔三四〕大河所出。東去龜茲一千五百里，西去鏺汗國鏺汗，一名判汗，是也。千里，當大月氏、大宛、康居道。南去莎車五百里，〔三五〕去朱俱波八九百里。隋書云：「東北去突厥牙帳千餘里，東南去瓜州四千六百里。」在于闐國北一千五百里。

土俗物産：土多稻、粟、甘蔗、麥、銅、鐵、綿、纊、雌黄。

葱嶺山，一名雪山。

烏飛谷。

葱嶺北河。

烏論水。

莎車故城。東北至都護理所四千七百四十六里。〔三六〕漢書及西域傳皆曰：〔三七〕「匈奴單于因王莽之亂，略有西域，唯莎車王延不肯附。」魏略西域傳云：「莎車國今并屬疏勒。」後魏書西域傳云：「渠莎國理故莎車城也。」

迷密國

迷密國。後魏書西域傳云：「迷密國，都迷密城，在者至拔城西，去代一萬二千六百里。正平元年，遣使獻一峯黑橐駝。」

判汗國

判汗國。亦名鏺汗國，都葱嶺西五百餘里，蓋古之渠搜國也。禹貢曰：「析支、渠搜，西戎即敍。」宋膺異物志以爲渠搜在疏勒國西。西域記云：「鏺汗國，古渠搜國也。」今按其國在長安西九千六百里。王姓昭武，字阿利柒。其先棄葉爲王，今則阿利柒之後也。唐高宗朝，此國人進鏺汗胡戲，其後盛爲此，尋爲諫臣拜疏，遂罷。

土俗物産：土有波羅林，林下有毬場。又有野鼠，滿山谷。偏宜蒲萄、菴羅果、香棗、桃、李。從此國至西海，盡居土屋，衣羊皮、疊布，男子婦人皆著靴，婦人不飾鉛粉，以青黛塗眼而已。

卷一百八十一校勘記

〔一〕無相長一　庫本同，萬本作「無分長幼」。

〔二〕䅦音離　萬本、庫本皆無此三字。

〔三〕如北狄之俗　萬本同，庫本作「其風俗如此」。

〔四〕一狗皮置數十匹　「置」，庫本同，萬本作「直」，蓋是。

〔五〕欲通大宛諸國　「國」，底本脱，萬本、庫本同，據傳校及漢書卷九六上西域傳補。

〔六〕皆宜五穀　「宜」，萬本、庫本皆作「種」，同漢書西域傳，傳校改同。

〔七〕鄯米　周書卷五〇異域志下同，北史卷九七西域傳作「鄯善米」，北史卷五西魏文帝紀作「鄯朱那」，太平御覽卷七九八四夷部一九作「鄯善末」。

〔八〕可以釬金銀人隨畜牧逐水草有牛馬　「釬」，傳校改作「汗」，同漢書西域傳顔師古注。「牛」，萬本、庫本皆作「騾」，同漢書西域傳。

〔九〕釬音翰　萬本、庫本皆無此三字。

〔一〇〕夏月有熱風　「月」，北史西域傳作「日」。

〔一一〕即是出硇砂處　「硇」，底本作「磠」，萬本、庫本皆作「碙」，據文獻通考卷三三六四裔考一三改。

下同。

〔一二〕男女皆翦髮垂項　「項」，底本作「頭」，萬本、庫本同。舊唐書卷一九八西戎傳：「男女皆翦髮，垂與項齊。」册府元龜卷九六〇、太平御覽卷七九二四夷部一三同，此「頭」爲「項」字之誤，據改。

〔一三〕劫賊則斷其臂并刖一足　「其」，底本脱，據萬本、庫本、傅校及魏書卷一〇二西域傳、北史西域傳、隋書卷八三西域傳、册府元龜卷九六〇補。又魏書、北史、隋書皆作「一臂」，册府元龜無「一」字。

〔一四〕無田者則税金銀錢　「金」，魏書西域傳、北史西域傳、册府元龜卷九六〇皆無，蓋衍字。

〔一五〕鹽緑　「鹽」，底本作「藍」，萬本、庫本同，據魏書西域傳、北史西域傳、隋書西域傳、太平御覽四夷部一三改。後同。

〔一六〕音木　萬本、庫本皆無此二字。

〔一七〕唐貞觀二十年至立其嗣子素稽爲王　原校：「按新舊唐書龜茲傳，立其王之弟葉護爲王，今云立其子素稽，蓋通典之文，未知孰是。」按舊唐書西戎傳載，貞觀二十年阿史那社爾破龜茲，立其王之弟葉護爲王；據資治通鑑卷二〇〇載，高宗顯慶三年，龜茲王布失畢卒，立其子素稽爲王，二事相隔一二年，此誤併爲一年事。

〔一八〕并有漢時姑墨温宿尉頭三國之地　「地」，底本作「利」，萬本、中大本、庫本同，據通典卷一九一邊防七改。

〔一九〕于君切　「于」，底本作「子」，據庫本、傅校及通典卷一九二邊防八改。

〔二〇〕乃立焉耆左候元孟爲王　「候」底本作「侯」，萬本、庫本同，據後漢書卷八八西域傳改。

〔二一〕軍次其國　「次」，底本作「攻」，萬本、庫本同，據晉書卷九七四夷傳、通典卷一九二邊防八改。

〔二二〕彭亡　「彭」，底本作「岑」，萬本同，據後漢書卷一七岑彭傳、晉書四夷傳改。

〔二三〕斗絶一隅　「一」，底本作「西」，據庫本及魏書西域傳、北史西域傳、通典邊防八改。

〔二四〕周匝其城三十餘里　「周」，底本作「内」，萬本、庫本同，據通典邊防八、文獻通考四裔考一三改。

〔二五〕從精絶西北至疏勒十三國皆服　「三」，底本作「二」，萬本、庫本同，據後漢書西域傳改。

〔二六〕南道自葱嶺以東　底本脱「自」字，「東」下衍「來」字，萬本、庫本同，據傅校及後漢書西域傳補删。

〔二七〕計戍水　「計」，底本脱，萬本、庫本同，據本書卷龜茲國及通典邊防八補。下同。

〔二八〕因立此寺焉　「寺」，底本脱，萬本、庫本同，據傅校及通典邊防八補。

〔二九〕自以龜茲左候兜題爲疏勒王　「候」，底本作「侯」，萬本、庫本同，據通典邊防八改。

〔三〇〕恭整衣服向井再拜　「服」，萬本同，底本作「冠」，據庫本、傅校及後漢書卷一九耿恭列傳改。

〔三一〕拔汗那國在怛羅斯南千餘里　按通典邊防八、文獻通考卷三三七四裔考一四引杜環經行記並無「餘」字，此乃衍字。

〔三二〕西去石國千里　「千里」，通典邊防八、文獻通考四裔考一四引經行記作「千餘里」，此脱「餘」字。

〔三三〕城有數十　「城」、「十」，底本作「户」、「千」，據萬本、中大本、庫本、傅校及通典邊防八、文獻通考四裔考一四改。

〔三四〕在國西北百餘里　「北」，底本脱，據萬本、庫本及通典邊防八補。

〔三五〕南去莎車五百里　「五百里」，傅校作「五六百里」，同通典邊防八、文獻通考四裔考一四。按漢書西域傳作「五百六十里」。

〔三六〕東北至都護理所四千七百四十六里　底本脱「東」字，「至」誤作「與」，並據傅校及漢書西域傳、册府元龜卷九五八、文獻通考四裔考一四補改。

〔三七〕漢書及西域傳皆曰　按本書下文曰「匈奴單于因王莽之亂」云云，不載於漢書西域傳，而載於後漢書西域傳，此「漢書」爲「後漢書」之誤。

太平寰宇記卷之一百八十二

四夷十一

西戎三

烏孫　姑墨　温宿　烏秅　難兜　大宛　莎車　罽賓

烏孫國

烏孫國。漢時通焉。大昆彌理赤谷城。按西域記云：「烏孫於西域諸戎其形最異，今之胡人，青眼赤鬚，狀類獮猴者，即其種也。有户十二萬。其國謂王曰昆彌，亦曰昆莫。本塞地也，大月氏西破走塞王，塞王南越懸度，大月氏因居其地。後烏孫昆莫擊破大月氏，大月氏徙西，臣大夏，而昆莫居之。昆莫、昆彌，皆王號也。故烏孫民有塞種，有大月氏種焉。始漢張騫言：「烏孫本與大月氏共在燉煌閒，今烏孫强大，可厚賂招，令東居故地，妻以公主，以制匈奴。」武帝從之，即令騫齎金幣往，昆莫於是使使獻馬，願尚公主。元封中，遣江都王建女細君爲公主，以妻焉。公主別理宮室居，歲時一再與昆莫會，置酒飲食。昆莫年老，語言不通，公主悲愁，自作歌，天子聞而憐之。昆莫死，孫岑陬立。岑陬者，官號也，名軍須靡。公主死，漢復以楚王戊之孫解憂爲公主，妻之。岑陬死，季父子翁歸靡立，號曰肥王，復尚解憂。宣帝初，公主及昆彌翁歸靡上書言：「匈奴連歲侵擊，欲發國半精兵，自給人馬五萬騎，盡力擊匈奴，唯天子出兵以救。」本始二年，〔一〕漢發十五萬騎，五將軍分道並出，遣校尉常惠持節護烏孫兵，昆彌將五萬騎從西方入，至匈奴右谷蠡王庭，谷，音鹿。蠡，音犁。獲四萬級，牛、羊、驢、橐駝、馬七十餘萬。

歸靡死，烏孫貴人共立岑陬子泥靡代爲昆彌，號狂王，復尚解憂，生一男鴟靡，王不與主和，又暴惡失衆。漢使衛司馬魏和意、副候任昌送侍子，公主言狂王爲烏孫所患苦，易誅也。遂謀置酒會，罷，使士拔劍擊之。劍旁下，狂王傷，上馬馳去。其子細沈瘦會兵圍和意、昌及公主于赤谷城。數月，城中困急，都護鄭吉發諸國兵救之，乃散去。初，肥王翁歸靡胡婦子烏就屠，狂王傷時驚，與諸翖音翕。侯俱去，居北山中，揚言母家匈奴兵來，故衆歸之。後遂襲殺狂王，自爲昆彌。宣帝詔立肥王之子元貴靡爲大昆彌，烏就屠爲小昆彌。

後段會宗爲都護時，烏孫兵圍之，驛騎上書，願發城郭、燉煌兵以自救。丞相王商、大將軍王鳳及百僚議數日，不決。上召陳湯問，對曰：「臣以爲此必無可憂。夫胡兵五而當漢兵一，何者？兵刃樸鈍，弓弩不利。今聞頗得漢工，〔二〕然猶三而當一。又兵法曰『客倍而主人半然後料敵』，今烏孫人衆不足以勝會宗，惟陛下勿憂！且兵輕行五十里，重行三十里，今會宗發城郭、燉煌兵，非救急之用也。烏孫瓦合，不能久攻，不過五日，當有吉語聞。」居四日，軍書至，言已解圍。會宗招還亡叛，安定之。

後元貴靡孫雌栗靡立，國亂，段會宗立其季父伊秩靡爲大昆彌。哀帝元壽二年，其大昆彌伊秩靡與匈奴單于烏珠留，名囊知牙斯，呼韓邪之子。並入朝，漢以爲榮。〔三〕自烏孫分立兩昆彌後，漢用憂勞，且無寧歲。言或鎮撫，或威制之，故多事也。其後數代無聞。

至後魏時，亦朝貢。其國數爲蠕蠕所侵，西徙葱嶺中矣。

四至：去長安八千九百里。東至都護治所一千七百里，西至康居蓄內地五千里。東與匈奴、西北與康居、西與大宛、南與城郭諸國接。

土俗物產：其地莽平。多雨，寒。山多松樠。音武元切。其心似松。不田作種樹，隨畜逐水草，與匈奴同俗。國多馬，富人至四五千匹。

姑墨國

姑墨國。漢時通焉。王理南城，去長安八千一百五十里。户三千五百。東至都護理所二千二十一里。〔四〕南至于闐馬行十五日，北界接烏孫。其地出銅、鐵、雌黄。東通龜茲六百七十里。王莽時，其王丞殺温宿王，并其國。至後魏時，役屬龜茲。

温宿國

温宿國，漢時通焉。王理温宿城，按顔師古漢書注云：「今雍州醴泉縣北有山名温宿嶺者，本因漢時得温宿國人令居此地田牧，因以爲名。」去長安八千三百餘里。户二千二百。東至都護理所二千三百餘里，西至尉頭三百里，北至烏孫赤谷六百餘里。土地物類所有與鄯善諸國同。東通姑墨二百餘里。至後魏時，亦役屬龜茲。

烏秅國

烏秅國。烏，音一姑切。秅，音置加切。漢時通焉。王理烏秅城，去長安萬里。户五百。東北至都護理所四千九百里，北與子合、蒲犂，西與難兜接。人皆山居，田石閒。有白草。累石爲室，人接手飲。謂自高山下溪澗中飲水，故接連其手，如猨飲也。出小步馬，小，細也。細步，言其能蹀足，所謂百步千跡也。有驢無牛。西有懸度，懸度者，石山也，谿谷不通，以繩索相引而度爲名也。去陽關五千九百里。其國後魏又相通，謂之權于摩國。

難兜國

難兜國。漢時通焉。去長安一萬一百里。户五千。東北至都護理所二千八百里，西至無雷三百四十里，西南至罽賓三百三十里，南與婼羌、北與休循、西與大月氏接。種有五穀、蒲萄諸果，及銀、銅、鐵，作兵與諸國同，屬罽賓。

大宛國

大宛國。漢時通焉。王理貴山城。户六萬。其王姓蘇色匿，字底失槃陀，積代承襲不絶。按今王即底失槃陀之後也。

始漢張騫爲武帝言之，帝遣使者持千金及金馬，以請宛善馬。宛王以漢絶遠，大兵不能至，愛其寶馬不肯與，遂殺漢使。於是太初元年，拜李廣利爲貳師將軍，期至貳師城取善馬，率數萬人至其境，攻郁成城不下，引還，往來二歲，至燉煌，士卒存者十不過一二。帝怒其不克，使遮玉門不許入，貳師因留屯燉煌。又遣貳師率六萬人，負私從者不與，〔五〕牛十萬，馬三萬匹，驢槖駝以萬數，天下騷然，益發戍甲卒十八萬，置居延、休屠今武威、張掖郡是也。〔六〕以衛酒泉。貳師至宛，宛人斬王毋寡首，獻馬，〔七〕漢軍取其善馬數十匹，中馬以下牝牡三千匹，〔八〕而立宛貴人昧蔡爲王，約歲獻天馬二匹，漢使遂採蒲萄、苜蓿種而歸。貳師再行，往返凡四歲焉。

後漢明帝時，宛又獻汗血馬。至後魏文成帝和平六年，孝文太和三年，並遣使獻馬。隋時蘇對沙那國，〔九〕即漢大宛之異名也。

四至：去長安一萬二千五百五十里。東至都護理所四千三十一里，北至康居卑闐城一千五百一十里，西南至大月氏七百里。北與康居、南與大月氏接。

土俗物産：按西夷記云：「自宛以西至安息，雖頗異言，然大同，自相曉知。其人深目，多鬚髯。善賈。貴女人，女人之言，丈夫乃決正。其地無絲漆、枲麻之功，亦不知鑄鐵器爲用。及漢使亡卒降其國，教之。土地人俗與大月氏、安息同。俗以蒲萄爲酒，富人藏酒至萬餘石，久者至數十歲不敗。」按大宛記云：「國境有高山，其上有馬，不可得，因取五色母馬置其下與集，生駒，皆汗血，因號曰天馬子。」按後漢書云：「明帝時，宛又獻汗血馬。」又宋膺異物志云：「大宛馬有肉角數寸，或有解人語及知音，舞與鼓節相應者。」隋西域圖記云：「其馬，烏馬、騮馬多白耳，白馬、驄馬多赤耳，黄馬、赤馬多黑耳。〔一〇〕唯耳色別，自餘色與常馬不異。」

那密水。〔一一〕

貴尋水。

貳師城。

隨成城。〔一二〕

寺伐城。在國南五百里。隋西域圖記：「寺伐城西南百里有一土堆，近邊省者皆見堆，上有一大城，恒似倒懸，堆上有積雪，歷年不消，人不得上。其王每年殺白馬以祭祀此城。又有波悉山，南見一城，〔一三〕號彌遮城，內有一千户。

莎車國

莎車國。漢時通焉。理莎車城。有户二千三百。

漢宣帝時，莎車王殺漢使者，約諸國背漢。會馮奉世使大宛，以便宜發諸國兵擊破之，傳其首詣長安，諸國因是悉平，威振西域。奉世至大宛，大宛聞其斬莎車王，敬之異于他使，得其名馬象龍而還。象龍者，馬形似龍也。帝甚悦，下議封奉世。少府蕭望之以奉世擅矯制發諸國兵，雖有功効，不可以爲後法，恐後使者例以奉世爲比，〔一四〕爭逐發兵，要功于萬里之外，爲國家生釁于夷狄，漸不可長，不宜受封。帝善其議，以奉世爲光禄大夫。

元帝時，奉世死後二年，西域都護甘延壽以誅郅音質。支單于封爲列侯，于是杜欽上書，追訟奉世前功曰：「前莎車王殺漢使者，約諸國背叛，而奉世以便宜發兵誅莎車王，策定城郭，功施邊境。議者以奉世奉使有指，春秋之義亡遂事，漢家之法有矯制，故不得侯。今匈奴郅支單于殺漢使者，亡保康居，都護延壽發城郭兵屯田吏士四萬餘人以誅斬之，封爲列侯。臣愚以爲比罪則郅支薄，量敵則莎車衆，用師則奉世寡，計勝則奉世爲功于邊境安，慮敗則延壽爲禍于國家深。其違命而擅生事同，延壽割地封，而奉世獨不録。臣聞功同賞異則勞臣疑，願下有司議。」上以先帝時事，不復録。後漢荀悦論云：「成其功義足封，追録前事可也。春秋之義，毁泉臺則惡之，舍中軍則善之，各由其宜也。夫矯制之事，先王之所慎，不得已而行之。若矯大而功小，有罰可也；矯小而功大，有賞可也；功過相敵，如斯而已可也。權其輕重而爲制宜。」至王莽亂，匈奴略有西域，唯莎車不肯附屬。

後漢光武建武五年，河西大將軍竇融承制立其王康爲漢莎車建功懷德王、〔一五〕西域大都尉，五十五國皆屬之。康死，弟賢代立，賢攻破拘彌、西夜國，遣使詣闕貢獻，于是西域始通。葱嶺以東諸國皆屬賢，諸國號賢爲單于。賢後攻殺龜兹王，遂兼其國。又有嬀塞王自以其國遠，因殺賢使者，賢擊滅之，因立其國貴人駟鞬爲嬀塞王。鞬，音檢言切。塞，音蘇得切。賢又自立其子則羅爲龜兹王。其烏壘、大宛、于寘、姑墨、子合等國，悉被賢改易其王。莎車相且子餘切。運等患賢驕暴，密謀反音番。城降于寘。于寘王廣德乃將諸國兵三萬人攻莎車，賢乃輕騎出，廣德遂執賢，殺之。匈奴聞廣德滅莎車，遣兵將賢質子不居徵立爲莎車王，廣德又攻殺之，立其弟齊黎爲莎車王。章帝時，長史班超發諸國兵擊破之，由是遂降漢。

班固論曰：「孝武之世，圖制匈奴，患其兼從西國，結黨南羌，從，子容切。乃表河西，〔一六〕列四郡，開玉門，通西域，以斷匈奴右臂，隔絶南羌、月氏。單于失援，由是遠遁，而幕南無王庭。遭値文、景玄默，養民五世，天下殷富，財力有餘，士馬强盛，故能睹犀布、瑇瑁則建珠崖七郡，感蒟音矩。醬、竹杖則開牂柯、越巂，音髓。聞天馬、蒲萄則通大宛、安息。自是之後，賂遺贈送，萬里相奉，師旅之費，不可勝計。至于用度不足，乃榷酒酤，筦鹽鐵，鑄白金，造皮幣，算至車船，租及六畜，民力屈，屈，音其物切。財用竭，因之以凶年，羣盜並起。是以末年遂棄輪臺之地，而下哀痛之詔，豈非仁聖之所悔哉！且通西域，近有龍堆，遠則葱嶺，身熱、頭痛、懸度之阸。淮南、杜欽、揚雄之論，皆以爲此天地所以界别區域，絶外内也。書云『西戎即序』，禹既就而序之，〔一七〕非上威服致其貢物也。西域諸國，各有君長，兵衆分弱，〔一八〕無所統一，雖屬匈奴，不相親附。匈奴能得其馬畜旃罽，而不能統率與之進退。與漢隔絶，道里又遠，得之不爲益，棄之不爲損。盛德在我，無取于彼。故自建武以來，西域思漢威德，咸樂内屬。唯其小邑鄯善、車師，界迫匈奴，尚爲所拘。而其大國莎車、于闐之屬，數遣使置質，願請都護。聖上遠覽古今，因時之宜，羈縻不絶，辭而未許。雖大禹之敘西戎，周公之讓白雉，太宗之卻走馬，義兼之矣，亦何以尚兹！」

四至：去長安九千九百五十里。東北至都護理所四千七百四十六里，西至疏勒五百六十里，西南至蒲犂七百四十里。

土俗物産：有鐵山，出青玉。有馬象龍。謂馬形似龍。大抵風俗與大宛、龜兹同。

罽賓國

罽賓國。在葱嶺南懸度山西，漢時通焉。王理循鮮城。不屬都護。户口勝兵多，大國也。昔匈奴破大月氏，大月氏西居大夏，而塞王南君罽賓。〔一九〕塞，先得切。塞種分散，往往爲數國。自疏勒以西北，休循、捐毒之屬，皆故塞種也。〔二〇〕顔師古云：「即釋種也。」

自漢武帝時始通罽賓，自以絶遠，大兵不至，雖遣貢獻，屢殺漢使。至成帝時，復遣使者奉獻，謝罪，漢欲遣使報送其使，杜欽説大將軍王鳳曰：「凡中國所以爲通厚蠻夷，愿快其求者，爲壤比而爲寇也。比，近也。爲其土壤接近，能爲寇也。愿，音苦頰切。〔二一〕比，音頻寐切。今懸度之阸，非罽賓所能越也。其嚮慕，不足以安西域；雖不附，不能危城郭。城郭，總謂西域諸國也。今遣使皆行賈賤人，欲通貨市買，以朝獻爲名，故煩使者送至懸度，恐失實見欺。凡遣使送客者，欲爲防護寇害也。〔二二〕起皮山南，更不屬漢之國四五，言經歷不屬漢者凡四五國也。更，工衡切。斥候士百餘人，五分夜擊刁斗自守，尚時爲所侵盜。驢畜負糧，須諸國稟食，得以自贍。國或貧小不能食，或桀黠不肯給，擁强漢之節，餧山谷之閒，離一二旬則人畜棄捐曠野而不返，又歷大頭痛、小頭痛之山，赤土、身熱之阪，令人身熱無色，頭痛嘔吐，驢畜盡然。又有三池、盤石阪，〔二三〕道陿者尺六七寸，長者徑三十里。臨峥嶸不測之深，〔二四〕行者騎步相持，繩索相引，二千餘里乃到懸度。險阻危害，不可勝言。聖王分九州，制五服，務盛内，不求外。今遣使者承至尊之命，送蠻夷之賈，勞吏士之衆，陟危難之路，〔二五〕罷弊所恃以事無用，〔二六〕非長久之計也。」于是鳳白從欽言。罽賓實利賞賜賈市，其使數年而一至。自後無聞。

至後魏始通之，都善見城。

至隋時，謂之漕國，在葱嶺之北。〔二七〕隋史云：「即漢時罽賓國。」其王姓昭武，康國王之宗族，勝兵萬餘人。國法嚴整，殺人及賊盜皆死。其俗淫祀。葱嶺山有順天神者，儀制極華，金銀鍱爲屋，以銀爲地。祠者日有千餘人，祠前有一魚脊骨，其孔中通，馬騎出入。國王戴金魚頭冠，坐金馬座。土多稻、粟、豆、麥，饒象，馬，犎牛，金，銀，鑌音賓。鐵，氍毹，硃砂，青黛、安息、青木等香，石蜜，黑鹽，阿魏，没藥，白附子。北去帆延七百里，東去劫國六百里，東北去瓜州六千六百里。大業中，遣使貢方物。

唐貞觀十一年，其國使至，獻俱物頭花，丹紫相閒，其香遠聞。太宗謂長孫無忌曰：

「朕即位之初，有上書者或言『人主必須威權獨運，不得委任臣下』；或欲耀兵振武，懾伏四夷。惟魏徵勸朕偃革修文，布德施惠，中國既安，遠人自服。朕從其語，天下大寧，絕域君長，皆來朝貢，九夷重譯，相望于道路。此皆魏徵之力也。朕之任用，豈不得人。」又按唐史，貞觀十六年，遣使獻褥特鼠，喙鋭尾赤，能食蛇。〔二八〕顯慶三年，訪國俗，云：「王始祖馨孽，今王曰曷擷支，父子傳位已十二代。」其年列其城爲修鮮都督府。至龍朔初，授其王修鮮等一十一州諸軍事，兼修鮮都督。至開元七年，遣使貢方物及天文經并秘要藥方。至八年，詔遣使册其王爲葛羅達支特勒。二十七年，其王烏散特勒灑以年老，上表請嫡子拂菻罽婆嗣位，許之，仍降册命。至天寶四載，又册其子勃匐準爲襲罽賓及烏萇國王，仍授右驍衛將軍。至乾元元年，又遣使來貢。

四至：去長安一萬二千二百里。東北至都護理所六千八百里，東至烏秅國二千二百里，東北至難兜國九日程，西北與大月氏、西南與烏弋山離接。南去舍衛國三千五百里。水皆南流注于南海。

土俗物産：按西域記云：「罽賓地平，暑濕，温和，有苜蓿，雜草奇木，檀、櫰、梓、竹、漆。櫰，音懷，〔二九〕即槐之類，葉大而黑。種五穀、蒲萄諸果，糞理園田。地下濕，生稻，冬食生菜。其民巧，雕文刻鏤，理宮室，織罽，刺繡，好治食。有金銀銅錫，以爲器。市列。市有列肆，〔三〇〕

如中國。金銀爲錢，文爲騎馬，〔三二〕幕爲人面。錢文面作騎馬形，漫面作人面目也。今所呼幕皮，謂其平而無文也。出犎牛、水牛、象、大狗、沐猴、孔雀、犎牛，項上高起。大狗，如驢，赤色。珠璣、珊瑚、琥珀、璧琉璃。琉璃，青色如玉。魏略云：「大秦國出赤、白、黑、黄、青、緑、縹、紺、紅、紫十種琉璃。」孟康云：「青色如玉，不博通也。」此自然之物，采澤光潤，逾于衆玉，其色不恒。今俗所用，皆銷冶石汁，加以衆藥，灌而爲之，尤虚脆不貞，〔三三〕實寶物也。縹，皮妙切。他畜與諸國同。」

卷一百八十二校勘記

〔一〕本始二年　「二」，底本作「三」，萬本、庫本同。按漢書卷八宣帝紀、卷九四匈奴傳上載：漢發十五萬騎，五將軍分道並出，校尉常惠持節護烏孫兵，咸擊匈奴。通典卷一九二邊防八記事亦在本始二年。此「三」爲「二」字之誤，據改。

〔二〕今聞頗得漢工　「工」，漢書卷七〇陳湯傳作「巧」。

〔三〕大昆彌伊秩靡與匈奴單于並入朝漢以爲榮　「朝漢」，底本倒誤爲「漢朝」，萬本、庫本同，據漢書卷九六西域傳下、通典卷一九二邊防八乙正。

〔四〕東至都護理所二千二十一里　「二千」，底本作「一千」，萬本、庫本同，據漢書西域傳下、通典邊防八改。

〔五〕負私從者不與　「負私」，底本作「私負」，萬本同，據漢書卷六一李廣利傳乙正。

〔六〕今武威張掖郡是也　按漢居延縣在今内蒙古額濟納旗東南，休屠縣即今甘肅武威市北三岔村故城，非唐武威郡（州名凉州，治今武威市）、張掖郡（州名甘州，治今甘肅張掖市）。通典邊防八作「今武威、張掖郡界」，是，此蓋脱「界」字。

〔七〕宛人斬王毋寡首獻馬　「毋」，底本作「無」，萬本同，據傳校及史記卷一二三大宛列傳、漢書西域傳上改。又通典邊防八作「宛人斬王毋寡首獻焉」，按史記大宛列傳載：宛貴人共殺其王毋寡，持其頭遣貴人使貳師，約曰：「漢毋攻我，我盡出善馬。」李廣利許約，宛乃出其善馬，漢軍取其善馬。漢書李廣利傳同，則通典、本書二者均可。

〔八〕中馬以下牝牡三千匹　「三」，底本脱，萬本、庫本同，據史記大宛列傳、漢書西域傳上補。

〔九〕隋時蘇對沙那國　「那」，底本作「郝」，萬本作「那」，庫本作「郍」，據中大本及通典邊防八、文獻通考卷三三七四裔考一四改。史記大宛列傳正義引括地志作「那」，即「那」本字。

〔一〇〕烏馬騮馬多白耳白馬騘馬多赤耳黄馬赤馬多黑耳　太平御覽卷七九三四夷部一四引西域圖記同，通典邊防八引隋西域圖記作「騮馬、烏馬多赤耳，黄馬、赤馬多黑耳」，無「白馬騘馬多赤耳」，文獻通考四裔考一四引同。

〔一一〕那密水　「那」，底本作「郝」，萬本、庫本同。按北史卷九七西域傳：「米國，都那密水西。」「曹國，都那密水南數里。」隋書卷八三西域傳同。新唐書卷二二一西域傳下：東安，「在那密水之陽。」此「郍」爲「那」字之訛，據改。

〔一二〕隨成城　按史記大宛列傳、漢書李廣利傳及本書卷大宛國並載，大宛有郁成城，廣利攻之，此「隨」疑爲「郁」字之誤。

〔一三〕南見一城　「見」，萬本、庫本皆作「建」。

〔一四〕恐後使者例以奉世爲比　傅校「後」下補「奉」字。按漢書卷七九馮奉世傳：「即封奉世，開後奉使者利，以奉世爲比。」通典邊防八作「後奉使者利以奉世爲比」，是也，此「後」下蓋脱「奉」字，「例」爲「利」字之誤。

〔一五〕漢莎車建功懷德王　「德」，底本脱，萬本同，據庫本、傅校及後漢書卷八八西域傳補。

〔一六〕乃表河西　「西」，底本作「曲」，萬本、庫本同，據漢書西域傳下班固贊改。

〔一七〕禹既就而序之　「既」，底本作「即」，萬本同，據庫本及漢書西域傳下班固贊改。

〔一八〕兵衆分弱　「衆分」，底本誤倒爲「分衆」，據萬本、庫本及漢書西域傳下班固贊乙正。

〔一九〕大月氏西君大夏而塞王南君罽賓　二「君」字，底本作「居」，萬本同，庫本後「居」作「君」，漢書西域傳上皆作「君」，通典邊防八同，此「居」爲「君」字之訛，據改。

〔二〇〕皆故塞種也　「故」，底本脱，萬本、庫本同，據中大本及漢書西域傳上補。

〔二一〕音苦頰切　「苦」，底本作「居」，據庫本及漢書西域傳上顔師古注、通典邊防八注改。

〔二二〕欲爲防護寇害也　「爲」，底本作「以」，據萬本、庫本及漢書西域傳上改。

〔二三〕盤石阪　「石」，底本作「後」，萬本同，據庫本及漢書西域傳上、通典邊防八改。

〔二四〕臨峥嶸不測之深　底本「深」下衍「谷」字，據萬本、庫本及漢書西域傳上、通典邊防八删。

〔二五〕陟危難之路　「難」，底本作「險」，據萬本、庫本及漢書西域傳上、通典邊防八改。

〔二六〕罷弊所恃以事無用　「恃」，底本作「持」，萬本同，據庫本、傅校及漢書西域傳上、通典邊防八改。

〔二七〕在葱嶺之北　太平御覽卷七九六四夷部一七引北史同，通典邊防八：「在葱嶺之西南。」新唐書卷二二一西域傳上：「居葱嶺南。」此非。

〔二八〕遣使獻褥特鼠喙鋭尾赤能食蛇　「褥」，底本作「耨」，庫本同，據萬本及舊唐書卷一九八西戎傳、新唐書西域傳上改。又萬本「能食蛇」下據新唐書西域傳上補「螫者嗅且尿，瘡即愈」。

〔二九〕音懷　「懷」，底本作「槐」，萬本、庫本同，據漢書西域傳上顔師古注及通典邊防八改。

〔三〇〕市有列肆　「列」，底本脱，萬本、庫本同，據漢書西域傳上顔師古注補。

〔三一〕文爲騎馬　「爲」，底本脱，萬本、庫本同，據漢書西域傳上補。

〔三二〕尤虚脆不貞　「脆」，底本作「僞」，萬本、庫本作「絶」，據漢書西域傳上顔師古注及通典邊防八改。「貞」，底本作「真」，據萬本、庫本及漢書西域傳顔師古注、通典邊防八改。

太平寰宇記卷之一百八十三

四夷十二

西戎四

康居　曹國　米國　何國　史國　奄蔡　滑國

嚈噠挹怛同　天竺　烏萇　車離　師子

康居國

康居國。漢時通焉。王理樂來各切。越匿地，到卑闐城，亦居蘇薤城。與大月氏同俗。地和暖，饒桐、柳、蒲萄，多牛羊，出好馬。東羈事匈奴。宣帝時，郅支單于殺漢使，西阻康居。依其險阻，以自保固。其後甘延壽、陳湯誅滅郅支單于。至成帝時，康居遣子侍漢，貢獻。然自以絶遠，獨驕慢。都護郭舜上言：「康居驕黠，其遣子入侍，本欲賈市爲好，辭之詐也。宜歸其侍子，絶勿復使。〔一〕不通使于其國。燉煌、酒泉小郡及南道八國，給使者往來人馬驢槖駝食，皆苦之。空罷耗所過，送迎驕黠絶遠之國，非至計也。」漢爲其新通，重致遠人，以此聲名爲重。終羈縻而未絶。自後無聞，或名號變易，或遷徙吞併，非所詳也。

至晉武帝泰始中，其王那鼻遣使獻善馬。至後魏太武太延中，遣使朝貢，其國又稱者舌。〔二〕後魏史云：「即漢康居國。」

至隋，謂之康國。大業中，遣使朝貢。其王姓温，月氏人也。隋史云：「即漢康居之後。自漢以來，相承不絶也。」舊居祁連山北昭武城，自被匈奴所破，西踰葱嶺，遂有此國。支庶各分王，故康國左右諸國，有米國、史國、曹國、何國、〔三〕安國、小安國、那色波國、烏那曷國、穆國凡九國，皆其種類，並以昭武爲姓，示不忘其本也。〔四〕

康國都于薩寶水上阿禄迪城。王索髮，冠七寶金花，衣綾、羅、錦、繡、白疊。其妻有髻，幪以皂巾。丈夫翦髮錦袍。名爲强國，西域諸國多歸之。

韋節西蕃記云：「康國人並善賈，男年五歲則令學書，少解則遣學賈，〔五〕以得利多爲善。其人好音聲。以六月一日爲歲首，至此日，王及庶人並服新衣，翦鬚髮。在國城東林下七日馬射，至欲罷日，置一金錢于帖上，射中者得一日爲王。俗事天神，〔六〕崇敬甚重。云神兒七月死，失骸骨，事神之人每至其月，俱着黑疊衣，徒跣撫胸號哭，涕淚交流。丈夫婦女三五百人散在草野，求天兒骸骨，七日便止。國城外有二百餘户，專知喪事，別築一院，院内養狗，每有人死，即往取屍，置此院内，令狗食之，〔七〕肉盡收骸骨，埋殯無棺槨。」

唐武德十年，其王屈术支遣使獻名馬。〔八〕貞觀九年，獻獅子，太宗嘉其遠至，命秘書監虞世南爲之賦。至十一年，其國獻黄桃，大如鵝卵，其色如金，亦呼爲金桃，詔令植于苑囿。杜環經行記云：「康居國在米國西南三百餘里，一名薩末建，土沃，人富貴，有神祠，祠名祆，諸國事者，本出于此也。〔九〕」永徽中，頻遣使告爲大食所攻，兼徵賦税。顯慶三年，高宗遣果毅董寄生列其所居城爲康居都督府，仍以其王拂呼縵爲都督。萬歲通天元年，則天封其大首領篤娑鉢提爲王。鉢提尋卒，又册其子泥涅師師。〔一〇〕神龍中，泥涅卒，國人又立突昏。開元初，累遣使貢鎖子甲、水精杯、〔一一〕越諾及侏儒人、胡旋女子，兼狗豹之屬。開元十九年，其王烏勒上表，請封其子咄曷爲曹國王，默啜爲米國王，上許之。至二十七年，烏勒卒，遣使册咄曷襲其父位。天寶中，又封爲欽化王，其母可敦封爲郡夫人；至十一載、十三載，並遣使來朝。

四至：在大宛西北可二千里，與粟弋、伊洌鄰接。去長安一萬二千三百里。〔一二〕東至都護理所五千五百里。

土俗物産：其人皆深目高鼻，多鬚髯。善於商賈，諸夷交易多輳其國。婚姻、音樂、葬制與突厥同。俗奉佛，爲胡書。氣候温，宜五穀，勤修園蔬，樹木滋茂。出駝、馬、犎牛、黄金、硇砂、〔一三〕甘松香、阿薩那香、瑟瑟、麞皮、氍毹、錦、氎。多蒲萄酒，富家或至千石，連年不敗。

曹國

曹國。隋初時通焉。都那密水南數里，舊時康居之地。國無主，康國王令子烏建領之。勝兵千餘人。國中有越于底城，内有得悉神，自西海以東諸國並敬事之。好淫祠，罄資産而無悔。其神有金人焉，金破羅闊丈五尺，高下相等稱。〔一四〕漢天子所賜神器，每月以駝十頭、〔一五〕馬十匹、羊百口祭之，常有千人食之不盡。大業中，遣使來貢。

唐武德七年，朝貢使至，云：「本國以臣爲健兒，聞秦王神武，願在麾下。」高祖大悦。至開元中，朝貢不絶。天寶元載，其王哥羅僕遣使朝貢。〔一六〕三載，詔下封其王爲懷德王。四載，哥羅僕上表自陳：「曾祖已來，向天可汗忠赤，常受徵發，望乞恩兹，將奴國土司于唐國，〔一七〕小小所須，驅遣奴身，一心爲國征討。」至十一載，其王設阿忽與國副王野解及九國王並上表請同心擊黑衣大食國，〔一八〕玄宗賓賜慰勞之。

又有中曹國，在西曹國之東，康國之北。其所治謂之迦布底真城，〔一九〕在平川。其人長大，工於戰鬬。

又有西曹國，理那密水南瑟底痕城。

四至：東南去康國百里，西北至何國百五十里，東至瓜州六千六百里。

米國

米國。都那密水西，本漢康居地，西北至康國百里，東至蘇對沙那國五百里。米國無王城，主姓昭武，康國王之支庶。鴇音脛。鴹音羊。城。漢康居地。今其國惟有城長，屬康國。唐武德九年，城長康數次遣使獻玉盤。

何國

何國。隋時通焉。亦都那密水南數里，亦舊康居地也。其王姓昭武，亦康國之族類也。國城樓北壁畫華夏天子，西壁則畫波斯、拂菻諸國王，菻，力甚切。東壁則畫突厥、婆羅門諸國王。勝兵千人。其王坐金羊座。風俗與康國同。唐貞觀中，遣使朝貢。

四至：東至曹國一百五十里，西去小安國三百里，東至瓜州六千七百五十里。

土俗物產：西域記云：「租稅、風俗與康國同。其俗丈夫蓬髮，婦人辮髮。亦有牢獄，推事之時，以水灌鼻，再灌不承即放。計年不識卯、酉、辰、巳，惟數兔、雞、龍、蛇。若中國使至，散花迎之，王東面拜，又以麝香塗使人額，以此爲重。」

史國

史國。隋時通焉。都獨莫水南十里，亦舊康居之地也。其王姓昭武，亦康國王之支庶也。勝兵千餘人，其俗衣服與康國同。大業中，始通中國，後漸强盛，乃創建乞史城，爲數千里，〔二〇〕郭一邑二萬家。

唐貞觀中，遣使來貢。自曹國、史國、何國皆在漢康居之地，遂便附之也。顯慶三年，遣果毅董寄生列其所治爲佉音區。沙州，〔二一〕以其王昭武失阿曷爲刺史。開元十五年，其王阿忽必多延屯遣使貢胡旋女子及豹。二十七年，其王延屯卒，册其子阿忽鉢爲王。二十九年，其王斯謹提立，首領勅帝米施來朝貢。〔二二〕天寶中詔改其國爲來威國。其那色波國，〔二三〕今亦謂之小史國，爲史國役屬。

四至：北至康國二百三十里，〔二四〕南至吐火羅五百里，西去那色波國二百里，東北去米國二百里，東去瓜州六千里。

奄蔡國

奄蔡國。漢時通焉。西去大秦，東南二千里與康國接，去陽關八千餘里。控弦十餘萬。與康居同俗，而屬康居。土氣温和，臨大澤，無涯岸。亦多楨松、白草及貂。畜牧逐水草，蓋近北海。至後漢改名阿蘭聊國。〔二五〕後魏時曰粟特國，一名温那沙。後魏史云：「初匈奴殺其王而有其國，至文成帝初，遣使朝貢，其王忽倪已三世矣。」周武帝時，亦遣使貢。

滑國

滑國。車師之別種也。後漢順帝永建初，八滑從班勇擊北虜有功，漢以八滑爲後部親漢侯。自魏晉不通中國。至梁武帝普通初，其王厭帶夷栗陁始遣使獻黃獅子、白貂裘、波斯錦等物。〔二六〕後魏之居桑乾也，滑猶爲小國，屬蠕蠕。後稍强大，征其旁國波斯、竭陁盤、〔二七〕罽賓、焉耆、龜茲、疏勒、姑墨、于闐、句盤等國。

其王坐金牀，隨太歲轉。無文字，以木爲契。與旁國通，則使旁國胡爲胡書，羊皮爲紙。無官職。事天神、火神，每日則出户祀神而後食。其跪一拜而止。死以木爲槨，父母死，其子截一耳，葬訖即吉。其言語待河南人譯然後通。至後魏時，謂之嚈噠國。

土俗物産：其獸有獅子、兩脚駝，野驢有角。人皆善騎射，著小袖長袍，用金玉爲帶。女人被裘，頭上刻木爲角，長六寸，用金銀飾之。少女子，兄弟共妻。無城郭，氈屋爲居，東向開户。

嚈噠國

嚈噠國。或云高車之别種，或云大月氏之種類。其原出于塞北。自金山而南，在于闐之西。至後魏文帝時，已八九十年。其國無車，有輿，多駝、馬。用刑嚴急，盜無多少皆腰斬，盜一責十。西域康居、于闐、沙勒、〔二八〕安息及諸小國三十餘所，皆役屬之，號爲大國，每遣使朝貢。後魏孝明帝熙平中，遣王伏子統宋雲等使西域，〔二九〕所經諸國，不能知其本末及山川里數，今舉其畧云。

至隋時，又謂挹怛國，都烏滸水南二百餘里，大月氏之種類也。勝兵五六千人。俗善戰。先時國亂，突厥遣通設字詰强領其國。俗同吐火羅。南去漕國千五百里，〔三〇〕東去瓜州六千五百里。

隋大業中，遣使來貢。按劉璠梁典，滑國姓嚈噠，後以姓爲國號，轉訛又謂之挹怛焉。

又西域記云：「其本源或云車師之種，或云高車之種，或云大月氏之種。」又韋節西蕃記云：「親問其國人，並自稱悒闐。〔三一〕又按漢書，陳湯征郅支，康居副王悒闐抄其後重，此或康居之種類。然傳自遠國，夷語訛舛，年代綿邈，莫知根實，不可得而辨也。今攷其風俗物産及諸家所説而編之。

四至：在于闐之西，東去長安一萬一千里。〔三二〕

土俗物産：其俗衣服類胡，加以瓔珞，頭皆翦髮。其語與蠕蠕、高車及諸胡不同。死者，富家累石爲藏，貧者掘地而埋，隨身諸物，皆置冢内。又兄弟共娶一妻，無兄弟者，其妻載一角帽，若有兄弟者，依其多少之數更加帽角焉。

天竺國

天竺國。後漢通焉，即漢時身毒國。初，張騫使大夏，見邛竹杖、蜀布，問之，大夏國人曰：「吾往身毒市之。」即天竺也。或云摩迦陀，或云婆羅門。在葱嶺之南，〔三三〕去月氏東南數千里，地方三萬餘里。其中分爲五天竺：一曰中天竺，二曰東天竺，三曰南天竺，四曰西天竺，五曰北天竺，地各數千里，城邑數百。南天竺際大海。〔三四〕北天竺距雪山，四周有山爲壁，南面一谷，通大路爲國陽門。〔三五〕東天竺東際大海，〔三六〕與扶南、林邑鄰接，但隔小海而已。西天竺與罽賓、波斯相接。中天竺據四天竺之間。國並有王。漢時有捐毒國，去長安九千八百六十里，去都護理所二千八百里，南與葱嶺相連，北與烏孫接。衣服類烏孫，〔三七〕隨水草，爲塞種也。顔師古云：「捐毒即身毒，身毒即天竺也。〔三八〕塞種即釋種也。蓋語音有輕重。」從月氏、高附國以西，南至西海，東至盤起，〔三九〕皆身毒之地。身毒有別城數百，城置長。有別國數十，〔四〇〕國置王。雖各小異，而俱名身毒。扶南傳云：「舍衛國隸屬天竺。伽尸國一名波羅奈國，亦云波羅奈斯國。」竺法維佛國記云：「波羅奈國在迦維羅越國南一千四百八十里。」釋法盛歷國傳云：「其國有稍割牛，黑色，角細長，可四尺餘，十日一割，不割便或致死。〔四一〕人服牛血皆老壽。國人皆壽五百歲，牛壽亦等于人。亦天竺屬國也。」所都臨恒河，一名迦毗黎河。靈鷲山，胡語曰耆闍崛山，山是青石，頭似鷲鳥。竺法維佛國記云：「在摩揭提國南，天竺屬國也。」其時皆屬月氏。月氏殺其王而置將，令統其人。俗修浮圖道，不殺生、飲酒。桓帝延熹二年，〔四二〕頻從日南徼外來獻。時帝好神，數祀浮圖、老子，百姓稍有奉者，後遂轉盛。其國王土著與月氏同，而卑濕暑熱，人弱于月氏。

魏晉世，絶不復通。梁武天監初，其王遣長史竺羅達貢獻。〔四三〕後魏宣武時，南天竺國遣使獻駿馬云。

其國出獅子、貂、豹、猑、胡昆切。槖駝、犀、象。有火齊，如雲母而色紫，別之則薄如蟬翼，積之則如紗縠之重沓。有金剛，似紫石英，百煉不銷，可以切玉，出玳瑁、金、銅、鐵、鉛、錫。金縷織金罽、白疊、毾毲。音塔、蹬。又有旃檀、鬱金等香，甘蔗諸果，〔四四〕石蜜、胡椒、薑、黑鹽。西與大秦、安息交市海中，或至扶南、交趾貿易。多珊瑚、珠璣、琅玕。俗無簿籍。以齒貝爲貨。尤工幻化。丈夫致敬，極者舐足摩踵而致其辭。家有奇樂倡伎。其王與大臣多服錦罽。王爲螺髻于頂，餘髮翦之使短。丈夫翦髮，穿耳垂璫。俗皆徒跣，衣重白色。怯于鬬戰，有弓、箭、甲、矟，亦有飛梯、地道、木牛、流馬之法。有文字，善天文算曆之術。其人皆學悉曇章。〔四五〕書于貝多樹葉以記事。

隋煬帝通西域，〔四六〕遣裴矩應接西蕃諸國，多有至者，唯天竺不通，帝以爲恨。

唐武德中，其東西南北四天竺國悉臣服于中天竺國。貞觀初，中國沙門玄奘至其國，中天竺王尸羅逸多謂玄奘曰：「我聞彼國有聖人出，作秦王破陣樂，試爲我説秦王之爲人也。」玄奘具言聖德，其王曰：「信如所言，我當自朝也。」至十五年，自稱摩伽陀王，遣使朝貢。王姓乞利咥，丑栗切。名尸羅逸多，或云姓刹利氏。二十二年，右衛率府長史王玄策奉使天竺，會尸羅逸多死，國中大亂，其臣那伏帝阿羅那順自立，乃發兵拒玄策。玄策挺身遁抵于吐蕃之西南，以書徵鄰國之兵。吐蕃發精鋭千二百人，泥婆羅國發七千餘騎來赴，玄策與其副蔣師仁率二國之兵進至茶鎛音博。和羅城，即中天竺之所居也，連戰，大破之，斬首三千餘級，赴水溺死者且萬人，獲其王妃及王子等，虜男女三萬餘人，〔四七〕牛馬三萬餘匹，于是天竺響震，城邑聚落降者五百八十餘所，遂俘阿羅那順以還。太宗大悦，因謂侍臣曰：「夫人耳目玩于聲色，口鼻耽于臭味，此乃敗德之源。若天竺不劫我使人，豈能俘虜耶？昔中山以貪寶取斃，蜀侯以牛金致滅，莫不由之。」是時就其國得方士那羅邇婆婆寐，自言年二百歲，云有長生之術。上深禮之，館于金飈門內，〔四八〕造延年藥，令兵部尚書崔敦禮主之，發使天下，採諸奇藥異石。〔四九〕延歷歲月，藥成，服之無効，放還本國。拜玄策爲朝散大夫。天授三年，東天竺王摩羅枝摩、〔五〇〕西天竺王尸羅逸多、南天竺王遮婁其拔羅婆、〔五一〕北天竺王婁其那那、中天竺王地婆西那，並來朝貢。中宗、睿宗兩朝，〔五二〕頻獻方物。開元三年，遣使瞿曇惠誠來朝貢。八年，南天竺遣使貢豹及黄色鸚鵡，〔五三〕又奏請以戰象兵馬討大食國及吐蕃，求有以名其軍。制書嘉焉，號爲懷德軍。至九月，南天竺王尸利那羅僧伽寶多拔摩爲國造寺，〔五四〕上表乞賜寺額，勑以歸化爲名以賜之。至十一月，遣使册尸利那羅僧伽寶多拔摩爲南天竺國王，〔五五〕遣使來朝。十七年，北天竺國三藏沙門僧密多獻質汗等藥。〔五六〕十九年至天寶中，皆有使至。晉、宋浮圖經曰：「臨兒國，其王生浮圖。浮圖，太子也，父曰屑頭耶，母曰莫耶。浮圖身服色黄，〔五七〕髮青如青絲。始莫耶夢白象而孕，及生，從母左脅出。生而有髻，墮地能行七步。」此國在天竺城中。天竺又有神人，名沙律。昔漢哀帝元壽元年，博士弟子景盧受大月氏王使伊存口受浮圖經曰復立者其人也。偃塞、〔五八〕桑門、伯聞、疏閒、白閒、比丘、晨門，皆弟子號也。浮圖所載，與中國老子經相出入。蓋以爲老子西出關，過西域之天竺，教胡爲浮圖。徒屬弟子別號合有二十九，不能詳載，故畧之。諸家記天竺事，多録諸僧法明、道安之流傳記，疑皆詼誕不經，不復悉纂也。已具序畧註中。

四至：去長安九千八百里，都護理所二千八百里，南與葱嶺相連，北與烏孫接。

土俗物産：後魏宣武時，南天竺國遣使獻駿馬云。其國出獅子、貂、豹、獐、槖駝、犀、象。有火齊、金剛、玳瑁、五金，金縷織成罽、白疊、毾㲪。音塔、登。又有旃檀、鬱金、果實、鹽、駝，尤多海味。西與大秦、安息交市海中，或至扶南、交趾。俗無簿籍。以齒貝爲貨，尤工幻化。

烏萇國

烏萇國。即北天竺國也。在中天竺南，一名烏伏那，地方五千里。百姓殷實。人性懦弱，頗詭計，尤工禁咒之術。篤信佛法。言語文字與天竺同，而天竺不及之。宋曇行記云：〔五九〕「人皆美白，多作羅刹鬼法，食噉人肉，晝日與羅刹雜于市朝，善惡難别。」自古未通中國。唐貞觀十六年，朝貢使至，並獻龍腦香。開元八年，遣使册立其王。時大食東與烏萇鄰境，扇誘爲盜。其王與骨咄王、俱位王皆守忠節不應，潛輸誠信。玄宗嘉獎，故並降册命。

檀特山，外國傳云：「須達拏太子所住石室，〔六〇〕在山東壁上。西南有東泉，生白蓮花。西北有塔，即阿周仙人住處。」

阿波羅邏龍池。〔六一〕一名奄羅龍池，中有毒龍。

車離國

車離國。後漢時通焉。居沙奇城。一名禮惟特，一名沛隸王。在天竺東南三千餘里，大國也。其土氣、〔六二〕物類與天竺同。列城數十，皆稱王。其人怯弱。地東西南北方數千里。人皆長八尺，乘象、橐駝，往來鄰國。有寇，乘象以戰。

師子國

師子國。東晉時通焉，天竺之旁國也。在西南大海之中洲，延袤二千餘里。〔六三〕其洲中有山，名稜伽，古佛遊處。國中有王，以一善化人，〔六四〕皆以清淨學道爲務。

安帝義熙初，遣使獻玉佛像，高四尺二寸，玉色潔潤，形制殊特，殆非人工，歷晉宋代，在建康瓦官寺。先有徵士戴安道手制佛像五軀，及顧長康畫維摩詰，並玉像，時人謂爲建康三絕。至齊東昏，遂毁玉像，前截臂，次取身，爲嬖妾潘貴妃作釵釧，時咸嘆惜之。建康即今丹陽郡江寧縣是。宋文帝元嘉五年，其王剎利摩訶南遣使貢獻。梁武帝大通元年，後王迦葉伽羅訶棃耶亦遣使朝貢。杜環記云：「師子國一曰新檀，又曰婆羅門，即南天竺也。國之北，人盡胡貌，秋夏炎旱。國之南，人盡獠面，四時霖雨。從此始有佛法寺舍，人皆儋耳，布裹腰。」唐天寶五載，使至，獻鈿金、寶瓔珞，及貝葉寫大般若經。

土俗物產：其地多出奇寶。土地和適，無冬夏之異。五穀隨人所種，〔六五〕不須時節。其國舊無人，止有鬼神及龍居之。諸國商賈來共市易，〔六六〕鬼神不見其形，但出珍寶，明其所堪價，〔六七〕商人依價取之。諸國人聞其土樂，因此競至，或有停住者，遂成大國。能馴養師子，遂以爲名。風俗與婆羅門同，而尤敬佛法。

卷一百八十三校勘記

〔一〕絶勿復使　「勿」，底本作「不」，據萬本、庫本、傅校及漢書卷九六西域傳上改。

〔二〕者舌　「者」，底本作「耆」，據中大本及魏書卷一〇二西域傳、北史卷九七西域傳改。

〔三〕何國　底本脱，萬本、庫本同，據隋書卷八三西域傳、通典卷一九三邊防九補。本書原云「有米國、史國、曹國、安國、小安國、那色波國、烏那曷國、穆國凡九國」，實列八國，缺脱何國。

〔四〕示不忘其本也　萬本於此句下據隋書卷八三西域傳補：「王字代失畢梁書作『世夫畢』，爲人寛厚，甚得衆心。其妻突厥達度可汗女也。」

〔五〕少解則遺學賈　「遺」，底本作「令」，據萬本、庫本、傅校及通典卷一九三邊防九、文獻通考卷三三八四裔考一五改。

〔六〕俗事天神　「事」，底本作「敬」，據萬本、庫本、傅校及通典邊防九、文獻通考四裔考一五改。

〔七〕令狗食之　「之」，底本作「食」，據萬本、中大本、庫本、傅校及通典邊防九、文獻通考四裔考一五改。

〔八〕唐武德十年其王屈朮支遣使獻名馬　按唐武德僅九年，無「十年」，册府元龜卷九七〇繫于武德九年，唐會要卷九九繫于武德七年。「朮」，底本作「木」，萬本同，庫本作「末」，據舊唐書卷一九八西戎傳、唐會要卷九九改。

〔九〕一名薩末建至本出于此也　「末」，底本作「米」，庫本同，據萬本及通典邊防九、新唐書卷二二一西域傳下改。通典無「貴」字，疑衍。「神」、「本」，底本作「小」、「皆」，萬本、庫本同，據通典改。「跋」，庫本作「拔」，據萬本及杜環經行記王靜安古行記校録、張一純經行記箋注改。隋書西域傳：「康國，「有胡律，置於祆祠。」可證。

〔一〇〕泥涅師師　底本作「泥濕師」，據萬本、庫本及舊唐書西戎傳、新唐書西域傳下、唐會要卷九九改。下文底本作「泥濕」亦改爲「泥涅」。

〔一一〕水精杯　「杯」，底本作「珠」，萬本同，據庫本及舊唐書西戎傳、新唐書西域傳下、太平御覽卷七九三四夷部一四改。傅校改「精」爲「晶」，唐會要卷九九作「水晶杯」。

〔一二〕去長安一萬二千三百里　「二」，底本作「一」，萬本、庫本同，據漢書卷九六西域傳上、通典邊防九改。

〔一三〕硇砂　「硇」，底本作「磠」，萬本、庫本皆作「磠」，據北史西域傳、通典邊防九改。按隋書西域傳作「鐃沙」，即硇砂。

〔一四〕高下相等稱　「等」，庫本作「匀」，萬本無，同北史西域傳、隋書西域傳、通典邊防九。

〔一五〕每月以駞十頭　「月」，通典邊防九、太平御覽卷七九六四夷部一七同，北史西域傳、隋書西域傳作「日」。「十」，北史西域傳、隋書西域傳、通典邊防九、太平御覽四夷部一七皆作「五」，此「十」爲「五」字之誤。

〔一六〕哥羅僕　按新唐書西域傳下作「哥邏僕羅」，傅校改「羅」爲「邏」。下同。

〔一七〕望乞恩兹將奴國土司于唐國　傅校改「兹」爲「慈」，改「司」爲「同」。按新唐書西域傳下：其王上言：「願同唐人受調發，佐天子征討。」此「兹」蓋爲「慈」、「司」蓋爲「同」字之誤。

〔一八〕設阿忽　「忽」，底本作「葱」，據萬本、庫本及新唐書西域傳下改。文獻通考四裔考一五作「設忽阿」，「忽阿」，當是「阿忽」之倒文。

〔一九〕迦布底真城　庫本同，萬本作「迦底真城」，同新唐書西域傳下。

〔二〇〕爲數千里　按通典邊防九：「乃創建乞史城，爲數十里。」此「千」爲「十」字之誤。又新唐書西域傳下：「築乞史城，地方數千里。」則此或脱「地方」二字。

〔二一〕佉音區沙州　「佉」，新唐書西域傳下同，唐會要卷九九作「呿」。「音區」，萬本、庫本皆無，傅校删。

〔二二〕勅帝米施　唐會要卷九九作「勃帝未施」。

〔二三〕那色波國　「色」，底本作「邑」，據萬本、庫本、傅校及唐會要卷九九改。按本卷下文四至亦作「那色波國」。

〔二四〕北至康國二百三十里　「三十」，通典邊防九同，北史西域傳、隋書西域傳作「四十」。

〔二五〕阿蘭聊國　「聊」，底本作「那」，萬本、庫本同，據後漢書卷八八西域傳改。

〔二六〕厭帶夷栗陁　「栗」，底本作「粟」，庫本同，據萬本及梁書卷五四諸夷傳、南史卷七九夷貊傳下改。

〔二七〕竭陁盤　南史夷貊傳下作「渴盤陀」。萬本作「盤盤」，按盤盤爲海南諸國，與西域諸國無關，恐誤。

〔二八〕沙勒　「沙」，底本作「疎」，萬本同，據庫本及魏書西域傳、北史西域傳、通典邊防九改。

〔二九〕遣王伏子統宋雲等使西域　按北史西域傳「王」作「賸」，義皆不可解，當有訛誤。

〔三〇〕漕國　「漕」，底本作「曹」，萬本、庫本同，據北史西域傳、隋書西域傳改。

〔三一〕並自稱悒闐　「並」，底本作「又」，據萬本、庫本及通典邊防九改。

〔三二〕東去長安一萬一千里　「千」，通典邊防九同，魏書西域傳、北史西域傳作「百」。

〔三三〕在葱嶺之南　册府元龜卷九五八同，舊唐書西戎傳作「在葱嶺西北」。
〔三四〕南天竺際大海　「大」，底本作「北」，萬本、庫本同，據通典邊防九、册府元龜卷九五八、舊唐書西戎傳改。
〔三五〕通大路爲國陽門　通典邊防九、册府元龜卷九五八、舊唐書西戎傳、新唐書西域傳上皆作「通爲國門」。
〔三六〕東天竺東際大海　「際」，底本作「接」，據萬本、庫本、傅校及通典邊防九、册府元龜卷九五八、舊唐書西戎傳改。
〔三七〕衣服類烏孫　「類」，底本作「如」，據萬本、庫本、傅校及漢書西域傳上、通典邊防九改。
〔三八〕身毒即天竺也　按漢書西域傳上顔師古注曰：「捐毒即身毒、天篤也，本皆一名，語有輕重耳。」作「天篤」，不作「天竺」。
〔三九〕盤起　通典邊防九同，後漢書西域傳作「磐起」，梁書諸夷傳作「槃越」，南史卷七九夷貊傳上作「盤越」。
〔四〇〕有别國數十　「十」，底本作「百」，萬本、庫本同，據中大本及後漢書西域傳、梁書諸夷傳、南史夷貊傳上、新唐書西域傳上改。
〔四一〕不割便或致死　「或致死」，庫本同，萬本作「困且死」。按通典邊防九作「不割便困病或致死」，新唐書西域傳上作「不然困且死」，此「便」下蓋脱「困病」二字，又「或致」蓋爲「困且」之誤。

〔四二〕延熹二年　按後漢書西域傳：「桓帝延熹二年、四年，頻從日南徼外來獻。」此「二年」下脱「四年」二字。

〔四三〕其王遣長史竺羅達貢獻　底本脱「遣」、「達」，萬本、庫本同，據梁書諸夷傳、南史夷貊傳上補。

〔四四〕甘蔗諸果　「諸果」，底本脱，據萬本、庫本、傅校及通典邊防九補。

〔四五〕悉曇章　「悉」，底本作「習」，據萬本、庫本及通典邊防九、舊唐書西戎傳、新唐書西域傳上改。

〔四六〕隋煬帝通西域　傅校於「帝」下補「志」字，同通典邊防九、唐會要卷一〇〇。

〔四七〕虜男女三萬餘人　「三萬餘」，通典邊防九作「萬三千」，舊唐書西戎傳、新唐書西域傳上、資治通鑑卷一九九皆作「萬二千」，此誤。

〔四八〕金颷門　「颷」，底本作「飈」，萬本、庫本皆作「颷」，據舊唐書西戎傳、唐會要卷一〇〇改。

〔四九〕採諸奇藥異石　「諸」，底本作「訪」，據萬本、庫本、傅校及舊唐書西戎傳、唐會要卷一〇〇改。

〔五〇〕摩羅枝摩　「枝」，底本作「校」，萬本同，據庫本及舊唐書西域傳、唐會要卷一〇〇改。

〔五一〕遮婁其拔羅婆　「拔」，底本作「枝」，萬本、庫本皆作「校」，據册府元龜卷九七〇、舊唐書西戎傳改。唐會要卷一〇〇作「跋」。

〔五二〕中宗睿宗兩朝　二「宗」字，底本並脱，據萬本、庫本、傅校及唐會要卷一〇〇補。

〔五三〕黄色鸚鵡 「黄」，册府元龜卷九七一作「五」，舊唐書西戎傳、唐會要卷一〇〇皆作「五色能言鸚鵡」，此「黄」爲「五」字之誤。

〔五四〕南天竺王尸利那羅僧伽寶多拔摩 「王」，底本脱，萬本同，據庫本及册府元龜卷九六四、舊唐書西域傳、唐會要卷一〇〇補。又「拔」，册府元龜同，舊唐書、唐會要作「枝」。

〔五五〕尸利那羅僧伽寶多拔摩 「尸」，底本脱，萬本、庫本同，據本書卷上文及册府元龜卷九六四補。舊唐書西戎傳作「利那羅伽寶多」，唐會要卷一〇〇作「利那羅僧伽寶多」，恐誤。

〔五六〕獻質汗等藥 底本作「質貢汗藥等」，萬本同，據庫本及册府元龜卷九七一、舊唐書西戎傳、唐會要卷一〇〇改正。

〔五七〕浮圖身服色黄 底本脱「服」字，據萬本、庫本及三國志卷三〇魏書烏丸鮮卑東夷列傳裴松之注引魏略西戎傳、通典邊防九引浮圖經補。「色黄」，底本作「黄色」，萬本同，據上引書乙正。

〔五八〕偃塞 三國志魏書烏丸鮮卑東夷列傳裴注引魏略西戎傳作「臨蒲塞」。

〔五九〕宋曇 按北魏時宋雲使西域，撰有行記，詳載於洛陽伽藍記卷五，此「曇」乃「雲」字之誤。

〔六〇〕須達拏太子 「拏」，萬本作「摩」。大唐西域記卷二：「彈多落迦山，「蘇達拏太子於此棲隱。」」按彈多落迦山，即洛陽伽藍記卷五所載之善特山，「山頂東南有太子石室」，是也，即本書所記之檀特山，則此「須達拏」應作「蘇達拏」。

〔六一〕阿波羅邏龍池　按大唐西域記卷三作「阿波邏羅龍泉」。

〔六二〕土氣　底本作「氣候」，據萬本、庫本、傅校及後漢書西域傳、通典邊防九改。

〔六三〕延袤二千餘里　「二」，底本作「三」，萬本、庫本同，據中大本及通典邊防九、新唐書西域傳下、册府元龜卷九六一改。

〔六四〕以一善化人　「一善」，底本作「善一」，庫本同，據萬本及册府元龜卷九六一、唐會要卷一〇〇乙正。

〔六五〕五穀隨人所種　「人」，底本脱，萬本、庫本同，據傅校及梁書諸夷傳、南史夷貊傳上、通典邊防九補。

〔六六〕諸國商賈來共市易　「來」，底本作「求」，萬本、庫本同，據梁書諸夷傳、南史夷貊傳上、通典邊防九改。

〔六七〕明其所堪價　「明」，梁書諸夷傳、南史夷貊傳上作「顯」，此沿通典邊防九避唐中宗諱改。

太平寰宇記卷之一百八十四

四夷十三

西戎五

高附　大秦　小人　烏弋山離　條支　安息　小安息

大夏　大月氏　小月氏　党項　白蘭　白狗

高附國

高附國。後漢時通焉。在大月氏西南，亦大國也。其俗似天竺而弱，易服。善賈販，内富於財。所屬無常，天竺、罽賓、安息三國强即得之，弱則失之。後漢史云：「先未嘗屬月氏，前漢書以爲五翖侯數，誤矣。」

大秦國

大秦國。一名犂鞬，居言切。一云前漢時犂靬國。又名拂菻國，後漢時始通焉。其國在西海之西，亦云海西國。其王理安都城，宮室柱棁皆以水精琉璃爲之。貴臣十二共理國事。其王無常人，〔一〕揀賢者立之。國有災異及風雨不時，即共廢之。有鳥似鵝，其毛緑色，常在王邊，倚枕上坐，每進食有毒，其鳥輒鳴。〔二〕户十萬餘。南臨大海。城東面有一大門，高二十丈，飾以黄金，凡有大門三重，第二門之樓，懸一大秤，以金丸十二枚屬于衡端，以候日之十二時，爲一金人，其大如人，立于側，每至一時，金丸輒落，鏗然有聲，金人即應聲引唱，以記日時，毫釐無失。其殿以瑟瑟爲柱，黄金爲地，象牙爲門扇，香木爲梁棟。無瓦，以白石屑塗屋上，如白玉焉。其地平正，人居星布。東西南北各數千里，有四百餘城，小國役屬者數十。西有大海，海西有遲散城。王城有官曹簿領，而文字習胡。人皆髦頭，而衣文繡，亦有白蓋小車、旌旗之屬。及十里一亭，三十里一置，一如中土州邑。地多師子，遮害行旅，若不百餘人，持兵器，輒爲所食。

其國常欲通使于漢，塗經大海，商客往來，皆賫三歲糧，是以至者稀。桓帝延熹初，〔三〕大秦王安敦遣使自日南徼外獻象牙、犀角、瑇瑁，始乃一通焉。其所表貢，並無珍異，疑傳者過焉。至晉武帝太康中，其王遣使貢獻。

或云其國西有弱水、流沙，近西王母所居處，幾于日所入也。隋煬帝欲通之，竟不能致。貞觀十七年，其王波多力遣使獻赤玻璃、緑玻璃、石緑、金精等物。後臣屬大食國焉。乾封二年，遣使貢底也伽。〔四〕開元七年，因吐火羅大首領貢師子二、羚羊二，遣僧來朝貢。

外國圖云：「從隅臣北，〔五〕有國亦名大秦。其種長大，身丈五六尺。〔六〕」又杜環經行記云：「拂菻在苫國西，〔七〕隔山數千里，亦曰大秦。其人顏色紅白，男子悉著素衣，婦人皆服珠錦。〔八〕好飲酒，尚乾餅，多工巧，善織絡。或有俘在諸國，守死不改鄉風。琉璃妙者，天下莫比。王城方八十里，四面境土各數千里。勝兵約有百萬，常與大食相禦。西枕西海，南枕南海，北接可薩、突厥。西海中有市，客主同和，我往則彼去，彼來則我歸。賣者陳之于前，買者酬之於後，皆以其直置諸物旁，待領直然後收物，名曰鬼市。又聞西有女國，感水而生。」又云：「摩鄰國，在勃薩羅國西南，渡大磧行二千里至其國。其人黑，其俗獷，〔九〕少米麥，無草木，馬食乾魚，人食鶻莽。鶻莽，即波斯棗也。瘴癘特甚。諸國陸行之所經也，胡則一種，法有數般，〔一〇〕有大食法，有大秦法，有尋尋法。其尋尋蒸報，于諸夷狄中最甚，當食不語。其大食法者，以弟子親戚而作判典，〔一一〕縱有微過，不至相累。不食猪、狗、驢、馬等肉，不拜國王、父母之尊，〔一二〕不信鬼神，祀天而已。其俗每七日一假，不買賣，不出納，唯飲酒謔浪終日。〔一三〕其大秦善醫目及痢，或未病先見，或開腦出蟲。」

四至：從條支西渡海曲近萬里，約去長安四萬里。東南與波斯接，地方萬里。

土俗物產：其人長大平正，有類中國，〔一四〕故謂之大秦，或云本中土人也。〔一五〕有駭雞犀，抱朴子云：「通天犀有一白理如綖者，以盛米，置羣雞中，雞欲啄米，輒驚去，故南人名爲駭雞犀。」合會諸香，煎其汁以爲蘇合。土多金銀、奇寶、夜光璧、明月珠、琥珀、琉璃、神龜、白馬、朱鬣、瑇瑁、玄熊、赤螭、辟毒鼠、大貝、車渠、廣雅云：「車渠，石，似玉。〔一六〕」瑪瑙。廣雅云：「瑪瑙，石，似玉。」贙出西海，有養者，似狗，多力獷惡。獷，古猛切。北附庸小邑有羊羔，自然生于土中，候其欲萌，築墻院之，〔一七〕恐獸所食也；其臍與地連，割之絕則死，擊物驚之，乃驚鳴，遂絕；逐水草，無羣。又有木難，出翅鳥，口中結沫，所成碧色珠也，土人珍之。曹子建詩：「珊瑚閒木難也。」有幻人，能額上爲炎燼，手中作江湖，舉足而珠玉自墮，開口則旛毦亂出。前漢武帝時，遣使至安息，安息獻犂靬幻人二，皆蹙眉峭鼻，亂髮鬈鬢，〔一八〕長四尺五寸。毦，音人志切。有織成細布，言用水羊毛，名曰海西布。作氍毹、〔一九〕毾㲪罽帳之屬，其色又鮮于海東諸國所作也。常利得中國縑素，解以爲胡綾紺紋，數與安息諸國交市于海中。西南漲海中可七八百里，行到珊瑚洲，水底有盤石，珊瑚生其上。〔二〇〕大秦人常乘大舶，載鐵網，令水工沒，〔二一〕先入視之，可下網乃下。初生白，漸漸似苗坼甲。歷一歲許，出網目閒，變作黃色，支條交錯，高極三四尺，大者圍尺餘。三年色乃赤好，復沒視之，〔二二〕知可採，便以鐵鈔發其根，乃以索繫網，使人于舶上絞車舉出。還國理截，恣意所作。若失時不舉，便蠹敗。

小人國

小人國。在大秦國之南。軀纔三尺，其耕稼之時，懼鶴所食，大秦每衛助之，小人竭其珍以酬報。

烏弋山離國

烏弋山離國。漢時通焉。去長安萬二千二百里。不屬都護。户口至多，亦大國也。東北至都護理所六十日行，東與罽賓接，北與撲桃、西與犂靬、條支接。犂靬，即大秦也。〔二三〕行可百餘日，乃至條支。按魏書，其國一名排持也。〔二四〕

條支國

條支國。漢時通焉。人衆甚多，往往有小君長，安息役屬之，以爲外國。安息以條支爲外國，如言蕃國也。以地絶遠，漢使稀至。自玉門、陽關出南道，歷鄯善而南行，至烏弋山離，南道極矣。轉北而東，復馬行六十餘日至安息。按後漢書：「和帝永元中，班超遣掾甘英使大秦，〔二五〕抵條支。臨大海欲渡，而安息西界船人謂英曰：『海水廣闊，往來者逢善風三月乃得渡，〔三六〕若遇遲風，亦有三歲者。〔三七〕」又曰：「海中善使人思鄉。漢使若不顧父母妻子者，則可往矣。英聞而止。」西海到玉門、陽關四萬里。

四至：去陽關二萬二千一百里，在葱嶺之西。城在山上，周迴四十餘里。臨西海，海水曲環其南及東北，三面路絶，惟西北隅通陸道。〔三八〕

土俗物産：土地暑濕，田宜稻。出犎牛、孔雀，有大鳥，卵如甕。汲水瓶。其草木、畜産、五穀、果菜、食飲、宮室、市列、錢貨、兵器、金珠之屬，皆與罽賓同，而獸有桃拔、獅子、犀牛。桃拔，一名符拔，似鹿，長尾，一角者或爲天鹿，兩角者或爲辟邪。獅子似大蟲，正黄有䫜耏，尾端茸毛大如斗，爾雅所謂狻猊也。狻，音俊。猊，音倪。拔，步葛切。〔三九〕耏，亦頰旁毛也。其錢獨文爲人頭，幕爲騎馬。

安息國

安息國。漢時通焉。王理蕃兜城，蕃，音盤。其屬大小數百城，地方數千里，最大國也。地臨嬀水，今爲烏滸河是。商賈車船行旁國。書革，旁行爲書契。今西方胡書皆横行，不直下也。革爲皮之不柔者也。

武帝始遣使至安息，其王令騎迎于東界木鹿城，號爲小安息，去其王都又數千里，行比至，過數十城，人户相屬。因發使隨漢使，以大鳥卵及犁靬眩人獻。至後漢章帝時，理和犢城。遣使獻獅子、符拔。符拔，形似麟而無角。

西域記云：「自安息西行三千四百里至阿蠻國，從阿蠻西行三千六百里至斯賓國，從斯賓南行渡河，又西至于羅國九百六十里，安息西界極矣。自此南乘海，乃通大秦，其土多海西珍奇異物焉。」

至後周天和二年，安息王理蔚搜城，遣使獻貢。至隋大業五年，安息又朝貢，隋書云：「王姓昭武，與康國同族。都在那密水南，城有五重，環以流水。〔三〇〕宮殿皆爲平頭。王坐金駝座，高七八尺。」

四至：去長安一萬一千六百里，在葱嶺之西，大宛西可數千里，不屬都護。北與康居、東與烏弋山離、西與條支接焉。

土俗物產：土地、風氣、物類、人俗與康國、烏弋、罽賓同。〔三一〕以銀爲錢，文獨爲王面，幕爲夫人面，王死輒更鑄。有大馬爵，頸及膺身，蹄似橐駝，色蒼，舉頭高八九尺，張翅丈餘，食大麥。

小安息國

小安息國。一名渴汗國，治渴汗城，〔三二〕後漢小安息國也。西域傳云：「安息東界木鹿城，號爲小安息。」西域道里記云：〔三三〕「昔康國王之先，兄弟十人，分居王國，其一即渴汗國也。城可十餘里，有户二萬。」

志城山。

滴水。

大夏國

大夏國。漢時通焉。在大宛西南二千餘里，嬀水南。其俗土著，有城屋，〔三四〕與大宛同俗。去漢一萬二千里，居漢西南。本無大君長，城邑往往置小長。甚弱，〔三五〕畏戰，善賈市。及大月氏西徙，攻敗之，皆臣畜，共禀漢使者，同受節度。按大夏人多，可百餘萬，〔三六〕有市販賈諸物。東南接身毒國，皆屬大月氏。

大月氏國

大月氏國。月氏，音肉支。〔三七〕漢時通焉。理藍氏城，一名薄羅城，〔三八〕在大宛西可二三千里，居嬀水之側。不屬都護。户十萬。

其國本行國也，隨畜遷徙，與匈奴同。控弦十餘萬，故恃强輕匈奴。本居燉煌、祁連閒，祁連山在今張掖郡之西北。至冒頓單于攻破月氏，而老上單于殺月氏，以其頭爲飲器，乃遠去，過大宛，西擊大夏而臣之，都嬀水北爲王庭。其餘小衆不能去者，保南山羌，號小月氏。于大夏分其國五部翖侯。後百餘歲，貴霜翖侯攻滅四翖侯，翖，音翕。〔三九〕自立爲王，因號貴霜王。又滅濮達、罽賓，悉有其國。復滅天竺，月氏自此之後，最爲富盛。

至後魏代，北與蠕蠕接，數爲所侵，遂西徙都薄羅城，去弗敵沙二千一百里。弗敵沙，在藍氏城東。後其王寄多羅勇武，遂興師越大山，南侵北天竺，自乾陁羅以北五國盡役屬之。國人乘四輪車，或四牛、六牛、八牛輓之，在車大小而已。後魏書云：「太武時，其國人商販至京師，自云能鑄石爲五色琉璃，於是採礦山中，于京師鑄之。既成，光澤美于西方來者。乃詔爲行殿，可容百人，〔四〇〕光色映澈，觀者驚駭以爲神明所作。自此琉璃遂賤，〔四一〕人不復珍之。」

四至：其南則大夏，西接安息四十九日行，北則康居，去長安一萬一千六百里。

土俗物産：土俗、氣候、物類、風俗、錢貨與安息同。出一封橐駝。玄中記云：「瑪瑙出大月氏。又有牛名爲日及，今日割其肉，明日瘡愈。」又宋膺異物志云：「月氏國有羊，尾重十斤，割之供食，尋生如故。」

小月氏國

小月氏國。理富樓沙城。其王本大月氏王寄多羅子也。寄多羅爲蠕蠕所逐，西徙，後令其子守此城，因號小月氏焉。在波路西南。後魏書云：「去代一萬六千六百里。其先或居西平、張掖之間，被服頗與羌同。其俗以金銀爲貨。隨畜牧移徙，亦類北狄。

党項

党項羌。在古析支之地，漢西羌之別種。魏、晉已降，西羌微弱。周滅宕昌、鄧至之後，党項始强。南雜春桑、迷桑等羌，北連吐谷渾。其種每姓別自爲部落，一姓之中復分爲小部落，〔四二〕大者萬餘騎，小者數千騎，不相統一。有細封氏、費聽氏、往利氏、頗超氏、野辭氏、房當氏、米禽氏、拓拔氏，而拓拔最爲强族。

唐貞觀五年，詔遣使開其河曲地爲六十州，内附者三十萬口，有羌酋拓拔赤辭者，甚爲渾主伏允所暱，與之結婚。屢抗官軍，後與其從子思頭並率服，〔四三〕與諸首領歸款，列其地爲懿、嵯、麟、可等三十二州，以松州爲都督府，羈縻存撫之，拜赤辭爲西戎州都督，賜姓李氏，自是從河首積石山以來，並爲中國之境。〔四四〕後吐蕃强盛，拓拔氏漸爲所逼，遂請内

徙，始移部落于慶州，因置静邊等州以處之，故地陷于吐蕃，其處者爲其役，吐蕃謂之「弭藥。」〔四五〕

又有黑党項，在赤水之西。李靖之擊吐谷渾也，渾主伏允奔于黑党項，居以空閑之地。及吐谷渾舉國内屬，其黑党項首領號敦善王亦貢方物。〔四六〕

其雪山党項姓破丑氏，居雪山之下。貞觀初，亦嘗朝貢。

又有白狗、舂桑、白蘭等諸羌，自龍朔已後，並爲吐蕃所破而服屬焉。

其在西北邊者，天授三年内附，凡二十萬口，分其地置朝、吴、浮、歸等一十一州，〔四七〕仍散居靈、夏界内。自至德已後，常爲吐蕃所誘，密以官告授之，以爲偵導，故時或侵叛，尋亦底寧。至寶應初，其首領來朝，助國共靈州軍食，優詔褒美。

其在涇、隴州界者，後上元元年，率其衆十萬餘人詣鳳翔節度崔光遠乞降。寶應元年十二月，歸順州部落、乾封州部落、歸義州部落、順化州部落、和寧州部落、和義州部落、保善州部落、寧定州部落、羅雲州部落、朝鳳州部落，並詣山南西道都防禦使、梁州刺史臧希讓請州印，〔四八〕希讓奏聞，制旨允許之。

貞元三年十二月，初禁商賈以口馬、器械于党項部領貿易事。〔四九〕十五年，六州党項自石州奔過河西。党項有六府部落，曰野利越詩、野利龍兒、〔五〇〕野利厥律、兒黄、野海、〔五一〕野窣等；居慶州者，號爲東山部落，居夏州者，號爲平夏部落。〔五二〕永泰、大曆後居石州，依水草。至是永安城鎮將阿史那思暕擾其部落，求取駝馬無厭，中使又贊成其事，党項不堪其弊，遂率部落奔過河。〔五三〕

元和元年七月，宰臣杜佑上疏曰：「伏見近者党項與西戎潛通，屢有降人指陳事跡，而公卿廷議，以爲宜當謹甲兵，備戎寇之侵軼，益發士卒，邀其寇暴，此蓋未達事機，匹夫之常論耳。夫蠻夷猾夏，〔五四〕唐虞已然。周宣中興，獫狁爲害，但命南仲往城朔方，驅之太原，及境而止，誠不欲弊中國怒夷狄也。秦平六國，恃其兵力，北築長城，以拒匈奴，西逐諸羌，出于塞外，勞力擾人，結怨階亂，中國烽烟未靜，賊徒蜂起，海內雲擾，實生謫戍。漢武因文、景之富，命將興師，遂至户口減半，竟下哀痛之制，罷田輪臺。前史尚嘉其先迷而後復。蓋聖人之理天下也，唯務綏靜蒸人，西至流沙，東漸于海，在南與北，示在聲教。〔五五〕不以遠物爲珍，不求遐方入貢，豈疲内而事外，得少而失多。故前代納忠之臣，并有匡君之議。淮南王請息師于閩越，賈捐之愿棄地于珠崖，安危利害，高懸前史。昔馮奉世矯漢帝之詔擊莎車，傳其王首于京城，威振西域，宣帝大悦，議加爵土之封。蕭望之獨以爲矯制違命，雖有功効，不可爲法，恐後之奉使者爭功起兵，爲國生事，述理明白，其言遂行。國朝自天后以來，突厥默啜兵强氣盛，屢寇邊城，爲患頗甚。開元初，邊將郝靈佺親捕斬之，傳首闕下，自以爲功莫與二，坐望寵爵。宋璟爲相，慮武臣邀功，爲國生事，止授以郎將。由是訖開元中，無人復議開邊，中國遂寧，外夷亦静，〔五六〕此皆成敗可徵，鑒戒非遠。且党項小蕃，雜處中國，本懷我德，當示撫綏。間者邊將非廉，〔五七〕亟有侵刻，或利其善馬，或取其子女，賄其方物，徵爲役徒。嗟怨既多，叛亡遂起，或與北狄通使，或與西戎寇邊，有爲使然，固當徵革。傳曰：『遠人不服，則修文德以來之。』管子曰：『國家毋使勇猛爲邊境。』此皆聖哲識微知著之遠畧也。今戎醜方强，邊備未謹，誠宜慎擇良將，戒之完輯，使知誠信，絶其求取，用示懷柔。來則懲禦，去則謹備，自然彼懷我德，革其奸謀，何必遽圖興師，致生勞費。陛下上聖仁慈，育覆羣類，動必師古，謀無不臧。伏望堅保永圖，置兵衽席，則天下幸甚。」上嘉獎之。

至九年五月，復置宥州以護党項也。十五年七月，鹽州送到劫烏白池鹽賊女子拓拔三娘并婢二人，召入内，親詰之，赦死，送歸本處。十一月，命太子中允李寮爲宣撫党項使，以部落繁富，至今遠近商賈齎雜繰諸貨，入其部落貿易牛羊。大和、開成之際，其蕃鎮統領無緒，恣其貪惏，音嵐。〔五八〕不顧危亡，或强市羊馬者，以是部落苦之，遂相率爲盜，靈鹽之路小梗。會昌初，上頻命使安撫之，兼命憲臣爲使，分三印以統之。在邠、寧、鄜、延者，以侍御史、内供奉官崔彦曾主之；在鹽、夏、長澤者，以侍御史、内供奉李鄠主之；在靈、武、麟、勝者，以侍御史、内供奉鄭賀主之，仍各賜緋魚袋以重其事。久而無狀，尋皆罷之。

土俗物産：俗皆土著，有棟宇，織犛牛及羊毛覆之。俗尚武，無法令賦役。其人多壽，年至百五六十歲。不事生産，好爲竊盜，常相陵劫。尤重復讎，讎人未得，必蓬頭垢面，跣足蔬食，要斬讎人而後復常。男女並衣裘褐，被大氈。不知耕稼，土無五穀。氣候多風寒。以犛牛、馬、驢、羊、豕爲食。五月草生，八月霜雪降。求大麥于他郡界，〔五九〕醖以爲酒。妻其庶母及伯叔母、嫂、子弟之婦，淫穢蒸報，諸夷中最爲甚，然不婚同姓。老死者以爲盡天年，親戚不哭；少死者，則云夭枉而悲哭之。死則焚尸，名爲火葬。無文字，但候草木以紀歲時。

白蘭國

白蘭國。亦西羌之别種名，後周時興焉。東北接吐谷渾，西北至叱利模徒，〔六〇〕南界那鄂。風俗、物産與宕昌同。武帝保定元年，朝獻使至。

白狗國

白狗國。亦西羌之别名。與會州連接，勝兵一千。白蘭羌，亦西羌别種。

以上二國，唐武德六年，俱有使朝貢。貞觀五年十一月，其渠帥並來朝貢。永徽二年十一月，特浪生羌卜樓莫各率衆三萬人詣茂州歸附。〔六一〕三年正月，〔六二〕生羌大首領凍就部落内附，以其地置劍州。顯慶中，白蘭爲吐蕃所併，收其兵以爲軍鋒。

開元二十九年，益州長史章仇兼瓊奏其國及索等諸州籠官三百餘人出至奉川，〔六三〕望準女國等例，揀擇許令入奏，餘並就奉川宴賜放回，制曰「可」。十月，白狗國四品籠官蘇唐封及狗冉川五品籠官薩阿封等至，各賜金紫玉帛以遣之。貞元九年七月，其王羅陁忽，〔六四〕又與女國等詣劍南西川節度使韋臯内附，詔授試太常卿，兼保州司馬。至今子孫承襲其爵。

卷一百八十四校勘記

〔一〕其王無常人　「人」，底本脱，據萬本、庫本、傅校及後漢書卷八八西域傳、通典卷一九三邊防九、舊唐書卷一九八西戎傳補。

〔二〕其烏輒鳴　「輒」，底本作「則」，據萬本、庫本、傅校及舊唐書西戎傳、新唐書卷二二一西域傳下、唐會要卷九九改。

〔三〕桓帝延熹初　按後漢書西域傳記其事於延熹九年。

〔四〕遣使貢底也伽　「也」，底本作「乜」，萬本、庫本同，據舊唐書西戎傳、唐會要卷九九改。

〔五〕隅臣　通典邊防九作「隅巨」。

〔六〕身丈五六尺　「尺」，底本脱，庫本同，據萬本、傅校及通典邊防九補。

〔七〕苫國　「苫」，底本作「若」，萬本、庫本皆作「婼」，據通典邊防九、新唐書西域傳下改。

〔八〕婦人皆服珠錦　「珠」，底本作「朱」，據萬本、庫本及通典邊防九、文獻通考卷三三九四裔考一六改。

〔九〕其人黑其俗獷　底本「人」下衍「身」字，「俗」上脱「其」字，並據萬本、傅校及通典邊防九、文獻通考四裔考一六删補。庫本無「身」字，是，而脱「其」字。

〔一〇〕法有數般　「數」，底本作「諸」，據萬本、庫本及通典邊防九、文獻通考四裔考一六改。

〔一一〕以弟子親戚而作判典　「弟子」，底本作「子弟」，萬本、庫本同，據通典邊防九、文獻通考四裔考一六乙正。

〔一二〕不拜國王父母之尊　「國王父母」，底本作「父母國王」，據萬本、庫本及通典邊防九、文獻通考四裔考一六乙正。

〔一三〕唯飲酒謔浪終日　「唯」，底本脱，萬本、庫本同，據傅校及通典邊防九、文獻通考四裔考一六補。

〔一四〕有類中國　「有」，底本脱，庫本同，據萬本及通典邊防九、文獻通考四裔考一六補。

〔一五〕或云本中土人也　底本「云」下衍「國」字，庫本同，據萬本、傅校及通典邊防九、文獻通考四裔考一六刪。又「中土」，通典、文獻通考皆作「中國」。

〔一六〕似玉　「似」，底本作「次」，庫本同，據萬本、傅校及通典邊防九改。下同。

〔一七〕築墻院之　「院」，萬本作「護」，傅校改同。按庫本及通典邊防九同此。

〔一八〕亂髮鬈鬂　「鬂」，通典邊防九、文獻通考四裔考一六皆作「鬢」，當是。

〔一九〕氍毹　「毹」，萬本、庫本皆作「毺」，同通典邊防九。

〔二〇〕珊瑚生其上　「生」，底本作「出」，據萬本、庫本、傅校及通典邊防九、新唐書西域傳下改。

〔二一〕令水工没　底本「没」下衍「水」字，據萬本、庫本、傅校及通典邊防九、太平御覽卷七九二四夷部一三刪。

〔二二〕復没視之　「復」，文獻通考四裔考一六同，萬本、庫本皆作「後」，通典邊防九同。

〔二三〕即大秦也　庫本同，萬本其下有「犂與驪同。靬，巨連反」，通典邊防八同。

〔二四〕按魏書其國一名排持也　按魏書卷一〇二西域傳不載，後漢書西域傳：「烏弋山離國，「時改名排持。」則指後漢時，載於後漢書，非魏書。又三國志卷三〇魏書烏丸鮮卑東夷傳裴松之注引魏略西戎傳作「排特」。

〔二五〕班超遣掾甘英使大秦　「遣」，底本脱，庫本同，據萬本及後漢書西域傳補。

〔二六〕往來者逢善風三月乃得渡　「者」，底本脱，據萬本、庫本、傅校及後漢書西域傳補。

〔二七〕若遇遲風亦有三歲者　「遲風」，同後漢書西域傳，萬本、庫本皆作「惡風雨」，同通典卷一九二邊防八。底本「亦」上衍「間」字，據萬本、庫本、傅校及後漢書西域傳删。又「三」，後漢書西域傳作「二」。

〔二八〕惟西北隅通陸道　「隅」，底本脱，庫本同，據萬本及後漢書西域傳、通典邊防八補。

〔二九〕音俊步葛切　「俊」，萬本、庫本皆作「峻」，漢書西域傳顔師古注：「狻，音酸。」此「俊」爲「酸」字之誤。「葛」，底本作「各」，據萬本、庫本及漢書西域傳顔師古注、通典邊防八改。

〔三〇〕環以流水　「以」，底本脱，萬本、庫本同，據隋書卷八三西域傳補。

〔三一〕物類人俗　底本作「人俗物類」，據萬本、庫本、傅校及漢書卷九六西域傳上、通典卷一九二邊防八乙正。

〔三二〕治渴汗城　「渴」，底本作「喝」，庫本同，據萬本、中大本改。

〔三三〕西域道里記　「道里」，底本作「地理」，據萬本、中大本、庫本及隋書卷三三經籍志二改。

〔三四〕有城屋　「屋」，底本作「室」，庫本同，據萬本及史記卷一二三大宛列傳改。

〔三五〕甚弱　庫本同，萬本作「其兵弱」，同史記大宛列傳、通典邊防八。

〔三六〕可百餘萬　底本作「可萬餘」，萬本、庫本同，中大本作「百萬餘」，據史記大宛列傳補乙。

〔三七〕月氏音肉支　萬本、庫本皆無此五字。

〔三八〕理藍氏城一名薄羅城　按魏書西域傳：「大月氏，都盧監氏城，在弗敵沙西，「北與蠕蠕接，數爲所侵，遂西徙都薄羅城，去弗敵沙二千一百里。」北史卷九七西域傳與本書下文略同，則藍氏城、薄羅城爲二地，非一。

〔三九〕翎音翎　庫本同，萬本無此三字，通典邊防八「音」作「古」，當是。

〔四〇〕可容百人　「百人」，魏書西域傳作「百餘人」，北史西域傳同，此蓋脱「餘」字。

〔四一〕觀者驚駭以爲神明所作自此琉璃遂賤　「駭」，底本脱；「所作」，底本誤繫於「自此」下，並據萬本、傳校及魏書西域傳補乙。庫本有「駭」字，是，而「所作」誤繫於「自此」下。

〔四二〕一姓之中復分爲小部落　底本「分爲」下衍「一」字，萬本、庫本同，據通典卷一九〇邊防六、舊唐書西戎傳、新唐書西域傳上删。

〔四三〕後與其從子思頭並率服　「思」，底本作「孫」，萬本同。按舊唐書西戎傳、新唐書西域傳上、唐會要卷九八並載，「赤辭從子思頭」，此「孫」爲「思」字之誤，據改。庫本作「頭」，缺脱「思」字。

〔四四〕並爲中國之境　「爲」，底本作「無」，萬本、庫本同，據傳校及新唐書西域傳上、唐會要卷九八改。

〔四五〕吐蕃謂之弭藥　「弭藥」，底本作「藥弭」，萬本、庫本同，據中大本及舊唐書西戎傳、新唐書西域傳上、唐會要卷九八乙正。

〔四六〕敦善王　「敦」，底本作「孰」，萬本、庫本皆作「熟」，據舊唐書西戎傳、新唐書西域傳上、唐會要卷九八改。

〔四七〕分其地置朝吴浮歸等一十一州　「一十一」，舊唐書西戎傳、新唐書西域傳上、唐會要卷九八、資治通鑑卷二〇五皆作「十」，此「十」下「一」字衍。

〔四八〕臧希讓　「讓」，底本作「尚」，據萬本、中大本、庫本及舊唐書西戎傳、新唐書西域傳上、唐會要卷九八改。下同。

〔四九〕初禁商賈以口馬器械于党項部領貿易事　按舊唐書西戎傳：「初禁商賈以牛馬、器械於党項部落貿易。」唐會要卷九八：「初禁商估以口馬、器械於党項部落貨易。」此「領」蓋爲「落」字之誤。

〔五〇〕野利龍兒　「兒」，底本作「而」，據萬本及舊唐書西戎傳、新唐書西域傳上、唐會要卷九八改。

〔五一〕野海　底本脱，據萬本、庫本、傅校及舊唐書西戎傳、新唐書西域傳上、唐會要卷九八補。

〔五二〕平夏　「平」，底本作「半」，庫本同，據萬本、中大本及舊唐書西戎傳、新唐書西域傳上改。唐會要作「夏平」，乃「平夏」之倒文。

〔五三〕遂率部落奔過河　底本「奔」下衍「去」字，據舊唐書西戎傳、唐會要卷九八删。資治通鑑卷二三三五貞元十五年作「悉逃奔河西」。

〔五四〕夫蠻夷猾夏　「夫」，底本脱，據萬本、庫本、傅校及舊唐書卷一四七杜佑傳補。

〔五五〕亦在聲教　「亦在」，萬本同，庫本作「亦存」，同舊唐書杜佑傳、唐會要卷九八。

〔五六〕外夷亦靜　底本作「外亦平靜」，據萬本、傅校及舊唐書杜佑傳、唐會要卷九八改。

〔五七〕間者邊將非廉　「間」，底本作「頃」，據庫本及新舊唐書杜佑傳、唐會要改。

〔五八〕音嵐　萬本、庫本皆無此二字。

〔五九〕求大麥于他郡界　按通典卷一九〇邊防六、舊唐書西戎傳、唐會要卷九八皆無「郡」字，疑衍。

〔六〇〕西北至叱利模徒　「叱利」，底本作「村」；「徒」，底本作「徙」，庫本同，並據萬本、傅校改補。按周書卷四九異域傳上作「西北至利模徒」，北史卷九六白蘭傳作「西北利摸徒」，通典邊防六作「西至叱利摸徒」，未知孰是。

〔六一〕特浪生羌卜樓莫各率衆三萬人詣茂州歸附　「卜樓莫」，庫本同，萬本作「卜樓」。按新唐書西域傳上作「卜樓」，册府元龜卷九七七、唐會要卷九八皆作「卜樓莫」，資治通鑑卷一九九作「卜檜莫」。又「三萬人」，册府元龜、唐會要、資治通鑑皆作「萬餘户」。

〔六二〕三年正月　按資治通鑑卷一九九載羌酋凍就内附，以其地置劍州，在永徽五年正月。

〔六三〕及索等諸州寵官三百餘人出至奉川　「索」，唐會要卷九八作「索摩」。「百」，底本作「十」，據萬本、庫本、傅校及唐會要改。

〔六四〕羅陁忽　「羅陁」，底本作「陁羅」，萬本同，據唐會要卷九八乙正。資治通鑑卷二三四貞元九年作「羅陁忽」。

太平寰宇記卷之一百八十五

四夷十四

西戎六

吐蕃　大羊同　悉立　章求拔　泥婆羅　軒渠　三童

澤散　驢分　堅昆　呼得　丁令　短人　波斯

吐蕃

吐蕃。在吐谷渾西南，不知有國之所由。或云禿髮利鹿孤子樊尼，其王傉檀爲乞伏熾磐所滅，樊尼率餘種依沮渠蒙遜，其後子孫西魏時爲臨松郡丞今張掖郡張掖縣界。與主簿，皆得衆心，因魏末中華擾亂，招撫羣羌，日以强大，遂改姓爲窣蘇骨切。勃野，至今其人號其主曰贊府，貴臣曰主簿。又或曰始祖贊普自言天神所生，號鶻堤悉補野，因以爲姓。窣勃野與悉補野言雖訛，其實一也。或云本姓棄蘇農。

其君長或在跋布川，或居邏娑川，〔一〕有小城而不居，坐大氈帳，名拂廬，其下可容數百人。兵衛極嚴，而牙府甚狹。俗養牛羊，取乳酪供食，兼取毛爲褐而衣焉。不食驢馬肉，以麥爲麵。〔二〕人死，殺牛馬以殉，取牛馬頭積累于墓上。〔三〕其墓正方，壘石爲之，狀若平頭屋。其臣與君自爲友，號曰共命人，其數不過五人。君死之日，共命人皆日夜縱酒，葬日，於脚下針，血盡乃死，便以殉葬。又有親信人，用刀當腦縫鋸，亦有將四尺木，大如指，刺兩肋下，〔四〕死者十有四五，亦殉葬焉。其設官，父死子代，絶嗣則近親襲焉。非其種類，輒不相伏。其官章飾有五等：一謂瑟瑟，二謂金，三謂金飾銀上，四謂銀，五謂熟銅。各以方圓三寸，褐上裝之，安膊前，以辨貴賤。法令嚴肅。兵器有弓、刀、楯、矟、甲、冑。每戰，前隊皆死，後隊方進。人馬俱披鏁子甲，〔五〕其製甚精，周體皆遍，惟開兩眼，非勁弓利刃之所能傷也。〔六〕其戰必下馬列行而陣，〔七〕死則遞收之，終不肯退。槍細而長於中國者，弓矢弱而甲堅，人皆用劍，不戰亦負劍而行。其驛以鐵箭爲契，其箭長七寸，若急驛，膊前加著一銀鶻。有草名速古芒，葉長二寸，〔八〕狀若斜蒿。有鼠，尾長于常鼠。國禁殺鼠，殺鼠者加其罪。有可跋海，去赤嶺百里，方圓七十里，東南流入蠻，與西洱河合流而東，號漾鼻水，又東南出，會川爲瀘水焉。自赤嶺至邏娑川，絶無大樹木，惟有楊柳，人以爲資。置大論，以統理國事。無文字，刻木結繩爲約。徵兵用金箭。寇至舉燧。與其臣下一年小盟，〔九〕用羊、狗、猴。三年一大盟。用人、牛、馬、驢。〔一〇〕以麥熟爲歲首。其國都號爲邏娑城。〔一一〕用法嚴整，議事則自下而起，因人所利而行之，此其所以强且久也。重壯賤老，母拜於子。重兵死，惡病終，以累代戰没者爲甲門。臨陣奔北者，懸狐尾于其首，表其似狐之怯。

其贊普弄贊，雄霸西域。隋開皇中，其主論贊索弄贊都牂柯西匹播城已五十年矣。國界西南與婆羅門接。自大唐初，已有勝兵數十萬，〔一二〕號爲强國。党項、白蘭諸部及吐谷渾、西域諸國咸畏懼之。

至其主弃蘇農贊，唐貞觀十五年正月，以宗室女封文成公主，降于吐蕃贊普，命禮部尚書、江夏郡王道宗送之，贊普親迎于河源，見王人，執子婿禮甚謹，嘆大國服飾威儀之美，俯仰有愧色，〔一三〕謂所親曰：「我祖宗未有通婚大國者，今我得尚大唐公主，當築一城，以誇後代。」仍遣酋豪子弟，請入國學，以習詩、書。高宗初，封賓在公切。〔一四〕王。

蘇農死，其子早卒，以孫代立，號乞梨拔布，幼小，大相禄東贊攝知國事，總章中，以兵臨吐谷渾。吐谷渾告急，咸亨中，高宗令將軍薛仁貴、郭待封等率衆十餘萬伐之，至大非川，爲吐蕃大論欽陵所敗，因遂滅吐谷渾。欽陵姓薛氏，〔一五〕其父禄東贊曉兵術，吐蕃贊普以國事委之，講兵訓師，雅有節制。吐蕃之兼并諸羌，雄霸西土，東贊有力焉。有子五人。

及東贊死，欽陵兄弟復專其國。上元中，寇鄯、廓等州。儀鳳三年，遣工部尚書劉審禮爲洮河軍總管，〔一六〕率兵十八萬以討之，戰于青海，軍敗，殁于陣。調露二年，中書令李敬玄戰于大非川，又敗績。續遣黑齒常之襲擊，〔一七〕破之。武后如意初，武威軍總管王孝傑大破吐蕃，復龜兹、于闐、疏勒、碎葉四鎮。

至萬歲通天初，又寇涼州，執都督許欽明。欽陵兄弟皆有才畧，欽陵多居中，諸弟分鎮四方，〔一八〕諸蕃憚之。二年，吐蕃大論欽陵遣使請和。武后遣前梓州通泉縣尉郭元振往，至野狐河，與陵遇，陵言曰：「大國久不許陵和，陵久不遣蕃使，以久無報命，故去秋有甘、涼之抄，斯實陵罪，今欲修好，能無懼乎！」振乃謂曰：「論先考東贊，以宏才大畧，服事先朝，結好通親，荷榮承寵，本期傳之永代，垂之無窮。論不慕守舊恩，〔一九〕中致猜阻，無故自絶，日尋干戈，屢犯我河湟，頻擾我邊鄙。且父通之，子絶之，豈爲孝乎！父事之，子叛之，豈爲忠乎！然論之英聲，籍甚遐外，各自爲主，奚爲懼乎。」陵曰：「如所來言，陵無憂矣。今天恩既許和好，其兩國戍守，咸請罷置，以便萬姓。各守本境，靡有交爭，豈不休哉！然西十姓突厥，四鎮諸國，或時附蕃，或時歸漢，斯皆多翻覆。乞聖恩含弘，拔去鎮守，分離屬國，各建侯王，使其國自君，人自守，既不疑漢，〔二〇〕又不屬蕃，豈不人免憂虞，荒陬幸甚。」振曰：「十姓、四鎮，本將鎮靜戎落，以撫寧西土，通諸大邦，非有他求。論今奚疑而有憂乎？」論曰：「使人此詞，誠爲實論。然緣邊守將，多好功名，見利而動，罕守誠信，此蕃國之所爲深憂也。〔二一〕」振曰：「十姓諸部，與論種類不同，山川亦異。〔二二〕曠覽古昔，各自區分，復爲我編人，積有年歲。今論欲一言而分離數部，得非昧弱苟利乎？」陵曰：「使人豈不疑陵貪冒無厭，謬陳利害，窺竊諸部，以爲漢邊患耶？陵雖識不逮遠，請爲使人明之。陵若愛漢土地，貪漢財幣，則青海、湟川，實邇漢邊，其去中州，蓋三四千里，必有窺羡，何不爭利于此中。而突厥諸部，〔二三〕懸在萬里之外，磧漠廣莽，殊異中土，安有爭地于萬里外，而能爲漢邊患哉！捨近務遠，計豈然也？但中州人士，深謀多計，天下諸國，皆爲漢并，雖大海之外，窮塞之表，靡不磨滅矣。今吐蕃塊然獨在者，非漢不貪其土地，不愛其臣僕，陵兄弟小心謹密，得保守之耳。〔二四〕而十姓中，五咄六諸部落僻近安西，是與吐蕃頗相遼遠。俟斤諸部落密近蕃境，其所限者，唯界一磧，騎士騰突，旬月即可以蹂踐蕃庭，爲吐蕃之巨蠹者，唯斯一隅。且烏海、黄河，關源阻深，風土疫癘，縱其有謀夫猛將，亦不能爲蕃患矣，故陵無敢謬求。西邊沙路，坦達夷漫，縱羸兵庸將，亦易以爲蕃患，故陵有此請。實非欲侵漁諸部，以生心于漢邊。若陵有謀漢之懷，有伺隙之意，〔二五〕則甘、涼右地，暨于磧石，此道綿亘二千里，〔二六〕其廣者不過二三百里，狹者纔百里，陵若遣兵，或出張掖，或出玉門，使大國春不遑種，秋無所獲，五六歲中，或可斷漢右界矣，又何爲棄所易而窺所難乎？此足明陵心矣。往者高宗以劉審禮有青海之役，乃使黄仁素、賈守義來和。陵之上下將士，咸無猜意，故邊守不戒嚴。和事未畢，則爲好功名人崔知辨從五俟斤路，乘我間隙，瘡痍我衆，驅掠牛羊，蓋以萬計，自此陵之國人危慄和事矣。今之所求，但懼好功名者之吞噬，冀此爲屏翰以虞之，實非有他懷焉。」振曰：「兹事漫汗體大，非末吏所能明。論當發使奏章以聞，取裁于聖主。」陵乃命郎宗乞恩若爲使，〔二七〕振曰：「今遣使後，國不可更犯漢邊。且蕃使前後入朝不時遣者，良以使去之後，兵仍犯漢，故朝廷躊躇，曰是給我也。以爲偵諜，給，徒改切。偵，楮敬切。諜，音叠。〔二八〕不以爲使人，遂遷延無報。今若踵前犯塞，是故陷使人，孰謂和也。」陵俛首踧踖久之，曰：「陵與國人咸憾崔知辨之前事，故嘗有此舉，以虞好功者之來侵。比實以選練騎士三萬，〔二九〕分路出師。使人既有此言，今既于和事非便，安可相違。」即罷兵散卒，指天爲信，斯具之表矣。

振與恩若至，時朝廷以四鎮、十姓事，欲罷則有所顧，欲拒則有所難，沈吟久之，莫能決。振以爲役夏奉夷，竭内事外，非計之得，乃獻疏云：「臣聞利或生害，害亦生利。國家奄有天下，園囿八荒，而萬幾百揆之中，至難消息者，惟吐蕃與默啜耳。今吐蕃請和，默啜受命，是將大利于中國也。若圖之不審，即害亦隨之，如防害有方，則利亦隨之。今欽陵所論，欲裂十姓地界，抽去四鎮兵防，此是欽陵切論者。若以爲可允，則當分明決斷之，〔三〇〕若以爲不可，則當設策以羈縻之，終不可直拒絶以阻其意，使速興邊患也。臣竊計此事關隴動靜之機，豈可輕其舉措哉。使彼既和未絶，則其惡亦不得頓生。請借人事爲比，設如人家遭盜賊，一則攻其内室，一則寇其外落，主人必不先于外寇而憂在内室，何則？以内患近而外患遠也。今國之外患者，十姓、四鎮是；内患者，甘、涼、瓜、肅是。復關隴之人，久事屯戍，向三十年，臣料其力用久竭矣。脱一朝甘、涼有不虞，此中豈堪廣調發也，臣已病之，不知朝廷以爲何如。夫善爲國者，當先料内以敵外，不貪外以害内。今議事者舍近患而靡卹，務遠患而是貪芻，臣愚駑，罔識厥策。必以四鎮殷重，事不可依，何不言事以答之。如欽陵云『四鎮諸部蕃界接，懼漢侵竊，故有是請』，此則吐蕃所要者。然青海、吐渾密近蘭、今金城郡。鄯，〔三一〕西平郡。比爲漢患，〔三二〕實在兹輩，斯亦國家之所要者。今宜報欽陵云『國家非悋四鎮，本置此以扼蕃國之尾，分蕃國之力，使不得并兵東侵。今若頓委之於蕃，〔三三〕恐蕃强盛，易爲東擾；必實無東侵意，則宜還漢吐谷渾諸部及青海故地，即俟斤部落當以與蕃』。如是足塞陵口而和事未絶也。如後小乖，則曲在彼。兼西邊諸國，款附歲久，論其情義，豈與吐蕃同日而言。今未知其利害，未審其情實，遥有分裂，亦恐傷諸國之意，非制馭之長算。待籌損益，知其利便，續以有報，如此則和亦未爲絶，更使彼蕃懸情上國，是亦誘撫之方。伏願省擇，〔三四〕使無遺算，以惠百姓也。」

其後贊普年長，忌欽陵，乃與首領論巖等密圖之，言將獵，召兵執欽陵等親黨二千餘人，殺之，自帥衆討之。欽陵自殺，其親信左右同日自殺者百餘人，其弟贊婆，先在東境，率千餘人來降，授右衛大將軍。

乞梨拔布神龍初死，其子立，乞梨弩悉龍時年七歲，祖母禄没氏攝位。至神龍三年四月，詔以所養嗣雍王守禮女金城公主出降吐蕃贊普。景龍四年正月，幸始平縣送金城公主，改始平縣爲金城縣，又改其地爲鳳臺鄉、〔三五〕愴别里。至開元二年，吐蕃遣使請盟，至七月，又侵蘭、渭，玄宗下制親征，會薛納破賊于武階驛。二十一年，金城公主請樹碑于赤嶺，定漢、蕃界，詔張守珪與其使莽布支同訖其事。二十九年，金城公主薨，遣使告哀乞和，不許。至德二年，復遣使請和，且助國家討逆，詔遣南巨川報之。大曆十三年，寇我靈州，奪御史渠，以弊屯田。

建中元年，入蕃使、太常卿韋倫至。自大曆已來，吐蕃陷我河隴諸州，聘使前後數輩，皆留之。及德宗登位，以德懷遠，其俘囚五百人各給衣一襲，使倫押還其國，與之約和，仍敕邊將無令侵伐。吐蕃始聞歸其人，不之信，及蕃俘囚入境，部落畏威懷惠。尋又命復使蕃中。〔三六〕至十二月，倫至自蕃中，與其宰相論欽思明等來朝。吐蕃見倫再至，甚敬，請就館，獻聲樂以娱之，留九日而遣。倫一歲再往絶域，戎夷奉教，無此之速也。三年，殿中少監崔漢衡與蕃使至，乃約靈州以賀蘭，涇州以彈箏峽西口，隴州以清水爲漢界。至四年，詔隴右節度使張鎰與吐蕃盟於清水。夏四月，没蕃將士、僧尼等至自沙州凡八百人，報元年之德也。

貞元元年，鳳翔節度使李晟遣兵襲吐蕃之後摧沙堡，〔三七〕大破之，斬首領扈屈律悉蒙等七人，傳首京師，結贊大懼，累遣使請和，尋方許之。至二年，吐蕃遊騎至於好畤，其月又寇鳳翔，〔三八〕一夕而退。十一月，陷我鹽、夏二州。三年，吐蕃背盟平涼城。八年，山南西道節度使嚴震奏破吐蕃於芳州及黑水堡。〔三九〕十年，〔四〇〕四川節度韋皐奏西山峨和城破蕃賊三萬。十三年，贊普遣使求和，帝以其豺狼之性，數負約，不受表，任還。十七年，陷麟州，大掠居人，次鹽州西九十里横曹烽頓軍，〔四一〕有蕃卒傳呼麟州僧延素等七人，稱徐舍人召，其火隊没勒支遽引延素等疾趨至帳前，〔四二〕皆馬革梏手，毛繩縲頸。〔四三〕見一吐蕃年少，〔四四〕身長六尺餘，赤髭大目，乃徐舍人也。命解縛，坐帳中，曰：「師勿懼。余本漢人，〔四五〕司空英公五代孫也。當武后斲喪王室，予高祖建義中泯，子孫流播絶域，今三代矣。〔四六〕雖代居戎職，位掌兵要，思本之心未嘗少忘，無由自拔耳。〔四七〕此蕃、漢交境也，復九十里至安樂州，師無由歸東矣。」又曰：「予奉命率師備邊，因求資食，遂涉漢疆，〔四八〕輾轉東進至麟州城下，既無備禦，援兵又絶，是以拔之。」適有飛馬使至，〔四九〕猶中國驛騎也，云：「術者上變，召軍急還。」遂解縛歸之。

元和二年春，遣使來，還没蕃人鄭叔矩、路泌之柩及叔矩男武延等一十三人。〔五〇〕十三年，圍宥州。十四年，寇鹽、慶二州。

長慶元年，帝命宰臣崔植等與吐蕃使盟于都城西三會寺。二年入蕃使盟于悶恒盧川，〔五一〕是川蓋贊普之夏衙也，中有臧河流焉。四年，吐蕃遣使乞五臺山圖。

自寶曆元年至會昌，朝貢不絶。大中三年春，秦、原、安樂等三州并石門、木峽等七關款塞，涇原節度使康季榮以狀聞，自是三州復爲内地。

四至：其國當長安西八千里。去鄯善五百里，過烏海，入吐谷渾部落彌多彌、蘇毗及白蘭等國，至吐蕃界。西與婆羅門接。

土俗物産：其國風雨雷雹，每隔日有之。盛夏節氣如中國暮春之月。山有積雪，地有瘴氣，令人氣急，不甚爲害。其俗重漢繒而貴瑟瑟，男女用爲首飾。男女皆辮髮，氈爲裘，頳塗面。無器物，以手捧酒而飲之。屈木令圓，以皮作底，就中而食。俗多金及小馬。

大昌步山。

可跋海，去赤嶺百里，方圓七十里，東南流入蠻界，與西洱河合流而東，號爲漾濞水，又東南出，會川爲瀘水焉。〔五二〕自赤嶺至邏娑川，絶無樹木，惟有楊柳，人以爲資信也。

大羊同國

大羊同國。東接吐蕃，西接小羊同，北直于闐，〔五三〕東西千餘里，勝兵八九萬。其人辮髮氈裘，畜牧爲產業。地多風雪，冰厚丈餘。物產頗同吐蕃。俗無文字，但刻木結繩而已。刑法嚴峻。其酋豪死，抉于穴切。去其腦，實以珠玉，剖其五臟，易以黃金，假造金鼻銀齒，以人爲殉，卜以吉辰，藏諸巖穴，他人莫知其所，多殺牸牛草馬，〔五四〕以充祭祀，葬畢服除。其王姓姜葛，有四大臣分掌國事。

自古未通中國，唐貞觀十五年，遣使來貢。貞觀末，爲吐蕃所滅，分其部衆散置隙地。

悉立國

悉立國。在吐蕃西南。户五萬，有城邑村落，依溪澗。丈夫以繒綵纏頭，衣氈毼，婦人辮髮，著短裙。以蒸報爲俗。婚姻簡畧，不行財貺。畜多水牛、羖羊、雞、豕。穀宜秔稻、麥、豆，饒甘蔗諸果。死于中野，不爲封樹。喪制以黑爲衣，〔五五〕一年就吉。刑有刖劓。羈事吐蕃。自古未通中國，唐貞觀二十年，遣使貢方物。

章求拔國

章求拔國。或云章揭拔，本西羌種也。在悉立西南，居四山之内，近代移出山，西接通東天竺，遂改衣服，變西羌之俗，因而附焉。其地延袤八九百里，〔五六〕勝兵二千餘人，居無城郭，好爲寇掠，商旅患之。貞觀二十年，聞悉立入朝，亦遣使朝貢。

泥婆羅國

泥婆羅國。在吐蕃西。其俗翦髮與眉齊，穿耳，揎音宣。〔五七〕竹筩，緩至肩者以爲姣麗。食用手。其器皆銅。多商賈，少田作。以銅爲錢，面文爲人，背文爲馬。其牛鼻不穿孔。衣服以一幅布蔽身，數日一盥浴。〔五八〕以板爲屋，壁皆雕畫。俗重博戲。頗解推測盈虚，兼通曆術。事五天神，鐫石爲像，每日清水浴神，烹羊而祭。其王那陵提婆，身著真珠諸寶，耳垂金鉤玉璫，佩寶裝伏突，坐獅子座，常散花燃香。大臣及左右並坐于地。有阿耆婆彌池，〔五九〕周迴二十餘步，以物投之，即生烟焰，懸釜而炊，須臾而熟。唐永徽二年，王尸利那連陀羅遣使朝貢。

軒渠國

軒渠國。其國多九色鳥，青口，緑頸，〔六〇〕紫翼，紅膺，紺頂，丹足，碧身，緗背，玄尾，亦名九尾鳥，亦名錦鳳。其青多紅少謂之繡鸞，恒從弱水西來，或云是西王母之禽也。國多幣貨，同三童國。

三童國

三童國。在軒渠國西南千里。人眼皆有三睛珠，或有四舌者，皆爲一種聲，亦能俱語。常貿多用焦越犀象。〔六一〕作金幣，率效國王之面，亦效王后之面。若丈夫交易，則用國王面，王死則更鑄。〔六二〕

澤散國

澤散國。魏時聞焉。屬大秦。其理在海中央，北至驢分，水行半歲，風疾一月到。最與安息國安谷城相近。〔六三〕西南詣大秦都，不知里數。

焉。

驢分國

驢分國。魏時聞焉。屬大秦，渡海飛橋長二百三十里，渡海道西南行，繞海直西行至

堅昆國

堅昆國。魏時聞焉。在康居西北，勝兵三萬人。隨水草畜牧。多貂，有好馬。

呼得國

呼得國。魏時聞焉。在葱嶺北，烏孫西北，康居東北，勝兵萬餘人。隨畜牧，出好馬，亦有名貂。

丁令國

丁令國。魏時聞焉。在康居北，勝兵六萬人。隨畜牧，出名鼠皮，白昆子、青昆子皮。此上三國，堅昆中央，俱去匈奴單于庭安習水七千里，南去車師六國五千里，〔六四〕西南

去康居界三千里，西去康居王理八千里。或以爲此丁令即匈奴北丁令也，而北丁令在烏孫西，似其種别也。又匈奴北有渾窳國，有屈射國，有丁令國，〔六五〕有隔昆國，有新梨國，明北海之南自復有丁令國，非此烏孫之西丁令也。烏孫長老言北丁令有馬脛國，其人音聲似雁鶩，從膝以上身頭，人也，膝已下生毛，馬脛馬蹄，而走疾于馬，勇健敢戰。

短人國

短人國。魏時聞焉。在康居西北，男女皆長三尺，人衆甚多，去奄蔡諸國甚遠。康居長老傳聞，嘗有商旅行北方，迷惑失道而到斯國，中甚多真珠、夜光明月珠，見者不知名此國號，以意商度，此國去康居可萬餘里。〔六六〕突厥本末記云：「突厥北馬行一月，〔六七〕有短人國，長者不踰三尺，亦有二尺者。頭少毛髮，若羊胞之狀，突厥呼爲羊胞頭國。其傍無他種類相侵，俗無寇盜。但有大鳥，高七八尺，恒伺短人啄而食之。〔六八〕短人皆持弓矢，以爲之備。」按此亦在西北，即魏略曰短人國者是也。〔六九〕

波斯國

波斯國。後魏通焉。在達曷水之西，都宿利城。後周史云蘇利城，隋史云蘇藺城，記録音訛，其實一也。有河經其城中南流，即條支之故地也。大月氏之别種。其先有波斯匿王，〔七〇〕其子孫以王父字爲氏，因爲國號焉。王姓波斯。〔七一〕户十餘萬。國有樓觀、屋宇、佛寺。城西十五里有土山，周迴高大，其勢連接甚遠，中有鷲鳥啖羊，土人極以爲患。〔七二〕王坐金羊床，〔七三〕冠金花冠，衣錦袍、織成帔，飾以真珠寶物。其俗：丈夫翦髮，戴白皮帽，貫頭衫，兩厢近下開之，亦有巾帔，〔七四〕緣以織成；婦人服大衫，披大帔，其髮前爲髻，後披之，飾以金銀花，仍貫五色珠，絡之于膊。其王即位以後，擇諸子内賢者，密書其名，封之于庫，諸子及大臣皆莫之知也。王死，衆乃共發書視之，其封内有名者，即爲王，〔七五〕以其餘子各出就邊任，兄弟更不相見也。國人謂王曰醫囋，才割切。妃曰防步率，王之諸子曰殺野。其刑法最酷，重罪懸高竿，〔七六〕射而殺之；次則繫獄，值新王立乃釋之。

孝明帝時及西魏末，貢方物。突厥不能服其國，亦羈縻領之。隋大業中，亦遣使來朝。

唐貞觀二十一年，其國獻活褥蛇，〔七七〕形類鼠而色青，身長八九寸，能入穴取鼠，不畏人。龍朔元年，其國王卑路斯奏云頻被大食侵擾，請兵救援。其時詔遣隴州南由縣令王名遠充使西域，分置州縣，因列其地疾陵城爲波斯都督府，授卑路斯爲都督。自後屢遣使朝貢。咸亨中，卑路斯自來朝貢，高宗厚加恩異，授右武衛將軍。至儀鳳三年，令吏部侍郎裴行儉將兵册送卑路斯還波斯國，行儉以其路遠，至安西碎葉而還，卑路斯獨返，不得入其國，漸爲大食所侵，客于吐火羅二十餘年，有部落數千人，後漸離散。至景龍二年，來朝，拜爲左威武將軍，〔七八〕無何病卒，其國遂滅，而部曲存。

自開元七年至天寶六載，凡十遣使來朝貢。夏四月，遣使貢瑪瑙床。又至九載四月，貢火毛繡舞筵、長毛繡舞筵、無孔真珠。至大曆六年九月，再遣使來朝貢方物及大顆真珠等物。

四至：東去長安一萬五千三百里。西去海數百里，東南去穆國四千餘里，西北去拂菻四千五百里。後魏書西域傳云：「波斯在忸密西。」

土俗物産：賦税，準地輸銀錢。俗事天地、日月、水火諸神，〔七九〕西域諸胡事火祆者，皆詣波斯受法。婚合不擇尊卑，于諸夷中最爲醜穢。死者多棄于山，一月理服。〔八〇〕城外有人別居，惟知喪葬之事，號爲不淨人，若入城市，摇鈴自別。以六月爲歲首。氣候暑熱，家自藏冰。其地多砂磧，引水溉灌。其五穀及禽獸與中夏畧同，惟無稻及黍。土出名馬、駿駝，日行七百里，富室至有數千頭者。〔八一〕又多駿犬，今所謂波斯犬也。出麟及大驢、〔八二〕白象、獅子。有大鳥，形如橐駝，有兩翼，飛而不能高，食草與肉，噉火。又有大鳥卵，真珠、瑪瑙、玻璃、珊瑚、琉璃、水晶、瑟瑟、金銀、鍮石、金剛、火齊、銅、錫、鑌鐵、硃砂、水銀，綾、錦，疊，細布，氍毹，毾㲪，護那，〔八三〕越諾布，金縷織成，赤麞皮，薰陸、鬱金、蘇合、青木等香，胡椒、蓽撥、石蜜、千年棗、香附子、訶黎勒、無食子、鹽緑、雌黄，又有優鉢曇花，鮮華可愛。地有鹹池，人代鹽味。

褐婆竭城。〔八四〕

褐渾城。〔八五〕

勿遠山。

達曷河。〔八六〕

竭離別關。在國東北四千六百里。

卷一百八十五校勘記

〔一〕邏娑川　「邏」，底本作「羅」，據萬本、庫本、傅校及舊唐書卷一九六吐蕃傳下、新唐書卷二一六吐蕃傳上改。「娑」，底本作「婆」，萬本、庫本同，據中大本及舊唐書吐蕃傳下、新唐書吐蕃傳改。下同。

〔二〕不食驢馬肉以麥爲麵　「肉」，底本脱，據萬本、庫本、傅校及通典卷一九〇邊防六補。「麵」，萬本作「麨」，同通典。

〔三〕取牛馬頭積累于墓上　「頭」，底本脱，萬本、庫本同，據册府元龜卷九六一、唐會要卷九七補。

〔四〕亦有將四尺木大如指刺兩肋下　「有」，底本脱；「肋」，底本作「脚」，庫本同，並據萬本及通典邊防六、册府元龜卷九六一、唐會要卷九七補改。

〔五〕人馬俱披鏁子甲　「俱」，底本作「皆」，據萬本、庫本、傅校及通典邊防六改。

〔六〕非勁弓利刃之所能傷也　「利刃」，底本作「硬弩」，據萬本、庫本、傅校及通典邊防六、新唐書吐蕃傳上改。

〔七〕其戰必下馬列行而陣　「必」，底本作「不」，庫本同，據萬本及通典邊防六、唐會要卷九七改。

〔八〕葉長二寸　「葉」，底本作「乘」，據萬本、庫本及通典邊防六、册府元龜卷九六一改。

〔九〕與其臣下一年小盟　「其」，底本脱，據萬本、庫本、傅校及通典邊防六、舊唐書吐蕃傳上補。

〔一〇〕用人牛馬驢　「人」，底本脱，據萬本、庫本、傅校及通典邊防六、太平御覽卷七九八四夷部一九補。舊唐書吐蕃傳上、唐會要卷九七皆作「犬」。

〔一一〕邏娑城　「邏」，底本作「羅」，據萬本、庫本、傅校改。「娑」，底本作「婆」，萬本同，據中大本、庫本改；按舊唐書吐蕃傳、册府元龜卷九六一、唐會要卷九七、太平御覽四夷部一九皆作「些」。

〔一二〕已有勝兵數十萬　「十」，底本作「千」，庫本同，據萬本、中大本及通典邊防六改。

〔一三〕俯仰有愧色　「愧色」，傅校作「愧沮之色」，同通典邊防六、舊唐書吐蕃傳上、册府元龜卷九七八、太平御覽四夷部一九。

〔一四〕在公切　萬本、庫本皆無此三字。

〔一五〕欽陵姓薛氏　「薛氏」，通典邊防六同，舊唐書吐蕃傳上作「薮氏」，唐會要卷九七作「籛氏」。

〔一六〕劉審禮　「禮」，底本作「理」，萬本、庫本同，據中大本及通典邊防六、舊唐書卷七七劉審禮傳改。

〔一七〕續遣黑齒常之襲擊　「續」，底本脱，庫本同，據萬本及通典邊防六補。

〔一八〕諸弟分鎮四方　「分鎮四方」，萬本、庫本皆作「分鎮方面」。通典邊防六作「分領方面」，舊唐書吐蕃傳上作「分據方面」，新唐書吐蕃傳上作「皆領方面兵」，唐會要卷九七作「分鎮方面」，萬本、庫本是。

〔一九〕論不慕守舊恩　「慕」，底本作「纂」，據萬本、庫本及通典邊防六改。

〔二〇〕既不疑漢　「疑」，通典邊防六、文獻通考卷三三四四裔考一一皆作「款」。

〔二一〕此蕃國之所爲深憂也　「之」，底本脱，據萬本、庫本、傅校及通典邊防六補。

〔二二〕山川亦異　「亦」，底本作「各」，據萬本、庫本、傅校及通典邊防六改。

〔二三〕突厥諸部　「部」，底本作「鎮」，據萬本、庫本、傅校及通典邊防六改。

〔二四〕得保守之耳　「得」，底本脱，據萬本、庫本、傅校及通典邊防六補。

〔二五〕有伺隙之意　「伺」，底本作「俟」，據萬本、庫本及通典邊防六改。

〔二六〕此道綿亘二千里　「此」，底本作「北」，萬本、庫本同，據通典邊防六改。「亘」，萬本同，庫本作「細」，同通典。

〔二七〕郎宗乞恩若 「宗」，底本作「中」，據萬本、庫本、傅校及通典邊防六改。

〔二八〕給徒改切偵楮敬切諜音叠 庫本同，萬本無此十一字。

〔二九〕比實以選練騎士三萬 「比」，底本作「此」，萬本、庫本同，據傅校及通典邊防六改。

〔三〇〕則當分明決斷之 「分」，底本脱，據萬本、庫本及通典邊防六補。

〔三一〕懼漢侵竊故有是請此則吐蕃所要者然青海吐渾密近蘭鄯 底本作「俱漢密近蘭鄯」，萬本、庫本同，據舊唐書卷九七郭元振傳、册府元龜卷六五五改補。

〔三二〕比爲漢患 「比」，底本作「此」，萬本、庫本同，據舊唐書郭元振傳改。通典邊防六作「北」，疑誤。

〔三三〕今若頓委之於蕃 「之」，底本作「此」，據萬本、庫本及通典邊防六改。舊唐書郭元振傳：「今委之於蕃，力强易爲東擾。」是也。

〔三四〕伏願省擇 「伏」，底本作「復」，據萬本、庫本、傅校及通典邊防六改。

〔三五〕鳳臺鄉 「臺」，通典邊防六同，舊唐書吐蕃傳上、新唐書吐蕃傳上、册府元龜卷九七九皆作「池」。

〔三六〕尋又命復使蕃中 傅校於「命」下補「倫」字。按舊唐書吐蕃傳下載：德宗建中元年四月，韋倫押還吐蕃俘囚，與之約和；五月又遣韋倫復使吐蕃。則傅校是。

〔三七〕貞元元年鳳翔節度使李晟遣兵襲吐蕃之後摧沙堡 唐會要卷九七記「李晟遣兵襲吐蕃摧（摧字

之誤)沙堡」於貞元元年十月，舊唐書吐蕃傳下、新唐書吐蕃傳下、舊唐書卷一二德宗紀上、資治通鑑卷二三二皆記於貞元二年十月，此「元年」爲「二年」之誤。又上引諸書皆云李晟遣兵襲破吐蕃之摧沙堡，此「後」蓋衍字。

〔三八〕至二年吐蕃遊騎至於好時其月又寇鳳翔　據舊唐書吐蕃傳下載，貞元二年九月，吐蕃遊騎及於好時，是月，吐蕃又寇鳳翔城，本文既云「其月又寇鳳翔」，則此「貞元二年」下當脱「九月」二字。

〔三九〕山南西道節度使嚴震　底本脱「西道」二字，萬本、庫本同，據舊唐書卷一一七嚴震傳、新唐書卷一五八嚴震傳、資治通鑑卷二三四補。

〔四〇〕十年　唐會要卷九七同，舊唐書卷一四〇韋臯傳、舊唐書吐蕃傳下、新唐書卷一五八韋臯傳、資治通鑑卷二三四皆載於貞元九年，此「十年」爲「九年」之誤。

〔四一〕横曹烽　「烽」，底本作「峰」，萬本作「蜂」，據庫本及舊唐書吐蕃傳下、新唐書吐蕃傳下、唐會要卷九七改。

〔四二〕其火隊没勒支遽引延素等疾趨至帳前　「没勒支」，舊唐書吐蕃傳下、唐會要卷九七皆作「没勒」，此「支」疑衍字。

〔四三〕毛繩縲頸　「縲」，底本作「鎖」，據庫本、傅校及舊唐書吐蕃傳下、唐會要卷九七改。

〔四四〕見一吐蕃年少　「吐蕃」，底本脱，據萬本、庫本、傅校及舊唐書吐蕃傳下、唐會要卷九七補。

〔四五〕余本漢人　「人」，底本脱，萬本、庫本同，據舊唐書吐蕃傳下、唐會要卷九七補。

〔四六〕今三代矣　「三」，底本作「五」，萬本、庫本同，據舊唐書吐蕃傳下、新唐書吐蕃傳下、唐會要卷九七改。

〔四七〕思本之心未嘗少忘無由自拔耳　萬本作「思本之心無涯，過血族無由自拔耳」，「過」，舊唐書吐蕃傳下作「顧」，傅校及唐會要卷九七皆作「故」。

〔四八〕遂涉漢疆　「涉」，底本作「入」，據萬本、庫本、傅校及舊唐書吐蕃傳下、唐會要卷九七改。

〔四九〕飛馬使　「馬」，舊唐書吐蕃傳下、唐會要卷九七皆作「鳥」，當是。

〔五〇〕元和二年春至一十三人　按舊唐書吐蕃傳下：「元和五年，『遣使論思耶熱來朝，并歸鄭叔矩、路泌之柩及叔矩男文延等一十三人。』」唐會要卷九七同，資治通鑑卷二三八亦記於元和五年，此「二年」爲「五年」之誤，「武延」爲「文延」之誤。

〔五一〕悶恒盧川　「恒」，舊唐書吐蕃傳下、唐會要卷九七皆作「懼」，新唐書吐蕃傳下作「怚」，此「恒」爲「懼」或「怚」字之誤。

〔五二〕與西洱河合流而東至會川爲瀘水焉　「與」，底本脱；「川」，底本作「州」，萬本、庫本同，並據本書卷上文及通典邊防六改。

〔五三〕北直于闐　「直」，底本作「至」，據萬本、庫本及通典邊防六、唐會要卷九九改。

〔五四〕多殺牸牛草馬　「牸」，底本作「勃」，萬本、庫本同，據傳校及通典邊防六、唐會要卷九九改。又「草馬」，通典、唐會要皆作「羊馬」。

〔五五〕喪制以黑爲衣　底本「爲衣」倒文「衣爲」，庫本同，其下底本衍「服」字，並據萬本、傳校及通典邊防六、唐會要卷一〇〇乙删。

〔五六〕其地延袤八九百里　「九」，底本脱，萬本、庫本同，據通典邊防六、太平御覽四夷部一九補。

〔五七〕音宣　萬本、庫本皆無此二字。

〔五八〕數日一盥浴　按唐會要卷一〇〇同，舊唐書卷一九八西戎傳作「日數盥浴」，太平御覽卷七九五四夷部一六作「日數盥潄」，此「數日」蓋爲「日數」之倒文。

〔五九〕阿耆婆彌池　「婆」，底本作「安」，庫本同，據萬本及舊唐書西戎傳、唐會要卷一〇〇、太平御覽四夷部一六改。

〔六〇〕緑頸　「頸」，底本作「頭」，庫本同，據萬本及通典卷一九三邊防九、太平御覽卷七九六四夷部一七改。

〔六一〕常貿多用焦越犀象　「貿」，庫本同，萬本作「貨」，通典邊防九、太平御覽四夷部一七同。又「焦越」，通典作「蕉越」，太平御覽無。

〔六二〕王死則更鑄　「王」，底本作「錢」；「鑄」，底本作「易」，並據萬本、庫本及通典邊防九、太平御覽四夷部一七改。

〔六三〕安谷城　「谷」，底本作「國」，庫本同，據三國志卷三〇魏書烏丸鮮卑東夷傳裴松之注引魏略西戎傳改。萬本作「城谷」，太平御覽四夷部一七同，「城」乃「安」字之誤。

〔六四〕車師六國　「六」，底本脱，據萬本、庫本及三國志魏書烏丸鮮卑東夷傳裴松之注引魏略西戎傳、通典邊防九補。

〔六五〕又匈奴北有渾窳國有屈射國有丁令國　「有渾窳國」、「有丁令國」，底本脱，萬本、庫本同，據三國志魏書烏丸鮮卑東夷列傳裴注引魏略西戎傳、通典邊防九補。

〔六六〕此國去康居可萬餘里　「此國」，底本脱，據萬本、庫本及三國志魏書烏丸鮮卑東夷傳裴松之注引魏略西戎傳、通典邊防九補。

〔六七〕突厥北馬行一月　萬本「突厥」下有「窟」字，同通典邊防九，太平御覽四夷部一七無。

〔六八〕恒伺短人啄而食之　「伺」，底本作「向」，萬本、庫本皆作「將」，據通典邊防九、太平御覽四夷部一七改。

〔六九〕即魏略曰短人國者是也　「曰」，底本脱，據萬本補。庫本及通典邊防九作「云」。

〔七〇〕其先有波斯匿王　底本「有」下衍「婆」字，庫本同，據萬本、中大本及通典邊防九、新唐書卷二二一西域傳下删。

〔七一〕王姓波斯　通典邊防九同，魏書卷一〇二西域傳、北史卷九七西域傳作「其王姓波氏名斯」，册府元龜卷九六一作「其王姓波斯氏」。

〔七二〕土人極以爲患　「土」，底本作「吞」，據萬本、庫本及通典邊防九、册府元龜卷九六一改。

〔七三〕王坐金羊床　「羊」，底本脱，據萬本、庫本、傅校及魏書西域傳、北史西域傳、通典邊防九補。

〔七四〕亦有巾帔　「巾帔」，底本作「帔巾」，萬本、庫本同，據魏書西域傳、北史西域傳、周書卷五〇異域傳下、通典邊防九、册府元龜卷九六一、太平御覽卷七九四四夷部一五乙正。

〔七五〕即爲王　萬本作「即位以爲王」，傅校改同。魏書西域傳、北史西域傳、周書異域傳下、通典邊防九皆作「即立以爲王」。

〔七六〕重罪懸高竿　「懸」，底本作「繫」，萬本、庫本皆作「繫懸」，據傅校及魏書西域傳、通典邊防九改。

〔七七〕活褥蛇　底本脱「活」字，「褥」作「傉」，並據萬本及通典邊防九、舊唐書西戎傳、新唐書西域傳下補改。

〔七八〕左威武將軍　舊唐書西戎傳、新唐書西域傳下皆作「左威衛將軍」，疑此「武」爲「衛」字之誤。

〔七九〕水火諸神　庫本同，萬本其下有「尊右下左」。按舊唐書西戎傳：「俗右尊而左卑。」新唐書西域傳下：「俗尊右下左。」此疑脱。

〔八〇〕一月理服　「理」，底本作「埋」，「服」，底本脱，萬本、庫本同，並據通典邊防九改補。按周書異域傳下、册府元龜卷九六一皆作「治服」，通典及本書作「理」，避唐高宗諱改。

〔八一〕富室至有數千頭者　底本脱「有數」二字，「千」下衍「餘」字，並據萬本、庫本、傅校及魏書西域傳、周書異域傳下、通典邊防九補删。

〔八二〕出麟及大驢　按魏書西域傳、北史西域傳、周書異域傳下、隋書卷八三西域傳、通典邊防九、册府元龜卷九六一、太平御覽四夷部一五皆不載波斯「出麟」，舊唐書西戎傳作「出騾及大驢」，唐會要卷一〇〇同，此「麟」疑爲「騜」字之誤。

〔八三〕護那　「那」，底本作「郍」，據萬本及通典邊防九改。

〔八四〕褐婆竭城　「褐」，萬本、庫本皆作「羯」。

〔八五〕褐渾城　「褐」，萬本、庫本皆作「羯」。

〔八六〕達曷河　「達曷」，萬本皆作「遠竭」。

太平寰宇記卷之一百八十六

四夷十五

西戎七

悅般　伏盧尼　朱俱波　渴槃陁　粟弋　阿鉤羌

副貨　疊伏羅　賒彌　石國　瑟匿　女國

吐火羅　俱蘭　劫國　陁羅伊羅　越底延　大食

悅般國

悅般國。後魏時通焉。在烏孫西北。乃匈奴北單于之部落也。昔爲漢車騎將軍竇憲所逐，北單于度金微山，西走康居，其羸弱不能去者，住龜茲北。地方數千里，衆可二十餘萬，涼州人猶謂之單于王。

太武真君九年，遣使朝獻，送幻人，稱能割人喉脈令斷，擊人頭令骨陷，皆出血淋漓，或數升，或盈斗，以草藥納其口中，令嚼咽之，須臾血止，養瘡一月復常，又無瘢痕。太武乃取死罪囚試之，〔一〕皆驗。云中國諸名山皆有此草，乃使人受其術而厚遇之。

土俗物產：其風俗與高車同，其人清潔，或做胡俗，翦髮齊眉，以鮷音題。餬塗之，甚光澤。〔二〕日三澡漱，然後飲食。其國南界有火山，山傍石皆燋鎔，流地數十里乃凝堅，人取以爲藥，即石琉黃也。

伏盧尼國

伏盧尼國。後魏通焉。理伏盧尼城，在波斯國西北。有大河南流，中有鳥，其形似人，亦有似橐駝、馬者，皆有翼，常居水中，出水便死。城北有云尼山，出銀、珊瑚、琥珀。

朱俱波國

朱俱波國。後魏時通焉。在葱嶺北二百里。亦名朱居槃，漢子合國也。今并有漢西夜、蒲犂、依耐、得若四國之地。其王本疏勒國人。〔三〕宣武永平中，朱居槃國遣使來朝貢。唐武德以後，亦頻遣使朝貢。

四至：去瓜州三千八百里。在于闐國西千餘里，其西至渴槃陁國，南至女國三千里，北至疏勒九百里。

土俗物産：其俗崇飾佛法。其人言語與于闐相似，其閒小異。人貌多同華夏，亦類疏勒。文字同于婆羅門。

渴槃陁國

渴槃陁國。後魏時通焉。亦名渴羅陀國，理葱嶺中，近朱俱波國。其王本疏勒人，累代相承，以居此國。有户二千餘。國法，殺人劫賊者死，餘徵罰。其稅雜輸之。服飾、婚姻同疏勒。王坐金床。〔四〕死者埋殯七日爲孝。太武帝太延三年朝貢，于後不絶。

四至：西至護蜜國，南至懸度山，無定界，北至疏勒國界，西北至判汗國。

土俗物産：衣服、人貌、語音與于闐相似。書與婆羅門同。國中咸事佛。人山居，勁健，雜人多而胡少。有音樂、兵器，婚姻同疏勒。

懸度山，在國西南四百里。懸度者，石山也，谿谷不通，以繩索相引而度。其閒四百里中往往有棧道，因以爲名。今按懸度與葱嶺，地邐相屬，郵置所絶，道阻且長，故行人由之，莫能分別，然法顯、宋雲所經即懸度山也。

頭痛山，在國西南，向罽賓路，歷大頭痛、小頭痛之山，赤土、身熱之阪。宋膺異物志云：「大頭痛、小頭痛山，皆在渠搜之東，疏勒之西，經之者身熱頭痛。夏不可行，行則致死，惟冬可行，尚嘔吐，山有毒藥氣之所爲也。冬乃枯竭，故可行也。」其葱嶺俗號疑極山。今按葱嶺回環其國。

不可依山。

蒲昌海。

賀蘭山。〔五〕

粟弋國

粟弋國。後魏通焉。在葱嶺之西，一名粟特，一名特拘夢。出好馬、牛、羊、葡萄諸果。葡萄酒極美于諸國，蓋水味美故也。出大禾，高丈餘，子如胡豆。在安息北五千里。〔六〕附庸小國四百餘城。太武帝時，遣使朝貢。魏書西域傳云：「粟特，一名溫那沙，古之奄蔡國。」按「弋」，一國也，十三州志：「奄蔡、粟特，各有君長。」而魏收以爲一國，謬也。

阿鉤羌國

阿鉤羌國。後魏通焉。在莎車西南，去代一萬三千里。國西有懸度山，其間四百里中往往有棧道，〔七〕下臨不測之淵，人行以繩索相持而度。有五穀諸果。市用錢爲貨。居止立宮室，〔八〕有兵器。

副貨國

副貨國。後魏通焉。去代一萬七千里。東去阿富使且國，西至没誰國，中間相去千里；南有連山，不知名，北至奇沙國，相去一千五百里。宜五穀、葡萄，惟有馬、駝、騾。國王有黄金殿，殿下有金駝七頭，〔九〕各高三尺。孝文時，其王遣使朝貢。

疊伏羅國

疊伏羅國。後魏通焉。去代三萬一千里。國中有勿悉城，北有鹽奇水，西流。有白象。土宜五穀。宣武帝時，遣使貢方物。

賒彌國

賒彌國。後魏時聞焉。在波知之南。〔一〇〕山居。不崇佛法，專事諸神。宋雲行記云：「語音諸國同，〔一一〕不解書筭，不知陰陽。」國人翦髮，婦人爲團髮。亦附嚈噠。東有鉢盧勒國，路險，緣鐵鎖而度，下不見底。後魏時，遣宋雲等使于彼，不達。

石國

石國。隋時通焉。居于藥殺水，都柘折城，方十餘里。本漢大宛北鄙之地。王姓石，名涅。國城之東南立屋，置座于中，正月六日、七月十五日以王父母燒餘之骨，金甕盛之，置牀上，巡繞而行，散以香花雜果，王率臣下設祭焉。禮終，王與夫人出就別帳，臣下以次列坐而饗宴。有粟、麥，多良馬。

隋大業五年及唐貞觀八年，並遣使朝貢。顯慶三年，列其地瞰羯城爲大宛都督府，〔一二〕仍以其王瞰土屯攝舍提于屈昭穆爲都督。〔一三〕開元初，其蕃王莫賀咄吐屯有功，封石國王，加特進，尋又册爲順義王。二十九年，其王伊捺吐屯屈勒上表曰：「奴身千代已來，忠赤于國，只如突騎施可汗赤忠之日，部落安貼，後背天可汗，脚底火起。今突厥屬天可汗，在于西頭爲患，惟有大食，莫踰突厥，伏乞天恩，不棄突厥部落，打破大食，諸國自然安貼。」天寶初，累遣使朝貢。至五年，封其王子那俱車鼻施爲懷化王，并賜鐵券。九年，安西節度使高仙芝奏其王蕃禮有虧，請討除之，其王納降于仙芝，乃遣使送，去開遠門數十里，〔一四〕負約，以王爲俘囚，獻于闕下，斬之。自後西域背怨。仙芝所擒王之子西走大食，引其兵至怛邏斯城，仙芝軍大爲所敗，自是西附于大食國。至寶應二年及大曆七年，並遣使來朝貢。又杜環經行記云：「其國城一名赭支，一名大宛。天寶中，鎮西節度使高仙芝擒其王及妻子歸京師。〔一五〕國中有二水，一名珍珠河，一名質河，並西北流。土地平敞，多果實，出好犬良馬。」又云：「碎葉國，從安西西北千餘里有教達嶺，〔一六〕嶺南是大唐北界，嶺北是突騎施南界。〔一七〕西南至葱嶺二千餘里。其水嶺南流者盡過中國，而歸東海；嶺北流者盡經胡境，而入北海。又北行數日，度雪海。其海在山中，春夏常雨雪，故曰雪海。中有細道，道傍往往有水孔，嵌空萬仞，輒墮者莫知所在。教達嶺北行千餘里至碎葉川，其川東頭有熱海，茲地寒而不凍，故曰熱海。又有碎葉城，天寶七年，北庭節度使王正見薄伐至此，城壁摧毀，邑居零落。昔交河公主居止之處，建大雲寺，〔一八〕猶存。其川西接石國，約長千餘里。川中有異姓部落，有異姓突厥，各有兵馬數萬。城堡閒雜，日尋干戈，凡是農人皆擐甲冑，專相虜掠以爲奴婢。其川西頭有城，名曰怛邏斯，石國大鎮，〔一九〕即天寶十年高仙芝之軍所敗之地。」

四至：東與北至西突厥界，西至波臘國界，西南至康居界，南至率都沙那國界。南去鏺音撥。汗六百里，東南去瓜州六千里，當長安西北一萬四百一十里。

土俗物産：從此至西海已來，自三月至九月，天無雲雨，皆以雪水種田，宜粟、大小麥、稻禾、諸豆等物。〔二〇〕多良馬。飲葡萄酒、糜酒、腊乳等物。

伊羅山。

藥殺水，在國界。

瑟匿國

瑟匿國。北接石國。其俗不好商賈，風俗畧與康國同。唐貞觀二十年，朝貢，使與役槃使同至。〔二一〕役槃與康國隣，出好馬。

女國

女國。隋時通焉。在葱嶺之南。其國代以女爲王，王姓蘇毗。〔二二〕女王之夫號爲金聚，不知政事。國内丈夫惟以征伐爲務。〔二三〕山上爲城，方五六里，人有萬家。王居九層之樓，侍女數百人，五日一聽朝。復有小女王，共理國政。亦數與天竺及党項戰爭。其女王死，國中貴人剥取皮，以金屑和骨肉置諸瓶内埋之，經一年，〔二四〕又以其皮内于鐵器埋之。開皇中，遣使朝貢。唐貞觀八年，朝貢使至。

四至：段國沙州記云：「白蘭西南二千五百里，隔大嶺，又渡三十里海，即此女國也。」

土俗物産：其俗貴婦人，輕丈夫，而性不妬忌。男女皆以彩色塗面，一日之内或數變改之。〔二五〕男子皆披髮，婦人或辮髮而縈之。王死，若無女嗣位，國人乃調斂金錢得數百萬，還以死王之族，買女而立之。其地五男三女，貴女子，賤丈夫，婦人爲吏職，男子爲軍士。女子貴者則多有侍男，男子不得有侍女。〔二六〕雖賤庶之女，盡爲家長，有數夫焉。生子皆從母姓。氣候多寒，以射獵爲業。出鍮音偷。〔二七〕石、朱砂、麝香、犛音黎。〔二八〕牛、駿馬、蜀馬。尤多鹽，恒將向天竺國興販。俗事阿修羅神。

吐火羅國

吐火羅國。一名土壑宜，後魏時吐呼羅國也，隋時通焉。都葱嶺西數百里，在烏滸河南，即嬀水也。〔二九〕勝兵十萬，皆善戰。大業中，遣使朝貢。

唐初，屬西突厥。高宗永徽元年，遣使獻大鳥，高七尺，其色玄，足如駝，鼓翅而行，日三百里，能噉鐵，夷俗謂爲駝鳥。三年，其葉護那史烏濕波奉表告立，高宗遣置州縣使王名遠到其國，以所理阿緩大城爲月氏都督府，各分其小城爲二十四州，以烏濕波爲都督，王名遠請于吐火羅國立碑，以紀聖德，帝從之。五年，烏濕波遣子伊室達官弩朝貢。龍朔元年，授烏濕波使持節月氏等二十五州諸軍事、月氏都督。麟德二年，遣其弟祖紇多貢瑪瑙燈兩具，〔三〇〕高三尺餘。

開元七年，其葉護支汗那帝賒上表，獻天文人大慕闍，〔三一〕請加試驗。八年，貢名馬及騾。十二年，貢異藥、乾陁婆羅等二百餘品。十七年，册其首領骨咄禄頓達度爲葉護，〔三二〕葉護遣使貢須那伽帝釋麥。二十六年，遣使貢紅玻璃、碧玻璃、生瑪瑙、生金精及質汗等藥。

天寶八年，其葉護失理忙伽羅遣使上表云：「臣鄰境有一胡，號曰羯師，居在深山，恃其道險遠，〔三三〕違背聖化，親附吐蕃，于國内置吐蕃城，捉勃律要路，與吐蕃擬將兵入臣境，臣每憂懼，思破兇黨，乞請安西兵馬來載五月到小勃律，六月到大勃律，伏乞允臣所奏。事若不成，請斬臣爲七截。緣箇失密王向漢忠赤，〔三四〕特望勅書宣慰。」玄宗覽表許之。十二年，遣使來朝貢。乾元元年七月，與西域九國遣兵助國討逆，肅宗令赴朔方行營。

四至：在烏滸河南，即嬀水也。其北界漢時大宛之地，南去漕國一千七百里，〔三五〕東去瓜州六千七百里。

土俗物産：其人與挹怛雜居。〔三六〕俗事佛。多男子，少婦人，故兄弟通室，婦人五夫，則首飾戴五角，十夫戴十角。男子無兄弟，則與他人結爲昆季，方始得妻，不然則終身無婦矣。生子屬長兄。衣服、〔三七〕文字與于闐畧同。城北有頗黎山，〔三八〕南崖穴中有神馬，國人每牧牝馬其側，時産名駒，皆汗血焉。事與大宛同。

藍氏城，故大夏國都也。史記大宛傳：「大夏在嬀水南，其都曰藍氏城。」

薄提城，今名薄底延城，在國北。後魏書西域傳：「吐呼羅國有薄提城，周圍六十里。」與西蕃記薄提城可十四五里，小異也。

蘛蓓城。〔三九〕

酌汗建城。

葱淪嵩城。〔四〇〕

數嵩城。〔四一〕

章昂城。

波論山，今名屋數頗利山，南崖石壁有一穴，恒有馬尿流出，至七月旦石開，馬自出闕，頭飲水，土人因取草馬放牧，多生汗血馬，日行千里。忽遠山，亦連亘。

俱蘭國

俱蘭國。一名俱羅拏國，〔四二〕與吐火羅接，南抵雪山。地險窄，〔四三〕物産唯出金精。貞觀二十年，朝貢使至。

劫國

劫國。隋時聞焉。在葱嶺中，有户數萬。

四至：西與南俱與賒彌國界接，〔四四〕西北至挹怛國。去長安一萬二千里。

土俗物産：氣候多熱，有稻、麥、粟、豆、羊、馬。出洛沙、青黛。婚姻同突厥。土俗與嚈噠同。人面似山羌。無尊卑之禮，死亡棄于山。唐武德二年，遣使貢寶帶、金鎖甲、玻璃、水精盃各一，玻璃四百九十枚，大者如棗，小者如酸棗。

陁羅伊羅國〔四五〕

陁羅伊羅國。隋時聞焉。在烏荼國北，〔四六〕大雪山坡上。緣梯登山，接七百梯，方到其國。

越底延國

越底延國。隋時聞焉。理辛頭河北。其王婆羅門種類。户數萬。有弓矢、刀矟、皮甲。國法不殺人，重罪流，輕罪杖。國無課税。其俗事佛，書同婆羅門。王及庶人翦髮，衣錦袍，不開縫。貧者衣白氎。婦人爲髻，衣裙衫帔長巾焉。

四至：南接婆羅門國三千里，西北至賒彌國千餘里，東北至瓜州五千四百里。

土俗物産：俗清潔，氣候暖。多稻，有羊、馬，多牛。出鍮石、訶黎勒、石蜜、麖音京。〔四七〕皮、細氎等物。

大食國

大食國。唐永徽中，遣使朝貢云。其國在波斯之西。或云隋大業中，有波斯胡人度恒曷水，〔四八〕若有神助，得刀殺人，劫奪商旅，其衆漸盛，因招附諸胡，有胡人十一來，據次第摩首受化爲王。此後衆漸歸附，遂割波斯西境，自立爲王。姓大食氏，名瞰虎檻切。〔四九〕蜜莫末膩。又破拂菻音廩。〔五〇〕及婆羅門城，所當無敵。兵衆有四十二萬。有國已三十四年。〔五一〕初王已死，次傳第一摩首者，今王即是第三。又云其王常遣人乘船，〔五二〕將衣糧入海，經涉八年，未及西岸。于海中見一方石，石上有樹，枝赤葉青，樹上總生小兒，長六七寸，見人不語而笑，皆能動其手脚，頭着樹枝，人摘取，入手即黑乾。其使得一枝還，今在大食王處。〔五三〕

長安中，使至，貢良馬。開元初，遣使來朝，進良馬、寶鈿帶，其使謁見，平立不拜，云：「本國惟拜天神，雖見王亦不拜。」所司屢詰責之，其使遂依漢法致拜。今康國、石國，皆臣屬之。開元十三年，遣使蘇黎滿等來朝貢，授果毅，賜緋袍、銀帶。

又按賈耽四夷述云：「開皇中，大食族中有孤列種，代爲酋長。孤列種中，又有兩姓，一號盆尼奚深，〔五四〕一號盆奚末換。」其奚深後有磨訶末者，勇悍多智，衆立爲王，東西征伐，開地三千里，兼克夏臘，一名鈐所監切。城。磨訶末後十四代，至末換，殺其兄伊疾而自立，性復殘忍，其下怨之。有呼羅珊木鹿人並波悉林舉義兵，〔五五〕應者悉令著皂，旬月衆盈數萬，鼓行而西，生擒末換，殺之，遂求得奚深種阿蒲羅拔，〔五六〕立之。自末換以前謂之白衣大食，自阿蒲羅拔後改爲黑衣大食。阿蒲羅拔卒，立其弟阿蒲恭拂。至德初，遣使朝貢，代宗立爲元帥，亦用其國兵收兩都。寶應初，其使又至。恭拂卒，子迷地立。迷地卒，子牟棲立。牟棲卒，弟訶論立。貞元初，與吐蕃爲勍敵。蕃兵大半西禦大食，故鮮爲邊患，其力不足也。至十四年九月，以黑衣大食使含嵯、〔五七〕烏雞、沙北三人並爲中郎將，還蕃。

四至：其境東西萬里，與突騎施相接。

土俗物產：其俗男夫鼻大而長，瘦黑多鬚，似婆羅門，女人端麗。亦有文字，〔五八〕與波斯不同。出駝、馬、驢、騾、羖羊等。土多沙石，不堪耕種，無五穀，惟食駝、馬等肉，〔五九〕擊破波斯、拂菻，始有米麵。俗敬事天神。按杜環經行記云：「一名亞俱羅。其大食王號墓門，〔六〇〕都此處。其士女瓌偉長大，衣裳鮮潔，容止閑麗。女子出門，必擁蔽其面。無問貴賤，一日五時禮天。食肉作齋，以殺生爲功德。繫銀帶，佩銀刀。斷飲酒，禁音樂。人相爭者，不至毆擊。〔六一〕又有禮堂，容數萬人。每七日，王出禮拜，登高座爲衆說法，曰：『人生甚難，天道不易。姦非劫竊，細行謾語，安己危人，欺貧虐賤，有一于此，罪莫大焉。凡有征戰，爲敵所戮，必得生天，〔六二〕殺其敵人，獲福無量。』率土稟化，〔六三〕從之如流。法惟從寬，葬惟從儉。郛郭之内，鄽音廛。〔六四〕閈之中，天地所生，無物不有。四方輻輳，萬物豐賤，〔六五〕錦繡朱貝，滿于市肆。駝馬驢騾，充于街巷。刻石蜜爲廬舍，有似中國寶轝。〔六六〕每至節日，將獻貴人琉璃器皿、鍮石瓶鉢，蓋不可算數。粳米白麵，〔六七〕不異中華。其果有偏桃人、〔六八〕千年棗。其蔓菁，〔六九〕根大如斗而圓，味美甚。餘菜亦與諸國同。葡萄大者如雞子。香油貴者有二：一名耶塞漫，一名没匝師。〔七〇〕香草貴者有二：一名查塞華，一名蔾蘆茇。〔七一〕綾絹機杼，金銀匠、畫匠、漢匠起作畫者，京兆人樊淑、劉泚〔七二〕機絡者河東人樂隈、〔七三〕吕禮。又以橐駝駕車。有馬，俗云西海濱龍與馬相交所産也，〔七四〕腹肚小，脚腕長，善者日馳千里。又有駝小而緊，背有孤峯，良者日馳千里。又有駝鳥，高四尺以上，脚似駝蹄，頸項勝得人騎行五六里，其卵大如二升。又有薺樹，實如夏棗，堪作油，食除瘴。〔七五〕其氣候温，土地無冰雪。人多瘧痢，一年之内，十中五死。今吞滅四五十國，皆爲所役屬，多分其兵鎮守，其境盡于西海焉。」又云：「末禄國在亞梅國西南七百餘里。胡姓末者，兹土人也。其城方十五里，用鐵爲城門。城中有鹽池，又有兩所佛寺。其境東西一百四十里，南北一百八十里，村柵連接，樹木交映，四面合匝，總是流沙。南有大河，流入其境，分渠數百，溉灌一州。〔七六〕其土沃饒，其人清潔。〔七七〕墻屋高厚，市鄽平正。木既雕刻，土亦繪畫。又有細軟疊布，羔羊皮裘，估其上者值銀錢數百。果有紅桃、白棕、遏白、黄李。瓜大者名尋支，〔七八〕十餘人食一顆輒足。越瓜長四尺以上。菜有蔓菁、蘿蔔、長葱、顆葱、芸薹、胡芹、葛藍、軍蓬、茴香、茇薙、〔七九〕瓠蘆等，尤多葡萄。又有黄牛、野馬、水鴨、石雞。其俗以五月爲歲，每歲以畫缸相獻。有打毬節、鞦韆節。其大食東道使鎮于此。自此至西海以來，大食、波斯參雜居止。〔八〇〕其俗禮天，不食自死肉及宿肉，以香油塗髮。」又云：「苫國在大食西界，〔八二〕周迴數千里。造屋兼瓦，疊石爲壁。米穀殊賤，有大川東流入亞俱羅，商客糴此糶彼，而往來相繼。人多魁梧，衣裳寬大，有似儒服。其苦國有五節度，〔八三〕有兵馬一萬以上，北接可薩突厥。可薩北又有突厥。足似牛蹄，好噉人肉。」

卷一百八十六校勘記

〔一〕太武乃取死罪囚試之　「取」，底本作「出」，據萬本、庫本及北史卷九七西域傳、通典卷一九三邊防九改。

〔二〕以銻音題餬塗之甚光澤　「銻餬」，底本作「銻鍸」，據萬本、庫本、傅校及北史西域傳、通典邊防九改。魏書卷一〇二西域傳作「醍醐」。又「音題」，萬本、庫本皆無。「甚光澤」，魏書西域傳、北史西域傳、通典邊防九皆作「昱昱然光澤」。

〔三〕其王本疏勒國人　庫本同，萬本「人」下有「魏書西戎傳曰：西夜并屬疏勒」，同通典邊防九。

〔四〕王坐金床　「金」，文獻通考卷三三九四裔考一六同，通典邊防九、新唐書卷二二一西域傳上皆作「人」。

〔五〕賀蘭山　「山」，萬本、庫本皆作「河」，傅校改同。

〔六〕安息　「息」，底本作「西」，庫本同，據萬本及通典邊防九改。

〔七〕其間四百里中往往有棧道　「中」，底本脱，據萬本、庫本及魏書西域傳、北史西域傳、通典邊防九補。

〔八〕居止立宮室　「宮」，底本脱，庫本同，據萬本及魏書西域傳、北史西域傳、通典邊防九補。

〔九〕殿下有金駝七頭　「下」，底本作「上」，據萬本、庫本、傅校及魏書西域傳、北史西域傳、通典邊防九改。

〔一〇〕波知　「知」，底本作「斯」，萬本、庫本同，據魏書西域傳、北史西域傳、太平御覽卷七九六四夷部一七改。

〔一一〕語音諸國同　庫本同，萬本無此五字。

〔一二〕瞰羯城　「瞰」，底本作「噉」，庫本同，據萬本及新唐書西域傳下、文獻通考四裔考一六改。

〔一三〕瞰土屯攝舍提于屈昭穆　「瞰土」，底本作「噉吐」，據萬本及新唐書西域傳下改。

〔一四〕其王納降于仙芝乃遣使送去開遠門數十里　「納」，萬本、庫本皆作「約」，新唐書西域傳下、唐會要卷九九同。「去」，庫本及唐會要卷九九同，萬本作「至」，新唐書西域傳下同。

〔一五〕天寶中鎮西節度使高仙芝擒其王及妻子歸京師　此二十字底本脱，庫本同，據萬本及通典邊防九、文獻通考四裔考一六補。

〔一六〕從安西西北千餘里有教達嶺　「有」，底本脱，萬本、庫本同，據通典邊防九、文獻通考四裔考一六補。

〔一七〕突騎施　底本「突」下衍「厥」字，萬本、庫本同，據舊唐書卷一九四突厥傳下、新唐書西域傳下删。

〔一八〕建大雲寺　底本「建」上衍「今」字，萬本、庫本同，據通典邊防九、文獻通考四裔考一六删。

〔一九〕石國大鎮　「大」，通典邊防九、文獻通考四裔考一六皆作「人」。按新唐書西域傳下：「西屬怛邏斯城，石常分兵鎮之。」王静安古行記校録、張一純經行記箋注仍作「大」。

〔二〇〕宜粟大小麥稻禾諸豆等物　萬本作「宜大麥、小麥、稻禾、豌豆、畢豆等物。」

〔二一〕使與役槃使同至　按新唐書西域傳下：「貞觀二十年，與似没、役槃二國使者偕來朝。」唐會要卷一〇〇同，此疑脱「似没」二字，傅校「同至」改爲「偕來朝」。

〔二二〕王姓蘇毗　庫本同，萬本據隋書卷八三西域傳此下補「字末羯」三字，按通典邊防九同此。

〔二三〕國内丈夫惟以征伐爲務　「務」，底本作「事」，據萬本、庫本及隋書西域傳、通典邊防九改。

〔二四〕經一年　「一」，底本脱，據萬本、庫本及隋書西域傳、通典邊防九補。

〔二五〕一日之内或數變改之　「變改」，底本作「遍更」，據萬本、庫本、傅校改。隋書西域傳、通典邊防皆作「數度變改之」。

〔二六〕男子不得有侍女　「子」，底本脱，據萬本、庫本及通典邊防九補。

〔二七〕音偷　萬本、庫本皆無此二字。

〔二八〕音黎　萬本、庫本皆無此二字。

〔二九〕即嫣水也　庫本同，萬本「也」下有「其王號葉護」，新唐書西域傳下：吐火羅，「其王號葉護。」此蓋脱。

〔三〇〕祖紇多　「紇」，底本作「訖」，據萬本、庫本、傅校及唐會要卷九九改。

〔三一〕獻天文人大慕闍　按册府元龜卷九七一作「獻解天文人大慕闍」，此蓋脱「解」字。唐會要卷九九作「獻解支之人暮闍」，「支」蓋爲「天文」之誤。

〔三二〕骨咄禄頓達度　「咄」，底本作「吐」，庫本同；「達」，底本脱，並據萬本、中大本及新唐書西域傳下、册府元龜卷九六七、唐會要卷九九改補。

〔三三〕居在深山恃其道險遠　「深」，底本作「滐」，據萬本、中大本、庫本及册府元龜卷九九九、唐會要卷九九改。「道」，萬本、庫本皆無，同唐會要。

〔三四〕緣箇失密王向漢忠赤　「箇失密」，底本作「失密」，萬本同。册府元龜卷九九九：「緣箇失密王向漢忠赤，兵馬復多，土廣人稠，糧食豐足，特望天恩，賜箇失密王勅書宣慰。」新唐書西域傳下載有箇失密國，此脱「箇」字，據補。

〔三五〕漕國　「漕」，底本作「曹」，萬本、庫本同，據北史西域傳、隋書西域傳改。

〔三六〕挹怛　底本「挹怛」下衍「羅」字，萬本、庫本同，據通典邊防九、新唐書西域傳下、唐會要卷九九删。

〔三七〕衣服　「衣」，萬本同，庫本作「被」，同通典邊防九。

〔三八〕頗黎山　「頗黎」，底本作「玻璃」，萬本、庫本皆作「玻瓈」，據中大本及通典邊防九、新唐書西域傳下、唐會要卷九九改。

〔三九〕蕻蓓城　「蕻蓓」，萬本、庫本皆作「鍁锫」。

〔四〇〕葱滀嶓城　「滀」，萬本、中大本、庫本皆作「論」；「嶓」，萬本、庫本皆作「嘀」。

〔四一〕數嶓城　「嶓」，萬本、庫本皆作「嘀」。

〔四二〕俱羅拏　「拏」，新唐書西域傳下、唐會要卷一〇〇皆作「弩」。

〔四三〕地險窄　「窄」，底本作「迮」，庫本同，據萬本及唐會要卷一〇〇改。

〔四四〕西與南俱與賒彌國界接　「接」，底本脱，萬本、庫本同，據通典邊防九、太平御覽四夷部一七、文獻通考四裔考一六補。

〔四五〕陁羅伊羅國　「陁」，底本作「阿」，庫本同，據萬本、宋版目録卷下、中大本及通典邊防九、太平御覽四夷部一七改。本書卷前文目録同改。

〔四六〕烏荼國　「荼」，底本作「茶」，據萬本、中大本、庫本及通典邊防九、文獻通考四裔考一六改。

〔四七〕音京　萬本、庫本皆無此二字，傅校删。

〔四八〕恒曷水　「恒」，底本作「怛」，萬本、庫本同，據舊唐書西戎傳、新唐書西域傳下、唐會要卷一〇〇改。

〔四九〕虎檻切　萬本、庫本皆無此三字。

〔五〇〕音廩　萬本、庫本皆無此二字。

〔五一〕有國已三十四年　「三」，底本作「四」，萬本、庫本同，據通典邊防九、舊唐書西戎傳、新唐書西域傳下、册府元龜卷九五六、唐會要卷一〇〇改。

〔五二〕又云其王常遣人乘船　「其」，底本作「前」，萬本、庫本同，據傅校及通典邊防九、太平御覽卷七九五四夷部一六改。

〔五三〕其使得一枝還今在大食王處　「還今」，底本作「今還」，萬本、庫本同，據通典邊防九、文獻通考四裔考一六乙正。

〔五四〕盆尼奚深　「深」，底本作「滐」，據萬本、中大本、庫本及舊唐書西戎傳、新唐書西域傳下改。下同。

〔五五〕並波悉林　「並」，底本作「立」，據萬本、庫本及舊唐書西戎傳、新唐書西域傳下改。

〔五六〕阿蒲羅拔　「蒲」，底本作「婆」，據萬本、庫本、傅校及舊唐書西戎傳、新唐書西域傳下、册府元龜卷九六六改。下同。

〔五七〕含嵯　「含」，底本作「舍」，萬本、庫本同，據舊唐書西戎傳、新唐書西域傳下、唐會要卷一〇〇、文獻通考四裔考一六改。

〔五八〕亦有文字　「字」，底本作「學」，萬本、庫本同，據舊唐書西戎傳、太平御覽四夷部一六改。

〔五九〕惟食駝馬等肉　「馬」，底本作「象」，萬本、庫本同，據舊唐書西戎傳、太平御覽四夷部一六改。

〔六〇〕墓門　「墓」，萬本、庫本皆作「暮」，通典邊防九同，太平御覽四夷部一六作「慕」。

〔六一〕不至毆擊　「毆擊」，底本作「擊毆」，庫本同，據萬本及通典邊防九、太平御覽四夷部一六、文獻通考四裔考一六乙正。

〔六二〕必得生天　「必」，底本作「不」，庫本同，據萬本及通典邊防九、文獻通考四裔考一六改。

〔六三〕率土稟化　「稟」，底本作「胥」，庫本作「率」，據萬本、傅校及通典邊防九、文獻通考四裔考一六改。

〔六四〕音廛　萬本、庫本皆無此二字。

〔六五〕萬物豐賤　「物」，庫本同，萬本作「貨」，同通典邊防九。

〔六六〕有似中國寶轝　「轝」，底本作「輦」，庫本同，據萬本及通典邊防九、文獻通考四裔考一六改。

〔六七〕粳米白麵　「麵」，底本作「飯」，據萬本、庫本、傅校及通典邊防九、文獻通考四裔考一六改。

〔六八〕偏桃人　「偏」，底本作「編」，據萬本、庫本及通典邊防九、太平御覽四夷部一六改。

〔六九〕其蔓菁　「其」，底本脱，萬本、庫本同，據通典邊防九、太平御覽四夷部一六補。

〔七〇〕耶塞漫没囯師　「塞」，底本作「寒」，庫本同，據萬本及通典邊防九改。「囯」，底本作「回」，萬本同，庫本作「匝」，據通典邊防九改。

〔七一〕查塞華藜蘆菱　「塞」，底本作「寒」，庫本同，據萬本及通典邊防九改；「藜」，通典作「梨」。「菱」，庫本同，萬本作「芠」，同通典。又「華」，萬本注：「音蒲孔切」，庫本同。

〔七二〕劉泚　「泚」，底本作「沘」，據萬本、庫本及通典邊防九、文獻通考四裔考一六改。

〔七三〕樂隁　「隁」，底本作「還」，庫本同，據萬本及通典邊防九、文獻通考四裔考一六改。

〔七四〕龍與馬相交所産也　「相」，萬本、庫本皆無，同通典邊防九，文獻通考四裔考一六。

〔七五〕又有薺樹實如夏棗堪作油食除瘴　「樹」，底本脱，萬本、庫本同，據傅校及通典邊防九、文獻通考四裔考一六補。「實」，底本作「如檳」，據萬本、庫本、傅校及通典、文獻通考改。底本「瘴」下衍「氣」字，萬本、庫本同，據通典、文獻通考删。

〔七六〕分渠數百溉灌一州　此八字底本脱，萬本、庫本同，據通典邊防九、文獻通考四裔考一六補。

〔七七〕其人清潔　「清潔」，通典邊防九、文獻通考四裔考一六作「淨潔」。

〔七八〕瓜大者名尋支　「支」，底本作「枝」，庫本同，據萬本及通典邊防九、文獻通考四裔考一六改。

〔七九〕菱薤　底本脱，據通典邊防九、新唐書西域傳下補。萬本作「英薤」，文獻通考四裔考一六同，「英」乃「菱」字之訛。

〔八〇〕參雜居止　「雜居」，底本作「居雜」，據萬本、庫本及通典邊防九乙正。

〔八一〕苫國　「苫」，底本作「苦」，萬本同，庫本作「若」，皆誤。據通典邊防九改。新唐書西域傳下：「大食之西有苫者，亦自國。」下改同。

〔八二〕其苫國有五節度　「五節度」，底本作「節度五」，庫本同，據萬本及通典邊防九、文獻通考四裔考一六及新唐書西域傳下乙正。

太平寰宇記卷之一百八十七

四夷十六

西戎八

塞内六國　羌無弋

塞内西戎總序

西戎之雜居中國，蓋自殷之衰。古公居豳，今邠、寧等州。爲犬戎所逼，乃避而踰梁山之岐山之下。其豳，即後義渠戎之所居是也。〔一〕至犬戎敗周幽王于驪山，〔二〕自隴山以東及乎伊、洛，往往有戎。春秋傳曰：「先王居檮杌于四裔。」故允姓之姦居于瓜州。晉惠公自秦歸晉，遷陸渾之戎于伊川，今陸渾地是也；〔三〕故緜諸、狄、貆音桓。之戎，〔四〕今渭川也；邽、冀之戎，今秦州也；大荔之戎，今鄜、坊也；驪戎，今渭南也；楊拒、泉皋之戎，今伊、洛之閒也；蠻氏之戎，今許、潁也；陰戎，今商州也。

秦始皇逐西戎出塞，故漢初，西戎稍遠。至孝武帝開河西置四郡，其後羌先零種圍枹罕，今爲縣。零，音怜。枹，音俘。漢擊平之，始置護羌校尉。至宣帝代，又寇金城，今蘭、會、河、鄯等州也。〔五〕趙充國立屯田，且討且招降者三萬餘人，置金城屬國以處之，自後賓服。後漢建武中，寇金城，馬援討破降之，徙七千口于三輔，今京兆、同、岐、隴等州地。〔六〕和帝以後，〔七〕又反叛，豪滇零稱天子，南入益州，今漢川、漢中等郡地。滇，音顛。〔八〕東犯趙、魏，今趙、魏、鄴等郡地。寇及雍城，今懷州北故城是。十餘年然後破散。順帝永和中，又叛，馬賢戰歿，後段熲窮討，及靈帝末始定。自光武以後，匈奴少事，惟西羌屢梗焉。

魏晉二代，時亂關、隴，不至大害。永嘉以後，吐谷渾興焉，本遼東鮮卑，晉時數百户，西附于陰山，屬晉亂，遂吞併諸羌，而有其地。至其孫葉延，遂爲强國。後魏末，其主夸吕自號可汗，建官多效中國。洎隋煬帝，遣觀王雄大破之，〔九〕其主伏允遠遁，收其地列置郡縣鎮戍，後轉衰弱。

唐初，吐蕃始興焉。其帥後魏末起自臨松郡丞，故其主有贊府之號。後魏臨松郡，今甘州張掖縣。高宗時，遂滅吐谷渾，盡有其地。將軍薛仁貴等大敗于大非川。儀鳳中，工部尚書劉審禮又率兵十八萬，敗没于青海。調露中，中書令李敬玄又大敗于大非川。如意初，王孝傑方大破之，始復龜茲等鎮。萬歲通天初，又寇梁州，都督許欽明戰没。因贊府殺其名將論欽陵之後，累破敗紛紛矣。

羌無弋

羌無弋爰劒者，秦厲公時爲秦所拘執，以爲奴隸。未詳爰劒何戎之别也。後得亡歸，而秦人追之，藏于巖穴中得免。與劓女遇合于野，遂成夫婦，女耻其狀被髮覆面，羌人因以爲俗，遂俱亡入三河間。〔一〇〕三河，即黄河、析支河、湟中河，今金城、隴西、安鄉郡之西南。〔一一〕諸羌共畏事之，推以爲豪。河湟閒以射獵爲事，爰劒教之田畜，種人依之者益衆，羌人謂奴爲無弋，以爰劒嘗爲奴隸，故因名之。其後代代爲豪。

至爰劒曾孫忍時，秦獻公初立，欲復穆公之迹。〔一二〕穆公霸有西戎，今欲復之。〔一三〕忍季父卬畏秦之威，將其種人附落而南，出析支河曲西數千里，與衆羌絶遠，不復交通。其後子孫分别，各自爲種，任隨所之。或爲氂牛種，越嶲羌是也；今越嶲地。或爲白馬種，廣漢羌是也；今梓潼、遂寧、巴西、德陽也。或爲參狼種，武都羌是也。今武都郡地。〔一四〕忍及弟舞獨留湟中，忍生九子爲九種，舞生十七子爲十七種，羌之興盛，從此起矣。〔一五〕及忍子研立，研豪健，故羌中號其後爲研種。秦始皇時，兵務東向，故種人得以繁息。〔一六〕秦既兼天下，〔一七〕使蒙恬將兵略地，西逐諸戎，北卻衆狄，築長城以界之。

至漢景帝時，研種留何率種人求守隴西塞，今天水、隴西等郡地。于是徙留何等于狄道、安故，至臨洮、氐道、羌道縣。並今隴西、金城、安鄉、臨洮等郡也。及武帝征伐四夷，又西逐諸羌，乃渡河、湟，築令居塞，塞在今西平郡西北。令，音零。初開河西，列置四郡。酒泉、武威、張掖、燉煌，並今郡也。通道玉門，隔絶羌胡，于是障塞亭燧出長城外數千里。時先零羌與封養牢姐音紫。種解仇結盟，與匈奴通，合兵十餘萬，共攻令居、安故，地在今金城郡。遂圍枹罕。漢遣將軍李息將兵討平之，始置護羌校尉統領焉。羌乃去湟中，依西海、鹽池之左右。〔一八〕今酒泉郡之北千來里鹽池也。〔一九〕漢遂因山爲塞，河西地空，稍徙人以實之。

至宣帝時，羌又相與解仇，寇金城，帝遣後將軍趙充國將兵討之。充國欲以屯田于臨羌，東至浩亹，即今金城郡廣武縣地。浩，音閤。亹，音門。臨羌縣在西平郡界。務以威信招降罕开音牽。及劫掠者，解散虜謀，乃擊之。時已發諸郡兵六萬人。酒泉太守辛武賢奏請即擊之。天子下其書令充國博議，往返者三四，遂兩從其志。武賢出擊羌，破降數千人，詔罷兵，獨充國留屯田。明年五月，充國奏言：「羌本可五萬人軍，凡斬首七千六百級，降者三萬一千二百人，溺河湟饑死者五六千人，定計遺脱與煎鞏、黄羝並各是羌種。羝，音氐。俱亡者不過四千人。〔二〇〕」初置金城屬國以處降羌。從爰劍種五代至研，研最豪健，自後以研爲種號。十三代至燒當，復豪健，其子孫更以燒當爲種號。自元帝以後數十年，四夷賓服，邊塞無事。至王莽末，豪滇良內侵，及後漢初，遂寇金城、隴西。司徒掾班彪上言：「今涼州部皆有降羌，被髮左衽，而與漢人雜處，習俗既異，語言不通，數爲小吏黠人所見侵奪，窮恚無聊，故致反叛。夫蠻夷寇亂，皆由此也。請依舊制，益州部置蠻夷騎都尉，幽州部置領烏桓校尉，涼州部置護羌校尉，皆持節鎮護，理其怨結，歲時循行，問所疾苦。又數遣使驛，通道動靜，〔二〕使塞外羌夷爲吏耳目，州郡因此可得儆備。今宜復如舊，以明威防。」光武從之，即以牛邯爲護羌校尉。及邯卒而職省。建武十一年，先零種寇臨洮，今和政郡地。隴西太守馬援破降之。後徙置天水、今郡地也。隴西、今隴西及金城郡南境地是。扶風三郡。今扶風、汧陽、新平等郡地。

自燒當至滇良，代居河北大允谷，後徙大小榆中，榆中在今金城、西平等郡之間。由是始强。至其子滇吾。永平初，漢遣中郎將竇固等擊破降之，徙七千口置三輔。而滇吾諸弟迷吾等數爲寇盜。章帝時，馬防等討破之，于是臨洮、索西、迷吾等悉降，防乃築索西城。在今和政郡界是。自後或降或叛，少有寧歲。

和帝時，迷吾子迷唐復將兵向塞，金城太守侯霸及諸郡率兵破之，羌衆折傷，種人瓦解，迷唐遂孤弱，衆不滿千人，遠踰賜支河首，即析支河。依發羌居。明年，安定降羌燒何種脅諸羌數百人反叛，安定郡，今安定、平涼及會寧郡東境。郡兵擊滅之。時西海及大小榆谷左右無復羌寇，〔二二〕隃麋相曹鳳上言：隃麋，縣名，在今汧陽郡界。隃，音俞。「西戎爲害，前代所患，且以近事言之，自建武以來，〔二三〕其犯法者，常從燒當種起。所以然者，以其居大小榆谷，土地肥厚，又近塞内，諸種易以爲非，〔二四〕難以攻伐。南得鍾存，〔二五〕鍾存，別種羌名也。以廣其衆，北阻大河，因以爲固，又有西海魚鹽之利，緣山濱水，以廣田畜，故能强大，常雄諸種，恃其權勇，招誘羌胡。今者衰困，黨援壞沮，親族離叛，餘勝兵者不過數百，〔二六〕流亡逃竄，遠依發羌。臣愚以爲宜及此時，建復西海郡縣，漢武逐諸羌，置西海郡，在今酒泉郡北一千二百里，欲復立之。規固二榆，廣設屯田，隔塞羌胡交關之路，遏絶狂狡窺欲之源。又殖穀富邊，省委輸之役，國家可以無西方之擾。」于是拜鳳爲金城西部都尉，將士屯龍耆。龍耆即龍支，今鄯州縣也。後金城長史上官鴻上開置歸義、建威屯田二十七部，〔二七〕侯霸復上書置東西邯屯田五部，邯，水名也，分流左右，今寧塞郡是。增留、逢二部，帝皆從之。列屯夾河，合三十四部。其功垂立。至永初中，諸羌叛，乃罷。迷唐失衆，病死。其子來降，户不滿數十。滇吾曾孫麻奴，初隨父東號降，居安定。時諸降羌布在郡縣，皆爲吏人豪右所傜役，積以愁怨。

安帝永初元年，麻奴兄弟因此遂與種人俱西出塞。先零別種歸滴豪滇零與諸羌大爲寇掠，滴，奴感切。征西校尉任尚率諸郡兵馬與滇零等戰于平襄，〔二八〕地在今天水郡。尚軍大敗，于是滇零自稱天子于北地，招集武都、參狼、上郡、西河今西河、銀川、昌化郡也。諸雜種，衆遂大盛，寇抄三輔，斷隴道。湟中諸縣粟石萬錢，百姓死亡不可勝數。〔二九〕諸郡屯兵救三輔，三輔，即京兆、扶風、馮翊也，今京兆、扶風、馮翊等郡地也。衆羌乘勝，漢兵數挫。煎當、〔三〇〕勒姐之衆攻没破羌縣，今西平郡湟水縣界。鍾羌又没臨洮。今和政郡和政縣界。軍營久出無功，有廢農桑，乃詔任尚將吏兵還屯長安，置京兆虎牙都尉于長安，扶風都尉于雍，今扶風郡縣。如西京三輔都尉故事。

至四年，大將軍鄧隲議欲棄涼州，虞詡曰：「不可。今羌所以不敢據三輔爲腹心之害者，以涼州在後故也。其土人所以推鋒無反顧之心者，〔三一〕爲臣屬于漢故也。若棄其境域，徙其人衆，安土重遷，必生異志。如使雄豪相聚，席卷而東，雖武賁爲卒，白起、太公爲將，亦恐不足禦。當今之計，宜令四府九卿，各辟彼州數人，其牧守令長子弟皆除爲宂官，外以勸勵，荅其功勤，内以拘致，防其邪計。誠能如此，則可無患。」于是四府皆從詡議。時漢中太守鄭勤戰死，羌勢轉盛，遂徙金城郡居襄武。漢金城郡理允吾縣，地即今廣武縣。漢襄武縣屬隴西郡，地即今隴西郡縣地也。羌衆入寇河東，至河内，百姓相驚，多南奔渡河，使北軍中候朱寵將五營士屯孟津，詔魏郡、今魏、鄴等郡地。趙國、今趙郡是也。常山、今郡地。中山博陵郡也。繕作塢候六百一十六所。

羌既轉盛，而二千石、令、長多內郡人，並無守戰意，皆爭上徙郡縣以避寇難。朝廷從之，遂移隴西徙襄武，漢隴西郡理狄道縣，地即今金城郡縣也。安定徙美陽，漢安定郡理高平縣，地在今平涼郡縣也。漢美陽縣屬右扶風，地在今京兆府三原縣也。〔三二〕北地徙池陽，上郡徙衙。漢上郡理膚施，地在今上郡龍泉縣。漢衙縣屬左馮翊，今是白水縣也。百姓戀土，不樂去舊，遂乃刈其禾稼，發徹室屋，夷營壁，破積聚。時連旱蝗饑荒，〔三三〕而驅蹙劫掠，流離分散，隨道死亡，或棄捐老弱，或爲人僕妾，喪其太半。

滇零死，子零昌立。元初元年，遣兵屯河內，今郡地。通谷衝要三十三所，皆作塢壁，設鳴鼓。零昌進兵寇雍城，今河內郡地。遣任尚爲中郎將，將羽林、緹騎、五營子弟屯三輔。尚臨行，懷令虞詡說尚曰：懷縣，今河內郡武陟縣地。〔三四〕「使君頻奉國命討逐寇盜，三州屯兵二十餘萬人，廢棄農桑，疲苦徭役，而未有功効，勞費日滋。若此出不克，誠爲使君危之。」尚曰：「憂惶久矣。」詡曰：「兵法弱不攻強，〔三五〕走不逐飛，自然之勢也。今虜皆馬騎，日行數百，〔三六〕來如風雨，去如絕弦，以步追之，勢不相及，所以曠日而無功也。爲使君計者，莫如罷諸郡兵，各令出錢數千，二十人共市一馬，如此，可捨甲冑，馳輕兵，以萬騎之衆，逐數千人之虜，首尾掩截，〔三七〕其道自窮。便人利事，大功立矣。」尚即上言用其計。乃遣輕騎鈔擊，斬首數百級。明年秋，漢又築馮翊北界今馮翊之北界，洛交南也。塢候五百所。自後頻破之，諸羌瓦解，三輔、益州益州，今洋州、漢中等郡之地。無復寇警。

自羌叛十餘年間，兵連師老，不暫寧息。而軍旅之費，轉運委輸，〔三八〕用二百四十餘億，府帑他朗切。空竭。延及內郡，邊人死亡不可勝數，并、涼州遂至虛耗。并州部領上郡、朔方、五原、西河、太原、雲中、定襄、雁門、代郡、上黨等郡，今上郡、中部、延安、咸寧、洛交、銀川、新秦、朔方、九原、榆林、西河、昌化、太原、樓煩、雁門、定襄、安邊、馬邑、雲中、上黨、樂平等郡地。按秦地除三輔屬司隸外，並屬涼州。〔三九〕自後隴西、上郡、武威、張掖，仍寇盜不息。上郡，今上郡、中部、延安、咸寧等郡。武威、張掖，並今郡地。

順帝永建四年，僕射虞詡上書曰：「臣聞禹貢雍州之域，厥田惟上上。且沃野千里，穀稼殷積，又有龜茲鹽池以爲人利，漢上郡龜茲縣有鹽池，在今上郡、銀川之間是也。水草豐足，土宜產牧，北阻山河，乘阨據險。因渠以溉，水舂河漕。水舂，即水碓。河漕，通船運也。用功省少，而軍糧饒足。故孝武皇帝及光武築朔方，朔方，即今郡也。開西河，置上郡，皆爲此。而元元被災，衆羌內潰，郡縣兵荒二十餘年。夫棄沃壤之饒，〔四〇〕損自然之財，不可謂利；離河山之阻，守無險之處，難以爲固。今三郡未復，前因羌寇徙隴西、安定、北地、上郡四郡之人，今言未復三郡者，當爲隴西理在襄武，捍蔽京師，尚遠，〔四一〕不要更移，餘三郡須復本處也。園陵單外，園陵，謂長安諸陵園也。單外，謂無守固也。而公卿選懦，容頭過身，但計所費，不圖其安。宜開聖聰，〔四二〕考行所長。」書奏，帝乃復三郡。使謁者郭璜督促移徙者，各歸舊縣，繕城郭，置候驛。既而激河浚渠爲屯田，省内郡歲費一億計。遂令安定、北地、上郡及隴西、金城北地，今彭原、安化、靈武、五原、寧朔等郡地也。常儲穀粟，令周數年。至陽嘉元年，以湟中地廣，更增置屯田五部，并前爲十部。二年，復置隴西南部都尉如舊制。漢南部都尉在隴西郡臨洮縣，今和政縣也。

永和中，以來機爲并州刺史，劉秉爲涼州刺史，大將軍梁商謂機等曰：「戎狄荒服，言其荒忽無常。而統領之道，亦無常法，臨事制宜，略依其俗。今觀二君素性疾惡，欲分明白黑。孔子曰：『人而不仁，疾之已甚，亂也。』況戎狄乎！其務安羌胡，〔四三〕防其大故，忍其小過。」機等天性虐刻，遂不能從。到州之日，多所擾發。〔四四〕五年，且凍、傅難種羌等遂反叛，〔四五〕攻金城，與西塞及湟中今西平郡西地。雜種羌胡大寇三輔，于是拜馬賢爲征西將軍，將左右羽林、五校士及諸州郡兵十萬人討之，于扶風、漢陽、隴道扶風，今汧陽、扶風、新平郡地也。漢陽、隴道，今天水郡地。〔四六〕作塢壁三百所，置屯田，以保聚百姓。〔四七〕賢軍大敗，賢及二子皆戰歿。于是東羌、西羌遂大會。鞏唐種三千餘騎寇隴西、北地，又燒園陵，掠關中，殺傷長吏。武威太守趙沖追擊，雖戰歿，而前後多殺傷斬獲，羌由是衰耗。自永和羌叛，十餘年閒，費用八十餘億。諸將多斷盜牢廩，私自潤入，牢，價值也。皆以珍寶貨賂左右，上下放縱，不恤軍士，士卒不得其死者，白骨相望于野。

桓帝延熹二年，燒當八種寇隴右。以段熲爲校尉，將兵及湟中義從羌一萬二千人擊破之，追討南渡河，募先登，懸索相引，刀折矢盡，且鬭且行，晝夜相攻，割肉食雪，四十餘日，遂至河首積石山，山在今西平、安鄉郡界是也。〔四八〕出塞二千餘里，前後斬首虜并受降萬餘人。會段熲坐事徵，羌遂陸梁，覆没營塢，寇患轉盛，中郎將皇甫規、張奐雖累破之，而寇害不已。復遣段熲擊之，自春及秋，無日不戰，虜遂饑困敗散。凡破西羌，斬首二萬三千級，獲生口數萬，西羌于是弭定。而東羌先零等，自覆没馬賢後，既降又叛。帝以問熲，熲曰：「狼子野心，難以恩納，唯當白刃加頸耳。計其所餘三萬餘落，居近塞内，久亂并、涼，累侵三輔、西河、上郡，已各内徙，安定、北地，復至單危，自雲中、五原西至漢陽二千餘里，今榆林郡，即漢雲中、五原郡地。漢陽，今天水郡也。匈奴、種羌，並擅其地，是爲癰疽伏疾，留滯脅下，如不加誅，轉就滋大。今若以騎五千，步兵萬人，車三千輛，〔四九〕三冬兩夏，足以破定，無慮用費爲錢五十四億。如此，可令羣羌破盡，匈奴長服，内徙郡縣，得反本土。伏計永初中，諸羌反叛，十有四年，用二百四十億；永和之末，〔五〇〕復經七年，用八十餘億。費耗若此，猶不誅盡，〔五一〕餘孽復起，于此作害。今不暫疲人，則永寧無期矣。」許之。〔五二〕

靈帝建寧初，熲與先零諸種戰，斬首八千餘級。熲復追之，〔五三〕且破且追，士皆重繭，既到涇陽，今平涼郡平涼縣。〔五四〕餘寇四千落，悉散入漢陽山谷間。時張奐上言：「東羌雖破，餘種難盡，熲性果慮輕，負敗難常。〔五五〕宜且以恩降，可無後悔。」詔書下熲。熲復上言：「臣本知東羌雖衆，而輭弱易制，所以比陳愚慮，思爲永寧之算。〔五六〕而張奐説虜强難破，宜用招降，云臣兵累見折衄，又云羌一氣所生，不可誅盡，山谷廣大，不可空靜。臣伏念周秦之際，戎狄爲害，中興以來，羌寇最盛。誅之不盡，雖降復叛。今先零雜種，累以反覆，〔五七〕攻掠縣邑，剽劫人物，上天震怒，假手行誅。臣自動兵，衆和師克。自橋門以西，落川以東，今金城、會寧、平涼等郡地。非爲深險絶域之地，車騎安行，無應折衄。按奐駐軍二年，不能平寇，誕辭空説，僭而無徵。何以言之？昔先零作寇，趙充國徙居內地，煎當亂邊，馬援遷之三輔，始服終叛，至今爲梗。故遠識之士，以爲深憂。〔五八〕今傍郡户口單少，數爲羌所瘡毒，而欲令降徒與之雜居，是猶種枳棘于良田，〔五九〕養虺蛇于室內也。故臣奉大漢之威，建長久之策，欲絶其根本，不使能殖。〔六〇〕本規三歲之費，用五十四億，今適周年，所耗未半，而餘寇殘燼，將向殄滅。臣每奉詔書，軍不內御，願卒斯言，一以任臣，臨時量宜，不失權便。」二年，熲遂進營逼諸羌，大敗之于瓦亭山。〔六一〕在今平涼郡蕭關縣也。羌衆潰，東奔，復聚射虎谷，分兵守諸谷上下門。熲又先令千人于西縣今天水郡上邽縣地。〔六二〕結木爲栅，廣二十步，長四十里，遮之。然後統兵擊之窮山深谷之中，是處破之，〔六三〕斬其渠帥以下一萬九千級，獲畜物之産不可勝數。于是東羌悉平，凡百八十戰，斬三萬八千六百餘級，獲牛馬驢騾橐駝四十二萬七千五百餘頭，費用四十四億，將士死者四百餘人。〔六四〕

自爰劍後，子孫支分凡百五十種。其九種在賜支、賜支，即析支河也。河首以西，及在蜀、漢徼北。參狼在武都，勝兵數千人。其五十二種衰少，不能自立，分散爲附落，或絶滅無後，或引而遠去。其八十九種，惟鍾最强，勝兵十餘萬。其餘大者萬餘人，小者數千人，更相鈔盜，盛衰無常。順帝時，勝兵合可二十萬人。發羌、唐旄等絶遠，未常往來。氂牛、白馬羌在蜀、漢，其種别名號，皆不可知也。

四至：按其地盡雍、梁之西北境，其後蔓衍，雜居于胡、漢，莫能詳悉。

卷一百八十七校勘記

〔一〕即後義渠戎之所居是也　「是」，底本脱，萬本同，據宋版、庫本及傅校補。

〔二〕周幽王　「周」，底本脱，據宋版、萬本、庫本及傅校補。

〔三〕今陸渾地是也　「是」，底本脱，據宋版、萬本、庫本及傅校補。

〔四〕緜諸狄獂之戎　「緜」，底本作「綿」，宋版作「緜」。按史記卷一一〇匈奴列傳：「自隴以西有緜諸、緄戎、翟、獂之戎。」此「綿」爲「緜」字之訛，據改。

〔五〕今蘭會河鄯等州也　「河」，底本作「可」，萬本同，據宋版、庫本及傅校改。

〔六〕今京兆同岐隴等州地　「地」，底本作「也」，據宋版、萬本、庫本及傅校改。

〔七〕和帝以後　「以」，底本脱，據宋版、萬本、庫本及傳校補。

〔八〕滇音顛　此三字底本脱，萬本同，據宋版補。

〔九〕遣觀王雄大破之　底本「雄」下衍「統」字，「大」下衍「兵」字，並據宋版、萬本、庫本、傳校及通典卷一八九邊防五删。

〔一〇〕遂俱亡入三河間　「俱」，底本作「居」，萬本同，庫本作「皆」，據宋版、傳校及後漢書卷八七西羌傳改。

〔一一〕今金城隴西安鄉郡之西南　「南」，底本脱，庫本同，據宋版、萬本及通典邊防五補。

〔一二〕秦獻公初立欲復穆公之迹　「初立欲」，底本作「之後孝公」，據宋版、萬本、庫本、傳校及後漢書西羌傳改。

〔一三〕今欲復之　「今」，底本作「故」，據宋版、萬本、庫本及後漢書西羌傳李賢注改。

〔一四〕今武都郡地　「地」，底本脱，萬本同，據宋版、庫本補。

〔一五〕從此起矣　「從」，底本作「自」，據宋版、萬本、庫本及後漢書西羌傳改。

〔一六〕故種人得以繁息　「以」，底本脱，據宋版、萬本、庫本及後漢書西域傳補。

〔一七〕秦既兼天下　「兼」，底本作「併」，據宋版、萬本、庫本、傳校及後漢書西羌傳改。

〔一八〕依西海鹽池之左右　底本「依」上衍「而」字，據宋版、萬本、庫本、傳校及後漢書西羌傳删。

〔一九〕今酒泉郡之北千來里鹽池也　「千」，底本作「十」，庫本同，據宋版、萬本及通典邊防五改。

〔二〇〕俱亡者不過四千人　「四」，底本作「數」，萬本、庫本同，據宋版及漢書卷六九趙充國傳改。

〔二一〕通道動靜　按後漢書西羌傳無「道」字。

〔二二〕大小榆谷　「谷」，底本脱，萬本、庫本同，據後漢書西羌傳、通典邊防五補。

〔二三〕自建武以來　「以」，底本脱，據萬本、中大本、庫本、傅校及後漢書西羌傳補。

〔二四〕諸種易以爲非　「以」，底本作「于」，據萬本、庫本、傅校及後漢書西羌傳改。

〔二五〕鍾存　「鍾」，底本作「種」，萬本、中大本、庫本同，據後漢書西羌傳改。注文改同。

〔二六〕餘勝兵者不過數百　「者」，底本脱，據萬本、庫本及後漢書西羌傳補。

〔二七〕上開置歸義建威屯田二十七部　「上」，底本脱，萬本、庫本同，據後漢書西羌傳補。

〔二八〕任尚率諸郡兵馬　「郡」，底本作「部」，萬本同，據庫本及後漢書西羌傳改。

〔二九〕百姓死亡不可勝數　「數」，底本作「計」，庫本同，據萬本、傅校及後漢書西羌傳改。

〔三〇〕煎當　底本作「當煎」，萬本同，據後漢書集解引惠棟説乙正。本書下卷同。

〔三一〕其土人所以推鋒無反顧之心者　「推」，底本作「摧」，萬本同，據庫本、傅校及後漢書卷五八虞詡傳改。

〔三二〕地在今京兆府三原縣也　通典卷一七三州郡三京兆府三原縣：「漢池陽縣地。」武功縣：「又漢美陽縣。」此「三原縣」爲「武功縣」之誤。

〔三三〕時連旱蝗饑荒　底本「連」下衍「年」字，據萬本、庫本及後漢書西羌傳删。

〔三四〕武陟縣地　「地」，底本作「也」，萬本、庫本同，據通典邊防五改。舊唐書卷三九地理志二：武陟縣，「漢懷縣地，故城在今縣西。」

〔三五〕兵法弱不攻强　底本「兵法」下衍「云」字，據萬本、庫本及後漢書西羌傳删。

〔三六〕日行數百　底本「百」下衍「里」字，據萬本、庫本及後漢書西羌傳删。

〔三七〕首尾掩截　「截」，底本作「襲」，據萬本、庫本、傅校及後漢書西羌傳改。

〔三八〕轉運委輸　「運委」，底本脱，萬本、庫本同，據後漢書西羌傳、通典邊防五補。

〔三九〕按秦地除三輔屬司隸外並屬涼州　底本脱「外」字，「並」作「餘」，並據萬本、庫本及通典邊防五補改。

〔四〇〕夫棄沃壤之饒　「壤之饒」，底本倒誤爲「饒之壤」，據萬本、庫本及後漢書西羌傳乙正。

〔四一〕當爲隴西理在襄武捍蔽京師尚遠　底本脱「當爲」二字，庫本同，「遠」作「還」，並據萬本及通典邊防五補改。

〔四二〕宜開聖聰　「聰」，萬本作「聽」，同通典邊防五，按後漢書西羌傳作「德」。

〔四三〕其務安羌胡　「安羌胡」，底本脱，庫本同，據萬本及後漢書西羌傳補。

〔四四〕多所擾發　底本「擾」作「舉」，句末並有注「舉」作「擾」，據萬本、庫本、傅校及後漢書西羌傳、通典邊防五改删。

〔四五〕傅難種羌　「傅」，底本作「傳」，萬本同，據庫本及後漢書西羌傳、通典邊防五改。

〔四六〕今天水郡地　底本脱「郡」字，「地」作「也」，萬本、庫本同，據通典邊防五補改。後文注「天水」下同補「郡」字。

〔四七〕以保聚百姓　「聚」，底本作「衆」，萬本、庫本同，據傅校及後漢書西羌傳改。

〔四八〕在今西平安鄉郡界是也　底本脱「郡」字，庫本同，據萬本及通典邊防五補。

〔四九〕車三千輛　「千」，底本作「百」，萬本、庫本同，據傅校及後漢書卷六五段熲傳改。

〔五〇〕永和之末　「之末」，底本作「初」，萬本、庫本皆作「之初」，據後漢書段熲傳、通典邊防五補改。

〔五一〕猶不誅盡　「不」，底本作「有」，萬本同，據庫本及後漢書段熲傳、通典邊防五改。

〔五二〕許之　按後漢書段熲傳作「帝許之」，此蓋脱「帝」字。

〔五三〕熲復追之　「熲」，底本作「更」，據萬本、庫本、傅校及通典邊防五改。

〔五四〕今平涼郡平涼縣　二「涼」字，底本皆作「原」，萬本、庫本同。本書卷一七三州郡三：平涼郡平涼縣，「漢涇陽縣故城今縣南。」此二「原」爲「涼」字之誤，據改。

〔五五〕熲性果慮輕負敗難常　「果慮輕」，底本作「輕介慮」，據萬本、傅校及通典邊防五改。庫本作「輕寡慮」。後漢書段熲傳作「熲性果輕，慮負敗難常」。

〔五六〕思爲永寧之算　「爲」，底本脱，庫本同，據萬本及後漢書段熲傳、資治通鑑卷五六建寧元年補。

〔五七〕累以反覆　「累以」，底本作「羌已」，萬本、庫本同，據後漢書段熲傳、通典邊防六、資治通鑑卷五六建寧元年改。

〔五八〕以爲深憂　「憂」，底本作「慮」，據萬本、庫本及後漢書段熲傳改。

〔五九〕是猶種枳棘于良田　「枳」，底本作「荆」，庫本同，據萬本及後漢書段熲傳改。

〔六〇〕欲絶其根本不使能殖　「欲」，底本脱；「殖」，底本作「植」，並據萬本、庫本及後漢書段熲傳補改。又「根本」，後漢書段熲傳作「本根」。

〔六一〕大敗之于瓦亭山　「瓦」，通典邊防五同，後漢書段熲傳、資治通鑑卷五六建寧二年皆作「凡」。

〔六二〕今天水郡上邽縣地　「今」，底本脱，據萬本、庫本及通典邊防五補。「地」，底本脱，萬本、庫本同，據通典補。

〔六三〕是處破之　「是處」，後漢書段熲傳、通典邊防五、資治通鑑卷五六皆作「處處」，此「是」蓋爲「處」字之誤。

〔六四〕將士死者四百餘人　「百」，底本作「十」，萬本、庫本同，據傳校及後漢書段熲傳、通典邊防五改。

太平寰宇記卷之一百八十八

四夷十七

西戎九

湟中月氏胡氏附　**吐谷渾**　**乙弗敵**〔一〕　**宕昌**　**鄧至羌**

湟中月氏胡

湟中月氏胡，其先大月氏音支。之别也，舊在張掖、酒泉地。月氏王爲匈奴冒音墨。頓所殺，餘種分散，西踰葱嶺。其羸弱者南入山阻，依諸羌居止。〔二〕及漢將霍去病破匈奴，取西河地，開湟中，今西平郡地。〔三〕于是月氏來降，與漢人錯居。〔四〕雖依附縣官，而首施兩端。首施，猶言首鼠。其從漢兵戰鬭，〔五〕隨勢强弱。被服、飲食、言語，略與羌同，亦以父名母姓爲種。其大種有七，勝兵合九千餘人，分在湟中及令居。又數百户在張掖，號曰「義從胡」。後漢靈帝中平初，與北宫伯玉等反，殺護羌校尉泠徵、金城太守陳懿，遂寇亂隴右。

范曄論曰：「羌戎之患，自三代尚矣。漢世方之匈奴，頗爲衰寡，而中興以後，邊難漸大。朝規失綏御之和，戎帥騫然諾之信。〔六〕故永初之閒，〔七〕羣種蜂起。遂解仇嫌，結盟詛，陸梁三輔，建號稱制。東侵趙、魏之郊，南入蜀、漢之鄙，塞湟中，斷隴道，燒陵園，剽城市，傷敗踵係，羽書日聞。并、涼之士，特衝殘斃。自西戎作孽，未有陵斥上國若斯其熾者也。和熹以女君親政，威不外接。朝議憚兵力之損，情存苟安。或以邊州難援，宜見捐棄；或懼疽食浸淫，莫知所限。謀夫迴遑，猛士疑慮，遂徙西河四郡之人，雜寓關右之縣。發屋伐樹，塞其戀土之心；燔破貲積，以防顧還之思。于是諸將鄧隲、任尚、馬賢、皇甫規、張奐之徒，爭設雄規，更奉征討，馳騁東西，奔救首尾，搖動數州之境，日耗千金之資。至于假人增賦，借奉侯王，引金錢縑綵之珍，徵糧粟鹽鐵之積。所以賂遺購賞，轉輸勞來之費，前後數十巨萬。或梟剋酋健，摧破附落，降俘載路，牛羊滿山。軍書未奏其利害，而離叛之狀已言矣。奏猶上也。故得不酬失，功不半勞。官人屈竭，烈士賁喪。段熲受事，專掌軍任，蒙没冰雪，經履千折之道，始殄西種，卒定東寇。若乃陷擊之所殲傷，追走之所崩籍，其能穿竄草石，自脱于鋒鏃者，百不一二。而張奐盛稱『戎狄一氣所生，不宜誅盡，流血汙野，傷和致妖』，是何言之迂乎！羌雖外患，實深内疾，若攻之不根，是養疴于心腹也。根謂盡其根本也。惜哉寇敵略定矣，而漢祚亦衰焉。〔八〕嗚呼！昔先王疆理九土，〔九〕判别畿荒，知夷貊殊性，難以道御，故斥遠諸華，薄其貢職，〔一〇〕惟與辭要而已。若二漢御戎之方，失其本矣。何則？先零侵境，充國遷之内地；宣帝時，後將軍趙充國擊先零，還于金城郡置屬國，以處降羌。煎當作寇，馬援徙之三輔。貪其暫安之勢，信其馴服之情，計日月之權宜，忘經世之遠略，豈夫識微者之爲乎？」

土俗：其俗、被服、飲食、言語，略與羌同。

氐

氐，西戎之別種，在冉駹東北，廣漢之西。君長數十，白馬最大。漢武帝元鼎六年開，分廣漢西部，合爲武都郡。〔一一〕排其種人，分竄山谷。或在上禄，或在汧隴左右。其種非一，或號青氐，或號白氐，或稱蚺而占切。〔一二〕氐，此蓋中國人即其服色而名之。其後或叛或服，固無常居。

吐谷渾

吐谷渾，即遼東鮮卑也。西晉時，酋帥徒河涉歸有二子，長曰吐谷渾，少曰若洛廆，胡罪反。涉歸死，廆代統部落，別爲慕容氏。渾庶長，廆正嫡。父在時，分七百户與渾，渾與廆二部俱牧馬，馬鬬相傷，廆怒，遣使謂渾曰：「先公處分，與兄異部，〔一三〕牧馬何不相遠，而令馬鬬。」渾曰：「馬是畜生，食草飲水，春氣發動，所以致鬬。鬬起于馬，而怒及人耶？乖別甚易，今當去汝于萬里之外矣。」于是擁馬西行，乃西附陰山。今朔方之北。〔一四〕屬永嘉之亂，始度隴而西，〔一五〕止于枹罕，其後子孫據有甘松之南，洮水之西，南極于白蘭，在益州西北。甘松山在今交川郡境，〔一六〕今臨洮、和政郡之南及合川郡之地。〔一七〕至其孫葉延，以禮云「公孫之子得以王父字爲氏」，吾祖始自昌黎，光宅于此，今以吐谷渾爲氏，尊祖之義也。

自吐谷渾至孫葉延曾孫視羆，皆有雄才知略，〔一八〕知古今，司馬、博士皆用儒生。至其子阿豺，自稱驃騎將軍、沙州刺史。阿豺兼羌并氐，號爲强國，遣使詣宋朝貢。阿豺死，弟慕璝璝，音瓌。遣兵擊乞伏茂音戎。蔓，茂蔓東奔隴右，慕璝據有其地。其時赫連定于長安爲後魏主所敗，擁户口十萬餘，西至罕幵，慕璝大敗之。後弟慕延立，太武帝遣兵擊延，大破之，慕延率部落西奔白蘭，攻破于闐國，南依罽賓，七年乃還舊土。

慕延死，阿豺兄樹洛干子拾寅立，〔一九〕始邑于伏羅川。至玄孫夸吕立爲可汗，理伏俟城，〔二〇〕在青海西十五里，有地方數千里。其西北諸雜種謂之阿貲虜。貲，即移切。〔二一〕其南界龍涸下各切。〔二二〕城，去成都千餘里。大戍有四，一在清水川，〔二三〕一在赤水，一在澆河，一在吐屈真川，皆子弟所理。其王理慕賀川。西有黄沙，南北一百二十里，東西七十里，不生草木。雖有城郭，不居，而隨逐水草。官有王公、僕射、尚書及郎中、將軍之號。其主椎直追切。髻毦珠，以皂爲帽。其妻衣織成裙，被錦大袍，辮髮于後，首戴金花。丈夫衣服略同于華夏，多以羃羅爲冠，亦以繒爲帽。婦人皆貫珠貝束髮，以多爲貴。兵器有弓、刀、甲、矟。〔二四〕國無常賦，須則稅富室、商人，以充用焉。父兄亡，妻後母及嫂等，與北狄俗同。死者亦皆埋殯，其服制，葬訖則除之。性貪婪，忍于殺害。

後周明帝武成初，夸吕寇涼州，詔賀蘭祥率兵討破之，又攻拔其洮陽、洪和二城，〔二五〕置洮州今臨洮郡也。而還。武帝天和初，其龍涸王莫昌率衆降，以其地爲扶州。今同昌郡也。二年，復遣使來獻。建德五年，其國大亂，高祖詔皇太子征之，軍渡青海至伏俟城，夸吕遁走，虜其餘衆而還。

隋開皇中，夸吕侵弘州，在今安化郡馬嶺縣界。〔二六〕遣上柱國元諧擊之。夸吕悉發國中兵，自曼頭至樹敦，甲騎不絶。諧頻擊破之。夸吕率其親兵遠遁，其名王十三人各率部落而降。夸吕在位且百年，死以後還以慕容爲姓。其子伏允立。煬帝初，伏允遣子順來朝，帝令鐵勒襲，大敗之。伏允東走，保西平。今西平郡也。帝復令觀王雄出澆河以掩之，大破其衆。伏允遁逃，部落來降十餘萬口。伏允懼，南遁于山谷閒。其故地皆空，自西平臨羌城以西，且末以東，祁連以南，雪山以北，東西四千里，南北二千里，皆爲隋有，置郡縣鎮戍，發天下輕罪徙居之。其地在今西平郡之西，張掖、酒泉郡之北。隋氏置西海、且末、河源郡也。于是留順不之遣。伏允無以自資，率其徒數千騎客于党項。隋大業末，天下亂，伏允及順復其故地。

唐貞觀中，李靖、侯君集破滅之。伏允遠遁，爲左右所殺。其子大寧王順歸降，于是重建其國，封順爲西平郡王，仍加趉巨屈切。胡吕烏甘豆可汗之號，旋又爲其下所殺。十年，立順子諾曷鉢爲河源郡王，主其國，自爾衰弱，而吐蕃强盛。高宗時，爲其破滅，諾曷鉢以餘衆復來降，中閒叛去，于靈州之境置安樂州，以諾曷鉢爲刺史，其故地並没于吐蕃。後又封渠帥慕容宣超爲青海王。

武后朝，郭元振上安置降吐谷渾狀曰：「臣昨見唐休璟、張錫等，衆議商量，其吐谷渾部落，或擬移就秦、今天水郡。隴，今汧陽郡。或欲移近豐、今九原郡。靈，今靈武郡。貴令漸去邊隅，使居內地，用爲防閑之要，冀免背叛之虞。臣以爲並是偏見之一端，未爲長久之深策。若近秦、隴，則與監牧雜居；如在豐、靈，復與默啜甫邇。必以慮其翻覆，須有遷移，縱至中土，安可易其本性。至如耽爾乙句貴，往年王孝傑奏請自河源軍徙居靈州，用爲愜便。及其逃叛之日，〔二七〕穿監牧，掠馬羣，所在傷夷，大損州縣，是則遷居中土無益之明驗矣。往者素和貴雖背聖化，只從當所居地叛走，其于中國，無所損傷，但是失小許吐谷渾耳，豈與句貴之爲害同日而語哉！今吐谷渾之降者，非驅略而來，皆是渴慕聖化，衝鋒突刃，棄吐蕃而至者也。臣謂宜當循其情以爲制，勿輕擾之，使其情地稍安，則繫戀心亦日厚。當涼州降者，今武威郡。則宜于涼州左側安置之；當甘州、今張掖郡。肅州降者，今酒泉郡。則宜于甘、肅州左側安置之；當瓜、今晉昌郡。沙今燉煌郡。降者，則宜于瓜、沙左側安置之。但吐谷渾所降之處，皆是其舊居之地，斯輩既投此地，實有戀本之心。〔二八〕若因其所投而便居之，其情易安。因數州而磔裂之，則其勢自分。順其情，分其勢，而不擾于人，可謂善奪戎狄之權矣。何必要纂聚一處如一國，使情通意合如一家，脱有異志，則一時盡去，傷害州縣，爲患慮深。〔二九〕何如分置諸州，使每州皆得吐谷渾使役，〔三〇〕若欲他懷，必不能遠相連結總去。臣愚輒以爲勝策。如允臣此見，其所置之處，仍請簡取當處强明官人，于當處鎮遏之，則小小爲非，亦易杜絶。兼每使達蕃情、識利害者，〔三一〕共宣超兄弟一人，歲往巡按，以撫護之，無使侵削其生業，日就樂戀，自亦深矣。如此，臣實以爲羈縻戎狄之良策。〔三二〕設使後有去就，不過邊州失少許吐谷渾，終無傷于中國。今此輩心悠揚而無主，未知所安，必在早定安置之計，〔三三〕無令驚擾，速生邊患。」

至垂拱四年，諾曷鉢卒，子忠嗣，忠卒，子宣超嗣。〔三四〕聖曆三年，授宣超左豹韜員外大將軍，仍襲父烏地也拔勒豆可汗。宣超卒，子曦皓立。曦皓卒，子兆嗣。及吐蕃陷我安樂州，〔三五〕其部衆又東徙，散在朔方、河東之境。今俗多謂之退渾，蓋語急而然。貞元十四年十二月，以朔方節度副使、左金吾衛大將軍同正慕容復爲襲長樂州都督、青海國王、烏地也拔勒豆可汗。〔三六〕未幾，卒，其封襲遂絶。

吐谷渾自晉永嘉之末，始西渡洮水，建國于羣羌之故地，至龍朔三年爲吐蕃所滅，凡三百五十年。

四至：在甘松之南，洮水之西，南極于白蘭，當益州之西北。

土俗物産：其地四時恒有冰雪，〔三七〕惟六七月雨雹甚盛。若晴，〔三八〕則風飄沙礫。有麥，無穀。其青海，周迴千餘里。海中有小山焉，每冬冰合後，以良牝馬置此山，至來冬收之，馬有孕，所生得駒，號爲龍種。吐谷渾常得波斯草馬，放入海，因生驄駒，能日行千里，故時盛稱青海驄馬。

扜泥城，一名東故，亦名樓蘭城，在國西二千六百里，故曰樓蘭都，〔三九〕在國西二千八百里，故鄯善國都也。魏書西域傳云：「真君三年，鄯善王比龍率國人之半奔且末。後役屬鄯善。」按其後爲吐谷渾所并。

扜零城，〔四〇〕小宛國王治。西北至都護治所二千五百五十八里。東與婼羌接。土地十三州志云「小宛并于鄯善」是。

龍夷城，漢西海郡治，石國西北三百里。

故契翰，虜所治，段國沙州記云：〔四一〕「西弘城東有西强城，因山爲名，可容四百餘人。」

曼頭城，在國西南二百里。按後魏真君六年，遣高涼王那討吐谷渾，〔四二〕軍至曼頭城，即此邑。在國西南五百里，〔四三〕隋河源郡所治也。國南又有新律國，又有長源城。已上城見梁載言十道志。

西傾山，在金城西南，大河所經。其下一名西强山，一名强臺山，〔四四〕在積石山東。皆舊吐谷渾界山川之名。

乙弗敵

乙弗敵，後魏聞焉，在吐谷渾北。國有屈海，周迴千餘里。衆有萬落，風俗與吐谷渾同。然不識五穀，惟食魚與蘇子。蘇子狀如中國苟杞子，或赤或黑。西有契翰一部，風俗亦同，土特多狼。

宕昌國

宕昌國，後魏時興焉，亦三苗之胤，與先零、燒當、罕开諸部姓別，自立酋帥，皆有地分，不相統攝，宕昌即其一也。有梁懃者，〔四五〕代爲酋帥，得羌豪心，乃自稱王。其界自仇池以西，東西千里；席水以南，南北八百里。仇池山在今同谷郡上禄縣，〔四六〕席水在今天水郡上邽縣也。地多山阜，部衆二萬餘落。懃孫彌忽始遣使于魏，太武帝拜爲宕昌王。七葉孫彌秦，〔四七〕皆受南北兩朝封爵。宋、齊、梁及魏，並各羈縻之。後見兩魏分隔，永熙末種人企定乃引吐谷渾寇金城，今郡也。後企定弟彌定寇石門戍。周武帝天和初，詔大將軍田弘討平之，以其地爲宕州。今懷道郡。

土俗物產：俗皆土著，居有棟宇，屋織犛牛尾及羖羊毛覆之。〔四八〕無法令，又無徭賦。唯征伐之時，乃相屯聚，不然，則各事生業，不相往來。皆衣裘褐，牧養犛牛、羊、豕，以供其食。俗有蒸報。無文字，但候草木榮落，以記時歲。三年一相聚，殺牛羊以祭天。

鄧至羌

鄧至羌，羌之別種也。後魏時興焉。有像舒治者，世爲白水酋，因地名號，自稱鄧至。自舒治至十世孫舒彭，附于後魏，孝文帝封甘松縣子、鄧至王。後數世，西魏恭帝初，其主檐術因亂來奔，〔四九〕周文帝遣兵送還，自後無聞。

四至：其地自亭街以東，〔五〇〕平武以西，汶嶺以北，宕昌以南。今谷州之南，茂州之北，松、翼、扶三州之地是。〔五二〕風土習俗，與宕昌同。

卷一百八十八校勘記

〔一〕乙弗敵　「弗」，底本作「佛」，庫本同，據宋版、萬本及通典卷一九〇邊防六改。下同。魏書卷一〇一吐谷渾傳作「乙弗勿敵國」。

〔二〕其羸弱者南入山阻依諸羌居止　「阻」、「止」，底本脱，庫本同，據後漢書卷八七西羌傳、太平御覽卷七九四四夷部一五補。萬本有「阻」字，無「止」字，亦脱。

〔三〕今西平郡地　「地」，底本作「也」，庫本同，據通典卷一八九邊防五、文獻通考卷三三四裔考一〇改。萬本脱。

〔四〕與漢人錯居　「錯」，底本作「雜」，據萬本、庫本、傅校及後漢書西羌傳、太平御覽四夷部一五改。

〔五〕其從漢兵戰鬬　「從」，底本作「隨」，據萬本及後漢書西羌傳、通典邊防五改。

〔六〕戎帥騫然諾之信　「騫」，底本作「蹇」，庫本同，據萬本及後漢書西域傳改。

〔七〕故永初之閒　「永初之閒」，底本作「永平初」，萬本、庫本同，據後漢書西羌傳改。通典邊防五引作「永初中」。

〔八〕惜哉寇敵略定矣而漢祚亦衰焉　「矣」、「焉」，底本脱，庫本同，據後漢書西羌傳補。萬本有「焉」

字而脱「矣」字。

〔九〕昔先王疆理九土　「昔」，底本作「蓋」，據傳校及後漢書西羌傳改。

〔一〇〕薄其貢職　「職」，底本作「賦」，庫本同，據萬本及後漢書西羌傳改。

〔一一〕合爲武都郡　「郡」，底本作「督」，萬本、庫本同，據通典邊防五改。冊府元龜卷九五六：「氐人有王，所從來久矣。自漢開益州，置武都郡，排其種人，分竄山谷間。」可證作「郡」是。

〔一二〕而占切　「占」，底本作「上」，據通典邊防五、太平御覽四夷部一五改。

〔一三〕與兄異部　底本「兄」下衍「弟」字，萬本、庫本同，據宋書卷九六鮮卑吐谷渾傳、魏書卷一〇一吐谷渾傳、北史卷九六吐谷渾傳删。

〔一四〕今朔方之北　「北」，底本作「地」，庫本同，據萬本及通典邊防五改。

〔一五〕始度隴而西　庫本同，萬本無「而」字，同通典邊防五。

〔一六〕交川郡　「川」，底本作「州」，萬本、庫本同，據通典卷一七六州郡六改。

〔一七〕合川郡　「川」，底本作「州」，萬本、庫本同，據通典州郡六改。

〔一八〕皆有雄才知略　「雄力知略」，萬本、庫本、傳校作「才略」，同通典邊防六。

〔一九〕樹洛干　「干」，底本作「于」，萬本、庫本同，據魏書卷一〇一吐谷渾傳、北史吐谷渾傳改。

〔二〇〕伏俟城　「俟」，底本作「侯」，庫本同，據萬本及魏書吐谷渾傳、北史吐谷渾傳改。下同。

〔二一〕即移切　「即」，底本作「郡」，據通典邊防六注改。

〔二二〕下各切　萬本、庫本皆無此三字。

〔二三〕清水川　「清」，底本作「青」，庫本同，據萬本及通典邊防六改。

〔二四〕兵器有弓刀甲矟　「矟」，底本作「楯」，據萬本及魏書吐谷渾傳、北史吐谷渾傳改。

〔二五〕洮陽洪和二城　「洪」，底本作「泥」，據周書卷四明帝紀、北史吐谷渾傳改。

〔二六〕馬嶺縣　「嶺」，底本作「領」，萬本、庫本同，據通典邊防六、通典卷一七三州郡三安化郡改。

〔二七〕及其逃叛之日　「逃」，底本作「盜」，據萬本、傅校及通典邊防六改。

〔二八〕實有戀本之心　「心」，萬本、庫本皆作「情」，同通典邊防六，與下文所云「其情易安」相符。

〔二九〕爲患慮深　「慮」，底本作「愈」，據宋版、萬本、庫本改。

〔三〇〕何如分置諸州使每州皆得吐谷渾使役　前「州」字，底本作「郡」，據宋版、萬本、庫本及傅校改。「使」，底本脱；「使役」，底本作「所使」，萬本、庫本皆作「所使」，並據宋版及通典邊防六補改。

〔三一〕兼每使達蕃情識利害者　「每」，底本脱，據宋版、萬本、庫本及通典邊防六補。

〔三二〕臣實以爲羈縻戎狄之良策　「實」，底本脱，據宋版、萬本、庫本、傅校及通典邊防六補。

〔三三〕今此輩心悠揚而無主未知所安必在早定安置之計　底本「無」下衍「定」字，「定」作「計」，又脱「計」字，並據宋版删改補。萬本、庫本衍「定」字，「早定安置」誤作「早安定置」。通典邊防六

「必」上有「不」字，意與此反。

〔三四〕子忠嗣忠卒子宣超嗣　底本脱「子忠嗣忠卒」五字，後「子」上衍「其」字，並據宋版及舊唐書卷一九八西戎傳補删。

〔三五〕及吐蕃陷我安樂州　「我」，底本脱，萬本同，據宋版及舊唐書西戎傳補。

〔三六〕慕容復爲襲長樂州都督青海國王烏地也拔勒豆可汗　「襲」，底本脱，萬本同，據宋版、庫本、傅校及舊唐書西戎傳補。

〔三七〕其地四時恒有冰雪　「其」，底本作「此」，據宋版、萬本、庫本、傅校及通典邊防六改。

〔三八〕若晴　底本「若」下衍「天」字，萬本、庫本同，據宋版及通典邊防六删。

〔三九〕亦名樓蘭城在國西二千六百里故曰樓蘭都　「城」，底本作「都」；「在國西二千六百里故曰樓蘭都」，底本無，萬本、庫本同，並據宋版改補。按漢書卷九六西域傳上：「鄯善國，本名樓蘭，王治扜泥城。」魏書卷一〇二西域傳：「鄯善國，都扜泥城，古樓蘭國也。」則鄯善國即樓蘭國，都於扜泥城，宋版以樓蘭城與鄯善國都爲二，未知何據，録以備考。

〔四〇〕扜零城　「扜」，底本作「扞」，萬本、庫本同，據宋版及漢書西域傳上改。

〔四一〕段國沙州記　底本「國」下衍「所」字，萬本、庫本同，據宋版及太平御覽經史圖書綱目删。

〔四二〕高涼王那　底本「涼」下衍「郡」字，脱「那」字，據宋版及魏書卷四世祖太武帝紀下删補。魏書卷一四高涼王孤傳：玄孫那。萬本、庫本作「高涼王郡」，「郡」爲「那」字之誤。

〔四三〕在國西南五百里 「南」，底本脱，據宋版、萬本、庫本補。

〔四四〕強臺山 「强」，萬本、庫本同，宋版作「强」。按水經河水注、史記卷二夏本紀正義引括地志、元和郡縣圖志卷三九洮州臨潭縣、太平御覽卷六二皆作「强」，初學記卷八作「强」。

〔四五〕梁懃 「懃」，底本作「勒」，萬本作「勤」，據宋版、中大本、庫本及魏書宕昌傳、北史宕昌傳改。下同。周書卷四九異域傳上作「勤」。

〔四六〕仇池山 「山」，底本脱，庫本同，據宋版、萬本及通典邊防六補。

〔四七〕七葉孫彌秦 「七」，萬本同，宋版、中大本、庫本皆作「十」。按通典邊防六亦作「七」。「秦」，萬本、庫本同，宋版作「泰」。按通典作「秦」，梁書卷五四諸夷傳、南史卷七九夷貊傳下皆作「泰」。

〔四八〕居有棟宇屋織氂牛尾及羖羊毛覆之 「有」、「屋」，底本脱，庫本同，並據宋版、萬本及魏書宕昌傳、北史宕昌傳補。萬本「屋」上有「其」字，同魏書、北史、通典。

〔四九〕檜術 「檜」，底本作「擒」，庫本同，據宋版、萬本及通典邊防六改。周書異域傳上作「檜柝」。

〔五〇〕亭街 宋版、庫本同，萬本作「千亭」，中大本作「街亭」。按魏書鄧至傳、北史鄧至傳皆作「街亭」，通典邊防六作「千亭」。

〔五一〕松翼扶三州之地是 「是」，底本作「也」，據宋版改，庫本作「是也」。

太平寰宇記卷之一百八十九

四夷十八

北狄一

北狄總序

北狄之域，其與中國侵糅尚矣，〔一〕蓋最甚焉。周宣王北逐獫狁，至于太原。襄王時，晉文公伐狄，卻之，居于西河圁、洛之間。圁，音銀，今銀州也。春秋之末，天下七國，而秦、趙、燕三國與北戎隣，趙襄子嘗踰勾注而伐之，以臨胡。勾注，在今代州鴈門縣。秦昭王破義渠戎王，于是有隴西、今秦、渭、蘭、會、階、岷、鳳等州。北地、今涇、寧、慶、原、靈、豐、宥等州。上郡，今鄜、坊、延、綏、銀、麟、夏等州地。〔二〕築長城以拒胡。至趙武靈王破林胡、樓煩，乃築長城自代今代州也。〔三〕旁陰山下，至高闕，陰山在安北都護府北七十里。高闕在陰山之西，皆在河之西也。〔四〕初置雲中、今雲州。鴈門、代郡。今皆代州。其後燕將襲破東胡，卻千餘里，燕亦築長城，自造陽至襄平，造陽在今嬀川郡之北。襄平即遼東所理，今安東都護府。自造陽東行至襄平，凡千四百餘里。因置上谷、漁陽、右北平、遼東等四郡。

秦滅六國，北擊胡，悉收河南地，因河爲塞，今按河入塞，自靈州西南，即此也。築四十四縣城臨河，徙謫戍以充之。因邊山險塹溪谷可繕者繕之，起臨洮洮州西南，即吐蕃界，中國之極西北，向外無郡縣也。〔五〕至遼東，即襄平。按此言秦因仍燕、趙之故塞也。〔六〕東西萬餘里。中國之北邊也。又渡河據陽山北假中。北假在今靈州懷遠縣界。陽山在北假之南界，以地假借民耕，故曰「假中」。隋大業長城在此縣界河外。當是時，東胡强而月氏盛。匈奴不勝秦，乃北徙。至秦亂，乃稍渡河南與中國界于故塞。故塞即秦末奪河南時地，今延、慶二州界。推此略定，以爲北狄之境也。其强盛侵軼，懿王之侵于涇陽，襄王之至于雒邑，漢高之困白登，漢文之入北地，燒回中，風舉鳥散，〔七〕則非地理之書之所述。至于永嘉之際，侵緣邊州郡，或見居其地者，亦時及焉。

蓋通曰八狄，白虎通曰：「狄者，言辟易無別。」說文曰：「字從犬，本犬種也。」唐虞曰山戎，夏曰獯鬻，周曰獫狁，其實一也。其後有赤翟、白翟、林胡、樓煩之名。〔八〕秦漢之際，匈奴爲盛，後漢匈奴稍弱，而桓靈之間，烏桓滅，而鮮卑大，盡有匈奴故地。其後諸部大人慕容、拓拔、宇文更盛，並據中國。而後魏神䴥中，蠕蠕强盛，與後魏爲敵。後魏末，蠕蠕滅，而突厥起，盡有其地。至唐貞觀四年，方爲李靖所滅，分其種落于河南、朔方。其後各具于諸國之説。

匈奴上

匈奴。先祖夏后氏之裔，曰淳維，殷時奔北方。至周末，七國時，而與燕、趙、秦三國爲邊隣。趙孝成王使李牧備匈奴，善撫士卒，以便宜置吏，租皆入幕府，爲士卒費。日殺牛享士，習騎射，謹烽火，多閒諜。約曰：「匈奴有來入盜者，但急自備，敢捕虜者斬。」而匈奴每入，烽火謹候，輒入收保，不敢戰。如是者數歲，亦不亡失。然匈奴以牧爲怯，雖趙兵亦以爲吾將軍怯。〔九〕邊士日得賞賜而不用，皆願一戰。于是乃具選車得千三百乘，騎萬三千匹，彀者十萬人，彀，張也，音工豆切。張弓弩也。〔一〇〕悉勒習戰。大縱畜牧，人衆滿野。匈奴小入，佯北不勝，以數千人委之。單于聞之，悉衆來入寇。李牧張左右翼擊，大破之，殺匈奴十餘萬騎，滅襜襤，胡也。襜，都甘切。襤，路談切。破東胡，降林胡，單于奔走。十餘歲，匈奴不敢近趙邊城。

後秦滅六國，而始皇帝使蒙恬將數十萬之衆，北擊胡，悉逐出塞，收河南地，渡河，以陰山爲塞，築四十四縣城臨河，徙謫戍以充之。有罪謫合徙者，令徙居之。而通直道，自九原今九原郡也。至雲陽，因邊山險塹溪谷可繕者繕之，起臨洮至遼東萬餘里。秦之臨洮郡在今和政郡和政縣，即長城之所起也。

匈奴單于曰頭曼，不勝秦，北徙。十餘年至秦亂，諸秦所謫戍邊者皆復去，〔一一〕于是復稍渡河，與中國界于故塞。今安化、延安、平涼郡之地也。〔一二〕後爲其太子冒頓以鳴鏑射殺之，而自立爲單于，時秦二世元年。遂東襲滅東胡王，虜其人衆畜産。既歸，西擊走月氏，南并樓煩、白羊河南王，樓煩已具前。白羊未詳所在，疑今朔方、新秦等郡。侵燕、代，悉收復秦所使蒙恬所奪匈奴地者，與漢關故河南塞，至朝那、膚施。朝那今安定郡臨涇縣，膚施今延安郡膚施縣。是時漢與項羽相距，中國罷于兵革，故冒頓得自强，控弦之士三十餘萬。控，引也。自淳維以至頭曼千有餘歲，時大時小，别散分離，尚矣，尚，久遠也。其代傳不可得而知。然至冒頓，而匈奴最强大，盡服從北夷，而南與諸夏爲敵國，其代姓官號可得而記云。

單于姓攣鞮氏，按後漢史，〔一三〕南單于比姓虛連鞮。雖相記有異，而其音相類。攣，力全切。〔一四〕鞮，丁奚切。其國稱之曰「撐犂孤塗單于」，撐，丈庚切。匈奴謂天爲「撐犂」，謂子爲「孤塗」，單于者，廣大之貌也，言其象天單于然也。置左右賢王，左右谷蠡，谷，音鹿。蠡，盧奚切。〔一五〕左右大將，左右大都尉，左右大當户，左右骨都侯。匈奴謂賢曰「屠耆」，故常以太子爲左屠耆王。自左右賢王以下至當户，大者萬餘騎，小者數千，凡二十四長，立號曰「萬騎」。其大臣皆世官。呼衍氏，蘭氏，顔師古曰：「呼衍，即今鮮卑姓呼延者是。蘭姓今亦有之。」其後有須卜氏，此三姓，其貴種也。左王將居東方，直上谷以東。直，當也。其下同。今嬀川郡之東。接濊貉、朝鮮；右王將居西方，直上郡以西，今上郡、洛交、延安、咸寧郡之西。接氐、羌，而單于庭直代、雲中。今雲中、單于、安邊郡之北。各有分地，逐水草移徙。而左右賢王、左右谷蠡最爲大國，左右骨都侯輔政。諸二十四長，亦各自置千長、百長、什長、裨小王、裨，頻移切。〔一六〕相、都尉、當户、且渠之屬。且，子餘切。今沮渠姓，蓋本因此官。〔一七〕歲正月，諸長小會單于庭，祠。五月，大會龍城，祭其先、天地、鬼神。秋，馬肥，大會蹛林。課校人畜計。匈奴秋社八月中皆會祭處也。蹛者，遶也，言遶林木而祭也。鮮卑之俗，自古相傳，秋天之祭，無林木者尚豎柳枝，衆騎馳遶三周乃止。此其遺法。計者，人畜之數。其刑法，拔刃尺者死，坐盜者没入其家；有小罪者軋，軋謂輾轢其骨節，若今之厭踝也。軋，于黠切。輾，汝展切。大者死。獄久者不滿十日，一國之囚不過數人。而單于朝出營，拜日之始生，夕拜月。其坐，長左而面北。〔一八〕長左者，以左爲尊也。日上戊己。其送死，有棺槨金銀衣裘，而無封樹晉張華云：「匈奴名冢曰豆落。」喪服；近幸臣妾從死者，多至數十百人。舉事常隨月，盛壯以攻戰，月虧則退兵。攻戰所得鹵獲因以與之，得人以爲奴婢。故其戰，人自趨利，趨讀爲趣，嚮也。〔一九〕善爲誘兵以包敵。包裹取之。故其逐利，如鳥之集；其困敗，則瓦解雲散矣。戰而扶轝死者，盡得死者家財。

是時，漢初定，徙韓王信于代，都馬邑。今馬邑郡地。匈奴大攻圍馬邑，韓王信降匈奴。

匈奴得信，因引兵南踰句注，攻太原，至晉陽下。今太原府。高帝自將兵往擊之。〔二〇〕于是冒頓佯敗走，漢悉兵三十二萬北逐之。高帝先至平城，在今雲中郡。步兵未盡到，冒頓縱精兵三十餘萬騎圍高帝于白登，七日，白登在平城東南十餘里。〔二一〕高帝乃使使閒厚遺閼氏，冒頓遂引去，漢亦罷歸。

是時冒頓兵强，帝患之，問劉敬。敬曰：「冒頓殺父代立，妻羣母，以力爲威，未可以仁義説也。獨可以計久遠子孫爲臣矣。陛下誠能以長公主妻單于，厚奉遺之，彼知漢女送厚，蠻夷必慕，以爲閼氏，生子必爲太子，代立爲單于。何者？貪漢重幣也。陛下以歲時漢所餘彼所鮮數問遺，使辯士諷諭以禮節。冒頓在，固爲子壻；死，則外孫爲單于。豈曾聞外孫敢與大父抗禮哉？可無戰以漸臣也。」帝曰：「善。」使敬往結和親之約。敬從匈奴來，因言「匈奴河南白羊、樓煩王，去長安近者七百里，輕騎一日一夜可以至。秦中新破，少民，地肥饒，可益實之。夫諸侯初起時，非齊諸田，楚昭、屈、景莫與。今陛下雖都關中，實少人。北近胡寇，〔二二〕東有六國强族，一日有變，陛下未得安枕而卧也。臣願徙齊諸田，楚昭、屈、景，燕、趙、韓、魏後，及豪傑名家于關中。無事可以備胡，諸侯有變，亦足率以東伐，此强本弱末之術也。」帝曰：「善。」乃徙十餘萬口。是後冒頓常往來侵盜代地，今安邊及馬邑郡之北境是也。高帝患之，乃使劉敬奉宗室女翁主爲單于閼氏，諸王女曰翁主者，言其父自主婚也。閼，於

烏切。氏，音支。〔二三〕

孝惠、高后時，冒頓寖驕，寖，漸也，古浸字。乃爲書，使使遺高后，詞甚悖慢。后大怒，召丞相陳平及樊噲、季布等議之。噲曰：「臣願得十萬衆，横行匈奴中」。問季布，布曰：「噲可斬也！前時匈奴圍高帝于平城，兵三十萬，噲爲上將軍，不能解圍。天下歌曰：『平城之下亦誠苦！七日不食，不能彀弩。』今歌吟之聲未絶，傷痍者甫起，甫，始也。而噲欲摇動天下，妄言以十萬衆横行，是面謾也。謾，欺誑也，音慢，又音莫干切。且夷狄譬如禽獸，〔二四〕得其善言不足喜，惡言不足怒也。」高后曰：「善。」令大謁者張澤報書，卑辭答之。冒頓得書，復遣使來謝曰：〔二五〕「未嘗聞中國禮義，陛下幸而赦之。」因獻馬，遂和親。

至孝文即位，復修和親事，而盜寇不已，漢議擊與和親孰便。公卿皆曰：「單于新破月氏，乘勝，不可擊也。且得匈奴地，澤鹵未可居也，和親甚便。」漢許之。文帝前六年，復遣宗人女爲公主，妻老上單于爲閼氏，使宦者中行説傅公主，姓中行，名説。行，音胡郎切。〔二六〕説讀爲悦。説不欲行，强使之。説既至，因降單于。初，單于好漢繒絮食物，中行説曰：「匈奴人衆不能當漢之一郡，然所以强者，以衣食異，無仰于漢也。今單于變俗好漢物，漢物不過什二，則匈奴盡歸于漢矣。其得繒絮，以馳草棘中，衣袴裂弊，以視不如旃裘堅善也；得漢食物皆去之，去，棄也。〔二七〕以視不如湩酪之便美也。」湩，乳汁也，音直用切。于是説教單于左右疏記，〔二八〕以計識其人衆畜牧。漢使欲辯論者，中行説必窮之，日夜教單于候利害處。十四年，匈奴十四萬騎入朝那蕭關，虜人衆畜産甚多，遂至彭陽，今彭原郡彭原縣也。燒回中宫，候騎至雍今扶風郡縣也。〔二九〕甘泉。漢甘泉宫在今雲陽縣也。于是文帝發車千乘，十萬騎，軍長安旁，大發車騎往擊胡。單于留塞内月餘，漢逐出塞而還。匈奴日以驕，歲入邊，殺掠人衆畜産，雲中、遼東最甚。帝又遺單于書，復約和親。

帝苦匈奴爲患，數問趙將李齊之賢，〔三〇〕時趙人馮唐爲郎中署長，爲郎署中最長。帝因問唐，唐曰：「齊尚不如廉頗、李牧。臣聞上古王者之遺將也，跪而推轂，曰：『閫以内寡人制之，閫以外將軍制之；軍功賞罰，皆決于外，歸而奏之。』此非空言也。臣大父言李牧之爲趙將居邊，軍市之租皆自用饗士，賞賜決于外，不從中覆也。〔三一〕委任而責成功，故李牧乃得盡其智能，是以北逐單于，破東胡，滅澹林，澹，都甘切。西抑强秦，南支韓、魏。當是時，趙幾伯。會趙王遷立，用郭開讒，而誅李牧，是以爲秦所滅。今臣竊聞魏尚爲雲中守，軍市租盡以給士卒，出私養錢，五日一殺牛以饗之，是以匈奴遠避，不近雲中之塞。虜嘗一入，尚擊之，所殺甚衆。夫士卒盡家人子，起田中從軍，安知尺籍伍符？〔三二〕終日力戰，斬首捕虜，上功幕府，一言不相應，文吏以法繩之。其賞不行，吏奉法必用。臣以爲陛下法太明，賞太輕，罰太重。且尚坐上功首虜差六級，陛下下之吏，削其爵，罰作之。由此言之，陛下雖得李牧，不能用也。」帝是日令唐持節赦魏尚，復以爲雲中守，而拜唐爲車騎都尉，主中尉及郡國車士。車戰之士。

時賈誼論邊事曰：「天下之勢方倒懸，願陛下少省之。凡天子者，天下之首也。蠻夷者，天下之足也。蠻夷徵令，是主上之操也；天子共貢，是臣下之禮也。足反居上，首顧居下，是倒懸之勢也。天下倒懸，莫之能解，猶爲國有人乎？古之正義，東西南北，苟舟車之所達，人迹之所至，莫不率服，而後稱皇。今稱號甚美，而實不出長城。彼非特不服也，又大不敬，邊長不寧，中長不靜，譬如伏虎，見便必動，將何時已。竊料匈奴强大在六萬騎，五口而出介卒一人，五六三十，此即户口三十萬耳，未及漢千石大縣也。〔三三〕而乃敢歲言侵盜，屢欲亢禮，妨害帝義，〔三四〕甚非道也。陛下何不爲此立一官，置一吏以主匈奴，雖以千石居之可也。令中國日治，匈奴日危，將必以匈奴之衆爲漢臣民，制之令千家而爲一國，處之塞外，自隴西、今隴西本城、安鄉等郡是。〔三五〕延安至遼東，今安東府地。各有分地，以衛邊備，〔三六〕月氏、灌窳之變皆屬之，置郡，然後罷戍休邊民天下之兵，帝之威德，内行外信，四方悦服矣。」帝不能用。

至軍臣單于，老上之子。復絶和親，大入上郡、雲中，雲中，今單于府、榆林郡之地也。所殺掠甚衆。漢置三將軍，軍于長安西細柳、渭北棘門、霸上以備胡。〔三七〕胡騎入代句注邊，烽火通于甘泉、長安。太子家令晁錯上言，曰：「漢興以來，胡虜數入邊地，小入則小利，大入則大利。竊聞戰勝之威，民氣百倍；敗兵之卒，没世不復。自高后以來，隴西三困于匈奴矣，民氣破傷，無有勝意。今茲隴西之吏，賴社稷神靈，奉陛下明詔，和輯士卒，砥礪其節，起破傷之人以當乘勝之匈奴，用少擊衆，殺一王，敗其衆而大有利。〔三八〕非隴西之人有勇怯，乃將吏之制巧拙異也。由此觀之，將不可不擇也。臣又聞用兵，臨戰合刃之急者三：一曰得地形，二曰卒服習，三曰器用利。兵法曰：丈五之溝，漸車之水，漸，浸也。漸，音子廉切。山林積石，經川丘阜，草木所在，此步兵之地也，車騎二不當一。土山丘陵，曼衍相屬，平原廣野，此車騎之地，步卒十不當一。平陵相遠，川谷相閒，〔三九〕仰高臨下，此弓弩之地，短兵百不當一。兩陣相近，平地淺草，可前可後，此長戟之地，劍楯三不當一。萑葦竹蕭，草木蒙蘢，〔四〇〕枝葉茂接，此矛鋋之地，鋋，小矛也，音市連切。〔四一〕長戟二不當一。曲道相伏，險阸相薄，此劍楯之地也，弓弩三不當一。士不選練，卒不服習，起居不精，動靜不集，趨利弗及，〔四二〕避難不畢，前擊後解，與金鼓之指相失，此不習勒卒之過，〔四三〕百不當十。兵不完利，〔四四〕與空手同；甲不堅密，與袒裼同；弩不及遠，與短兵同；射不能中，與無矢同；中不能入，與無鏃同：此將不省兵之過，〔四五〕五不當一。故兵法云：器械不利，以其卒與敵也；卒不可用，以其將與敵也；將不知兵，以其主與敵也；君不擇將，以其國與敵也。四者，兵之至要。臣又聞大小異形，〔四六〕强弱異勢，險易異備。夫卑身以事强，小國之形也；合小以攻大，敵國之形也；以蠻夷攻蠻夷，中國之形也。今匈奴地形技藝與中國異。上下山阪，出入溪澗，中國之馬弗與也；險道傾側，且馳且射，中國之騎弗與也；風雨罷勞，饑渴不困，中國之人弗與也：此匈奴之長技也。若夫平原易地，輕車突騎，則匈奴之衆易撓亂也；勁弩長戟，射疏及遠，則匈奴之弓弗能格也；堅甲利刃，長短相雜，遊兵往來，〔四七〕什伍俱前，則匈奴之兵弗能當也；〔四八〕材官騎射之官。騶發，矢道同的，言其妙射。則匈奴之革笥以木皮爲鎧也。木薦以木板爲楯。弗能支也；下馬地鬭，劍戟相接，去就相薄，則匈奴之足弗能給也；給謂相連及也。此中國之長技也。以此觀之，則匈奴之長技三，中國之長技五。陛下又興數十萬之衆，以誅數萬之匈奴，衆寡之計，以一擊十之術也。雖然，兵，凶器；戰，危事也。以大爲小，以强爲弱，在俛仰之閒耳。今降胡義渠蠻夷之屬來歸義者，其衆數千，飲食長技與匈奴同，可賜之堅甲絮衣，勁弩利矢，益以邊郡之良騎。〔四九〕令明將能知其習俗和輯其心者，以陛下之明約將之。〔五〇〕即有險阻，以此當之；平地通道，則輕車材官制之。兩軍相爲表裏，用其長技，衡音横。加之以衆，此萬全之術也。」文帝嘉之，賜璽書寵答焉。

卷一百八十九校勘記

〔一〕其與中國侵糅尚矣　底本「糅」下注「音紐」二字，據宋版、萬本、庫本及傅校删。

〔二〕今鄜坊延綏銀麟夏等州地　「地」，底本作「也」，萬本、庫本同，據宋版改。

〔三〕今代州也　「也」，底本脱，萬本同，據宋版、庫本及傅校補。

〔四〕高闕在陰山之西皆在河之西也　「高闕在陰山之西皆在河之」十一字底本脱，據宋版補。萬本都脱，單存「西」字，庫本僅有「西也」二字。

〔五〕向外無郡縣也　「外」，底本脱，萬本、庫本同，據宋版補。

〔六〕秦因仍燕趙之故塞也　「也」，底本脱，據宋版、萬本、庫本及傅校補。

〔七〕風舉鳥散　「舉」，底本作「起」，據宋版、萬本、庫本及傅校改。

〔八〕其後有赤翟白翟林胡樓煩之名　「有」，底本脱，萬本、庫本同，據宋版補。

〔九〕雖趙兵亦以爲吾將軍怯　「以爲」，底本作「謂」，據宋版、萬本、庫本及史記卷八一廉頗藺相如列傳改。

〔一〇〕張弓弩也　「弩」，底本脱，庫本同，據宋版、萬本補。

〔一二〕諸秦所謫戍邊者皆復去　按史記卷一一〇匈奴列傳作「諸秦所徙適戍邊者皆復去」，漢書卷九四匈奴傳上作「諸秦所徙適邊者皆復去」，此蓋脱「徙」字。

〔一三〕平涼郡　「涼」，萬本同，宋版、中大本、庫本皆作「原」。按通典卷一九四邊防一〇注作「平涼郡」，同書卷一七三州郡三，平涼郡爲原州郡名，治平高縣，即今寧夏固原縣；同書卷一八〇州郡一〇，平原郡爲德州郡名，治安德縣，即今山東陵縣。平涼郡正爲秦故塞所在，平原郡處於東部，無關，宋版、中大本、庫本誤。

〔一四〕後漢史　「史」，底本作「時」，據宋版、萬本、庫本及通典邊防一〇改。

〔一五〕力全切　「全」，底本作「金」，萬本、庫本同，據宋版及漢書匈奴傳唐顏師古注改。

〔一六〕音鹿蠡盧奚切　「音」，底本作「青」，「鹿」下衍「切」字，「盧」作「虛」，並據宋版及漢書匈奴傳上顏師古注改删。

〔一七〕禆頻移切　底本脱，萬本、庫本同，據宋版、傅校及漢書匈奴傳上顏師古注補。

〔一八〕蓋本因此官　「蓋」，底本脱，庫本同，據宋版、萬本、傅校及漢書匈奴傳上顏師古注補。

〔一九〕長左而面北　「面北」，底本作「北面」，據宋版、庫本乙正，萬本作「北向」，同漢書匈奴傳上。

〔二〇〕趨讀爲趣嚮也　底本脱，據宋版、萬本、庫本、傅校及漢書匈奴傳上顏師古注補。庫本「趣」誤作「趨」。

〔二〇〕高帝自將兵往擊之　「往」，底本脱，庫本同，據宋版、萬本及漢書匈奴傳上補。

〔二一〕白登在平城東南十餘里　「在」，底本作「至」，萬本、庫本皆作「去」，據宋版、傅校及漢書匈奴傳上顔師古注改。

〔二二〕北近胡寇　「寇」，底本作「羌」，庫本同，據宋版、萬本及漢書卷四三婁敬傳改。

〔二三〕氏音支　底本脱，據宋版、萬本、庫本及通典邊防一〇補。

〔二四〕且夷狄譬如禽獸　「如」，底本作「于」，據宋版、萬本、庫本、傅校及漢書匈奴傳上改。

〔二五〕復遣使來謝曰　「來」，底本作「至」，據宋版、萬本及漢書匈奴傳上改。

〔二六〕音胡郎切　「音」，底本脱，據宋版、萬本、庫本及漢書匈奴傳上顔師古注補。

〔二七〕去棄也　底本脱，據宋版、萬本、庫本及漢書匈奴傳上顔師古注補。

〔二八〕于是説教單于左右疏記　「説」，底本、庫本無，宋版同，據萬本、傅校及漢書匈奴傳上補。

〔二九〕今扶風郡縣也　「也」，底本脱，萬本同，據宋版、庫本及傅校補。下甘泉注文同。

〔三〇〕數問趙將李齊之賢　「問」，通典邊防一〇作「聞」，於文意爲長。

〔三一〕不從中覆也　底本「覆」下衍「行」字，萬本、庫本同，據宋版及漢書卷五〇馮唐傳删。

〔三二〕安知尺籍伍符　「伍」，底本作「五」，庫本同，據宋版、萬本及漢書馮唐傳改。

〔三三〕未及漢千石大縣也　「也」，底本脱，據宋版、萬本、庫本、傅校及通典邊防一〇補。

〔三四〕妨害帝義　「妨」，底本作「方」，萬本、庫本同，據宋版及通典邊防一〇改。

〔三五〕今隴西本城安鄉等郡是　「是」，底本脱，萬本同，據宋版補。庫本作「也」。

〔三六〕以衛邊備　「衛」，庫本同，萬本作「使」，同通典邊防一〇。宋版作「以衛邊使備」。

〔三七〕軍于長安西細柳渭北棘門霸上以備胡　「軍」，底本涉上而脱，萬本、庫本同，據宋版及漢書匈奴傳上補。

〔三八〕敗其衆而大有利　底本「而」下有「法曰」二字，宋版、萬本、庫本同。按漢書卷四九鼂錯傳王先謙漢書補注：「宋祁曰『而法曰大有利』，此語絶不傍理，蓋下有『兵法曰』，故後人誤書耳，當從浙本作『敗其衆而有大利』。先謙曰通志九七鼂錯傳亦作『敗其衆而有大利』。」今據删。

〔三九〕川谷相閒　「相」，漢書鼂錯傳作「居」，此恐誤。

〔四〇〕草木蒙蘢　「蘢」，底本作「茸」，庫本同，萬本作「葺」，據漢書鼂錯傳改。

〔四一〕鋋小矛也音市連切　萬本、庫本皆無此八字。按通典邊防一〇作「鋋，鐵把短兵。鋋，市連反。」傳校删「鋋小矛也」。

〔四二〕趨利弗及　「弗」，底本作「不」，萬本同，據庫本及漢書鼂錯傳改。

〔四三〕此不習勒卒之過　「卒」，底本作「兵」，萬本同，據庫本及漢書鼂錯傳改。

〔四四〕兵不完利　「完」，底本作「鋒」，庫本同，據萬本及漢書鼂錯傳改。

〔四五〕此將不省兵之過　「過」，漢書鼂錯傳作「禍」，通典邊防一〇同，蓋此「過」爲「禍」字之誤。

〔四六〕臣又聞小大異形　「臣」，底本脱，據萬本、庫本、傅校及漢書鼂錯傳補。

〔四七〕遊兵往來　「兵」，漢書鼂錯傳作「弩」，通典邊防一〇同，此「兵」蓋爲「弩」字之誤。

〔四八〕則匈奴之兵弗能當也　「弗」，底本作「勿」，庫本同，據萬本及漢書鼂錯傳改。

〔四九〕益以邊郡之良騎　「之」，底本脱，萬本同，據庫本及漢書鼂錯傳補。

〔五〇〕令明將能知其習俗和輯其心者以陛下之明約將之　底本作「令明將帥之」，庫本同，據萬本及漢書鼂錯傳改補「令明將能知其習俗和輯其心者」，又據漢書鼂錯傳、通典邊防一〇改補「以陛下之明約將之」。

太平寰宇記卷之一百九十

四夷十九

北狄二

匈奴中〔一〕

晁錯又言守邊備塞，勸農力本，當代急務，曰：「臣竊聞秦時北攻胡貊，築塞河上，南攻楊越，置戍卒焉。其起兵而攻胡、越者，非以衛邊地而救民死，貪戾而欲廣大也，故功未立而天下亂。且夫起兵而不知其勢，戰則爲人擒，屯則卒積死。夫胡貊之地，積陰之處也，木皮三寸，冰厚六尺，食肉而飲酪，其人密理，鳥獸毳毛，其性能讀曰耐，下同。寒。楊越之地少陰多陽，其人疏理，鳥獸希毛，其性能暑。秦之戍卒不能其水土，戍者死于邊，輸者僨仆也。〔二〕于道。秦人見行，如往棄市，因以謫發之，名曰『謫戍』。先發吏有謫及贅之祝切。〔三〕壻、賈人，後以嘗有市籍者，又後以大父母、父母嘗有市籍者，後入閭，取其左。發之秦時復除者居閭左，不供徭役也。〔四〕不順，〔五〕行者深怨，有背叛之心。凡人守戰至死不降北者，以計爲之也。故戰勝守固則有拜爵之賞，攻城屠邑則得其財鹵以富家室，〔六〕故能使其衆蒙矢石，赴湯火，視死如生。今秦之發卒也，有萬死之害，無銖兩之報，死事之後不得一算之復，天下明知其禍烈及己也。猛火曰烈，取以喻也。故陳勝行戍，至于大澤，爲天下先唱，天下從之如流水者，秦以威劫而行之之敝也。胡人衣食之業不著于地，其勢易以擾亂邊境，食肉飲酪，衣以皮毛，非有城郭田宅之歸居，如飛鳥走獸，隨逐水草，此胡人之生業；而中國之所以離南畝也。今使胡人數處轉牧行獵于塞下，或當燕、代，或當上郡、北地、隴西，北地，今彭原、安化、靈武、五原等郡地。以候備塞之卒，卒少則入。陛下不救，則邊民絶望而有降敵之心；救之，少發則不足，多發，遠縣纔至，則胡人又已去。聚而不罷，爲費甚大；罷之，則胡復入。如此連年，中國貧苦而民不安矣。陛下幸憂邊境，遣將吏發卒以治塞，甚大惠也，然令遠方之卒守塞，一歲而更，不知胡人之能，不如選常居者，家室田作，且以備之。以便爲之高城深塹，具藺石，布渠答，藺石，雷石也，可以投人也。渠答，鐵蒺藜也。雷，力内切。復爲一城其内，城閒百五十步。要害之處，通川之道，調立城邑，無下千家，調謂算度之也。總計城邑之中令有千家以上也。調，徒弔切。爲中周虎落。鄭氏曰：「虎落者，外藩也。」先爲室屋，具田器，乃募罪人及免徒復作令居之；募有罪者及罪人遇赦復作竟其日月者，今皆除其罰，令居之。不足，募以丁奴婢贖罪及輸奴婢欲以拜爵者；不足，乃募民之欲往者。皆賜高爵，復其家。予冬夏衣，廩食，能自給而止。〔七〕郡縣之人得買其爵，以自增至卿。謂其等級同列卿也。其無夫若妻者，縣官買予之。人情非有匹敵，不能久安其處。塞下之民，禄利不厚，不可使久居危難之地。胡人入驅而能止其所驅者，以其半與之，言胡人入寇，驅掠漢人及畜産，而他人能止得其所驅者，令其主以半賞之。縣官爲贖其民。如是，則邑里相救助，赴胡不避死。非以德上也，言非以此事欲立德義于主上也。欲全親戚而利其財也。此與東方之戍卒不習地勢而心畏胡者，功相萬也。」帝從其言，乃募人徙塞下。

錯又言：「下吏誠能稱厚惠，〔八〕奉明法，存恤所徙之老弱，善遇其壯士，和輯其心而勿侵刻，使先至者安樂而不思故鄉，則貧人相慕而勸往矣。」

時漢兵至邊，匈奴亦遠于萬切。塞，漢兵亦罷。後歲餘，至景帝復和親，通關市，給遺單于，遣公主如故約。終景帝世，〔九〕時時小入盜邊，無大寇。

武帝即位，議安邊之術，大行王恢曰：「漢與匈奴和親，率不過數歲則背約，不如舉兵擊之。」御史大夫韓安國曰：「千里而戰，則兵不獲利。今匈奴負戎馬足，懷鳥獸心，遷徙鳥集，難得而制。得其地不足爲廣，有其衆不足爲强。自上古弗屬，〔一〇〕漢數千里爭利，則人馬罷，虜以全制其弊，勢必危殆。臣故以爲不如和親。」于是上明和親約束，厚遇關市，饒給之。自單于以下皆親漢，往來長城下。其後王恢以雁門馬邑豪聶翁壹馬邑，今郡。豪，帥也。姓聶，名壹，翁者，老人之稱也。閒闌出物不受禁固謂之闌也。與匈奴交易，私出塞交市也。佯爲賣馬邑城以誘單于，單于信之，乃上言天子。天子召問公卿議之，王恢對曰：「全代之時，北有强胡之敵，内連中國之兵，然尚得養老長幼，種樹以時，倉廩常實，匈奴不輕侵也。今以陛下之威，海内爲一，匈奴侵盜不已者，無他，以不恐之故耳。〔一一〕臣竊以爲擊之便。」韓安國曰：「不然。自三代之盛，夷狄不與正朔服色，非威不能制，强不能服也，〔一二〕以爲遠方絶域不牧之人，不足以煩中國也。且匈奴，輕疾悍亟之兵也，悍，勇也。亟，急也。至如猋必遥切。風，去如收電，居處無常，難得而制之。今使邊郡久廢耕織，以支胡之常事，其勢不相權也。臣故曰勿擊便。」恢曰：「不然。昔秦穆公都雍，今扶風郡縣也。〔一三〕地方三百里，觀時宜之變，〔一四〕攻取西戎，闢地千里，并國十四，〔一五〕隴西、北地是也。及後蒙恬爲秦侵胡，闢地數千里，以河爲境，壘石爲城，樹榆爲塞，今榆林郡南即秦榆林塞也。匈奴不敢飲馬于河，置烽燧然後敢牧馬。夫匈奴獨可以威服，不可以仁畜也。〔一六〕今以中國之盛，萬倍之資，遣百分之一以攻匈奴，必不留行矣。臣故曰擊之便。」安國曰：「不然。臣聞用兵者以飽待饑，正治以待其亂，定舍以待其勞。故接兵覆衆，伐國隳城，常坐而役敵國，此聖人之兵也。今將卷甲輕舉，〔一七〕深入長驅，難以爲功；從音縱。行則迫脅，横行則中絶，疾則糧乏，徐則後利，不至千里，人馬乏食。兵法曰：『遺人獲也。』言以軍遺敵人，令虜獲也。意者有他繆巧可以擒之，〔一八〕則臣不知也；不然，則未見深入之利。」恢曰：「臣言擊之者，固非發而深入也，將順因單于之欲，誘而致之于邊，吾選驍騎壯士陰伏而處以爲之備，審遮險阻以爲其戒。吾勢已定，或營其左，或營其右，或當其前，或絕其後，單于可擒，百全必取。」上乃從恢議，陰使聶壹爲閒，亡入匈奴，謂單于曰：「吾能斬馬邑令丞，以城降，財物可盡得。」單于以爲然而許之。聶壹乃詐斬死罪囚，懸其頭馬邑城下，示單于使者爲信，曰：「馬邑長吏已死，可急來。」于是單于穿塞，乃以十萬騎入武州塞今在馬邑縣界。是時，漢伏兵三十餘萬，匿馬邑傍。于是單于入塞，未至馬邑百餘里，覺之，大驚，乃引還。漢兵追至塞，度不及，皆罷兵。上怒王恢不擊單于輜重，下恢廷尉，以恢逗撓，乃誅之。逗猶行避也。軍法，逗遛畏愞者腰斬。〔一九〕逗，音豆。撓，女巧切。自是以後，匈奴絕和親，攻盜入邊，不可勝數。

後數年，衛青出雲中以西至隴西，擊胡之樓煩、白羊王于河南，得胡首虜數千，於是漢遂取河南地，〔二〇〕築朔方，復繕故秦時蒙恬所爲塞，因河爲固。漢亦棄上谷之斗辟縣造陽地以予胡。言縣斗辟曲近胡。斗，絕也。縣之斗，曲入匈奴界者，其中有造陽地。〔二一〕辟，讀曰僻。在今嬀川郡懷戎縣北也。

其後伊稚斜單于時，軍臣之弟。漢使驃騎將軍霍去病將萬騎出隴西，過焉耆山千餘里，得胡首虜八千餘級，得休許虯切。屠音除。〔二二〕王祭天金人。匈奴祭天處本在雲陽甘泉山下，秦擊奪其地，後徙之休屠王右地，故休屠有祭天金人像。爲天神之主而祭。其夏，霍去病復出隴西、北地二千里，過居延，今張掖郡界。攻祁連山，今交河郡界，一名天山也。得胡首虜三萬餘級。單于怒昆耶王、休屠王居西方爲漢所敗，欲召誅之。昆耶、休屠王恐，謀降漢，漢使去病迎之。昆耶王殺休屠王，并將其衆降漢，漢元狩二年也。凡四萬餘人。于是已得昆耶，則隴西、北地、河西今武威之西諸郡也。益少胡寇，徙關東貧民處所奪匈奴河南地新秦中以實之，今新秦郡。而減北地以西戍卒半。〔二三〕

明年春，匈奴入右北平、定襄各數萬騎，殺掠千餘人。其明年，漢發十萬騎，私負從馬凡十四萬匹，私負衣裝者及私將馬從者，〔二四〕非公家之限。糧重不與焉。負載糧食者。〔二五〕重，直用切。令大將軍青、驃騎將軍去病中分軍，青出定襄，去病出代。時單于以精兵待于漠北，與青接戰，漢兵縱左右翼圍單于。單于自度戰不能如漢兵，〔二六〕遂獨與壯騎數百潰漢圍西北遁走。漢兵夜追之不得，行捕斬首虜凡萬九千級。且行且捕斬之。去病之出代二千餘里，與左賢王接戰，得胡首虜七萬餘人，左賢王將皆遁去。驃騎封于狼居胥山，禪姑衍，臨瀚海而還。是後匈奴遠遁，而漠南無王庭。漢渡河自朔方以西至令居，令，音陵，下同。在今西平郡。往往通渠置田官，吏卒五六萬人，稍蠶食，地接匈奴以北。言其地相接不絶也。初，漢兩將大出圍單于，所殺虜八九萬，而漢士物故者亦萬數，物故謂死。漢馬死者十餘萬匹。匈奴雖病，遠去，而漢馬亦少，無以復往。于是漢久不北擊胡。

後數歲，滅兩越。是時天子巡邊，親至朔方，勒兵十八萬騎以見武節，見，示也。而使郭吉諷告烏維單于伊穉斜之子也。曰：「南越王頭已懸于漢北闕下。今單于即能前與漢戰，〔二七〕天子自將兵待邊；即不能，亟南面而臣于漢。亟，急也，音居力反。〔二八〕何但遠走，亡匿于漠北寒苦無水草之地爲？」單于大怒，留郭吉不歸，遷辱之北海上，而單于終不肯爲寇，數使使甘言求和親。是時，漢東拔濊貊、朝鮮以爲郡，而西置酒泉郡今郡。以隔絕胡與羌通之路，〔二九〕又西通月氏、大夏，以公主妻烏孫王，以分匈奴西方之援國。又北益廣田至眩靁爲塞眩靁，地名，在烏孫北。〔三〇〕而匈奴終不敢以爲言。漢使北地王烏如匈奴。匈奴復讇音諂。以甘言，欲多得漢財物，紿王烏曰：「吾欲入漢見天子，面相結爲兄弟。」王烏歸報漢，爲單于築邸于長安。單于特但也。空紿王烏，殊無意入漢，數使奇兵侵犯漢邊。乃拜郭昌爲拔胡將軍，及浞士角切。野侯趙破奴屯朔方以東，備胡。

臨淄臨淄，今北海郡縣。人主父偃上書諫曰：「臣聞怒者逆德也，兵者凶器也，爭者末節也。夫務戰勝，窮武事，未有不悔者也。昔秦皇帝任戰勝之威，并吞戰國，〔三一〕海內爲一。務勝不休，遂使蒙恬將兵而攻胡，卻地千里，以河爲境。然後發天下丁男以守北河，終不能踰河而北。按史記蒙恬傳云「渡河，據陽山」，而偃云「不能踰河而北」，未詳何爲不同。是豈人衆不足，兵革之不備哉？其勢不可也。又使天下飛芻輓粟，起于黄、腄、直瑞切，在東萊，今文登郡文登縣。琅邪今郡。負海之郡，今景城郡地是。輔輸北河，朔方之北河。率三十鍾而致一石。六斛四斗曰鍾。計百九十二斛而致一石。〔三二〕男子疾耕不足于糧餉，女子紡績不足于帷幕。道路死者相繼，蓋天下始叛秦也。乃至高皇帝定天下，聞匈奴聚于代谷之外而往擊之，果有平城之圍。高帝悔之，乃使劉敬往結和親之約，然後天下無干戈之事。故兵法有云：『興師十萬，日費千金。』夫秦常積衆數十萬人，〔三三〕雖有覆軍殺將之功，然適足以結怨深仇，不足以償天下之費也。伏願陛下熟計之而加察焉。」

太初三年，漢使光禄勳徐自爲出五原塞今九原郡地是。數百里，築城鄣，所謂光禄塞也，列亭至盧朐。盧朐，山名。光禄塞在今新秦郡銀城縣之北。

至且鞮侯立爲單于，且，子余切。鞮，丁兮切。烏維之弟，兒單于之叔。漢既破大宛，威振外國，單于初立，歸漢使之不降者路充國等，且鞮乃曰：「我兒子，安敢望漢天子！〔三四〕漢天子，我丈人行也。」丈人，尊老之稱。行，胡郎切。漢遣中郎將蘇武厚幣賂遺單于，單于益驕。漢使騎都尉李陵將步兵五千出居延北千餘里，與單于會，合戰，陵所殺傷萬餘人，兵食盡，匈奴圍陵，陵降，單于乃貴陵，以其女妻之。

狐鹿姑單于立，侵盜上谷。其年，復入五原、酒泉，殺兩部都尉。于是遣貳師將軍七萬人出五原，貳師遺屬國胡騎二千與戰，虜兵壞散，漢軍乘勝追北，至范夫人城，會貳師妻子坐巫蠱收，〔三五〕聞之憂懼，軍大亂敗，貳師降單于。單于素知其漢大將貴臣，以女妻之，尊寵在衞律上。自貳師沒後，漢新失大將軍及士卒數萬人，不復出兵。三歲而武帝崩。漢自深入窮追二十餘年，匈奴孕重墮殰，罷極苦之。孕重，懷妊者也。墮，落也。殰，敗也。罷讀曰疲。極，困也。苦之，心厭苦。殰，音讀。自單于以下常有欲和親計。

及昭帝即位，霍光輔政，徵天下賢良文學之士，〔三六〕問人疾苦。賢良皆上言，請罷邊戍，去戰鬬，尚德義。議曰：「夫匈奴之地廣大，而戎馬之足輕利，故利則武卑，病則烏折。避鋒銳而攻罷極，少發則不足以更適，多發則不堪其役，役煩則力罷，用多則財乏。二者不息，而人遺怨，此秦之所以失人之心，霣音殞。社稷也。夫地廣而不得者國危，兵強而陵敵者身亡，〔三七〕是以聖王見利慮害，見遠存近。方今爲縣官計者，〔三八〕莫若偃兵休士，厚幣結和親，修文德而已。若不恤人之急，不計其難弊，亡十獲一，非文學之所知也。」大夫曰：「漢興以來，修好和親，所以聘遺單于者甚厚，然不爲重質厚賂之故改節，而爲暴害滋甚。先帝觀其可以武折，而不可以德懷，故厲將卒奮擊，以誅厥罪，功勳粲然，著于海內，藏于記府，何論亡十獲一乎！夫君子所慮，衆庶疑焉，故常人可與觀成，不可與圖始。〔三九〕此固有司所獨見而文學不覩也。往者匈奴據河山之險，擅田牧之利，人富兵强，往往爲寇，則句注之内驚動，今在雁門郡，一名西陘山。而上郡以南咸城守。文帝之時，虜入蕭關，烽火通甘泉。匈奴西役大宛、康居之屬，南與羌胡通。先帝推讓斥奪廣饒之地，建張掖以西，今郡。隔絶羌胡，瓜分其國，是以西域之國皆爲内臣，匈奴斷右臂，長城之南，濱塞之郡，馬牛放縱，蓄積布野，未觀其計之所過也。」文學曰：「地利不如人和，武力不如文德。周之致遠，〔四〇〕不以地利，以人和也。百代不奪，非以阻險，以文德也。吴有三江五湖之難而兼于越，楚有汝泉、兩棠之固而滅于秦，秦有隴汧、殽塞而亡于諸侯，〔四一〕晉有太華、九河而奪于六卿，齊有泰山、巨海而脅于田常，〔四二〕桀紂以天下兼于亳鄗，秦王以六合困于陳涉，非地利不固，無術以守之也。今釋邇憂遠，猶吴不内定其國，西絶淮山與齊晉爭强也，越國乘其罷，擊其虚。使吴任用子胥修德，無極其衆，則句踐不免爲藩臣，何謀之敢慮也。〔四三〕夫匈奴之車器，無銀黄絲漆之飾，〔四四〕素成而務堅，無文采裾褘曲襟之制，覩成而務完，男無刻鏤奇巧之事，宫室城郭之功，女無綺繡淫巧之制，織纊羅紈之作，〔四五〕事省而致用，易成而難弊。雖無脩戟强弩，戎馬良弓家有其備，〔四六〕人有其用，一朝有急，貫弓上馬而已。資糧不見案首，而支數十日之食，因山谷爲城池，因水草爲倉庫，法約而易辨，用寡而易供，〔四七〕是以刑省而不可犯，指麾而令從。嫚于禮而篤于信，略于文而敏于事，故雖無禮義文書，刻骨卷木，〔四八〕百官有以相紀，而君臣上下有以相使也。羣臣爲縣官計者皆言其易而實難，是以秦欲驅之而反更亡也。〔四九〕故兵者凶器，不可輕用也。其以强爲弱，以存爲亡，非一朝爾。」大夫辭屈，不能對。

壺衍鞮單于立，狐鹿姑之子。諷謂漢使者，言欲和親，乃歸漢使不降者蘇武、馬宏等，宏者，前副光禄大夫王忠使西域，爲匈奴所遮，忠戰死，〔五〇〕宏生得，亦不肯降也。而侵盜益希，遇漢使愈厚，欲以漸致和親，漢亦羈縻之。其後，漢邊郡烽火候望精明，匈奴爲邊寇者少利，希復犯塞。

宣帝初，烏孫昆彌烏孫國謂王曰昆彌，亦曰昆莫。復上書，言「連爲匈奴所侵削，願發國半精兵五萬騎，盡力擊匈奴，唯天子哀救」。本始二年，漢大發關東輕鋭士，選郡國吏三百石伉古浪切。〔五一〕健習騎射者，皆從軍。遣御史大夫田廣明等五將軍，兵十餘萬騎，出塞各二千餘里，及校尉常惠使護發兵烏孫，昆彌自將兵五萬餘騎從西方入，〔五二〕與五將軍兵凡二十餘萬衆。匈奴大破，死傷而去者及畜産遠移死亡不可勝數，于是匈奴遂衰耗。〔五三〕其後漢擊之，匈奴不敢取當，當者，報直也。滋欲嚮和親，邊境少事矣。

卷一百九十校勘記

〔一〕匈奴中　原校：「按今所序，先後或失次，然皆通典之文。」

〔二〕仆也　傅校「也」下補「音奮」二字，同漢書卷四九鼂錯傳顏師古注。

〔三〕之祝切　萬本、庫本皆無此三字。

〔四〕秦時復除者居閭左不供徭役也　按通典卷一九四邊防一〇作「秦時復除者居閭之左，後發役不供，復役之也」，同漢書鼂錯傳顏師古注引孟康曰。

〔五〕發之不順　「不順」，底本脱，萬本、庫本同，據漢書鼂錯傳、通典邊防一〇補。

〔六〕攻城屠邑則得其財鹵以富家室　「家室」，底本作「室家」，萬本、庫本同，據漢書鼂錯傳、通典邊防一〇乙正。

〔七〕能自給而止　「能自」，底本作「自能」，萬本、庫本同，據漢書鼂錯傳通典邊防一〇乙正。

〔八〕下吏誠能稱厚惠　「誠」，底本脱，庫本同，據萬本及漢書鼂錯傳補。

〔九〕給遺單于遣公主如故約終景帝世　「單于遣公主如故約」，底本脱，庫本同，據萬本及漢書卷九四匈奴傳上補。「公」，漢書作「翁」。「終景帝世」，底本脱，庫本同，據漢書、匈奴傳上通典邊防一〇補。萬本作「終孝景」。

〔一〇〕自上古弗屬　「上」，底本脱，據萬本、庫本及漢書卷五二韓安國傳補。

〔一一〕以不恐之故耳　「以」，底本脱，庫本同，據萬本及漢書韓安國傳補。

〔一二〕非威不能制强不能服也　底本「非威」下脱「不能制强」四字，據萬本、庫本、傅校及漢書韓安國傳補。「不」，漢書作「弗」。

〔一三〕今扶風郡縣也　「風」，底本作「雍」，萬本、庫本同，據通典邊防一〇改。按通典卷一七三州郡三，扶風郡治雍縣。

〔一四〕觀時宜之變　「觀」，傳校作「知」，同漢書韓安國傳。

〔一五〕并國十四　「十四」，底本作「四十」，萬本、庫本同，據漢書韓安國傳乙正。

〔一六〕不可以仁畜也　「以」，底本脱，據萬本、庫本、傳校及漢書韓安國傳補。

〔一七〕今將卷甲輕舉　「將」，底本脱，庫本同，據萬本及漢書韓安國傳補。

〔一八〕意者有他繆巧可以擒之　「繆」，底本作「謬」，萬本同，據庫本及漢書韓安國傳改。

〔一九〕逗遛畏懦者腰斬　「腰」，底本脱，萬本、庫本同，據通典邊防一〇補。漢書韓安國傳顔師古注引如淳曰作「要」，即「腰」。

〔二〇〕於是漢遂取河南地　「於是漢」，底本脱，據萬本、庫本、傳校及漢書匈奴傳上補。

〔二一〕言縣斗辟曲至其中有造陽地　「曲」，底本脱，據漢書匈奴傳上顔師古注引孟康曰補。萬本作「西」，乃「曲」之訛。「縣之斗」三字及「其」字，底本脱，萬本、庫本同，據漢書匈奴傳上顔師古注、通典邊防一〇補。

〔二二〕許虬切音除　萬本、庫本皆無此注文。

〔二三〕而滅北地以西戍卒半　「而」，底本脱，庫本同，據萬本及史記卷一一〇匈奴列傳補。

〔二四〕私負衣裝者及私將馬從者　前「者」，底本脱，據萬本、庫本及漢書匈奴傳上顔師古補。

〔二五〕負載糧食者　「糧食者」，底本作「衣糧」，萬本、庫本同，據漢書匈奴傳上顔師古注改補。

〔二六〕單于自度戰不能如漢兵　傳校於「漢兵」下補注文「度，徒各切」，同漢書匈奴傳上顔師古注、通典邊防一〇。

〔二七〕今單于即能前與漢戰　「即」，底本脱，庫本同，據萬本及漢書匈奴傳上補。

〔二八〕亟急也音居力反　此七字底本脱，據萬本、庫本、傳校及漢書匈奴傳上顔師古注補。

〔二九〕而西置酒泉郡　此六字底本脱，萬本、庫本同，據傳校及漢書匈奴傳上補。

〔三〇〕在烏孫北　傳校「北」下有「昡音縣，靁音雷」，同通典邊防一〇。

〔三一〕并吞戰國　「戰」，底本作「列」，據萬本、庫本及漢書卷六四上主父偃傳改。

〔三二〕計百九十二斛而致一石　「斛」，底本作「石」，萬本、庫本同，據漢書主父偃傳顔師古注改。

〔三三〕夫秦常積衆數十萬人　「衆」，底本脱，庫本同，據萬本及漢書主父偃傳補。

〔三四〕安敢望漢天子　「望」，底本作「比」，庫本同，據萬本及漢書匈奴傳上改。

〔三五〕會貳師妻子坐巫蠱收　「收」，底本脱，萬本、庫本同，據漢書匈奴傳上補。

〔三六〕徵天下賢良文學之士　「之」，底本脱，庫本同，據萬本及通典邊防一〇補。

〔三七〕兵强而陵敵者身亡　「强」，底本作「驅」，萬本、庫本同，據鹽鐵論卷七擊之篇改。

〔三八〕方今爲縣官計者　「方」，底本脱，萬本、庫本同，據鹽鐵論擊之篇補。

〔三九〕不可與圖始　「與」，底本作「以」，據萬本、庫本、傅校及鹽鐵論卷八結和篇改。

〔四〇〕周之致遠　「周」，底本作「古」，萬本、庫本同，據鹽鐵論卷九險固篇改。

〔四一〕隴汧　「汧」，鹽鐵論險固篇作「阺」，通典邊防一〇作「阨」。

〔四二〕齊有泰山巨海而脅于田常　「脅」，通典邊防一〇同，鹽鐵論險固篇作「負」。

〔四三〕何謀之敢慮也　「慮」，底本作「虜」，萬本同，據鹽鐵論險固篇改。

〔四四〕無銀黄絲漆之飾　「漆」，底本作「染」，萬本、庫本同，據鹽鐵論卷九論功篇改。

〔四五〕女無綺繡淫巧之制織纊羅紈之作　「制」、「織纊」，通典邊防一〇同，鹽鐵論論功篇作「貢」、「纖綺」。

〔四六〕雖無脩戟强弩戎馬良弓家有其備　「無脩戟强弩」，底本作「然短戟長弓」，萬本、庫本皆作「無短戟强弓」；「良弓」，底本作「良弩」，萬本、庫本同，並據鹽鐵論論功篇改。

〔四七〕法約而易辨用寡而易供　「辨」，通典邊防一〇同，鹽鐵論論功篇作「辯」。「用」，鹽鐵論、通典皆作「求」。

〔四八〕刻骨卷木　「木」，通典邊防一〇同，鹽鐵論論功篇作「衣」。

〔四九〕羣臣爲縣官計者皆言其易而實難是以秦欲驅之而反更亡也　「爲縣」，底本作「于百」；「驅」，底本作「驗」；「更」，底本作「見」，萬本同，並據鹽鐵論論功篇改正。庫本惟「驗」作「驅」，是。

〔五〇〕忠戰死　「戰」，底本脱，據漢書匈奴傳上補。

〔五一〕古浪切　「古」，底本作「口」，據漢書匈奴傳上顔師古注改。萬本、庫本皆無。

〔五二〕及校尉常惠使護發兵烏孫昆彌自將兵五萬餘騎從西方入　「發兵烏孫昆彌自將兵五萬餘騎」，底本僅爲一「孫」字，萬本同，庫本纔「發兵」二字，據通典邊防一〇改補。漢書匈奴傳上作「及校尉常惠使護發兵烏孫西域，昆彌自將翕侯以下五萬餘騎從西方入」，稍異。

〔五三〕死傷而去者及畜産遠移死亡不可勝數于是匈奴遂衰耗　底本脱「者」字，「遂」下衍「絶」字，並據漢書匈奴傳上補删。萬本、庫本、傅校並有「者」字而衍「絶」字。

太平寰宇記卷之一百九十一

四夷二十

北狄三

匈奴下

握衍朐鞮單于烏維耳孫，名屠耆堂。鞮，丁兮切。〔一〕立，暴虐，國中不附。烏桓擊匈奴東邊姑夕王，頗得人衆，單于怒。姑夕王恐，即與烏禪幕本烏孫、康居閒小國，數見侵暴，率衆降匈奴者也。及左地貴人共立虚閭權渠單于子稽侯狦先安切。爲呼韓邪單于，虚閭權渠則壺衍鞮之弟也。發左地兵四五萬人，西擊握衍朐鞮單于，單于自殺，其民衆降呼韓邪。呼韓邪欲令殺右賢王，其下各相猜，自立爲單于，凡五單于爭立，更相攻伐。其後呼韓邪單于兄左賢王呼屠吾斯亦自立爲郅支骨都侯單于，諸單于尋敗，唯呼韓、郅支二單于也。在東邊，攻呼韓邪，破走，郅支遂都單于庭。呼韓邪之敗也，左伊秩訾王爲呼韓邪計，勸令稱臣入朝事漢，求助，呼韓從之，引衆南近塞，遣子右賢王銖婁渠堂入侍。婁，力于切。郅支亦遣子右大將駒于利受入侍。

呼韓邪自款五原塞，款，叩也。願朝。甘露三年正月朔，會正月朔之朝賀也。漢遣車騎都尉韓昌迎，發過所七郡郡二千騎，爲陳道上。所過之郡，每爲發兵陳列於道，以爲寵衛。單于正月朝天子于甘泉宮，漢寵以殊禮，位在諸侯王上，贊謁稱臣而不名，賜以冠帶衣裳金帛各有差。禮畢，使使者導單于先行，宿長平。長平，涇水上坂。上自甘泉宿池陽宮。在今涇陽縣。〔二〕上登長平，詔單于無謁，不令拜也。其左右當户之羣臣皆得列觀，及諸蠻夷君長王侯數萬，咸迎于渭橋下。上登渭橋，咸稱萬歲。單于就邸，留月餘，遣歸國。單于自請願留居光禄塞下，徐自爲所築者。漢遣車騎都尉韓昌將騎萬六千，送單于出朔方雞鹿塞，在朔方窳渾縣西北是也。轉邊穀米糒，糒，乾飯也，音備。前後三萬四千斛，給贍其食。初，呼韓邪來朝，詔公卿議其儀。太子太傅蕭望之以爲：「單于非正朔所加，故稱敵國，待之以不臣之禮，〔三〕位在諸侯王上。外夷稽首稱藩，中國讓而不臣，此則羈縻之義也。書曰『戎狄荒服』，言其來服，荒忽無常。如使匈奴後嗣卒有鳥竄鼠伏，闕于朝享，不爲叛臣。卒，終也。本以客禮待之，若後不來，亦非叛臣也。信讓行乎蠻貉，福祚流于無窮，此萬代之長策也。」天子然之。

郅支聞漢出兵穀助呼韓邪，遂居右地。自度力不能定匈奴，乃益西，破堅昆，北降丁令。音零。數遣兵擊烏孫，常勝之。堅昆東去單于庭七千里，南去車師五千里，郅支留都之。初，郅支單于自以道遠，又怨漢擁護呼韓邪，遣使上書求侍子。漢遣谷吉送之，郅支殺吉。明年，呼韓邪强盛，歸北庭，人衆稍稍歸之，國中遂定。郅支既殺使者，自知負漢，又聞呼韓邪益强，恐見襲擊，欲遠去。會康居王數爲烏孫所困，以爲匈奴大國，烏孫素服屬之，即使使至堅昆迎郅支。郅支遂引兵而西，人衆中寒道死，纔餘三千人至康居。

建昭三年，西域都護甘延壽以副校尉陳湯議，發兵即康居斬郅支。即，就也。湯爲人沈勇多策，每過城邑山川，常登望。既領外國，與壽謀曰：「夷狄畏服大種，其天性也。西域本屬匈奴，今郅支單于威名遠聞，侵陵烏孫、大宛，常爲康居畫計，欲降服之。如得此二國，北擊伊列，西取安息，南排月氏、山離烏弋，數年之閒，城郭諸國危矣。且蠻夷無金城强弩之守，如發屯田吏士，驅從烏孫衆兵，驅，帥之令隨從。直指其城下，彼亡則無所之，守則不足自保，千載之功可一朝而定也。」延壽亦以爲然，欲奏請之，湯曰：「國家與公卿議，大策非凡所見，事必不行。」遂矯制發城郭諸國兵、車師戊己校尉屯田吏士。漢兵合胡兵四萬餘人。延壽、陳湯上疏自劾奏矯制，陳言兵狀。即日引軍分爲六校，其三校從南道踰葱嶺徑大宛，其三校都護自將，發温宿國，從北道入赤谷，過烏孫，至康居，攻城，陷之，斬單于首，得漢使節二及谷吉等所齎帛書，凡斬閼氏、太子、名王以下千五百一十八級，生虜千餘人。

甘延壽、陳湯殺郅支還，石顯、匡衡以爲「湯等矯制興師，幸得不誅，如復加爵土，則後奉使者爭乘危徼倖，生事于蠻夷，漸不可開」。議久不決。宗正劉向上書曰：「郅支單于囚殺使者吏士以百數，〔四〕事暴揚外國，傷威毁重，羣臣皆閔焉。陛下赫然欲誅之，意未嘗有忘。西域都護延壽、副校尉湯承聖旨，倚神靈，總百蠻之君，攬城郭之兵，出百死，入絶域，遂陷康居，屠五重城，搴歙侯之旗，斬郅支之首，懸旌萬里之外，〔五〕揚威昆山之西，掃谷吉之恥，立昭明之功，遠夷慴服，莫不震懼。呼韓邪見郅支之誅，且喜且懼，鄉風馳義，稽首來賓。立千載之功，建萬世之安，羣臣之勳莫大焉。論大功者不録小過，舉大美者不疵細瑕。司馬法曰『軍賞不踰月』，欲人速得爲善之利也，蓋急武功，重用人也。昔齊桓前有尊周之功，後有滅項之罪，君子以功覆過而爲之諱行事。諱滅項之事。貳師將軍李廣利捐五萬之師，靡億萬之費，經四年之勞，而僅獲駿馬三十匹，雖斬宛王之首，猶不足以復費，復，償也，扶目切。其私罪惡甚多。〔六〕孝武以爲萬里征伐，不録其過，遂封拜兩侯、三卿、二千石百有餘人。今康居之國强于大宛，郅支之號重于宛王，殺使者罪甚于留馬，而延壽、湯不煩漢士，不費斗糧，比于貳師，功德百之，〔七〕大功未録，小過數著，臣竊痛之！宜以時解懸通籍，除過勿治，尊寵爵位，以勸有功。」于是帝下詔赦之，乃封延壽爲義成侯，湯關内侯。

郅支既誅，呼韓邪且喜且懼，上書願入朝見。竟寧元年，單于復入朝，禮賜如初，加衣服錦帛于前。單于自言願壻漢氏以自親。〔八〕言取漢女而爲漢家女壻。元帝以後宮良家子王嬙字昭君嬙，音墻。賜單于。〔九〕單于懽喜，上書願保塞上谷以西至燉煌，保，守也。自請守之，令無寇盜也。請罷邊備塞吏卒，〔一〇〕以休天子人民。帝下有司議。郎中侯應習邊事，以爲不可，曰：「周秦以來，匈奴暴桀，寇侵邊境，漢興，尤被其害。臣聞北邊塞至遼東，外有陰山，東西千餘里，草木茂盛，多禽獸，本冒頓單于依阻其中，治作弓矢，來出爲寇，是其苑囿也。至孝武世，出師征伐，斥奪此地，攘之于漠北。建塞徼，起亭隧，隧謂深開小道而行，避敵拒寇也。〔一一〕築外城，設屯戍，以守之，然後邊境得用少安。〔一二〕漠北地平，少草木，多大沙，匈奴來寇，少所蔽隱，從塞以南，徑深山谷，往來差難。邊長老言匈奴失陰山之後，過之未嘗不哭。如罷備塞戍卒，示夷狄之大利，不可一也。今聖德廣被，〔一三〕天覆匈奴，如天之覆。匈奴得蒙全活之恩，稽首來臣。臣伏思夷狄之情，〔一四〕困則卑順，强則驕逆，天性然也。前已罷外城，省亭隧，今纔足以候望通烽火而已。古者安不忘危，不可復罷，二也。中國有禮儀之教，刑罰之誅，愚人猶尚犯禁，又況單于，能必其衆不犯約哉！三也。必，極也，極保之也。〔一五〕自中國尚建關梁以制諸侯，所以絕臣下之覬覦也。設塞徼，置屯戍，非獨爲匈奴而已，亦爲諸屬國降人，本故匈奴之人，恐其思舊逃亡，四也。近西羌保塞，與漢交通，吏民貪利，侵盜其畜産妻子，以此怨恨，〔一六〕起而背叛，世世不絕。今罷乘塞，則生慢易分爭之漸，五也。乘塞，登之而守。慢易，相輕侮也。往者從軍多没不還者，子孫貧困，一朝亡出，從其親戚，六也。又邊人奴婢愁苦，欲亡者多，曰『聞匈奴中樂，〔一七〕無奈斥候急何！』然時有亡出塞者，七也。盜賊桀黠，羣輩犯法，如其窘急，亡走北出，則不可制，八也。起塞以來百有餘年，非皆以土垣也，或因山巖石，木柴僵落，谿谷水門，僵落，謂山上樹木摧折，或立死枯僵墮落者也。稍稍平之，卒徒築治，功費久遠，不可勝計。臣恐議者不深慮其終始，〔一八〕欲以一切省徭戍，十年之外，〔一九〕百歲之內，卒有他變，障塞破壞，亭隧滅絶，當更發屯繕治，累代之功不可卒復，九也。如罷戍卒，省斥候，單于自以保塞守御，必深德漢，于漢自稱恩德。請求無已。小失其意，則不可測。開夷狄之隙，虧中國之固，十也。非所以永持至安，威制百蠻之長策也。」對奏，帝納之，使車騎將軍許嘉口諭單于曰：「中國四方皆有關梁障塞，非獨以備塞外也，亦以防中國奸邪放縱，出爲寇害。敬諭單于之意，朕無疑焉。」

河平元年，復株纍若鞮單于呼韓邪之子，名雕陶莫皋。纍，力追反。遣右皋林王伊邪莫演等奉獻朝正月。既罷，遣使者送至蒲坂。今河東郡河東縣也。伊邪莫演言「欲降。即不受我，我自殺，終不敢還歸」。使者以聞，下公卿議。議者或言宜如故事，受其降。光禄大夫谷永、議郎杜欽以爲「匈奴數爲邊害，故設金爵之賞以待降者。今單于屈體稱臣，列爲北藩，遣使朝賀，無有二心，漢家接之，宜異于往時。今既享單于聘貢之質，享，當也。質，誠也。而更受其逋逃之臣，是貪一夫之得而失一國之心。不如勿受，以昭日月之信，抑詐諼之謀。」諼，許遠切，詐詞也。對奏，天子從之。遣使往問降狀。伊邪莫演曰：「我病狂，妄言耳。」遣去。歸到，官位如故。四年正月，又入朝，加賜錦繡繒帛二萬匹，絮二萬斤，它如竟寧時。

哀帝建平四年，烏珠留若鞮單于復株絫之弟，名囊知牙斯也。上書願朝五年。哀帝時被疾，或言匈奴從上游來厭人，游猶流也。河水從西北來，故曰上游。上游，亦總謂地形耳，不必係之于河水。〔二〇〕厭，一涉切。自黃龍、竟寧時，單于朝中國輒有大故。大故謂國之大喪也。上由是難之，〔二一〕以問公卿，公卿亦以爲虛費府帑，可且勿許。黃門郎揚雄上書諫曰：「臣聞六經之理，貴于未亂；兵家之勝，貴于未戰。已亂而後理之，已戰而後獲勝，則不足貴也。二者皆微，微謂微妙。然而大事之本，不可不察也。〔二二〕今單于上書求朝，國家不許而辭之，臣愚以爲漢與匈奴從此隙矣。本北地之狄，〔二三〕五帝所不能臣，三王所不能制。臣不敢遠稱，請引秦以來明之。以始皇之强，〔二四〕蒙恬之威，帶甲四十餘萬，然不敢窺西河，乃築長城以界之。會漢初興，以高祖之威靈，困于平城。時奇譎之士、石畫之臣甚衆，石猶堅固如石也。畫，計策。卒其所以脱者，世莫得而言也。卒，終也。莫得而言，謂自免之計，其事醜惡，故不傳也。又高皇后忿匈奴，〔二五〕羣臣庭議，于是大臣權書遺之，以權道爲書，順辭以答之。然後匈奴之結解，中國之憂平。至孝文時，匈奴侵北邊，候騎至雍甘泉，京師大駭，發三將軍屯細柳、棘門、霸上以備之，數月迺罷。暨孝武，〔二六〕設馬邑之權，欲誘匈奴，使韓安國將三十萬衆徼于便地，匈奴覺之而去，徒費財勞師，一虜不可得見。其後大興師數十萬，〔二七〕使衛青、霍去病操兵，前後十餘年。追奔逐北，累破匈奴。自是之後，匈奴震怖，益求和親，然而未肯稱臣也。且夫前代豈樂傾無量之費，役無罪之人，快心于狼望之北哉？以爲不一勞者不久佚，不暫費者不永寧，是以忍百萬之師摧餓虎之喙，運府庫之財填盧山之壑而不悔也。盧山，匈奴中山名也。至本始之初，匈奴欲掠烏孫，侵公主，乃發五將之師十五萬騎征之，故北狄不服，中國未得高枕安寢也。逮至元康、神爵之閒，匈奴内亂，五單于爭立，呼韓邪攜國歸順，〔二八〕俯伏稱臣，然尚羈縻之，計不專制。專制謂以爲臣妾也。自此之後，欲朝者不拒，不欲者不强。其兩反。何者？外國天性忿鷙，鷙，佷。〔二九〕形容魁健，魁，大。負力怙氣，怙，恃。難化以善，易隸以惡，隸謂負屬，惡謂威也。其强難詘，其和難得。故未服之時，勞師遠攻，〔三〇〕傾國殫貨，伏尸流血，破堅拔敵，如彼之難也；既服之後，慰薦撫循，交接賂遺，威儀俯仰，如此之備也。往時嘗屠大宛之城，蹈烏桓之壘，探姑繒之壁，姑繒，西南夷種，〔三一〕在蜀徼外也。籍蕩姐之場，羌屬也。籍，蹈也。姐，音紫。艾朝鮮之旃，拔兩越之旗，艾，絶也。近不過旬月之役，遠不離二時之勞，離，歷也。三月爲一時。固以犁其庭，掃其閭，犁，耕也。郡縣而置之，雲徹席卷，後無餘災。唯北狄爲不然，真中國之堅敵也，三垂比之懸矣，前代重之滋甚，未易可輕也。今單于歸義，懷款誠之心，欲離其庭，陳見于前，此乃上世之遺策，神靈之所想望，國家雖費，不得已者也。柰何距以來厭之辭，疏以無日之期，消往昔之恩，開將來之隙！夫款而隙之，使有恨心，負前言，緣往辭，言單于因緣往昔和好之辭以怨漢也。歸怨于漢，因以自絕，威之不可，諭之不能，焉得不爲大憂乎！且往者圖西域，制車師，置城郭都護三十六國，費歲以大萬計者，〔三二〕豈爲康居、烏孫能踰白龍堆而寇西邊哉？龍堆形如土龍身，無頭有尾，高大者二三丈，卑者丈餘，皆東北向，相似也。〔三三〕在西域。乃以制匈奴也。夫百年勞之，一日失之，費十而愛一，臣竊爲國家不安也。」書奏，天子寤而許之，加賜錦繡繒帛各有差，他如河平時。

至平帝，幼弱，太后稱制，王莽秉政，奏令中國不得有二名，莽以太后臨朝，欲說太后以威德至盛，因使使者諷單于，宜上書慕化，爲一名，漢必加厚賞。單于從之，上書云：「臣故名囊知牙斯，今謹更名曰知。」莽白太后，厚加賜焉。

及王莽篡位，建國元年，遣五威將軍王駿、陳饒等多齎金帛遺單于，曉諭以受命代漢狀，因易單于故印。故印文曰「匈奴單于璽」，莽更曰「新匈奴單于章」，新者，莽自係其國號。單于以多得賂遺，乃從之。單于始求稅烏桓，莽不許，因寇掠其人衆，重之以印文改易，釁由是生，故怨恨。明年，西域車師後王須置離謀降匈奴，都護但欽誅斬之。置離兄狐蘭支將二千餘人，驅畜産，舉國亡降匈奴，舉其一國之人皆亡降也。單于受之。但欽上言匈奴寇擊諸國。莽于是大怒，分匈奴爲十五單于，遣中郎將藺苞將兵萬騎，多齎金帛寶玉至雲中塞下，招誘呼韓邪諸子，欲以次拜之。單于聞之，怒曰：「先單于受漢宣帝恩，不可負也。今天子非宣帝子孫，何以得立？」是後，單于歷告左右部都尉、諸邊王，入塞寇掠，不可勝數，緣邊虚耗。莽新即位，怙府庫之財富欲立威，乃拜十二部將率，發郡國勇士，武庫精兵，各有所屯守，轉委輸于邊。議滿三十萬衆，齎三百日糧，同時十道並出，窮追單于，因分其地，立呼韓邪十五子。莽將嚴尤諫曰：「匈奴爲害，所從來久，未聞上代有必征之者也。其後周、秦、漢征之，然皆未有得上策者也。周得中策，漢得下策，秦無策焉。當周宣王時，〔三四〕獫狁内侵，至于涇陽，命將征之，盡境而還。其視戎狄之侵，譬猶蟁蝱之螫，式亦切。驅之而已。故天下稱明，是爲中策。漢武帝選將練兵，約齎輕糧，深入遠戍，雖有克獲之功，胡輒報之，兵連禍結三十餘年，中國罷耗，匈奴亦創艾，而天下稱武，是爲下策。秦始皇不忍小恥而輕人力，築長城之固，延袤萬里，轉輸之行，起于負海，疆境既完，中國内竭，以喪社稷，是爲無策。今天下比年饑饉，西北邊尤甚。發三十萬衆，具三百日糧，東引海岱，南取江淮，然後乃備。計其道里，一年尚未集合，兵先至者聚居暴露，師老械弊，勢不可用，此一難也。邊既空虚，不能奉軍糧，〔三五〕内調調，發也，徒弔切。郡國，不相及屬，此二難也。計一人三百日糧，用糒十八斛，非牛力不能勝；牛又當自齎食，加二十斛，重矣。胡地沙鹵，多乏水草，以往事揆之，軍出未滿百日，牛必物故且盡，物故謂死。餘糧尚多，人不能負，此三難也。〔三六〕胡地秋冬甚寒，春夏甚風，多齎鬴鍑薪炭，〔三七〕重不可勝，鍑，釜之大口者，〔三八〕音富。食糒飲水，以歷四時，師有疾疫之憂，是故前世伐胡，不過百日，非不欲久，勢力不能，此四難也。輜重自隨，則輕鋭者少，不能疾行，虜徐遁逃，勢不能及，幸而逢虜，又累輜重，如遇險阻，銜尾相隨，銜，馬銜也。尾，馬尾也。言前後單行，不得並驅也。虜要遮前後，〔三九〕危殆不測，此五難也。今既發兵，宜縱先至者，令臣尤等深入霆擊，且以創艾胡虜。」請率先到之兵，且以擊虜也。〔四〇〕莽不聽，于是天下騷動。北邊自宣帝以來，數世不見烽火之警，〔四一〕人衆熾盛，牛羊布野。〔四二〕及莽撓亂匈奴，與之構難，邊人死亡係獲，又十二部兵久屯而不出，吏士罷弊。數年之閒，北邊虛空，野有暴骨矣。

天鳳初，烏累若鞮單于累，力追切。呼韓邪之子，烏珠留單于之弟。又請和親，遣人告塞吏曰欲見和親侯王歙，歙，昭君兄子也。莽遣歙、歙弟颯颯，音立。使匈奴，〔四三〕賀單于初立，賜黄金衣被繒帛，罷諸將率屯兵，但置游擊都尉。單于貪莽賂遺，故外不失漢故事，然內利寇掠。莽復遣歙與五威將王咸等，多遺單于金寶，因諭説改其號匈奴曰「恭奴」，單于曰「善于」，賜印綬。單于貪莽金帛，故曲聽之，然盜寇如故。匈奴謂孝曰「若鞮」。自呼韓邪後，見漢謚帝爲「孝」，慕之，故皆爲「若鞮」。莽怒，又更名曰「降奴」、「服于」。至呼都而尸單于烏累之弟，名輿。侵入北邊尤甚，由是壞敗。

班固論曰：

自漢興，忠言嘉謀之臣曷嘗不運籌策相與爭論廟堂之上，然總其要，歸兩科而已。縉紳之儒則守和親，介胄之士則言征伐，皆偏見一時之利害，未究匈奴之終始也。自漢興以至于今，曠世歷年，多于春秋，其與匈奴，有修文而和親之矣，有用武而克伐之矣，有卑下而承事之矣，有威服而臣畜之矣，詘伸異變，强弱相反，是故其詳可得言也。

昔和親之論，發于劉敬。是時天下初定，新遭平城之難，故從其言，約結和親，賂遺單于，冀以救安邊境。孝惠、高后遵而不違，匈奴寇盜不爲衰止，而單于反以加驕倨。逮至孝文，與通關市，妻以漢女，增厚其賂，歲以千金，而匈奴數背約束，邊境屢被其害。是以文帝中年，赫然發憤，遂躬戎服，親御鞍馬，從六郡良家材力之士，六郡，謂漢之隴西，今隴西及金城、安鄉郡之南境；漢之天水，今天水郡；漢之安定，今安定、平涼郡地；〔四四〕漢之北地，今彭原、安化、靈武、五原、寧朔等郡地；漢之上郡，今咸寧、上郡、延安等郡地；漢之西河，今銀川、西河、昌化等郡之地也。馳射上林，講習戰陣，顧問馮唐，與論將帥，喟然歎息，思古名臣，此則和親無益，已然之明效也。

董仲舒見四代之事，猶復欲守舊文，〔四五〕頗增其約。以爲：「義動君子，利動貪人，如匈奴者，〔四六〕非可以仁義説音税。也，獨可説以厚利，説，音悦。〔四七〕結之于天耳。故與之厚利以没其意，没，溺也。與盟于天以堅其約，質其愛子以累其心，匈奴雖欲展轉，奈失重利何，奈欺上天何，奈殺愛子何。展轉，謂移動其心。夫賦斂行賂不足以當三軍之費，城郭之固無以異于貞士之約，而使邊城守境之人父兄緩帶，〔四八〕稚子咽哺，胡馬不窺于長城，而羽檄不行于中國，不亦便于天下乎！」察仲舒之論，考諸行事，乃知其未合于當時，而亦有闕于後代也。當孝武時，雖征伐克獲，而士馬物故亦略相當；雖開河南之野，建朔方之郡今郡也。亦棄造陽之北九百餘里。匈奴人衆每來降漢，單于亦輒拘留漢使以相報復，其桀驁尚如斯，安肯以愛子而爲質乎！此不合當時之言也。若不置質，空約和親，是襲孝文既往之悔，而長匈奴無已之詐也。襲，重也，重疊其事也。夫邊城不選守境武略之臣，修障隧備塞之具，勵長戟勁弩之械，恃吾所以待邊寇。而務賦斂于人，遠行貨賂，割剥百姓，以奉寇讎，信甘言，守空約，而冀胡馬之不窺，不已過乎！

至孝宣之世，承武帝奮擊之威，值匈奴百年之運，因其壞亂幾鉅依切。亡之阸，權時施宜，覆以威德，然後單于稽首臣伏，遣子入侍，三世稱藩，賓于漢庭。是時邊城晏閉，牛馬布野，三世無犬吠之警，黎庶忘干戈之役。

後六十餘載，遭王莽篡位，始開邊隙，單于歸怨自絶，莽遂斬其侍子，邊境之禍搆矣。故呼韓邪始朝于漢，下廷臣議其儀，〔四九〕而蕭望之曰：「戎狄荒服，言其來服荒忽無常，時至時去，宜待以客禮，讓而不臣。如其後嗣遁逃竄伏，使于中國不爲叛臣。」及孝元時，議罷守塞之備，侯應以爲不可，可謂盛不忘衰，安不忘危，遠見識微之明矣。至于單于咸棄其愛子，昧昧，貪也。利不顧，侵掠所獲，歲鉅萬計，而和親賂遺，〔五〇〕不過千金，安在其不棄質而失重利也？仲舒之言，漏于是矣。

夫規事建議，不圖萬代之固，而媮恃一時之事者，媮，音偷。未可以經遠也。若乃征伐之功，秦漢行事，嚴尤論之當矣。故先王度土，中立封畿，分九州，列五服，物土貢，制外內，物土貢者，各因其土所生之物而貢之。制外內，謂五服之差，遠近異制者也。或修刑政，或昭文德，遠近之勢異也。是以春秋內諸夏而外夷狄。夷狄之人貪而好利，被髮左衽，人面獸心，其與中國殊章服，異習俗，飲食不同，言語不通，僻居北垂寒露之野，逐草隨畜，射獵爲生，隔以山谷，壅以沙漠，天地所以絶外內也。是故聖人禽獸畜之，不與約誓，不就攻伐；約之則費賂而見欺，攻之則勞師而招寇。其地不可耕而食也，其人不可臣而畜也，是以外而不內，疏而不戚，戚，近也。政教不及其人，正朔不加其國；來則懲而禦之，去則備而守之。其慕義而來貢獻，則接之以禮讓，羈縻不絶，使曲在彼，蓋聖王制禦蠻夷之常道也。

四至：匈奴之地，南至秦塞，左賢王將居東方，當上谷以東，接濊貊、朝鮮，右賢王將居西方，當上郡以西，今綏、丹、鄜、延地。接氐、羌，而單于庭當代郡與雲中，今雲、蔚州地。各有分地，逐水草移徙。

土俗物産：匈奴之俗，隨逐水草畜牧而轉移。無文字，以言語爲準。凡男生三五歲，能騎羊，引弓射其鳥鼠，以成性；長則射狐兔，以充食。自君長以下咸食畜肉，衣皮毛。貴壯賤老。其單于則有朝日夕月之禮。其坐尚左。日尚戊己。有羊、馬、橐駝、氈毯、毛褐。其送死有棺槨金銀衣裘，而無封樹喪服。匈奴名冢曰「豆落」。近幸臣妾從死者，多至數十百人。凡舉事常隨月，盛壯以攻戰，月虧則退兵。攻戰所獲必與之，善爲誘兵以克敵。故其逐利，如鳥之集；其敗則瓦解雲散。又有戰而能扶轝死者，盡得其家財也。

狼居胥山。

浚稽山。

盧山。

燕然山。

三木樓山。〔五二〕

金微山。

烏盧謾山。

烏紇細山。

沙漠。今之大磧。

姑且山。

浮沮山。〔五二〕

多陵河。

結盧水。

天臣河。〔五三〕

交河。

祁連山，一名天山，在西州界。即漢霍去病移兵出隴西，過居延，攻祁連山，斬虜三萬級。

闐顔山，在漢北，有趙信城焉。昔衛青戰單于于此山城，因趙信所築。

眩雷塞，在烏孤之北。漢爲廣田至此。〔五四〕

盧朐山，在光禄塞，今麟州西。

范夫人城，城本漢將所築，將亡，其妻率餘衆完保之，因以爲名焉。

卷一百九十一校勘記

〔一〕韃丁兮切　萬本、庫本皆無此四字。

〔二〕在今涇陽縣　「涇」，底本作「三」，萬本、庫本同。通典卷一九五邊防一一作「在今三原縣」。按元和郡縣圖志卷二涇陽縣：「漢池陽宮在縣西北八里。」此「三」爲「涇」字之誤，據改。通典誤。

〔三〕待之以不臣之禮　按漢書卷七八蕭望之傳作「宜待以不臣之禮」，此「待」上蓋脱「宜」字，其下衍「之」字。

〔四〕郅支單于囚殺使者吏士以百數　「囚」，底本作「因」，萬本、庫本同，據漢書卷七〇陳湯傳改。

〔五〕懸旌萬里之外　「旌」，底本作「旗」，據漢書陳湯傳改。

〔六〕其私罪惡甚多　「私」，底本作「他」，據萬本、庫本、傅校及漢書陳湯傳改。

〔七〕功德百之　底本「功」上衍「之」字，「功」下脱「德」字，並據萬本、庫本、傅校及漢書陳湯傳删補。

〔八〕單于自言願壻漢氏以自親　「壻漢」，底本作「求闕」，萬本、庫本同，據傅校及漢書卷九四匈奴傳下改。

〔九〕元帝　「元」，底本脱，萬本同，據庫本及漢書匈奴傳下補。

〔一〇〕請罷邊備塞吏卒，　「塞吏卒」，底本脱，萬本、庫本同，據漢書匈奴傳下、通典邊防一一補。

〔一一〕避敵拒寇也　按漢書匈奴傳下顔師古注作「避敵鈔寇也」，此「拒」蓋爲「鈔」字之誤。

〔一二〕然後邊境得用少安　「用」，底本脱，庫本同，據萬本及漢書匈奴傳下補。

〔一三〕今聖德廣被　「被」，底本作「備」，據萬本、庫本、傅校及漢書匈奴傳下改。

〔一四〕臣伏思夷狄之情　「臣伏思」，庫本同，萬本、傅校作「夫」，同漢書匈奴傳下。

〔一五〕必極也極保之也　此七字底本脱，據萬本、庫本、傅校及漢書匈奴傳下顔師古注補。

〔一六〕以此怨恨　「此」，底本作「致」，據萬本、庫本、傅校及漢書匈奴傳下改。

〔一七〕曰聞匈奴中樂　「曰」，底本作「日」，萬本、庫本同，據漢書匈奴傳下改。

〔一八〕不可勝計臣恐議者不深慮其終始　「計」、「深」，底本作「紀」、「審」，據萬本、庫本及漢書匈奴傳下改。

〔一九〕十年之外　底本「十」上衍「或」字，據萬本、庫本及漢書匈奴傳下删。

〔二〇〕河水從西北來至不必係之于河水　「北」，底本脱，萬本同，據庫本及漢書匈奴傳下顔師古注補。「河」，底本脱，萬本、庫本同，據漢書匈奴傳下顔師古注補。

〔二一〕上由是難之　「由」，底本作「於」，萬本、庫本同，據傅校及漢書匈奴傳下改。

〔二二〕不可不察也　底本「可」下衍「以」字，據萬本、庫本、傅校及漢書匈奴傳下删。

〔二三〕本北地之狄　「本」，底本作「夫」，據萬本及漢書匈奴傳下改。

〔二四〕以始皇之强　「以」，底本脱，庫本同，據萬本及漢書匈奴傳下補。

〔二五〕又高皇后忿匈奴　按漢書匈奴傳下作「又高皇后嘗忿匈奴」，此疑脱「嘗」字。

〔二六〕暨孝武　按漢書匈奴傳下作「孝武即位」，通典邊防一一作「暨孝武即位」，此疑脱「即位」二字。

〔二七〕其後大興師數十萬　「師」，底本脱，萬本、庫本同，據傳校及漢書匈奴傳下補。

〔二八〕攜國歸順　「順」，萬本、庫本同，傳校改作「化」，同漢書匈奴傳下。

〔二九〕佷　底本作「狠」，萬本、庫本同，據漢書匈奴傳下顏師古注、通典邊防一一改。

〔三〇〕勞師遠攻　「攻」，底本作「出」，據萬本、庫本及漢書匈奴傳下改。

〔三一〕西南夷種　「南」，底本脱，萬本、庫本同，據漢書匈奴傳下顏師古注補。

〔三二〕費歲以大萬計者　「費歲」，底本作「歲費」，據萬本、庫本及漢書匈奴傳下乙正。「大」，底本作「百」，萬本作「鉅」，據庫本及漢書匈奴傳下改。通典邊防一一亦作「大」。

〔三三〕相似也　「也」，底本脱，庫本同，據萬本及漢書匈奴傳下補。

〔三四〕周宣王　「周」，底本脱，庫本同，據萬本及漢書匈奴傳下補。

〔三五〕不能奉軍糧　底本「能」下衍「供」字，據萬本、庫本及漢書匈奴傳下删。

〔三六〕此三難也　「此」，底本脱，萬本、庫本同，據傳校及漢書匈奴傳下補。

〔三七〕多齎鬴鍑薪炭　「齎」，底本作「費」，萬本、庫本同，據傳校及漢書匈奴傳下改。

〔三八〕釜之大口者　「口」，底本脱，萬本、庫本同，據漢書匈奴傳下顏師古注、通典邊防一一補。

〔三九〕虜要遮前後　「遮前」，底本作「前遮」，萬本、庫本同，據漢書匈奴傳下乙正。

〔四〇〕請率先到之兵且以擊虜也　「先」，漢書匈奴傳下顏師古注作「見」。「也」，底本脱，據萬本、庫本、傳校及漢書匈奴傳下顏師古注補。

〔四一〕烽火之警　「烽」，萬本、庫本皆作「烟」，同漢書匈奴傳下。

〔四二〕牛羊布野　「羊」，漢書匈奴傳下作「馬」，通典邊防一一同。

〔四三〕莽遣歙歙弟颯使匈奴　底本脱一「歙」字，萬本、庫本同，據漢書匈奴傳下補。

〔四四〕平涼郡　「涼」，底本作「原」，萬本、庫本同，據傳校據通典邊防一一改。通典卷一七三州郡三：平涼郡，「漢屬安定郡，後漢因之。」可證漢安定郡爲唐平涼郡地。

〔四五〕猶復欲守舊文　「欲」，底本脱，萬本、庫本同，據漢書匈奴傳下補。

〔四六〕如匈奴者　「如」，底本脱，據傳校及漢書匈奴傳下補。萬本、庫本皆作「故」，誤。

〔四七〕説音悦　底本脱，據萬本、庫本及漢書匈奴傳下顏師古注、通典邊防一一補。

〔四八〕而使邊城守境之人父兄緩帶　「而」，底本作「徒」，據傳校及漢書匈奴傳下改。萬本、庫本皆脱。

〔四九〕下廷臣議其儀　萬本、庫本皆無「下廷臣」三字，漢書匈奴傳下作「漢議其儀」，則此「下廷臣」應作「漢」爲是。

〔五〇〕而和親賂遺　「遺」，底本脱，萬本同，據庫本及漢書匈奴傳下補。

〔五一〕三木樓山　萬本、庫本皆作「木樓山」，無「三」字，恐非。

〔五二〕浮沮山　「山」，萬本、庫本皆作「水」，傅校同。

〔五三〕天臣河　「臣」，萬本、庫本皆作「尼」，傅校同。

〔五四〕漢爲廣田至此　萬本、庫本「此」下皆有「音雷」二字。

太平寰宇記卷之一百九十二

四夷二十一

北狄四

南匈奴　烏桓

南匈奴

南匈奴醢落尸逐鞮單于比。烏珠留之子，名比。初季父呼都而尸單于時，以爲右薁鞬日逐王，部領南邊及烏桓。薁，於六切。鞬，九言切。後漢光武初，彭寵反叛于漁陽，今郡也。單于與共連兵，因復權立盧芳，使入居五原。今榆林九原郡即漢之五原郡地。〔一〕光武方内平諸夏，未遑外事，而匈奴數與盧芳共侵邊。九年，遣吴漢等擊之，經歲無功，而匈奴轉盛，鈔暴日增。十三年，遂寇河東，州郡不能禁。于是漸徙幽、并邊人于常山關、居庸關以東，漢常山關居代郡，今安邊、馬邑郡即漢代郡。漢居庸關在今嬀川郡懷戎縣。匈奴左部遂復轉居塞內。朝廷患之，增緣邊兵郡數千人，大築亭候，修烽火。匈奴入寇尤深。二十年，遂至上黨、今上黨、樂平、高平、〔二〕陽城郡地也。扶風、今扶風、汧陽、新平也。天水。二十一年，復寇上谷、中山，今博陵郡是也。殺掠甚衆，北邊無復寧歲。二十二年，比從父弟蒲奴立爲單于，而匈奴中連年旱蝗，赤地數千里，草木盡枯，人畜饑疫，死耗太半。單于畏漢乘其弊，乃遣使求和親。比密遣漢人郭衡奉匈奴地圖，詣西河太守今新秦、銀川、昌化、西河之西境地也。求內附。二十四年，八部大人共議立比爲呼韓邪單于，以其大父常依漢得安，故襲其號。於是款五原塞，今九原郡。願永爲藩蔽，扞禦北虜。帝用五官中郎將耿國議，乃許之。東觀記云：「十二月癸丑，匈奴始分爲南北單于。」二十五年春，遣弟左賢王莫擊破北單于，北單于震怖，卻地千里。南單于復遣使詣闕，奉藩稱臣，求使者監護，願遣侍子，修舊約。二十六年，漢遣中郎將段郴使南單于，立其庭，去五原西部塞八十里，單于拜伏。郴反命，詔乃聽南單于入居雲中。歲盡輒遣使送侍子入朝，中郎將從事一人將領詣闕。漢遣謁者送前侍子還單于庭，交會道路。元正朝賀，拜祠陵廟畢，漢乃遣單于使還，歲以爲常。〔三〕北單于使騎擊南單于，敗之。于是復詔單于徙居西河美稷，使中郎將段郴擁護之，仍悉復緣邊八郡。南單于既居西河，亦列置諸部王，助爲扞戍，屯北地、朔方、五原、雲中、定襄、鴈門、代郡，皆領部衆爲郡縣偵邏耳目。北單于惶恐，頗還所掠漢民，以示善意。鈔兵每到南部下，還過亭候，輒謝曰：「自擊亡虜薁鞬日逐耳，非敢犯漢民也。」

二十七年，北單于遂遣使求和親，天子召公卿廷議。皇太子明帝也。言曰：「南單于新附，北虜懼于見伐，故傾耳而聽，爭欲歸義耳。今未能出兵，而反交通北虜，恐南單于將有二心，北虜降者且不復來矣。」帝然之，告武威太守勿受其使。朗陵侯臧宫、楊虛侯馬武上言曰：「今匈奴民畜疫死，旱蝗赤地，疲困之力，不當中國一郡。萬里死命，懸在陛下。福不再來，時或易失，豈宜固守文德而隳武事哉？今命將臨塞，〔四〕厚懸購賞，諭告高句麗、烏桓、鮮卑攻其左，發河西四郡、天水、隴西羌胡擊其右。如此，北虜之滅，不過數年矣。」詔報曰：「黄石記曰：『柔能制剛，弱能制强。』柔者德也，剛者賊也，弱者仁之助也，强者怨之歸也。且北狄尚强，而屯田警備傳聞之事，常多失實。〔五〕誠能舉天下之半以滅大寇，豈非至願，苟無其時，不如息民。」自是諸將莫敢復言兵事。

二十八年，北匈奴復遣使貢馬及裘，更乞和親，帝下三府議酬答之宜。司徒掾班彪奏曰：「臣聞孝宣皇帝勅邊守尉曰：『匈奴大國，多變詐。交接得其情，則卻敵折衝；應對入其數，則反爲輕欺。』今北匈奴見南單于來附，懼謀其國，故數乞和親，臣見其獻益重，知其國益虚，歸親愈數，爲懼愈多。然今既未獲助南，則亦不宜絶北，羈縻之義，禮無不答。謂可頗加賞賜，畧與所獻相當，明加曉告以前代呼韓邪、郅支行事。」帝從之。

明帝永平中，胡邪尸逐侯鞮單于立。醯落之子，名長。時北匈奴猶盛，數寇邊，朝廷以爲憂。會北單于欲合市，遣使求和親，帝冀其交通，不復爲寇，乃許之。八年，遣使報命，而南部須卜骨都侯等知漢與北虜交使，懷嫌怨欲叛，密因北使，令遣兵迎之。漢知之，乃更置大將，以防二虜交通。其秋，北虜果遣二千騎覘候朔方，作馬革船，欲渡迎南部叛者，〔六〕以漢有備，乃引去。復數寇鈔邊郡，焚燒城邑，殺掠甚衆，河西城門晝閉。帝患之。十六年，大發緣邊兵，遣諸將四道出塞，北征匈奴。虜聞漢兵來，悉渡漠去。時北虜衰耗，黨衆離叛，〔七〕南部攻其前，丁零寇其後，鮮卑擊其左，西域侵其右，不復自立，乃遠引而去。

章帝章和元年，〔八〕鮮卑入左地擊北匈奴，大破之，斬優留單于，取其匈奴皮而還。〔九〕北庭大亂，屋蘭儲、卑胡、都須等五十八部，口二十萬，詣雲中、五原、朔方、北地降。時北虜大亂，加以饑蝗，降者前後而至。南匈奴休蘭尸逐鞮單于湖野之子，〔一〇〕名屯屠何。將討并北庭，會帝崩，竇太后臨朝，單于上言：「今烏桓、鮮卑討北虜，斬單于首，臣與骨都侯及新降渠帥議方畧，皆曰宜及北庭分爭，出兵討伐，破北成南，併爲一國，令漢家長無北念。〔一一〕又請漢家併力以屯要害。從之。

和帝永元初，乃以耿秉爲征西將軍，與車騎將軍竇憲率騎八千，與度遼兵及南單于衆三萬騎，出朔方擊北虜，大破之。北單于奔走，斬首虜二十餘萬人。二年春，南單于復大破北虜，單于輕騎數十遁走。是時南部連克獲納降，黨衆最盛，領户三萬四千，口二十三萬七千三百，勝兵五萬一百七十人。三年，北單于復爲右校尉耿夔所破，逃亡不知所在。其弟右谷蠡王於除鞬自立爲單于，將數千人，止蒲類海，今北庭府界。遣使款塞。〔一二〕大將軍竇憲以塞北地空，欲結恩北虜，乃上書請立於除鞬爲北單于，置中郎將領護，如南單于故事。下公卿議。司徒袁安、司空任隗以爲「光武招懷南虜，非謂可永安内地，正以權時之算，可得捍禦北狄故也。〔一三〕今朔漠既定，宜令南單于返其北庭，〔一四〕并領降衆，無緣復立於除鞬，以增國費」。上封事曰：「光武皇帝本所以立南單于者，欲安南定北之策也，恩德甚備，故匈奴遂分，邊境無患。昔孝明帝奉承先意，不敢失墜，赫然命將，爰及塞北。章和之初，降者十餘萬，議者欲置之濱塞，東至遼東，太尉宋由、光禄勳耿秉皆以爲失南單于心，不可，先帝從之。陛下奉承洪業，即和帝也。大開疆宇，大將軍遠師討伐，席捲北庭，此誠宣明祖宗，崇立洪勳者也。宜審其終，以成厥初。伏念南單于屯，〔一五〕先父舉衆歸德，自蒙恩以來，四十餘年。三帝積累，以遺陛下。陛下深宜遵述先志，〔一六〕成就其業。況屯首倡大謀，空盡北虜，輟而不圖，更立新降，以一朝之計，違三世之規，失信于所養，建立于無功。論語曰：『言忠信，行篤敬，雖蠻貊行焉。』今若失信于一屯，則百蠻不敢復保誓矣。且漢故事，供給南單于費值歲一億九十餘萬，西域歲七千四百八十萬。今北庭彌遠，其費過倍，是乃空盡天下，而非建策之要也。」朝廷不從。四年，遣耿夔即授璽綬，賜玉劍、羽蓋，使中郎將任尚持節衛護屯伊吾，如南單于故事。方欲輔歸北庭，會竇憲被誅。五年，於除鞬自叛還北，帝遂遣任尚追斬之，破滅其衆。至十六年，北單于遣使詣闕貢獻，願和親，北之國衆自立單于。修呼韓邪故約。帝以其舊禮不備，不許。後微，至滅無聞。

安帝延光三年，烏稽侯尸逐鞮單于立。胡邪之子，名拔。先是朔方以西障塞多不修復，鮮卑因此數寇南部，單于憂恐，上言求復障塞，順帝從之，〔一七〕乃遣黎陽營屯兵黎陽即今汲郡黎陽縣也。出屯中山北界，增置緣邊諸郡兵，列屯塞下。

順帝永建中，去將若尸逐就單于立。〔一八〕烏稽侯之弟，〔一九〕名休利。左部句龍王吾斯、車紐等背叛，寇西河，圍美稷。單于本不豫謀，中郎將陳龜以單于不能制下，逼迫之，單于自殺。大將軍梁商以羌胡新反，黨衆初合，難以兵服，宜用招降，乃上表曰：「匈奴寇叛，自知罪極，種類繁熾，不可殫盡。今轉運日增，三軍疲苦，〔二〇〕虛内給外，非國之利。竊見度遼將軍馬續素有謀謨，且典邊日久，〔二一〕深曉兵要，宜令續深溝高壁，以恩信招降，宣示購賞，明爲期約。如此，則醜類可服，國家無事矣。」帝從之。商又移書續等曰：「中國安寧，忘戰日久，良騎野合，交鋒接矢，決勝當時，戎狄之所長，而中國之所短也。强弩乘城，堅營固守，以待其衰，中國之所長，戎狄之所短也。宜務先所長，以觀其變，設購開賞，宣示反悔，勿貪小功，以亂大謀。」續及諸郡並各遵行。于是右賢王部抑鞮等以萬三千口詣續降。秋，〔二二〕句龍吾斯等立句龍王車紐爲單于。東引烏桓，西收羌戎及諸胡等數萬人，〔二三〕寇掠幽、今范陽、上谷、漁陽郡。并、今太原、西河、榆林、朔方郡之地。涼、今靈武、安化、平涼、〔二四〕金城郡之地。冀等州冀、今常山、博陵、鉅鹿、趙郡之地。呼蘭若尸逐就單于兜樓儲先在京師，漢安二年立之。〔二五〕遣中郎將護送歸南庭。建康初，中郎將馬寔募刺殺句龍吾斯，送首洛陽，進擊餘黨，烏桓七十萬餘口皆詣寔降。桓帝建和初，伊陵尸逐就單于立。〔二六〕名居車兒。至延熹九年，諸部並叛，寇緣邊九郡，以張奐爲北中郎將討之，悉降。

靈帝中平五年，右部醯落與休屠各胡白馬銅等十餘萬人反，攻殺單于羌渠。初，單于呼徵爲中郎將張修所殺，立右賢王羌渠爲單于。羌渠死，其子右賢王於扶羅立，爲持至尸逐侯單于，國人殺其父者遂叛，共立須卜骨都侯爲單于，而於扶羅詣闕自訟。會帝崩，天下大亂，單于將數千騎與白波賊合兵寇河内諸郡。今河内、鄴、汲等郡。時人保聚，鈔掠無利，而兵遂挫傷。復欲歸國，國人不受，乃止河東。須卜骨都侯爲單于一年而死，南庭遂虛其位，以老王行國事。

獻帝興平二年，單于於扶羅死，其弟呼厨泉立爲單于，以兄被逐，不得歸國，數爲鮮卑所鈔。帝自長安東歸，右賢王去卑與白波賊帥韓暹等侍衞天子，拒擊李傕、郭汜。及帝還洛陽，又從遷許，然後歸國。建安二十一年，單于來朝，魏武因留于鄴，而遣去卑歸監其國焉。以其既在内地，人衆猥多，懼必爲寇，始分其衆爲五部，立其中貴者爲帥，選漢人爲司馬以監督之。

魏末，復改帥爲都尉。其左部居于太原故茲氏縣，〔二七〕今西河郡隰城縣也。右部居祁縣，今縣。中部居大陵縣，〔二八〕今文水縣。多者一萬落，少猶四五千落。

晉武帝初，塞外匈奴大水，塞泥、黑難等二萬餘落歸化，帝復納之，使居河西故宜陽城下。後復與晉人雜居，由是平陽、今平陽郡。西河、今西河、昌化郡。太原、今府地。新興、今定襄、雲中郡。上黨、今郡。樂平諸郡，今樂平郡、太原府之間。〔二九〕靡不有焉。泰始七年，單于劉猛背叛，帝遣婁侯何楨討平之。其後稍因忿恨，漸爲邊患。侍御史西河郭欽上疏曰：「戎狄强獷，歷古爲患。魏初人寡，西北諸郡皆爲戎居。今雖服從，若後有風塵之警，胡騎自平陽、上黨不三日而至孟津，北地、今彭原郡之地。西河、太原、馮翊、安定、上郡並今郡。盡爲狄庭矣。宜及平吳之威，謀臣猛將之畧，出北地、西河、安定，復上郡，實馮翊，于平陽以北諸縣募取死罪，徙三河、三魏見士四萬家以充之。裔不亂華，漸徙平陽、弘農、魏郡、京兆、上黨雜胡，峻四夷出入之防，明先王荒服之制，萬世之長策也。」帝不納。太康五年，復有匈奴胡太阿厚率其部落二萬九千三百人歸化。七年，又有匈奴胡都大博及萎莎胡等各率種類大小凡十萬餘口，〔三〇〕匈奴都督大豆得一育鞠等復率其種落大小萬一千五百口來降，〔三一〕並撫納之。按晉史云：「北狄以部落爲類，其入居塞者有屠各種、鮮支種、寇頭種、烏譚種、〔三二〕赤勒種、捍蛭種、〔三三〕黑狼種、赤沙種、鬱鞞種、萎莎種、禿童種、勃蔑種、〔三四〕羌渠種、賀賴種、鍾跂種、〔三五〕大樓種、雍屈種、真樹種、力羯種，凡十九種，皆有部落，不相雜錯。屠各最豪貴，故得爲單于，統領諸種。其國號有左賢王、右賢王、左奕蠡王、右奕蠡王、左于陸王、右于陸王、左漸尚王、右漸尚王、左朔方王、右朔方王、左獨鹿王、右獨鹿王、左顯禄王、右顯禄王、左安樂王、右安樂王，凡十六等，皆用單于親子弟也。其左賢王最貴，惟太子得居之。其四姓，有呼延氏、卜氏、蘭氏、喬氏。而呼延氏最貴，則有左日逐、右日逐，代爲輔相；卜氏則有左沮渠、右沮渠；蘭氏則有左當户、右當户；喬氏則有左都侯、右都侯。又有沮渠、車陽、餘地，皆雜號，〔三六〕猶中國百官也。其國人有綦毋氏、勒氏，皆勇健，好反叛。蛭，呼丁切。

惠帝元康末，魏武所分左部都尉左賢王劉元海漢初高帝以宮女妻冒頓，約爲兄弟，故子孫遂冒姓劉氏焉。爲首叛亂，竊大號，據神器，自是戎狄迭有中夏矣。元海父豹，即單于於扶羅之子左賢王也。

范曄論云：「自漢興，匈奴强熾爲患，窮力殫財，寇雖頗折，而漢之疲耗略相當矣。宣帝值虜庭分爭，呼韓邪來臣，乃權納懷柔，因爲邊衛，單于保塞稱藩，故曰邊衛。罷關徼之警，息兵民之勞，六十餘年矣。〔三七〕後王莽陵篡，擾動戎夷，續以更始之亂，方夏幅裂。自是匈奴得志，〔三八〕內暴滋深。光武以用事諸華，未遑沙塞之外，〔三九〕因徙幽、并之民，〔四〇〕增邊屯之卒而已。其後匈奴爭立，日逐來奔，願修呼韓之好，以禦北狄之衝，奉藩稱臣，永爲外扞。天子乃詔有司開北鄙，擇肥美之地，量水草以處之。于是匈奴分破，始有南北二庭焉。雖仇釁既深，〔四一〕互伺便隙，至于陷潰創傷者，靡歲或寧，而漢之塞地晏然矣。後亦頗爲出師，令竇憲、耿夔之徒，前後掩其窟穴，躡北追奔，三千餘里。單于震懾，遁走于烏孫之地，而漠北空矣。若因其時勢，及其虛曠，還南虜于陰山，歸西河于內地，〔四二〕上申光武權宜之畧，下防戎羯亂華之變，使耿國之算不謬于當世，袁安之議見從于後王，平易正直，若此其弘也。而竇憲矜三捷之效，忽經世之規，狼戾不端，專行威惠。遂復更立北虜，反其故庭，並恩兩護，以私己福，棄蔑天公，坐樹大鯁。永言前載，何憤恨之深乎！自後經綸失方，叛服不一，其爲疢毒，胡可殫言！降及後世，氈爲常俗，終于呑噬神鄉，丘墟帝宅。謂劉元海等及托跋氏並都中國。嗚呼！千里之差，興自毫端，失得之源，百世不磨矣。」

四至：南單于漢光武二十四年，始款于五原塞。尋立其庭于五原西部塞，還，詔入居雲中、西河美稷之地以處之。當魏初以單于朝覲留于鄴，以其既在內地，人衆猥多，始分其衆爲五部，立其中貴者爲帥，以漢人爲司馬監之，其左部居于太原，今汾州隰城縣。右部居祁，亦今縣。中部居大陵。今文水縣。多者一萬落，少者猶四五千落。晉武帝初，塞外匈奴大水，塞泥、黑難等二萬餘落歸化，帝納之，使居河西故宜陽城下。後復與晉人雜居，由是平陽、晉州。西河、汾州。太原、并州。新興、雲州。上黨、潞州。樂平諸郡，靡不有焉。晉書惠帝元康末有劉元海首爲叛亂，竊大號，據神器，即魏武所立左部都尉左賢王也。

土俗物產：羊、馬、橐駝、氈毯、毳褐、酥酪。姓有綦毋氏、勒氏二種，皆勇健而好叛亂。

烏桓

烏桓。本東胡也。漢初，匈奴冒頓滅其國，餘類保烏桓山，因爲號。其有勇健能理決鬬訟者，推爲大人，無世業相繼。邑落各有小帥，數百千落自爲一部。大人有所召呼，則刻木爲信，氏姓無常，以大人健者名字爲姓。

烏桓自爲冒頓所破，衆遂孤弱，常臣服匈奴。武帝遣霍去病擊破匈奴左地，〔四三〕因徙烏桓于上谷、漁陽、右北平、遼西、遼東五郡塞外，今嬀川、范陽以東至安東，是漢五郡也。〔四四〕爲漢偵察匈奴動靜。偵，覘也，音丑政切。〔四五〕其大人歲一朝見，于是始置護烏桓校尉監領之，使不得與匈奴交通。後漸强盛。

至後漢建武中，鈔擊匈奴，匈奴轉北徙數千里，漢南地空，帝乃以幣帛賂遺之。二十五年，大人郝旦等九百餘人詣闕朝貢，于是封其渠帥爲侯王君長者八十一人，皆居塞內，布于緣邊諸郡。時司徒掾班彪上言：「烏桓天性輕黠，好爲寇賊，若久放縱而無總領者，〔四六〕必復侵掠居人，臣愚以爲宜復置烏桓校尉，誠有益于附集，省國家之邊慮。」帝從之。于是始復置校尉于上谷甯城。在今嬀川郡懷戎縣西北，俗名西吐敎城。至桓帝末，或降或叛。

靈帝時，烏桓有難樓者，衆九千餘落，有丘力居者，衆五千餘落，〔四七〕皆自稱王；又遼東蘇僕延，衆千餘落，自稱峭王；峭，七笑反。右北平今北平郡。烏延，衆八百餘落，自稱汗魯王：並勇健而多計策。中平四年，前中山太守張純中山郡，今博陵郡。叛，入丘力居衆中，自號彌天安定王，遂爲諸郡烏桓元帥，寇掠青、今北海、濟南、平原、樂安郡。徐、今彭城、琅邪郡。幽、冀四州。五年，劉虞爲幽州牧，虞購募斬純首，北州乃定。

自匈奴衰弱，而烏桓强盛。獻帝初平中，丘力居死，從子蹋頓有武畧，代立，總攝三王部，〔四八〕衆皆從其號令，邊長老皆比之冒頓，以雄北方。建安初，冀州牧袁紹與前將軍公孫瓚相持不決，蹋頓遣使詣紹求和親，遂遣兵助紹擊瓚，〔四九〕破之。紹矯制賜蹋頓、難樓、蘇僕延、烏延等，〔五〇〕皆授以單于印綬。〔五一〕建安十二年，曹操自征烏桓，大破蹋頓于柳城，今郡也。斬之，首虜二十餘萬人，其餘衆萬餘落悉徙居中國爲齊人。西晉王浚爲幽州牧，有烏桓單于審登，前燕慕容儁時，有烏桓單于薛雲，後燕慕容盛時，有烏桓渠帥莫賀咄科勃，〔五二〕並其別種，然而微弱不足云矣。

四至：始保烏桓山，武帝破匈奴，〔五三〕徙置今嬀州以東至安東府界以處之。至建武之後，或處漢南塞內附，〔五四〕則散居緣邊諸郡焉。

土俗物産：俗與匈奴同，其異者，怒則殺其父兄，而不敢害其母，以母有族類，父兄無相仇報也。以己爲種，無復報者故也。其嫁娶先私通，掠將女或半歲百日，然後遣媒人送馬牛羊，以爲聘幣。其婿隨妻至家，無尊卑，朝朝拜之，而不拜其父母。爲妻家僕役一二年閒，妻家乃更厚加遣送女，居處財物，一皆爲辦。計謀從用婦人，唯戰鬭之事乃自決之。父子男女，相對蹲踞。髠頭爲輕便。婦人至嫁時乃養髮，分爲髻，著句決，飾以金碧，猶中國有簂步摇也。簂或爲幗，婦人首飾。釋名云：「皇后首飾上有垂珠，步則摇也。」簂，古陌切。婦人能刺韋作文繡，織氀毼。氀毼，罽也。氀，音力于切。毼，音胡達切。男子能作弓矢鞍勒，勒，馬銜也。鍛金鐵爲兵器。其土地宜穄及東牆。東牆似蓬草，實如穄音祭。〔五五〕子，至十月而熟。能作白酒，而不知作麴，米常仰中國。有病，知以艾灸，或燒石自熨，燒地卧上，或隨病痛處，以刀抉脈出血，及祝天地山川之神，無鍼藥。俗貴兵死，斂尸以棺，有哭泣之哀，至葬則歌舞相送。肥養一犬，以綵繩嬰牽，〔五六〕并取死者所乘馬、衣服，皆燒而送之，言以屬累犬，屬累猶付寄也。〔五七〕屬，之欲切。累，力瑞切。使護死者神靈歸赤山。赤山在遼東西北數千里，如中國人死者魂歸泰山也。博物志云：「泰山，天帝孫也，主召人魂。東方萬物始，故知人生命也。」敬鬼神，祀天地日月星辰山川及先大人有健名者，祠用牛羊，畢皆燒之。飲食必先祭。若相賊殺者，令部落自相報，不止，詣大人告之，聽出馬羊牛以贖死命，乃止。大人有所召呼，則刻木爲信。

卷一百九十二校勘記

〔一〕今榆林九原郡即漢之五原郡地　「今」，底本脱，萬本、庫本同，據通典卷一九五邊防一一補。通典卷一七三州郡三：九原郡，「漢屬五原郡，後漢因之。」榆林郡，「二漢爲雲中、五原郡地。」

〔二〕高平　底本作「高平平」，萬本、庫本同。一「平」字重疊而衍，删。通典卷一七九州郡九有高平郡。

〔三〕漢乃遣單于使還歲以爲常　按後漢書卷八九南匈奴列傳：「漢乃遣單于使，令謁者將送，賜綵繒千匹，錦四端，金十斤，太官御食醬及橙、橘、龍眼、荔支；賜單于母及諸閼氏、單于子及左右賢王、左右谷蠡王、骨都侯有功善者，繒綵合萬匹。歲以爲常」。通典邊防一一簡略爲「漢乃遣單于使，還賞單于以下王侯甚厚，歲以爲常。」本書多從通典文，此「還」下蓋脱「賞單于以下王侯甚厚」九字。

〔四〕今命將臨塞　「命」，底本脱，萬本、庫本同，據後漢書卷一八臧宫列傳補。

〔五〕常多失實　「實」，底本脱，萬本、庫本同，據後漢書臧宫列傳補。

〔六〕欲渡迎南部叛者　「欲」，底本脱，萬本、庫本同，據後漢書南匈奴列傳補。

〔七〕十六年大發緣邊兵至時北虜衰耗黨衆離叛　按後漢書南匈奴列傳，十六年云云，乃漢明帝永平十六年事，「時」指漢章帝元和二年，兩者相距十二年，此混淆爲一。

〔八〕章和元年　底本作「元和中」，庫本同，據萬本及後漢書南匈奴列傳改。

〔九〕取其匈奴皮而還　「其」，底本作「北」，據庫本、傅校及後漢書南匈奴列傳改。萬本作「取匈奴皮帛而還」。通典邊防一一作「取其胸皮而還」。

〔一〇〕湖野　通典邊防一一作「胡邪」，按音同字異。

〔一一〕令漢家長無北念　「北」，底本作「此」，下注云：「當作北。」據萬本、傅校及後漢書南匈奴列傳、通典邊防一一改刪。

〔一二〕遣使款塞　「塞」，底本作「師」，萬本、庫本同，據傅校及後漢書南匈奴列傳改。

〔一三〕可得捍禦北狄故也　「狄」，底本作「敵」，據萬本、庫本、傅校及後漢書卷四五袁安列傳改。

〔一四〕宜令南單于返其北庭　「北」，底本作「故」，據萬本、庫本、傅校及後漢書袁安列傳改。

〔一五〕以成厥初伏念南單于屯　「初」，底本作「功」；「南」，底本脱，萬本、庫本同，並據後漢書袁安列傳改補。

〔一六〕陛下深宜遵述先志　「陛下」，底本脱，萬本、庫本同，據後漢書袁安列傳補。

〔一七〕順帝從之　「順」，底本脱，萬本、庫本同，據傅校及後漢書南匈奴列傳補。

〔一八〕去將若尸逐就單于　「將」，後漢書南匈奴列傳作「特」，通典邊防一一作「持」。

〔一九〕烏稽侯之弟　「弟」，底本作「兄」，萬本同，據後漢書南匈奴列傳改。庫本作「子」，誤。

〔二〇〕三軍疲苦　「苦」，底本作「困」，據萬本、庫本、傅校及後漢書南匈奴列傳改。

〔二一〕且典邊日久　「典」，底本作「在」，據庫本、傅校及後漢書南匈奴列傳改。

〔二二〕秋　底本作「狄」，其上衍「夷」字，萬本同，據庫本、傅校及後漢書南匈奴列傳改删。

〔二三〕西收羌戎及諸胡等數萬人　「戎」，底本作「狄」，據萬本、庫本、傅校及後漢書南匈奴列傳改。

〔二四〕平涼　「涼」，底本作「原」，萬本、庫本同。按通典卷一七三州郡三，平涼郡，「漢屬安定郡，後漢因之。」二漢時屬涼州。平原郡，二漢時屬青州，此「原」爲「涼」字之誤，據改。

〔二五〕漢安二年立之　「二」，底本作「元」，萬本同，據庫本及後漢書南匈奴列傳、通典邊防一一改。資治通鑑卷五二漢安二年：「六月丙寅，立南匈奴守義王兜樓儲爲呼蘭若尸逐就單于。」

〔二六〕伊陵尸逐就單于　「尸」，底本作「初」，萬本、庫本同，據後漢書南匈奴列傳改。

〔二七〕茲氏縣　「茲」，底本作「慈」，萬本、庫本同，據晉書卷九七四夷傳改。按續漢書郡國志五，太原郡領茲氏縣。

〔二八〕中部居大陵縣　「大」，底本作「太」，萬本同，據續漢書郡國志五、晉書卷一四地理志上改。下同。按本書上文載，建安二十一年始分其衆爲五部，此僅記左部、右部、中部，少二部，據晉書四夷傳載：「南部居蒲子縣，北部居新興縣」，通典邊防一一同，此蓋脱。

〔二九〕今樂平郡太原府之間　「間」，底本作「地」，據萬本、庫本、傅校及通典邊防一一改。

〔三〇〕萎莎　「萎」，底本作「蔞」，萬本、庫本同，本書下文引晉史同，而中大本、庫本、傅校皆作「萎」，晉書四夷傳、通典邊防一一皆作「萎」，據改。下同。

〔三一〕匈奴都督大豆得一育鞠等復率其種落大小萬一千五百口來降　按晉書四夷傳，「匈奴」上有「明年」，與都大博等於太康七年來降不在同年，此混淆爲一。

〔三二〕烏譚種　「譚」，底本作「檀」，據萬本、庫本及晉書四夷傳改。

〔三三〕捍蛵種　「蛵」，通典邊防一一同，晉書四夷傳作「蛭」。

〔三四〕禿童種勃蔑種　「童」，底本作「重」，萬本、中大本、庫本同，據晉書、通典改。「蔑」，底本作「茂」，萬本同，據庫本、傅校及晉書、通典改。

〔三五〕鍾跋種　「鍾」，底本作「種」，萬本、庫本皆作「踵」，據晉書四夷傳、通典邊防一一改。「跋」，通典同，晉書作「跂」。

〔三六〕又有沮渠車陽餘地皆雜號　「皆」，晉書四夷傳、通典邊防一一並作「諸」。

〔三七〕六十餘年矣　「矣」，底本脱，據萬本、庫本、傅校及後漢書南匈奴列傳補。

〔三八〕自是匈奴得志　「自是」，底本脱，據萬本、庫本及後漢書南匈奴列傳補。

〔三九〕未逞沙塞之外　「沙」、「之」，底本並脱，據萬本、庫本、傅校及後漢書南匈奴列傳補。

〔四〇〕因徙幽并之民　「因」，底本脱，據萬本、庫本及後漢書南匈奴列傳補。

〔四一〕雖仇釁既深　「雖」，萬本作「後」，同通典邊防一一。「釁」，底本作「忿」，據萬本、庫本、傅校及後漢書南匈奴列傳、通典邊防一一改。

〔四二〕歸西河于内地　「西河」，底本作「河西」，萬本、庫本同。標點本後漢書南匈奴列傳據後漢書集解引陳景雲説乙正，今從。

〔四三〕武帝遣霍去病擊破匈奴左地　「破」，底本脱，萬本、庫本同，據傅校及後漢書卷九〇烏桓列傳補。

〔四四〕是漢五郡也　「也」，底本脱，據萬本、庫本及通典卷一九六邊防一二補。

〔四五〕音丑政切　萬本、庫本皆無此四字。

〔四六〕若久放縱而無總領者　「久」，底本作「少」，庫本同，據萬本及後漢書烏桓列傳改。

〔四七〕烏桓有難樓者衆九千餘落有丘力居者衆五千餘落　「有丘力居者衆五千餘落」，底本脱，萬本、庫本同，據傅校及後漢書烏桓列傳補。又據後漢書烏桓列傳，「有難樓」上有「上谷」二字，「有丘力居」上有「遼西」二字。

〔四八〕總攝三王部　「王部」，底本作「郡」，庫本同，據萬本及三國志卷三〇魏書烏丸鮮卑東夷傳改。

〔四九〕遂遣兵助紹擊瓚　「紹」，底本脱，庫本同，據萬本及三國志魏書烏丸鮮卑東夷傳補。

〔五〇〕紹犒制賜蹹頓難樓蘇僕延烏延等　底本「蘇僕延」下有「烏桓」二字，庫本同，據萬本及三國志魏書烏丸鮮卑東夷傳、通典邊防一一删。

〔五一〕皆授以單于印綬　「授以」，底本作「與」，據萬本、傅校及通典邊防一一改。庫本有「以」而脱「授」字。

〔五二〕莫賀咄科勃　「咄」，底本作「出」，庫本同，據萬本及通典邊防一一改。又「勃」，通典作「敎」。

〔五三〕武帝破匈奴　「匈奴」，底本作「之」，萬本、庫本同，傅校作「匈奴」。按本書卷上文云：「武帝遣霍去病擊破匈奴左地，因徙烏桓于上谷、漁陽、右北平、遼西、遼東五郡塞外。」傅校是，據改。

〔五四〕或處漢南塞内附　按後漢書烏桓列傳載：建武二十二年，「匈奴國亂，烏桓乘弱擊破之，匈奴轉北徙數千里，漠南地空，帝乃以幣帛賂烏桓。」又載：「烏桓或願留宿衛，於是封其渠帥爲侯王君長者八十一人，皆居塞内，布於緣邊諸郡。」此「漢」疑爲「漠」字之訛。

〔五五〕音祭　萬本、庫本皆無此二字。

〔五六〕以綵繩嬰牽　「嬰」，底本作「纓」，萬本同，據三國志魏書烏丸鮮卑東夷傳改。

〔五七〕屬累猶付寄也　「寄」，傅校作「託」，同通典邊防一一。

太平寰宇記卷之一百九十三

四夷二十二

北狄五

鮮卑　托跋氏　蠕蠕

鮮卑

鮮卑。亦東胡之支也，别依鮮卑山，故因號焉。今在柳城郡界。〔一〕漢初，亦爲冒頓所破，遠竄遼東塞外，與烏桓相接，未嘗通中國。至後漢光武建武二十一年，鮮卑與匈奴入遼東，太守祭肜擊破之，斬獲殆盡。三十年，鮮卑大人於仇賁、滿頭等率種人朝賀，帝封於仇賁爲王，滿頭爲侯。于是鮮卑自燉煌、酒泉以東邑落大人，皆詣遼東受賞賜，〔二〕青、徐二州給錢歲二億七千萬爲常。

和帝永元中，大將軍竇憲遣右校尉耿夔擊破匈奴，北單于遁走，留者尚有十餘萬落，鮮卑因此徙據其地而有其人，由此漸盛。安帝永初中，鮮卑大人燕茘陽朝賀，鄧太后令止烏桓校尉所居甯城下，通胡市，因築南北兩部質館。築館以受降質也。鮮卑邑落百二十部，各遣入質。是後或降或叛，邊人歲苦其害。漢雖時有克獲，而不補所費。

桓帝時，鮮卑檀石槐者，部落畏服，遂推爲大人。檀石槐乃立庭于彈汗山歠仇水上，歠，音昌悅切。兵馬甚盛，東西部大人皆歸焉。因南抄緣邊，北拒丁零，東卻夫餘，西擊烏孫，盡據匈奴故地。

靈帝初，幽、并、涼三州緣邊諸郡無歲不被寇掠。熹平六年，鮮卑寇三邊。烏桓校尉夏育上言：「鮮卑寇邊，自春以來，三十餘發，請徵幽州諸郡兵出塞擊之，一冬二春，必能擒滅。」召百官議，中郎蔡邕議曰：「自匈奴遁逃，鮮卑强盛，據其故地，稱兵十萬，加以關塞不嚴，禁網多漏，精金良鐵，皆爲賊有；漢人逋逃，爲之謀主。夫邊陲之患，手足之蚧搔；中國之困，胸背之瘭疽也。蚧，音介。搔，新到切。埤蒼曰：「瘭，必燒切。」杜預注左傳曰：「疽，惡瘡也。」方今郡縣盜賊尚不能禁，況此醜虜而可服乎！昔高祖忍平城之恥，吕后棄慢書之詬，方之于今，何者爲甚？天設山河，秦築長城，漢起塞垣，所以别内外，異殊俗也。苟無蹙國内侮之患則可矣，豈與蟲蟻狡寇計爭往來哉！雖或破之，豈可殄盡，而方令本朝爲之旰食乎？夫卹人救急，雖成郡列縣，尚猶棄之，況障塞之外，未嘗爲民居者乎！備邊之術，李牧善其略，保塞之論，嚴尤申其要，遺業猶在，舊章尚存，循二子之策，守先帝之規，臣曰可矣。」帝不從。遂遣育等各將萬騎，三道並出塞二千餘里。檀石槐命三部大人各率衆逆戰，〔三〕育等大敗奔還，死者十有七八。後種衆日多，田畜射獵不足給食，檀石槐乃自徇行，見烏侯秦水廣從數百里，〔四〕停不流，從，子用切。其中有魚，不能得之。聞倭人善網捕，于是東擊倭國，得千餘家，徙至秦水上，令捕魚以助糧食。至晉猶有數百户。

光和中，魁頭與從父弟騫曼俱檀石槐之孫。爭國，衆遂離散。自檀石槐後，諸大人遂世相傳襲。魁頭死，弟步度根代立，〔五〕中兄扶羅韓亦別擁衆數萬人。

魏文帝初，步度根遣使獻馬，帝拜爲王。〔六〕後數與軻比能更相攻擊，步度根部衆稍弱，將其衆萬餘落保太原、雁門郡，一心守邊，不爲寇害，而軻比能衆遂强盛。至明帝，務欲綏和戎狄，以息征伐，羈縻兩部而已。其後步度根竟爲比能所殺。

四至：始居鮮卑山，後漢永元中，又徙居單于故地。有檀石槐立庭于彈汗山歠仇水上，去高柳北三百里，今馬邑郡界。兵馬甚盛，東西部大人皆歸焉。因南抄緣邊，北拒丁零，東卻夫餘，西擊烏孫，盡據匈奴故地，東西萬四千餘里，南北七千餘里，網羅山川、水澤、鹽池。分其地爲三部，從右北平以東至遼東，接夫餘、濊貊二十餘邑爲東部，從右北平以西至上谷十餘邑爲中部，從上谷以西至燉煌、烏孫二十餘邑爲西部，各置大人主領之。

土俗物産：其言語習俗與烏桓同，唯婚姻先髡頭，以季春月大會饒樂水上，在今柳城郡界。〔七〕然後配合。其獸異于中國者，有野馬、原羊、角端牛，以角爲弓，世謂角端弓者也。郭璞註爾雅曰：「原羊似吴羊而角大，〔八〕出西方。」漢書音義曰：「角端似牛，角可爲弓。」又有貂、豽、鼲子，皮毛柔軟，豽，音女滑切。鼲，音胡昆切。貂、鼲並鼠屬。豽，猴屬也。故天下以爲名裘。

托跋氏

托跋氏。亦東胡之後，別部鮮卑也。後魏史云：「出自黄帝之子昌意，意之少子受封此土，國有大鮮卑山，因以爲號。」宋齊二史又云：「漢降將李陵之後。」或云黄帝之苗裔，以黄帝土德，謂土爲托，后爲跋，故以爲氏。其裔始均，仕堯時，逐女魃于弱水北，人賴其勳，舜命爲田祖。歷三代，至秦漢，不交南夏，是以載籍無聞。積六十七代裔孫屯立，統國三十六，大姓九十九。其後至詰汾，嘗田于山澤，欻見輜軿自天而下。既至，見美婦人，自稱天女，曰「天命相偶」，旦日請還，期明年復會于此。及期至先田處，果見天女，以所生男授詰汾曰「此是君之子」，即力微也。力微立，諸部大人悉服，控弦之士二十餘萬，遷于定襄之盛樂。其後晉封爲代王，置官屬，始出并州，遷雜胡北徙雲中、五原、朔方，又西渡河，擊匈奴、烏桓諸部。自杏城以北八十里今中部郡之西。迄長城原，夾道立碣，與晉分界。長城原在今洛交郡三川縣。姪孫什翼犍始建年號，分置百官。至其孫珪，〔九〕即後魏道武帝也。

宋文帝元嘉中，每歲爲後魏侵境，敕朝臣博議。何承天論曰：

臣以安邊之計，備在史策，李牧言其端，嚴尤申其要，大略舉矣。曹、孫之霸，才均智侔，江、淮之間，不居者有數百里。〔一〇〕魏舍合肥，退保新城，合肥今廬江郡縣，新城在縣西三十里。吴城江陵，移入南岸，〔一一〕濡須之戍，家停羡溪。濡須在今歷陽郡西八十里，羡溪在其東三十里。及襄陽之屯，人居星散，〔一二〕晉宣王謂宜徙沔南，以實水北，曹爽不用，果亡沮中。沮中即今襄陽郡南沮水左右地也。沮，音七余切。〔一三〕此皆前代之殷鑒也。何者？斥候之郊，〔一四〕非畜牧之所；轉戰之地，非耕桑之邑。故堅壁清野，以禦其來，〔一五〕整甲繕兵，以乘其弊。雖時有古今，勢有强弱，保民全境，不出此途。約而言之，大歸有四：一曰移遠就近，二曰浚復城隍，三曰纂偶車牛，四曰計丁課仗。

狡虜之性，食肉衣皮，以馳騁爲儀容，以遊獵爲南畝，非有車輿之安，宫室之衛，櫛風沐雨，不以爲勞，露宿草寢，實惟其性。焱騎蟻聚，輕兵鳥集，〔一六〕踐蹂禾稼，焚燒閭井，雖邊將多略，未審何以禦之。若盛師連屯，廢農必衆，奔馳起役，赴機必違，〔一七〕散金行賞，費損必大，〔一八〕換土客戍，怨曠必繁。孰若因人所居，並修農戰，無動衆之勞，有扞衛之實，〔一九〕其爲利害，優劣相懸也。

一曰移遠就近，以實內地。今青、兖舊民，及冀州新附，在界首者三萬家，〔二〇〕此寇之資也。今悉可內徙，青州民宋青州理在今北海郡益都縣。移東萊、平昌、北海諸郡，東萊即今郡也，平昌今高密郡也，北海亦今東萊郡地。〔二一〕兖州、冀州人宋兖州理在今魯郡瑕丘，冀州理在今濟南郡歷城縣是也。移泰山以南，南至下邳，〔二二〕下邳，今臨淮郡縣也。〔二三〕左沭右沂，〔二四〕田良野沃，西阻蘭陵，蘭陵在今琅邪郡承縣界。北阨大峴，大峴在琅邪郡沂水縣北。四塞之內，其號險固。民性重遷，闇于圖始，無虞之時，喜生咨怨。今新被抄掠，餘懼未息，若曉示安危，居以樂土，歌抃就路，視遷如歸。

二曰浚復城隍，以增阻防。〔二五〕古之城池，處處皆有，今雖頽毁，猶可修理。粗計户數，量其所容，新徙之家，悉著城內，假其經用，爲之閭伍，納稼築場，〔二六〕還在一處。婦子守家，長吏爲帥，〔二七〕丁夫匹婦，春夏佃牧，秋冬入保。〔二八〕寇至之時，一城千室，堪戰之士，不下二千，其餘羸弱，〔二九〕猶能登陴鼓譟。十則圍之，兵家舊説，戰士二千，足抗羣虜二萬矣。

三曰纂偶車牛，以飾戎械。計千家之資，不下五百耦牛，爲車五百輛。參合鈎連，以衛其衆。設使城不可固，平行趣險，賊所不能干。既以族居，易可檢御。號令先明，人知夙戒。有急徵召，信宿可聚。

四曰計丁課仗，勿使有闕。千家之邑，戰士二千，隨其便能，各自有仗，素所服習，銘刻自由，還保輸之于庫，出行請以自衛。弓幹利鐵，人不辦得者，官以給之，數年之內，軍用粗備矣。

臣聞軍國異容，施於封畿之内；兵農並修，在于疆埸之表。攻守之宜，皆因其習俗，任其勇怯。山陵川陸之形，寒暑温凉之氣，各由本性，易則害生。是故戍申作刺，怨起及瓜，〔三〇〕時今若以荆、吴鋭師遠屯清濟，功費既重，嗟苦亦深。〔三一〕以臣料之，未若即用彼衆之易也。〔三二〕管子理齊，寄令于人；商君爲秦，設以耕戰。終能申威定霸，行其志業，非苟任强，實由有數。梁用武卒，其邦日削。〔三三〕齊用伎擊，衆亦離心。漢、魏以來，兹制漸弛，蒐田雖復先王之禮，〔三四〕治兵徒逞耳目之欲，有急之日，人不知戰，至乃廣延賞募，〔三五〕奉以厚秩，發遽奔救，天下騷然。方伯刺史，拱手坐聽，自無經畧，唯冀朝廷遺軍，此皆忘戰之害，不教之失也。今移人實内，浚理城隍，族居聚處，〔三六〕村里比次，課其騎射，通其風俗，長吏簡試，差品能否，甲科上第，漸就優别，〔三七〕明其勳才，表言州郡。如此則屯部有常，不遷其業，内護老弱，外通官塗，朋曹素定，同憂等樂，情由習親，藝因事著，晝戰見貌，足以相識，夜戰聞聲，足以相救，斯教戰之良法，〔三八〕先哲之遺術也。論者必以古城荒毁，難可修復。今不謂頓便加功，整理如舊，但欲先定人居，營其閭術，墉壑存者，因即增之，〔三九〕其有毁缺，權時栅斷。足以禦彼輕兵，防遏遊騎，假以旬時，漸次完立。〔四〇〕車牛之賦，課仗之宜，〔四一〕攻守所資，軍國之要，今因人所利，導而率之。耕農之器爲府庫之寶，田蠶之氓兼捍城之用，〔四二〕千室之宰總倍旅之兵，萬户之都具全軍之衆，兵强而敵不戒，國富而人不勞，比于優復隊伍，坐食廪糧者，不可同年而校矣。

今承平來久，〔四三〕邊令弛縱，弓幹利鐵，既不都斷，往歲棄甲，垂二十年，課其所任，〔四四〕理應消壞。謂宜明申舊科，嚴加禁塞，諸商賈往來，敢挾藏者，皆以軍法理之。又界上嚴立關候，杜廢閒蹊。城保之境，諸所課仗，並加雕鐫，别造程式。若有遺鏃亡刃及私爲竊盜者，皆可立驗，于事爲長，亦禦敵之要也。

文帝不能行。

四至：按拓跋禄官分國爲三部：一居上谷北，濡源西，東接宇文部，自統之；一居代郡之參合陂北，在今馬邑郡。兄子猗㐌統之；一居定襄之盛樂故城，亦在今馬邑郡。使猗㐌弟猗盧統之。

蠕蠕

蠕蠕。姓郁久閭氏。始，拓跋力微末，掠騎有得一奴，髮始齊眉，忘本姓名，其主字之曰木骨閭。〔四五〕「木骨閭」者，首秃也。木骨閭與郁久閭聲相近，故其後子孫因以爲氏焉。木骨閭既壯，免奴爲騎卒。代王猗盧時，坐後期當斬，亡匿廣漠谿谷之閒，收合逋逃得百餘人，依紇突鄰部。〔四六〕至其子車鹿會雄健，始有部衆，自號柔然。後魏太武以其無知，狀類于蟲，故改其號爲蠕蠕。宋齊謂之芮芮，隋史亦曰芮芮。〔四七〕

又六代孫社崘兇狡，甚有權變。度漠北，侵高車，深入其地，遂并諸部，凶勢益振。北徙弱落水，始立軍法：千人爲一軍，軍置將一人，百人爲幢，幢置帥一人。其西北有匈奴餘種，國尤富强，盡爲社崘所并，號爲强盛。其西則焉耆之地，東則朝鮮之地，北則渡沙漠，窮瀚海，南則臨大磧。其常所會庭則燉煌、張掖之北。小國皆苦其寇掠，羈縻附之，于是自號丘豆伐可汗。可汗之號始于此也。「丘豆伐」猶言駕馭開張也，「可汗」猶言皇帝也。蠕蠕之俗，君及大臣因其行能，即爲稱號，〔四八〕若中國立謚，既死之後，不復追稱。

後又頻擾北邊，後魏神𪊲二年夏四月，太武率兵十餘萬襲之，其主大檀社崘從父之弟。震怖，將其族黨，焚燒廬舍，絶迹西走。于是國落四散，竄伏山谷，畜産野布，〔四九〕無人收視。

太武帝緣栗水西行，過漢將竇憲故壘。六月，次于兔園水，去平城三千七百餘里。〔五〇〕分軍搜討，東至瀚海，西接張掖水，北度燕然山，東西五千餘里，南北三千里。高車諸部又殺大檀種類，〔五一〕前後歸降三十餘萬，俘獲首虜及戎馬百有餘萬。至孫吐賀真，太武又征破之，盡收其人户畜産百餘萬，自是邊疆息警矣。

獻文帝皇興中，其主予成吐賀真之子也。犯塞，征南將軍刁雍上表曰：

臣聞北狄悍愚，同于禽獸。所長者野戰，所短者攻城。若以所短，奪其所長，則雖衆不能成患，雖來不能内逼。又狄散居野澤，隨逐水草，戰則與家産並至，奔則與畜牧俱逃，不齎資糧而飲食足，是以古人伐北方，攘其侵掠而已。歷代爲邊患者，良由倏忽無常故也。六鎮勢分，倍衆不鬭，互相圍逼，難以制之。

昔周命南仲，城彼朔方，趙靈、秦始，長城自築，漢之孝武，又踵其事。此四代之君，皆帝王之雄傑，所以皆同此役，非智術之不長，兵衆之不足，乃防狄之要事，其理宜然故也。〔五二〕易稱「天險，不可升；地險，山川丘陵也。王公設險，以守其國。」長城之謂歟！

今宜依古于六鎮之北築長城，以禦北狄。雖有暫勞之勤，乃有永逸之益。即於要害，往往開門，造小城于其側，因地卻敵，多置弓弩，狄來有城可守，〔五三〕有兵可捍。既不攻城，野掠無獲，草盡則走，終必懲艾。宜發近州武勇四萬人，及京師二萬人，合六萬人，爲武士。于苑内立征北大將軍府，選忠勇有志幹者以充其選，下置官屬。分爲三軍，二萬人專習弓射，二萬人專習刀楯，二萬人專習騎矟。修立戰場，十日一習。採諸葛武侯八陣之法，爲平地禦寇之方。使其解兵家之宜，〔五四〕識旌旗之節，器械精堅，堪禦寇敵。使將有定兵，兵有常主，上下相信，晝夜如一。七月發六部兵萬人，〔五五〕各備戎作之具。勅臺北諸屯，隨近作米供送六鎮。至八月，征北部率所鎮與六鎮之兵，直至磧南，揚威漠北。狄若來拒，與之決戰。若其不來，然後分散其地，以築長城。計六鎮東西不過千里，六鎮並在今馬邑、雲中、單于界。後魏宣帝正始中，尚書源思禮巡撫北蕃，以跋野置鎮，居南，與六鎮不齊，更立三戍，亦在馬邑等郡界。〔五六〕若一夫一月之功當三步之地，三百人三里，三千人三十里，三萬人三百里。千里之地，强弱相兼，計十萬人一月必就。運糧一月，不足爲多，人懷永逸，勞而無怨。

計築長城其利有五：罷遊防之苦，其利一也；北部放牧，無抄掠之患，其利二也；登城觀敵，以逸待勞，其利三也；省境防之虞，息無時之備，其利四也；歲常遞運，永得不匱，其利五也。

帝從之，邊境獲其利。後帝又北討，大敗之，斬首五萬級，降者萬餘，戎馬器械不可勝計，追奔逐北，旬有九日，往返六千餘里，改女水曰武川。

孝明帝熙平初，其主醜奴予成弟之子也。善用兵，西征高車，大破之，擒其主彌俄突，殺之，盡并叛者，國遂强盛。醜奴死，弟阿那瓌立經十日，其族兄俟力發示發率衆伐之，阿那瓌輕騎南走，歸後魏，封朔方郡公、蠕蠕王，帝給騎二千，援出塞。初，阿那瓌來奔之後，其從父兄俟力發婆羅門率衆討示發，破之，衆推婆羅門爲主，會婆羅門爲高車所逐，率部落詣涼州降，今武威郡。于是蠕蠕數萬相率迎阿那瓌。録尚書事高陽王雍、尚書令李崇奏曰：「蠕蠕代跨絶漠，感化來歸，阿那瓌委質于前，婆羅門歸誠于後，何一呼韓，得同今美。竊聞漢立南北單于，晉有東西之稱，皆所以相維而禦難，爲國藩籬。今臣等參議，以爲懷朔鎮北，土名無結山吐若奚泉，燉煌北西海郡，即漢、晉舊障，〔五七〕二處寬平，原野彌沃。阿那瓌宜置吐谷奚泉，婆羅門宜置西海郡，各令總率部落，收離聚散。彼臣下之官，任其舊俗。」

時朝廷問安置之宜于涼州刺史袁翻，翻表曰：

高車、蠕蠕迭相吞噬，始則蠕蠕衰微，高車强盛，及蠕蠕復振，反破高車，主喪人離，〔五八〕不絶如綖。而今高車能終雪其恥，復摧蠕蠕者，正由種類繁多，不可頓滅故也。然鬭此兩敵，即卞莊之算，得使境土無塵。

今蠕蠕内爲高車所討滅，外憑大國之威靈，兩主投身，一周而至。〔五九〕若棄而不受，則虧我大德；若納而禮待，則損我資儲。來者既多，全徙内地，非直蕃情不願，轉送艱難。〔六〇〕夷不亂夏，前鑑無遠，覆車在于劉、石，毀轍固不可尋。且蠕蠕尚存，則高車猶有内顧之憂，未暇窺窬上國。蠕蠕全滅，則高車跋扈之計，豈易可知。今蠕蠕雖主奔于上，人散于下，而餘黨實繁，部落猶衆，處處碁布，以係今主耳。高車亦未能一時并兼，盡令歸附。

又高車士馬雖衆，主甚懦弱，惟以掠盜爲資，凌奪爲業。而河西捍禦强敵，唯涼州、燉煌而已。涼州土廣人稀，糧仗素闕，燉煌、酒泉空虛尤甚，蠕蠕無復竪立，令高車獨擅北垂，則四顧之憂，匪朝伊夕。愚謂蠕蠕二主，宜並存之，居阿那瓌于東偏，處婆羅門于西裔。其婆羅門請修西海故城以安處之。西海郡本屬涼州，今在酒泉直北、張掖西北一千二百里，去高車所住金山千餘里，正是北虜往來之要衝，漢家行軍之舊道，土地沃衍，大宜耕殖。非但今處婆羅門，于事爲便，即可永爲重戍，鎮防西北。宜遣一良將，監護婆羅門。雖外爲署蠕蠕之聲，内實防高車之策。一二年後，足食足兵，斯固安邊保塞之良策也。若婆羅門能自尅勵，使餘黨歸心，收離聚散，復興其國者，乃漸令北徙，轉渡流沙，即是我之外蕃，高車勍敵。西北之虜，可無過慮。〔六一〕如其奸回反覆，孤恩背德，此不過逋逃之寇，于我何損。今不早圖，夷心一啟，脱或先據西海，奪其險要，則酒泉、張掖自然孤危，長河已西，終非國有。

且西海北垂，即是大磧，野獸所聚，千百爲羣，正是蠕蠕射獵之處。殖田以自供，籍獸以自給，彼此相資，足以自固。今之料度，似如小損，終成大計，其利實多。高車豺狼之心，何可專信？假令臣服，止可外加優納，〔六二〕必須内備彌固也。朝議是之。詔安西將軍、廷尉卿元洪超詣燉煌安置婆羅門。婆羅門尋與部衆謀叛投嚈噠，嚈噠三妻皆婆羅門姊妹也。仍爲州軍討擒之。五年，婆羅門死于洛南之館。

阿那瓌部落既和，士馬稍盛，乃號可汗，遣其長子請尚魏公主，出帝又自納阿那瓌女爲后。阿那瓌請以其孫女妻齊獻武王子長廣公湛，阿那瓌有愛女，又請配齊獻武王，自此塞外無塵矣。

始阿那瓌初復其國，盡禮朝廷。明帝之後，中原喪亂，阿那瓌統率北方，頗爲强盛，不復稱臣。魏汝陽王暹之爲秦州刺史，〔六三〕遣其典籤齊人淳于覃使于阿那瓌。阿那瓌遂留之，親寵任事。阿那瓌又嘗因到洛陽，心慕中國，乃立官號，〔六四〕擬于王者，遂有侍中、黄門郎之屬。以覃爲秘書監、黄門侍郎，掌其文墨。覃教阿那瓌，轉自驕大，每與魏書，鄰敵抗禮。

及齊受東魏禪，後阿那瓌爲突厥攻破，自殺，太子菴羅辰奔齊。文宣帝乃北討突厥，而立菴羅辰爲主，置之馬邑川。後背叛，文宣帝親征，皆大破之。國人立阿那瓌叔父鄧叔子爲主。是時又累爲突厥所破，以西魏恭帝二年，率部落千餘家奔關中。突厥既恃兵强，又藉西魏和好，忌其遺類依憑大國，使驛相係，請盡殺以甘心。周文帝遂收縛蠕蠕王已下三千餘人付突厥使，于青門外斬之。中男以下免死，配王公家爲奴隸。

四至：其西則焉耆之地，東則朝鮮故地，北則渡沙漠，窮瀚海，南則臨大磧。其常所會之庭則燉煌、張掖之北。

卷一百九十三校勘記

〔一〕今在柳城郡界　底本「界」下衍「西」字，據萬本、中大本、庫本及通典卷一九六州郡一二删。

〔二〕三十年至皆詣遼東受賞賜　按後漢書卷九〇鮮卑列傳載，光武帝建武三十年封於仇賁爲王，滿頭爲侯。明帝永平元年，鮮卑大人皆來歸附，並詣遼東受賞賜，二者相距五年，此混爲同年。

〔三〕檀石槐命三部大人各率衆逆戰　「各」，底本作「皆」，據萬本、庫本、傅校及後漢書鮮卑列傳改。

〔四〕烏侯秦水　「烏」，底本作「爲」，據萬本、傅校及後漢書鮮卑列傳改。

〔五〕弟步度根代立　「弟」，底本脱，萬本、庫本同，據後漢書鮮卑列傳、三國志卷三〇魏書烏丸鮮卑東夷傳補。

〔六〕帝拜爲王　「帝」，底本脱，據萬本、庫本、傅校及三國志魏書烏丸鮮卑東夷傳補。

〔七〕在今柳城郡界　「郡」，底本作「邑」，萬本、庫本同，據通典邊防一二改。按後漢書鮮卑列傳李賢注：「饒樂水，『在今營州北。』」新唐書卷三九地理志三，營州郡名柳城。

〔八〕原羊似吴羊而角大　「吴」，底本作「胡」，萬本、庫本同，據後漢書鮮卑列傳李賢注引郭璞注爾雅、通典邊防一二注引改。

〔九〕至其孫珪　底本「珪」上衍「涉」字，萬本、庫本同，據魏書卷二太祖紀、北史卷一序紀魏本紀删。

〔一〇〕不居者有數百里　按宋書卷六四何承天傳作「不居各數百里」。

〔一一〕移入南岸　宋書何承天傳作「移民南涘」。

〔一二〕人居星散　宋書何承天傳作「民夷散雜」。

〔一三〕沮音七余切　萬本、庫本皆無此五字。

〔一四〕斥候之郊　「郊」，底本作「交」，萬本同，據庫本、傅校及宋書何承天傳改。

〔一五〕以禦其來　「禦」，宋書何承天傳作「俟」。

〔一六〕輕兵鳥集　「鳥」，底本作「烏」，萬本、庫本同，據傅校及宋書何承天傳改。

〔一七〕赴機必違　「違」，宋書何承天傳、通典邊防一二皆作「遲」。

〔一八〕費損必大 「損」，底本作「捐」，萬本同，據庫本及宋書何承天傳、通典邊防一二改。

〔一九〕有扞衛之實 「實」，底本作「術」，萬本、庫本同，據宋書何承天傳、通典邊防一二改。

〔二〇〕在界首者三萬家 「三」，宋書何承天傳作「二」，通典邊防一二作「二三」。

〔二一〕北海亦今東萊郡地 「地」，萬本、庫本皆作「也」，傅校改同。

〔二二〕南至下邳 「南」，底本脱，萬本、庫本同，據宋書何承天傳補。

〔二三〕今臨淮郡縣也 「郡」，底本脱，據庫本及通典邊防一二補。萬本、庫本皆無「縣」字，傅校改「縣」爲「郡」字，並誤。通典卷一八〇州郡一〇，臨淮郡領有下邳縣。

〔二四〕左洙右沂 「洙」，通典邊防一二同，宋書何承天傳作「沭」。

〔二五〕以增阻防 「阻」，底本作「沮」，萬本同，據庫本及宋書何承天傳、南史卷三三何承天傳改。

〔二六〕納稼築場 「場」，底本作「墻」，萬本、庫本同，據傅校及宋書何承天傳、通典邊防一二改。

〔二七〕長吏爲帥 「帥」，庫本同，萬本作「師」。按通典邊防一二作「帥」，宋書何承天傳作「師」。

〔二八〕秋冬入保 底本脱，萬本、庫本同，據資治通鑑卷一二四宋元嘉二十三年補。

〔二九〕其餘羸弱 「餘」，底本無，萬本、庫本同，據宋書何承天傳、資治通鑑宋元嘉二十三年補。

〔三〇〕怨起及瓜 「及」，底本脱，萬本、庫本同，據通典邊防一二補。

〔三一〕嗟苦亦深 「苦」，通典邊防一二同，宋書何承天傳、資治通鑑宋元嘉二十三年皆作「怨」。

〔三二〕未若即用彼衆之易也　「用」，底本作「因」，萬本、庫本同，據宋書何承天傳、通典邊防一二、資治通鑑宋元嘉二十三年改。

〔三三〕梁用武卒其邦日削　通典邊防一二同，宋書何承天傳作「梁用走卒，其邦自滅」。

〔三四〕茲制漸弛蒐田雖復先王之禮　「弛」、「雖」，通典邊防一二同，宋書何承天傳作「絶」、「非」。

〔三五〕至乃廣延賞募　「賞募」，底本作「賓幕」，據傅校及宋書何承天傳、通典邊防一二改。

〔三六〕族居聚處　「聚」，底本作「衆」，據宋書何承天傳、通典邊防一二改。

〔三七〕漸就優別　「别」，底本作「則」，據傅校及宋書何承天傳、通典邊防一二改。

〔三八〕斯教戰之良法　「良法」，宋書何承天傳、通典邊防一二皆作「一隅」，傅校據改。

〔三九〕因即增之　通典邊防一二作「因則增之」，宋書何承天傳作「因而即之」。

〔四〇〕假以旬時漸次完立　「旬時」，通典邊防一二同，宋書何承天傳作「方將」；「次」，宋書、通典皆作「就」。

〔四一〕課仗之宜　「仗」，底本作「役」，據宋書何承天傳改。

〔四二〕田蠶之氓　「氓」，底本作「民」，據宋書何承天傳、通典邊防一二改。

〔四三〕今承平來久　「來」，底本作「未」，據宋書何承天傳、通典邊防一二改。

〔四四〕課其所任　「任」，底本作「往」，據通典邊防一二改。宋書何承天傳作「住」。

〔四五〕其主字之曰木骨閭　「字」，底本作「名」，據萬本、庫本及魏書卷一〇三蠕蠕傳、北史卷九八蠕蠕傳改。

〔四六〕紇突鄰部　「紇」，底本作「純」，萬本、庫本同。按魏書卷一〇三高車傳、北史卷九八高車傳附有紇突鄰部，魏書卷二太祖紀登國五年、皇始二年皆載此部，此「純」爲「紇」字之訛，據改。

〔四七〕隋史　「史」，底本作「使」，萬本、庫本同，據傳校及通典邊防一二改。

〔四八〕君及大臣因其行能即爲稱號　「行」，底本作「所」；「即」，底本脱，並據萬本及魏書卷一〇三蠕蠕傳、北史卷九八蠕蠕傳改補。庫本作「行」是，而脱「即」。

〔四九〕畜産野布　「野布」，北史蠕蠕傳、通典邊防一二同，魏書蠕蠕傳、資治通鑑卷一二一宋元嘉六年作「布野」，當是。

〔五〇〕去平城三千七百餘里　「七」，底本作「三」，萬本、庫本同，據魏書蠕蠕傳、北史蠕蠕傳、通典邊防一二改。

〔五一〕高車諸部又殺大檀種類　「諸」，底本作「都」，萬本、庫本同，據魏書蠕蠕傳、北史蠕蠕傳、資治通鑑宋元嘉六年改。

〔五二〕其理宜然故也　「宜」，底本作「必」，庫本同，據萬本及通典邊防一二改。

〔五三〕狄來有城可守　「狄」，底本作「敵」，萬本、庫本同，據中大本、傳校及通典邊防一二改。

〔五四〕使其解兵家之宜　「之」，底本作「機」，據萬本、傅校及通典邊防一二改。

〔五五〕七月發六部兵萬人　「兵」，底本脱，萬本同，據通典邊防一二補。

〔五六〕亦在馬邑等郡界　「郡」，底本作「邑」，萬本、庫本同，據本書上文及通典邊防一二改。

〔五七〕即漢晉舊障　「晉」，底本脱，萬本、庫本同，據魏書蠕蠕傳、北史蠕蠕傳補。

〔五八〕主喪人離　「主」，底本作「王」，據萬本、庫本及魏書卷六九袁翻傳改。

〔五九〕一周而至　「周」，魏書袁翻傳、通典邊防一二皆作「期」。

〔六〇〕轉送艱難　「送」，底本作「近」，萬本、庫本同，據魏書袁翻傳、通典邊防一二改。

〔六一〕可無過慮　「可」，底本作「自」，據萬本、庫本及魏書袁翻傳、通典邊防一二改。

〔六二〕止可外加優納　「止」、「外」，底本脱，庫本同，據萬本及通典邊防一二補。「止」，魏書袁翻傳作「正」，北史卷四七袁翻傳同。

〔六三〕魏汝陽王暹之爲秦州刺史　底本「魏」下有「初」字，萬本、庫本同，傅校作「初魏」。按北史蠕蠕傳、通典邊防一二並無「初」字。又魏書卷一九上京兆王傳載：莊帝時，暹「封汝陽王，遷秦州刺史。」北史卷一七京兆王傳同，莊帝時事正在明帝中原喪亂之後，則此「初」爲衍字，據删。

〔六四〕乃立官號　「乃」，底本作「及」，據萬本、庫本、傅校及通典邊防一二改。

太平寰宇記卷之一百九十四

四夷二十三

北狄六

軻比能　宇文莫槐　徒何段〔一〕　慕容氏　高車　稽胡

突厥上

軻比能

軻比能。本小種鮮卑，以勇健，斷法平端，不貪財物，衆推以爲大人。部落近塞，自袁紹據河北，中國人多亡叛歸之，教作兵器鎧楯，頗學文字。故其勒御部衆，擬則中國，出入弋獵，建旌麾，以鼓節爲進退。比能衆遂强盛，控弦十餘萬騎，餘部大人皆敬憚之，然猶未能及檀石槐也。至青龍元年，比能誘説步度根，使叛并州，其後幽州刺史王雄遣勇士韓龍刺殺比能，更立其弟素利、彌加、厥機皆爲大人，在遼西、右北平、漁陽塞外，道遠初不爲邊患，然其種衆多于比能也。其後諸子孫爭立，國衆離散，諸部大人慕容、拓跋更盛焉。

四至：在遼西、右北平、漁陽塞中，以道遠不知里數。

土俗物産：與鮮卑同。

宇文莫槐

宇文莫槐。出于遼東塞外，世爲東部大人。晉史謂之鮮卑。〔二〕魏書云：「其先匈奴南單于之遠屬。」又按後周書云：「出自炎帝，爲黄帝所滅，子孫逃漠北，鮮卑奉以爲主。」今考諸家所説，其鮮卑之别部。後姪孫莫廆立，廆，胡罪切。部衆强盛，自稱單于，塞外諸部咸畏憚之。先得玉璽三紐，自言爲天所相，俗謂天曰宇，故自號宇文。至孫乞得龜，爲慕容廆所敗。别部人逸豆歸殺乞得龜而自立，又爲慕容皝所敗，皝，音晃。皝徙其部五千餘落于昌黎，自是滅散矣。後周宇文氏源出于此。

土俗：人皆翦髮而留其頂上，以爲首飾，長過數寸則截之令短。婦人被長裙及足，〔三〕而無裳。言語並與鮮卑同。

徒何段

徒何段日陸眷。〔四〕出于遼西，因亂被賣爲漁陽烏丸大人庫辱官家奴。諸大人集會幽州，〔五〕皆持唾壺，惟庫辱官獨無，乃唾日陸眷口中。日陸眷因咽之，西向拜天曰：〔六〕「願使主君之智慧祿相盡移入我腹中。〔七〕」其後漁陽大饑，庫辱官以日陸眷爲健，使將人衆詣遼西逐食，招誘亡叛，遂至强盛。日陸眷死，後至姪務勿塵據有遼西之地，而臣于晉。其所統三萬餘家，控弦四五萬騎。封務勿塵爲遼西公，〔八〕假大單于印綬。就陸眷立，務勿塵之子。與弟匹磾、都泥切。從弟末波等率騎圍石勒于襄國，爲勒所破，擒末波而捨之，就陸眷遂攝軍而還，歸於遼西。就陸眷死，末波自稱幽州刺史。末波死，國人立日陸眷弟護遼爲主，後爲慕容皝所殺。其弟鬱蘭奔石季龍，以所徙鮮卑五千人配之，使屯令支。今北平郡盧龍縣即其地也。及冉閔之亂，段龕龕，鬱蘭之子也。龕，音堪。率衆南移，遂據齊地。慕容儁使弟恪帥衆伐龕于廣固，今北海郡城。執龕，殺之，坑其徒三千餘人，遂滅。

慕容氏

慕容氏。亦東胡之後，別部鮮卑也。晉史云：「有熊氏之苗裔，因山爲號。〔九〕」魏初渠帥有莫護跋，率諸部入居遼西，後從司馬宣王討公孫淵有功，〔一〇〕拜率義王，始建國于棘城之北。即柳城郡之地。〔一一〕時燕代多冠步搖冠，護跋見而好之，乃斂髮襲冠，〔一二〕諸部因呼之爲「步搖」，其後音訛，遂爲「慕容」焉。或云慕二儀之德，繼三光之容，遂以慕容爲氏。至孫涉歸，魏封爲鮮卑單于，遷居遼東，于是漸慕華夏之風矣。

涉歸有子二人，長曰吐谷渾，西遷河湟之間；〔一三〕今安鄉郡西平縣地。〔一四〕次曰廆，有命世才略。晉太康十年，又遷于徒河之青山。今柳城郡界。〔一五〕廆以大棘城即帝顓頊之墟，元康四年乃移居之，教以農桑，法制同于中國。永嘉初，廆自稱鮮卑大單于。因晉亂，招撫華夷，刑政修明，流亡歸之甚衆，乃立郡以統之，冀州人爲冀陽郡，荆河州人爲成周郡，〔一六〕青州人爲營丘郡，并州人爲唐國郡。徵辟儒生，以爲參佐，而奉晉室朝貢，臣禮不闕。

至皝嗣，〔一七〕廆之子。雄毅多權略，日以强盛，〔一八〕遂自稱燕王，遣使于東晉，請受朝命，許之。後遷都于柳城，儁、暐，即其子孫也。後國號燕，具晉史載記。

高車

高車。蓋古赤狄之種也，初號爲狄歷，北方以爲敕勒，諸夏以爲高車、丁零焉。其語略與匈奴同而時有小異，或曰其先匈奴之甥也。其種有狄氏、袁紇氏、〔一九〕斛律氏、解批氏、護骨氏、異奇斤氏。〔二〇〕其俗云：匈奴單于生二女，姿容甚美，〔二一〕單于曰：「此女安可配人，將以與天。」乃于國北無人之地築高臺，置二女于其上，曰：「請天自迎之。」乃有一老狼，晝夜守臺嘷呼，因穿臺下爲穴，經時不去。其小女曰：「吾父以我與天，而今狼來，或是神物。」將下就之，其姊大驚曰：「此是畜生，無乃辱父母！〔二二〕」妹不從，乃下爲狼妻而産子，後遂滋繁成國。故其人好引聲長歌，有似狼嘷。

本無都統大帥，當種各有君長。爲性麤猛，黨類同心，至于寇難，翕然相依。鬭無行陣，頭别衝突，乍出乍入，不能堅戰。後徙于鹿渾海西北百餘里，〔二三〕部落强大，常與蠕蠕爲敵，亦每侵盜于魏。後魏道武帝度弱水，西行至鹿渾海，襲破之，復討餘種于狼山，又大破之。又于駮髯水西北，〔二四〕狥略其部，破其雜種三十餘落，虜獲男女五萬口，馬牛羊百餘萬，高車二十餘萬乘而還。其後太武帝征蠕蠕，還至漠南，聞高車東部在巳尼陂，相去千餘里，遣騎襲破之，降者數十萬，〔二五〕皆徙置漠南千里之地，後又相率北叛。

高車之族又有十二姓：一曰泣伏利氏，二曰吐盧氏，〔二六〕三曰乙旃氏，四曰大連氏，五曰窟賀氏，六曰達薄干氏，七曰阿崙氏，八曰莫允氏，九曰俟分氏，〔二七〕十曰副伏羅氏，十一曰乞袁氏，十二曰右叔沛氏。〔二八〕

先是，副伏羅部爲蠕蠕所役屬。魏孝文帝太和十一年，蠕蠕主豆崙犯塞，其酋阿伏至羅固諫不從，怒率所部之衆西叛。阿伏至羅死，弟子彌俄突立，遣使朝貢。宣武詔之曰：「蠕蠕、嚈噠與吐谷渾所以交通者，皆路由高昌國，今交河郡。掎角相接，今高昌内附，遣使迎引。蠕蠕既與吐谷渾路絶，姦勢亦危，〔二九〕于卿彼蕃，便有所益。行途經由，宜相供俟，不得令羣小擁塞王人。」彌俄突尋與蠕蠕主伏圖戰于蒲類海北，大敗。明帝初，彌俄突又被蠕蠕主醜奴大敗，殺之。弟越居，靜帝時爲兄子比適所殺，越居子去賓自蠕蠕奔後魏，封爲高車王，拜肆州刺史，死于鄴。至隋，有突越失國，〔三〇〕即後魏之高車國焉。

土俗物産：其俗蹲踞褻黷，〔三一〕無所避忌。婚姻用牛馬納聘，以多爲榮。俗無穀稻，不作酒，迎婦之日，男女相將，持馬酪熟肉節解。主人延賓，亦無行位，穹廬前叢坐，飲宴終日，復留其宿。明日，將婦歸，既而夫黨還入其家馬羣，極取良馬。俗不潔淨，喜致震霆，每震，則叫呼射天而棄之移去。來歲秋，〔三二〕馬肥，復相率集于震所，埋羖羊，燃火，〔三三〕拔刀，女巫祝説，〔三四〕似如中國祓除，而羣隊馳馬旋繞，百匝乃止。人持一束柳棟回，豎之，〔三五〕以乳酪灌焉。婦人以皮裹羊骸，〔三六〕戴之首上，縈屈髮鬢，〔三七〕而綴之，有似軒冕。其死亡葬送，掘地作坎，坐屍于中，張臂引弓，佩刀挾矟，無異于生，而露坎不掩，走馬遶旋，多者數百匝。男女無大小，皆集會之。其遷徙隨水草，衣皮食肉，牛羊畜産，盡與蠕蠕同。〔三八〕唯車輪高大，輻數至多。

稽胡

稽胡。一曰步落稽，蓋晉時匈奴別種，劉元海五部之苗裔也。或云山戎赤狄之後。自離石以西，離石，今昌化郡。安定以東，今安定郡是也。方七八百里，居山谷閒，種落繁熾。雖分統郡縣，列于編户，然輕其徭賦，有異齊人。山谷阻深者，未盡役屬，而兇悍恃險，數爲寇亂。

後魏明帝孝昌中，有劉蠡升者，居雲陽谷，今縣界。自稱天子，立年號，署百官。後爲齊神武所滅。

後周明帝武成初，延州稽胡郝阿保、郝狼皮延州即今延安郡。率其種人，附於齊氏，并與其别部劉素德爲影響。周柱國豆盧寧督諸軍，與延州刺史高琳擊破之。建德五年，武帝敗齊師于晉州，今平陽郡。乘勝逐北，齊人所棄甲仗未暇收斂，稽胡乘閒竊出，並盜而有之，乃立蠡升孫没鐸爲主，號聖武皇帝。後齊王憲爲行軍元帥，討破之。自是寇盜頗息矣。

四至：離石以西，安定以東，始爲所居，約地方七八百里，山谷之閒，種落繁熾。其後漸散漫處于邠、晉、鄜、延地。每爲邊患，周齊之代，迭攻而滅。

土俗物産：其俗土著，亦知種田，地少桑蠶，多衣麻布。其丈夫服及死亡殯葬，與中夏略同；婦人多貫珠貝以爲耳頸飾。又與華人錯居。其渠帥頗識文字，然語類夷狄，因譯乃通。蹲踞無禮，貪而忍害。俗好婬穢。

突厥上

突厥之先，平涼今平涼郡。雜胡也，蓋匈奴之別種，姓阿史那。後魏太武滅沮渠氏，沮渠茂虔都姑臧，〔三九〕謂之北涼，爲魏所滅。阿史那以五百家奔蠕蠕，代居金山。工于鐵作。金山狀如兜鍪，俗呼兜鍪爲「突厥」，因以爲號。或云，其先國于西海之上，爲鄰國所滅，男女無少長盡殺之。有一兒，年且十歲，以其小不忍殺之，乃刖足斷臂，棄于大澤中。有牝狼每銜肉至其所，此兒因食之，得以不死。其後遂與狼交，〔四〇〕狼有孕焉。因負至于西海之東，〔四一〕止于山上。其山在高昌西北，高昌今交河郡。下有洞穴，狼入其中，遇得平壤茂草，地方二百餘里。後狼生十男，長大外託妻孕，其後各爲一姓，阿史那即其一也。子孫蕃育，漸至數百家。經數世，相與出穴，臣于蠕蠕。又云，先出于索國，在匈奴之北。其部落大人曰阿謗步，兄弟十七人，其一曰伊質泥師都，〔四二〕狼所生也。謗步等性並愚癡，國遂破滅。泥師都既別感異氣，能徵召風雨。娶二妻，云是夏神、冬神之女，一孕而生四男。其大兒訥都六設，衆奉爲主，號爲突厥。訥都六所生子，皆以母族爲姓，阿史那是其一也，號阿賢設。此說雖殊，然終狼種也。

後魏末，其酋帥土門，部落稍盛，始至塞上通中國。至西魏大統十二年，乃求婚于蠕蠕，蠕蠕主阿那瓌大怒，使人辱駡之曰：「爾是我鍛奴，何敢發是言也！」土門發兵擊蠕蠕，大破之于懷荒北，阿那瓌自殺。土門遂自號伊利可汗，後魏太武帝時，蠕蠕主社崙已自號可汗，突厥因之。猶古之單于也，號其妻爲可賀敦，亦猶古之閼氏也。〔四三〕其子弟謂之特勒，〔四四〕別部領兵者謂之設，其大官屈律啜，次阿波，次頡利發，次吐屯，次俟斤。其初，國貴賤官號凡有十等，或以形體，或以老少，或以顏色、鬚髮，〔四五〕或以酒肉，或以獸名。其勇健者謂之始波羅，亦呼爲英賀弗，〔四六〕肥麤者謂之大羅便，〔四七〕大羅便，酒器也，似角而麤短，體貌似之，故以爲號。此官特貴，唯其子弟爲之。又謂老爲哥利，故有哥利達官。謂馬爲賀蘭，故有賀蘭蘇尼闕，蘇尼，掌兵之官也。謂黑色者爲珂羅便，故有珂羅啜，官甚高，耆年者爲之。謂髮爲索葛，故有索葛吐屯，如州郡官也。謂酒爲匐你熱汗，熱汗掌鑒察非違，釐整班次。謂肉爲安禪，故有安禪具泥，掌家事如國官也。有時置附鄰可汗，附鄰，〔四八〕狼名也，取其貪殺爲稱。亦有可汗位在葉護下者。或有居家大姓相呼爲遺可汗者，〔四九〕突厥呼屋爲遺，言屋可汗也。

木扞可汗〔五〇〕土門之子，名俟斤，一名燕都是也。〔五一〕狀貌奇異，面廣尺餘，其色甚赤，眼若瑠璃，性剛暴而多智。〔五二〕西破蠕蠕、嚈噠，東走契丹，北并契骨，威服塞外諸國。俟斤既盛，使于西魏，請誅蠕蠕主。事具蠕蠕篇。後周武帝納其女爲后。

至他鉢可汗，木扞之弟。以攝圖爲爾伏可汗，乙息記可汗之子也，乙息記將死，捨其子攝圖而立俟斤，即木扞可汗也。統其東面；又以其弟但耨可汗子爲步離可汗，居西方。爾伏與步離皆小可汗。耨，内沃切。控弦數十萬，中國憚之。周、齊爭結婚姻，傾府藏事之，仍歲給繒綵十萬段。突厥在京師者，待以優禮，衣錦食肉者常以千數。〔五三〕他鉢益驕，曰：「使我在南兩箇兒孝順，何患貧也！」後攝圖立爲大可汗，號伊利俱盧設莫何始波羅可汗，一號沙鉢略，理都斤山，以他鉢之子菴羅降居獨洛水，稱第二可汗。木扞之子大邏便乃謂沙鉢略曰：〔五四〕「我與爾俱可汗子，各承父後。爾今極尊，我獨無位，何也？」沙鉢略患之，以爲阿波可汗，還領所部。沙鉢略勇而得衆，北狄皆歸附之。

周武帝之婚于木扞也，突厥錦衣玉食在長安者且以萬數。至隋初，並遣之，突厥大怨。俟斤賀敦周趙王招之女千金公主，聞周滅，故悉衆爲寇，〔五五〕控弦四十萬，武威、天水、安定、金城、上郡，並今郡也。六畜咸盡。文帝以河間王弘、高熲、虞慶則出塞擊之，沙鉢略敗走。時虜饑甚，不得食，于是粉骨爲糧，又多疫，〔五六〕死者極衆。既而沙鉢略襲擊阿波，大敗之，阿波西奔達頭可汗。達頭者，名玷厥，沙鉢略之從父也，舊爲西面可汗。達頭即西突厥步迦可汗。既而大怒，遣阿波率兵而東，與沙鉢略相攻，于是分爲東西部，自此分爲二國。迭相侵掠。沙鉢略因擊阿波，爲阿拔國部落乘虚掠其妻子。隋遣軍爲擊阿拔，敗之，所獲悉與沙鉢略。

沙鉢略大喜，乃立約，以磧爲界，因上奏曰：「大突厥伊利俱盧設莫何始波羅可汗臣攝圖言：突厥自天置以來，五十餘載，地過萬里，士馬億數，恒力兼戎夷，抗禮華夏，在于北狄，莫之與大。今被霑德義，仁化所及，禮讓之風，自朝滿野。竊以天無二日，土無二王，〔五七〕豈敢阻兵，偷竊名號，今便歸心有道，永爲藩附。謹遣男臣窟舍真奉表以聞。〔五八〕」後卒，帝爲廢朝三日。

後葉護可汗沙鉢略之弟也。西征阿波，生擒之。既而上書，請阿波死生之命。高熲進曰：「骨肉相殘，教之蠹也，宜存養以示寬大。」帝曰：「善。」

頡伽施多那都藍可汗沙鉢略之子名雍虞閭。〔五九〕後與西面泥利可汗連結。阿波可汗既爲處羅侯可汗所擒，其國乃立鞅素特勒之子。〔六〇〕時突利可汗居北方，沙鉢略之弟處羅侯之子，名染干。遣使求婚，開皇中，帝妻以宗女安義公主。帝欲離間北狄，故特厚禮，遣牛弘、蘇威、斛律孝卿相繼爲使，突厥前後遣使入朝三百七十輩。突利本居北方，以尚主之故，南徙度斤舊鎮，錫賚優厚。雍虞閭怒曰：「我，大可汗也，反不如染干！」朝貢遂絶，數爲邊患。雍虞閭與玷厥舉兵攻染干，盡殺其兄弟子姪，遂入蔚州。今安邊郡。染干夜以五騎與隋使長孫晟歸朝，拜爲意利珍豆啟民可汗，華言「意智健」也，上于朔州今馬邑郡。築大利城以居之。安義公主死，又以宗女義成公主妻之，部落歸之甚衆。雍虞閭又擊之，帝復令入塞，遂遷于河南，在夏、勝二州之間，今朔方、榆林郡。發役掘塹數百里，東西拒河，盡爲啟民畜牧之地。詔楊素、史萬歲等擊雍虞閭，頻破之，旋爲部下所殺。〔六一〕

仁壽元年，泥利可汗及葉護俱被鐵勒所敗，并奚、霫五部内徙，霫，先立切。啟民遂有其衆。

煬帝大業三年，幸榆林，啟民來朝，帝大悦，詔贊拜不名，位在諸侯王上，享其部落酋長三千五百人，賜物二十萬段。〔六二〕帝親巡雲中，泝金河在今榆林郡。〔六三〕而東，北幸啟民所居。在今馬邑郡。啟民奉觴上壽，跪伏甚恭。明年，朝于東都，禮賜益厚。

始畢可汗染干之子，名咄吉世。〔六四〕十一年，來朝于東都，禮賜甚厚。其年，煬帝避暑汾陽宫，八月，始畢率其種落入寇，圍帝于雁門，今郡是也。詔諸部發兵赴援，始畢引去。此後隋亂，中國人歸之者甚衆，又更强盛，勢凌中夏。迎蕭皇后，置于定襄。今定襄郡。薛舉、竇建德、王世充、劉武周、梁師都、李軌、高開道之徒，雖僭尊號，皆北面稱臣，並受可汗之號。東自契丹、室韋，西盡吐谷渾、高昌諸國，皆臣之。控弦百萬，戎狄之盛，〔六五〕近代未之有也。

唐起義太原，遣劉文静聘其國，引以爲援。始畢遣其特勒康稍利等獻馬千匹，會于絳郡，又遣二千騎助軍，從平京城。及高祖受隋禪，以後賞賜不可勝紀。〔六六〕武德元年，始畢使骨咄禄特勒來朝，賜宴于太極殿，奏九部樂，錫賚甚厚。二年春，始畢帥兵渡河，至夏州，賊帥梁師都出兵會之，謀入抄掠。四月，授馬邑賊帥劉武周兵五百餘騎，〔六七〕遣入句注，又追兵大集，〔六八〕欲侵太原。是月，始畢卒，其子什鉢苾毗質切。以年幼，不堪嗣位，立爲泥步設，使居東偏，直幽州之北。立其弟俟利弗設，是爲處羅可汗，始畢之弟。又以隋義成公主爲妻，遣使入朝告喪。〔六九〕高祖爲之舉哀，廢朝三日，詔百官就館弔其使者，遣內史舍人鄭德挺往弔處羅，〔七〇〕賻物三萬段。先是，隋煬帝蕭后及齊王暕之子政道陷于竇建德，三年春，處羅迎之，至牙所，立政道爲隋主。隋末，中國人在虜庭者悉隸之，行隋正朔，置百官，居于定襄城，有徒萬餘。〔七一〕

卷一百九十四校勘記

〔一〕徒何段　「何」，底本作「阿」，宋版、萬本、庫本同，據魏書卷一〇三徒何段就六眷傳、北史卷九八徒何段就六眷傳改。下同。通典卷一九六邊防一二作「河」，傅校改同。

〔二〕晉史　「史」，底本作「書」，據宋版、萬本、庫本、傅校及通典邊防一二改。

〔三〕婦人被長褐及足　「褐」，魏書卷一〇三匈奴宇文莫槐傳、北史卷九八匈奴宇文莫槐傳、通典邊防一二皆作「襦」。

〔四〕徒何段日陸眷　底本「徒何段」下有「一名」二字，萬本、庫本同，據宋版及魏書徒何段就六眷傳、北史徒何段就六眷傳删。

〔五〕諸大人集會幽州 「集會」，底本作「會集」，據宋版、萬本、庫本及魏書徒何段就六眷傳、北史徒何段就六眷傳乙正。

〔六〕西向拜天曰 「天」，底本脱，萬本、庫本同，據宋版、傅校及魏書徒何段就六眷傳、北史徒何段就六眷傳補。

〔七〕願使主君之智慧禄相盡移入我腹中 「君」，底本脱，庫本同，據宋版、萬本及魏書徒何段就六眷傳、北史徒何段就六眷傳補。

〔八〕封務勿塵爲遼西公 「務」，底本脱，據宋版、萬本、庫本及魏書徒何段就六眷傳、北史徒何段就六眷傳補。「勿」，魏書、北史皆作「目」。

〔九〕因山爲號 底本「山」下衍「以」字，據宋版、萬本、庫本、傅校及通典邊防一二删。

〔一〇〕司馬宣王 「宣王」，底本作「懿」，據宋版、萬本、庫本及通典邊防一二改。

〔一一〕始建國于棘城之北即柳城郡之地 「于」，底本脱，庫本同，據宋版、萬本及通典邊防一二補。「即」、「地」，底本作「今」、「北」，萬本、庫本同，據宋版改，通典邊防一二「今柳城郡之地」是也。

〔一二〕斂髮襲冠 「斂」，宋版、萬本、庫本同，晉書卷一〇八慕容廆載記、通典邊防一二作「歛」，按「歛」爲是。後同。

〔一三〕西遷河湟之間　「湟」，底本作「隍」，據宋版、萬本、庫本及通典邊防一二改。

〔一四〕今安鄉郡西平縣地　「地」，底本作「也」，庫本同，據宋版、萬本及通典邊防一二改。

〔一五〕今柳城郡界　底本「今」上衍「即」字，「城」下衍「之」字，「界」下衍「也」字，並據宋版、萬本、庫本、傅校及通典邊防一二删。

〔一六〕荆河州人爲成周郡　「荆河州」，晉書卷一〇八慕容廆載記作豫州，此避唐代宗諱改。「周」，底本作「州」，萬本、庫本同，據宋版及晉書慕容廆載記改。

〔一七〕至皝嗣　「嗣」，底本脱，庫本同，據宋版、萬本、傅校及通典邊防一二補。

〔一八〕日以强盛　「盛」，底本作「勝」，據宋版、萬本、庫本及通典邊防一二改。

〔一九〕袁紇氏　「袁」，底本作「表」，宋版、庫本同，萬本作「袁」。按魏書卷二太祖紀、北史卷一魏太祖道武帝紀登國五年記「高車袁紇部」，魏書卷一〇三高車傳、北史卷九八高車傳並載「高車餘種袁紇」，通典卷一九七邊防一三、太平御覽卷八〇一四夷部二二並作「袁紇氏」，此「表」爲「袁」字之誤，據改。

〔二〇〕異奇斤氏　「奇」，底本作「其」，庫本同，據宋版、萬本及魏書高車傳、北史高車傳改。

〔二一〕姿容甚美　底本「姿」上衍「其」字，庫本同，據宋版、萬本及魏書高車傳、北史高車傳删。

〔二二〕無乃辱父母　底本「父母」下衍「乎」字，據宋版、萬本、庫本及北史高車傳删。

〔二三〕後徙于鹿渾海西北百餘里　「于」，底本作「之」，庫本同，據宋版、萬本及魏書高車傳、北史高車傳改。

〔二四〕又于駮髯水西北　「又」，底本作「入」，據宋版、萬本、庫本、傅校及通典邊防一三改。底本「駮」下注「音剥」，據宋版、萬本删。

〔二五〕降者數十萬　按魏書高車傳、北史高車傳「萬」下有「落」字。

〔二六〕吐盧氏　「吐」，魏書高車傳、北史高車傳、册府元龜卷九五六、太平御覽四夷部二二同，通典邊防一三作「叱」。按魏書卷一一三官氏志：「叱盧氏，後改爲祝氏。」則作「叱」是。

〔二七〕俟分氏　「分」，宋版、庫本同，萬本作「斤」，同通典邊防一三。按魏書高車傳、北史高車傳、册府元龜卷九五六、太平御覽四夷部二二皆作「俟分氏」。

〔二八〕右叔沛氏　「右」，底本作「又」，庫本同，據宋版、萬本及魏書高車傳、北史高車傳、通典邊防一三改。

〔二九〕姦勢亦危　「姦」，底本作「好」，據宋版、萬本、庫本及通典邊防一三改。

〔三〇〕突越失國　「越」，底本作「厥」，萬本、庫本同，據宋版、傅校及通典邊防一三、文獻通考卷三四三四裔考二〇改。

〔三一〕蹲踞褻黷　「黷」，底本作「瀆」，庫本作「瀆」，據宋版及魏書高車傳、北史高車傳改。通典邊防一三作「媟嬻」。萬本作「妣嬻」，「妣」爲「媟」字之誤。

〔三二〕來歲秋　「來」，底本作「每」，據宋版、傅校改。魏書高車傳、北史高車傳皆作「至來歲秋」，通典邊防一三作「至於來歲秋」。萬本作「至於歲秋」，脱「來」字。

〔三三〕燃火　「燃」，底本作「然」，宋版、萬本、庫本同，據魏書高車傳、北史高車傳、通典邊防一三改。

〔三四〕女巫祝説　底本「説」下注「音税」，據宋版、萬本、庫本及通典邊防一三删。

〔三五〕人持一束柳桋回竪之　「桋」，宋版、庫本同，萬本作「枝」。按魏書高車傳、北史高車傳作「桋」，通典邊防一三作「枝」。「竪之」，宋版、庫本同，萬本作「曲竪之」。按魏書、北史作「竪之」，通典作「曲竪之」。又底本「桋」下注「音夷」，據宋版、萬本、庫本删。

〔三六〕婦人以皮裹羊骸　「骸」，宋版、庫本同，萬本作「骹」。按魏書高車傳、北史高車傳作「骸」，通典邊防一三作「骹」。

〔三七〕縈屈髮鬢　「鬢」，萬本同，宋版作「鬢」。按魏書高車傳、北史高車傳作「鬢」，通典邊防一三、太平御覽卷八〇一作「鬢」。

〔三八〕蠧與蠕蠕同　「蠧」，底本作「皆」，據宋版、萬本、庫本、傅校及魏書高車傳、北史高車傳、通典邊防一三改。

〔三九〕沮渠茂虔　「茂虔」，底本作「牧犍」，萬本同，據宋版及通典邊防一三改。

〔四〇〕其後遂與狼交　「其」，底本作「及長」，據宋版、萬本、庫本及隋書卷八四北狄傳、通典邊防一三改。

〔四一〕因負至于西海之東　「于」，底本無，據宋版、萬本、庫本補。

〔四二〕伊質泥師都　「泥」，底本作「尼」，萬本、庫本同，據宋版及通典邊防一三改。下同。

〔四三〕亦猶古之閼氏也　「古」，底本脱，據宋版、萬本、傅校及北史卷九九突厥傳、周書卷五〇異域傳下補。

〔四四〕特勤　通典邊防一三、新唐書卷二一五上突厥傳上同，隋書北狄傳、舊唐書卷一九四上突厥傳上並作「特勤」。近人考證「勒」爲「勤」字之誤。

〔四五〕鬢髮　「鬢」，萬本、庫本及通典邊防一三同，宋版作「鬢」。

〔四六〕英賀弗　「賀弗」，底本作「賢服」，庫本同，據宋版、萬本及通典邊防一三改。

〔四七〕肥麤者謂之大羅便　「之」，底本作「三」，宋版同，據萬本、庫本及通典邊防一三改。「便」涉下而脱，據補。

〔四八〕附鄰　「附」，底本脱，宋版、萬本、庫本同，據上文「附鄰可汗」補。

〔四九〕或有居家大姓相呼爲遺可汗者　「相」，底本作「人」，據宋版、萬本、傅校及通典邊防一三、册府元龜卷九六二改。

〔五〇〕木扜可汗　「扜」，宋版、庫本同，萬本作「杅」，同北史突厥傳、隋書北狄傳、通典邊防一三，「扜」恐誤。下同。周書異域傳下作「汗」。

〔五一〕名俟斤一名燕都是也　「俟斤」，周書異域傳下、北史突厥傳、通典邊防一三同，隋書北狄傳作「俟斗」。「燕都」，周書、北史同，通典作「燕尹」。

〔五二〕性剛暴而多智　底本「性」上衍「其」字，「智」下衍「謀」字，並據宋版、萬本、庫本及通典邊防一三删。

〔五三〕衣錦食肉者常以千數　「錦」，底本作「帛」，萬本、庫本同，據宋版及北史突厥傳、通典邊防一三改。

〔五四〕大邏便　「邏」，底本作「羅」，據宋版、萬本、庫本及隋書北狄傳、通典邊防一三改。

〔五五〕故悉衆爲寇　「悉」，底本作「率」，據宋版、萬本、庫本及北史突厥傳、隋書北狄傳改。

〔五六〕又多疫　宋版、庫本同，萬本作「又多災疫」，同北史突厥傳、隋書北狄傳。

〔五七〕土無二王　「土」，底本作「民」，庫本同，據宋版、萬本及隋書北狄傳、通典邊防一三改。

〔五八〕窟舍真　「舍」，通典邊防一三同，北史突厥傳作「合」，隋書北狄傳作「含」。

〔五九〕沙鉢略　「略」，底本脱，宋版、萬本、庫本同，據本書上下文及通典邊防一三補。

〔六〇〕鞅素特勒　「鞅」，萬本、庫本及通典邊防一三同，宋版作「鞍」。

〔六一〕旋爲部下所殺　據北史突厥傳、隋書北狄傳載，雍虞閭爲部下所殺，此「旋」上蓋脱「雍虞閭」三字。

〔六二〕賜物二十萬段　「物」，底本作「帛」，據宋版、萬本、庫本及隋書北狄傳、通典邊防一三改。

〔六三〕在今榆林郡　底本作「自今榆林郡東北而行」，宋版、庫本同，據萬本及通典邊防一三改。通典卷一七三州郡三，榆林郡榆林縣有金河，是也。此處因涉下文「而東北幸啟民所居」而誤。

〔六四〕咄吉世　「世」，底本作「甚」，萬本、庫本同，據宋版及隋書北狄傳改。通典邊防一三、資治通鑑卷一八一隋大業五年作「咄吉」，省略「世」字。

〔六五〕戎狄之盛　「戎」，底本作「夷」，據宋版、萬本及通典邊防一三改。

〔六六〕以後賞賜不可勝紀　「紀」，底本作「計」，萬本、庫本同，據宋版及通典邊防一三、舊唐書突厥傳上改。

〔六七〕援馬邑賊帥劉武周兵五百餘騎　「援」，宋版、庫本同，萬本作「授」，同通典邊防一三、舊唐書突厥傳上。

〔六八〕又追兵大集　「追」，底本作「遣」，萬本同，據宋版、庫本及通典邊防一三、舊唐書突厥傳上改。

〔六九〕遣使入朝告喪　「使」，底本脱，據宋版、萬本、庫本及舊唐書突厥傳上補。

〔七〇〕遣内史舍人鄭德挺往弔處羅　「史」，底本作「使」，萬本、庫本同，據宋版及通典邊防一三、舊唐書突厥傳上改。

〔七二〕有徒萬餘　「徒」，底本作「衆」，據宋版、萬本、庫本、傅校及通典邊防一三、舊唐書突厥傳上改。

太平寰宇記卷之一百九十五

四夷二十四

北狄七

突厥中

時太宗奉詔討劉武周，師次太原，處羅遣其弟步利設率二千騎與官軍會。六月，處羅至并州，總管李仲文出迎勞之，留三日，城中美婦人多爲所掠，仲文不能制。俄而處羅死，義成公主以其子奥射設醜弱，廢不立，遂立處羅之弟咄苾，是爲頡利可汗，啟民第三子。又納隋義成公主爲妻，以始畢之子什鉢苾爲突利可汗。按始畢父啟民可汗染干本突利可汗，今又有突利，〔一〕蓋襲其先號。遣使入朝，告處羅死，高祖爲之罷朝一日，遣百官就館弔其使。

咄苾初爲莫賀咄設，牙直五原之北。是時，薛舉猶據隴右，遣其將宗羅睺攻陷平涼郡，北與頡利結連。高祖遣光禄卿宇文歆齎金帛以賂頡利。歆説之，令與薛舉絶。初，隋五原太守張長遜因亂以其所部五原城隸于突厥。歆又說頡利遣長遜入朝，以五原地歸于我。頡利並許之，因發突厥兵及長遜之衆，並會于太宗軍所。

頡利承父兄之資，兵馬强盛，有憑凌中國之志。高祖以中原初定，未遑外略，每優容之，賜與不可勝計。頡利言辭悖慠，求請無厭。四年四月，頡利自率萬餘騎與馬邑賊苑君璋將兵六千人共攻雁門，〔二〕定襄王李大恩擊走之，〔三〕于是大懼，更請和好，獻魚膠數十斤，令二國同于此膠。

高祖五年春，李大恩奏言突厥饑荒，馬邑可圖。詔大恩與殿中少監獨孤晟帥兵討苑君璋，〔四〕期以二月會于馬邑，晟後期不至，大恩不能獨進，頓兵新城以待之。頡利遣數萬騎與劉黑闥合軍進圍之，大恩敗績，没于陣。六月，劉黑闥又引突厥萬餘騎入抄河北，頡利復自率五萬騎南侵，至于介休。太宗帥師出蒲州道以討之。時頡利攻圍并州，又分兵入汾、潞等州，掠男女五千餘口，聞太宗兵至蒲州，〔五〕乃引兵出塞。

七年八月，頡利、突利二可汗又分寇原州，連營南上。太宗北討，頓兵于豳州。頡利、突利率萬餘騎奄至城西，乘高而陣，將士大駭。太宗乃親率百騎馳詣虜陣，告之曰：「國家與可汗誓不相負，何爲背約深入吾地？〔六〕我秦王也，故來一決。可汗若自來，我當與可汗兩人獨戰，若或兵馬總來，我唯百騎相禦耳。」頡利弗之測，笑而不對。〔七〕太宗又前，令騎告突利曰：〔八〕「爾往與我盟，急難相救，爾今將兵來，何無香火之情也？亦宜早出，一決勝負。」突利亦不對。太宗因縱反間于突利，突利悦而歸心焉。〔九〕其叔姪内離，頡利因遣使請和，許之。

八年七月，頡利領兵十餘萬，〔一〇〕大掠朔州，又襲將軍張瑾于太原，瑾全軍並没，脱身奔于李靖。靖出師拒戰，頡利不得進，屯于并州。太宗帥師討之，次蒲州，頡利引去。

九年七月，頡利又率十餘萬騎進寇武功，京師戒嚴。己卯，進寇高陵，行軍總管、左武候大將軍尉遲敬德與之戰于涇陽，大破之，獲俟斤阿史德烏没啜，斬首千餘級。癸未，頡利遣其腹心執失思力來朝，自張形勢，云「二可汗總兵百萬今至矣」。太宗誚之曰：「我與突厥面自和親，汝則背之，我實無愧。又義軍入京之初，〔一一〕爾父子並親從我，賜汝玉帛，前後極多，何故全忘大恩，自誇强盛，我當先戮爾矣。」思力懼而請命，太宗縶之于門下省。太宗與侍中高士廉、中書令房玄齡、將軍周範馳六騎，幸渭水之上，與頡利隔津而語，責以負約。其酋帥大驚，皆下馬羅拜，俄而衆軍繼至。頡利見軍容大盛，又知思力就拘，由是大懼。太宗獨與頡利臨水交言，麾諸軍卻而陣焉。蕭瑀以輕敵諫于馬前，上曰：「吾已籌之矣，突厥所以掃其境内，直入渭濱，應是聞我國家初有内難，我新登九五，將謂不敢拒之。今若閉門，虜必大掠，强弱之勢，在今一策。我故獨出，以示輕之，又耀軍容，使知必戰。事出不意，乖其本圖，虜入既深，理當自懼。與戰則必尅，與和則必固，制服北狄，自茲始矣。」是日，頡利請和，詔許之。乙酉，又幸城西，刑白馬，與頡利同盟于便橋之上。頡利引兵而退。蕭瑀進曰：「初，頡利之未和也，謀臣猛將多欲戰，而陛下不納，臣以爲疑，既而虜自退，其策安在？」上曰：「我觀突厥之兵，雖衆而不整。可汗在水西，酋帥皆來謁我，因而襲擊其衆，勢同拉朽。然我所以不戰者，即位日淺，爲國之道，安靜爲務，一與虜戰，必有死傷；又凶虜一敗，或當懼而修德，〔一二〕結怨于我，爲患不細。我今卷甲韜戈，啗以玉帛，頑虜驕恣，必自此始，破亡之漸，其在茲乎！將欲取之，必固與之，〔一三〕此之謂也。」九月，頡利獻馬三千匹，羊萬口，上不受，詔頡利所掠中國户口者悉令歸之。

貞觀元年，陰山以北薛延陀、迴紇、拔野古等十餘部皆相率叛之，〔一四〕擊走其欲谷設。頡利遣突利討之，師又敗績，輕騎奔還。頡利怒，拘之十餘日，突利由是怨憾，内欲背之。二年，突利遣使奏言與頡利有隙，奏請擊之。詔秦武通以并州兵馬隨便應接。〔一五〕

三年，薛延陀自稱可汗于漠北，遣使來貢方物。頡利始稱臣，求尚公主。頡利每委任諸胡，疏遠族類，胡人貪冒，性多翻覆，以故法令滋章，兵革歲動，國人患之，諸部攜貳。頻年大雪，六畜多死，國中大餒。頡利用度不給，復重歛諸部，由是下不堪命，内外多叛之。上以其請和，後復援梁師都，令兵部尚書李靖、代州都督張公謹出定襄道，并州都督李勣、右武衛將軍丘行恭出通漠道，〔一六〕左武衛大將軍柴紹出金河道，衛孝節出恒安道，薛萬徹出暢武道，並受李靖節度以討之。十二月，突利可汗及郁射設、蔭柰特勒並帥所部來奔。

四年正月，李靖進屯惡陽嶺，夜襲定襄，頡利驚擾，因徙牙于磧口，胡酋康蘇蜜等遂以隋蕭后及楊政道來降。二月，頡利計窘，竄于鐵山，兵尚數萬，使執失思力入朝謝罪，請舉國内附。太宗遣鴻臚卿唐儉、將軍安修仁持節安撫之，頡利稍自安。靖乘間襲擊，大破之，遂滅其國，復定襄、恒安之地，斥土界至于大漠。〔一七〕頡利乘千里馬，獨騎奔于從姪沙鉢羅部落。三月，行軍副總管張寶相率衆掩至沙鉢羅營，生擒頡利，送于京師。太宗謂之曰：「凡有功于我者，必不能忘，有惡于我者，終亦不記。論爾之罪狀，誠爲不小，但自渭水曾面爲盟，〔一八〕從此以來，未有深犯，所以録此，不相責耳。」乃詔還其家口，館于太僕，廪食之。頡利鬱鬱不得志，與其家人或相對悲歌而泣。上見其羸憊，授虢州刺史，以此土多麞鹿，縱其射獵，庶不失物性。頡利辭不願往，遂授右衛大將軍，賜以田宅。〔一九〕八年卒，令其國人葬之，從其俗禮，焚屍于灞水之東，贈歸義王，謚曰荒。其舊臣胡禄達官吐谷渾邪自殺以殉。渾邪者，頡利之母婆施氏之媵臣也，頡利初誕，以付渾邪，至是感義而死。太宗聞而異之，贈中郎將，仍葬于頡利墓側，令中書侍郎岑文本制頡利及渾邪之碑以紀之。

突利可汗什鉢苾者，始畢之嫡子，頡利之姪也。隋大業中，突利年數歲，始畢遣領其東牙之兵，號爲泥步設，隋淮南公主之入北也，〔二〇〕遂妻之。頡利嗣立，以爲突利可汗，牙直幽州之北，管奚、霫等數十部，徵稅無度，諸部多怨之。貞觀初，奚、霫等並來歸附，頡利怒其失衆，遣北征薛延陀，又喪師旅，遂囚而撻焉。

突利初自武德時，深自結託太宗，太宗亦以恩義撫之，結爲兄弟，與盟而去。後頡利政亂，驟徵兵于突利，拒之不與。尋爲頡利所攻，遣使來乞師，太宗因令將軍周範屯太原以圖進取。突利乃率其衆來奔，太宗禮之甚厚，頻賜以御膳。〔二一〕四年，授右衛大將軍，封北平郡王，食實封七百户，以其下兵衆置順州都督府，仍拜爲順州都督，遣帥部落還蕃。〔二二〕太宗謂曰：「昔爾祖啟民亡失兵馬，一身投隋，隋家竪立，遂至强盛，荷隋之恩，未嘗報德。至爾父始畢，反爲隋家之患。自爾已後，無歲不侵擾中國。天實禍淫，〔二三〕大降災變，爾衆散亂，死亡略盡。既事窮後，〔二四〕乃來投我，我所以不立爾爲可汗者，正爲啟民前事故也。改變前法，欲中國久安，爾宗族永固，是以授爾都督。當須依我國法，整齊所部，如有所違，當獲重罪。」五年，徵入朝，至并州，道病卒，年二十九。太宗爲之舉哀，令中書侍郎岑文本爲其碑文。子賀邏鶻嗣。

突利弟結社率，貞觀初入朝，歷位中郎將。十三年，從幸九成宮，陰結部落，得四十餘人，并擁賀邏鶻，相與夜犯御營，踰第四重幕，引弓亂發，殺衛士數十人。折衝孫武開率兵奮擊，乃退，北走渡渭水，欲奔其部落，尋皆捕斬之。詔原賀邏鶻，流于嶺表。

頡利之敗也，其部落或走薛延陀，或走西域，而來降者甚衆。其酋豪首領至者皆拜爲將軍，布列朝廷，五品以上百餘人，殆與朝士相半，唯拓羯不至，〔二五〕詔使招慰之。涼州都督李大亮以爲于事無用，徒費中國，因上疏曰：「臣聞欲綏遠者，必先安近。中國百姓，天下根本，四夷之人，猶於枝葉。〔二六〕擾其根本，以厚枝葉，而求久安，〔二七〕未之有也。自古明王，化中國以信，馭夷狄以權，故春秋云：『戎狄豺狼，不可厭也；諸夏親暱，不可棄也。』今者招致突厥，〔二八〕雖入隄封，臣愚稍覺虛費，未悟其有益也。〔二九〕然河西人庶，積禦蕃夷，州縣蕭條，户口鮮少，加以隋亂，減耗尤多。若更勞役，恐致妨損。以臣愚誠，請停招慰。且謂之荒服者，〔三〇〕故臣而不内。隋室早得伊吾，今伊吾郡。兼統鄯善、且末，〔三一〕既得之後，勞費日盛，虛内致外，竟無所益。遠尋秦、漢，〔三二〕近觀隋室，動靜安危，昭然備矣。伊吾雖曰臣附，遠在蕃磧，人非夏人，地多沙鹵。其自豎立稱藩附庸者，請羈縻受之，使居塞外，必畏威懷德，永爲藩臣，蓋行虛惠，而收實福矣。近日突厥傾國入朝，既不能俘之江淮以變其俗，乃置于内地，去京不遠，雖則寬仁之義，非久安之計也。每見一人初降，賜物五匹、〔三三〕袍一領，酋帥悉受大官，禄厚位尊，理多縻費。〔三四〕以中國之租賦，供積惡之兇虜，其衆益多，非中國之利也。」

時降突厥多在朔方之地，其入居京師者近萬家，詔議安邊之術。朝士多言突厥恃强，擾亂中國，爲弊日久矣。今天實喪之，窮來歸我，本非慕義之心。因其歸命，分其種落，俘之兗、徐之地，〔三五〕散屬州縣，各使耕織，百萬胡虜可化爲百姓，則中國有加户之利，塞北可常空矣。唯中書令温彦博議請準漢建武時置降匈奴于河南五原塞下，全其部落，得爲捍蔽，又不離其土俗，因而撫之，一則實空虚之地，二則示無猜心。若遣向徐、兗，則乖物性，非含育之道。秘書監魏徵奏言：「北狄自古至今，未有若斯之破敗者也。且其代寇中國，〔三六〕百姓怨讎，〔三七〕若以其降伏，不能誅滅，即宜遣還河北，居其本土。北狄人面獸心，非我族類，强必寇盜，〔三八〕弱則卑服，不顧恩義，其本情也。秦、漢患其若是，故發猛將以擊之，收河南爲郡縣，陛下奈何以内地居之。且今降者幾至十萬，數年之閒，孳息倍多，居我肘腋，甫邇王畿，心腹之疾，將爲後患。」彦博又曰：「天子之于物也，天覆地載，有歸我者則必養之。今突厥破滅之餘，歸心降附。若不加憐念，棄而不納，非天地之道，〔三九〕阻四夷之意。臣愚甚謂不可。遣居河南，所謂死而生之，亡而存之，懷我德惠，終無叛逆。」徵又曰：「晉代有魏時胡落，分居近郡，平吴以後，郭欽、江統勸武帝逐出塞外，不用欽等言，數年之後，遂傾瀍、洛，前代覆車，殷鑒不遠。必遣居河南，所謂養獸自貽患也。」彦博又曰：「臣聞聖人之道，無所不通，古先哲王，有教無類。突厥餘魂，以命歸我，我援之護之，收居内地，稟我指揮，教以禮法，數載之後，盡爲農人，選其酋首，遣居宿衛，畏威懷德，何患之有？且光武居南單于于內郡，爲漢藩翰，〔四〇〕終乎一代，不有叛逆。」太宗竟用其計。〔四一〕于朔方之地，自幽州至靈州置順、祐、化、長四州都督府，又分頡利之地六州，左置定襄都督府，右置雲中都督府，〔四二〕以統其衆。自結社率之反也，太宗始患之，又上書者多云處突厥于中國殊爲非便，乃徙于河北，立右武候大將軍、化州都督、懷化郡王思摩爲乙彌泥孰俟利苾可汗，〔四三〕賜姓李氏，率所部建牙于河北。

思摩者，頡利族人也。始畢、處羅以其貌似胡人，不類突厥，疑非阿史那族類，故歷處羅、頡利世，常爲夾畢特勤，終不得典兵焉。〔四四〕武德初，數來朝貢，封爲和順郡王。及其國亂，諸部多歸中國，唯思摩隨逐頡利竟與同擒。太宗嘉其忠，令統頡利舊部落，居于河南之地，勝兵四萬，馬萬匹，錫其土，南至于大河，〔四五〕北至白道川，以北接薛延陀。爲種落初集，〔四六〕思摩等憚延陀，不肯出塞。太宗遣司農卿郭嗣本賜延陀璽書曰：「前破突厥，止爲頡利一人爲百姓之害，所以廢而黜之，〔四七〕實不貪其土地，利其人馬也。自黜廢頡利以後，恒欲更立可汗，是以所降部落等皆置河南，任其放牧。今户口羊馬日向滋多，元許册立，不可失信。至秋閒，即欲遣突厥渡河，復其國土。我策爾延陀日月在前，今突厥理是居後，後者爲小，前者爲大。爾在磧北，突厥居磧南，各守土境，鎮撫部落。若其踰越，故相抄掠，我即將兵各問其罪。此約既定，非但有便爾身，貽厥子孫，長守富貴也。」命禮部尚書趙郡王孝恭齎書就思摩部落，築壇于河上以拜之，并賜之鼓纛。突厥及胡在諸州安置者，〔四八〕並令渡河北，還其舊部。又以左屯衛將軍阿史那忠爲左賢王，左武衛將軍阿史那泥孰爲右賢王以貳之。

薛延陀聞太宗遣思摩渡河北，慮其部落翻附磧北，先畜輕騎，伺至而擊之。〔四九〕太宗遣使勑止之。時思摩下部衆渡河者凡十萬，勝兵四萬人，思摩不能撫衆，皆不愜服。至十七年，相率叛之，南渡河，請分處于勝、夏二州之間，詔許之。思摩遂輕騎入朝，尋授右武衛將軍，從征遼東，爲流矢所中，〔五〇〕太宗親爲吮血，其見顧遇如此。〔五一〕未幾，卒于京師，贈兵部尚書、夏州都督，陪葬昭陵，立墳以象白道山，詔爲立碑于化州。

卷一百九十五校勘記

〔一〕今又有突利 「又有」，宋版、庫本同，萬本作「更稱」，同通典卷一九七邊防一三。

〔二〕頡利自率萬餘騎與馬邑賊苑君璋將兵六千人共攻雁門 「六千」，底本作「萬」，據宋版、萬本、庫本及通典邊防一三、舊唐書卷一九四上突厥傳上改。

〔三〕李大恩 「李」，底本作「胡」，宋版同，據萬本、庫本及舊唐書突厥傳上、新唐書卷二一五上突厥傳上、資治通鑑卷一八九唐武德四年改。下同。

〔四〕詔大恩與殿中少監獨孤晟帥兵討苑君璋　「中」，宋版、萬本作「内」。按舊唐書卷四四職官志三：殿中省，「魏初置殿中監，隋初改爲殿中局，煬帝改爲殿内省，武德改爲殿中省。龍朔改爲中御府，咸亨復爲殿中省。」監一員，少監二員。

〔五〕聞太宗兵至蒲州　「聞」，底本脱，據宋版、萬本、庫本及舊唐書突厥傳上補。

〔六〕告之曰國家與可汗誓不相負何爲背約深入吾地　「告」，底本作「諭」；「與」，底本作「以」；「地」下底本衍「哉」字，並據宋版、萬本、庫本、傅校及通典邊防一三改删。

〔七〕頡利弗之測笑而不對　「弗」，底本作「勿」；「對」，底本作「荅」，並據宋版、萬本、庫本、傅校及通典邊防一三、舊唐書突厥傳上改。

〔八〕令騎告突利曰　「告」，底本作「語」，據宋版、萬本、庫本、傅校及通典邊防一三、舊唐書突厥傳上改。

〔九〕突利悦而歸心焉　「突利」，底本脱，宋版同，據萬本、庫本及通典邊防一三、舊唐書突厥傳上補。

〔一〇〕頡利領兵十餘萬　底本「餘萬」作「萬餘」，庫本同，據宋版、萬本及通典邊防一三、舊唐書突厥傳上乙正。萬本「萬」下有「騎」字，同通典。

〔一一〕又義軍入京之初　底本「又」下衍「信義人生之本」六字，據宋版、萬本及通典邊防一三、舊唐書突厥傳上删。

〔一二〕或當懼而修德　「當」，底本脱，據宋版、萬本及通典邊防一三、舊唐書突厥傳上補。

〔一三〕必固與之　「固」，底本作「先」，據宋版、萬本、傅校及舊唐書突厥傳上改。

〔一四〕拔野古　「野」，宋版、萬本、庫本皆作「也」。按拔野古，亦作拔也古，唐鐵勒諸部之一。

〔一五〕詔秦武通以并州兵馬隨便應接　底本「便」上脱「隨」字，下衍「宜」字，據宋版、萬本、庫本及通典邊防一三、舊唐書突厥傳上補删。

〔一六〕通漠道　宋版、庫本同，萬本、中大本作「通漢道」。按新唐書突厥傳上、新唐書卷六七李勣傳作「通漠道」，舊唐書突厥傳上、舊唐書卷二太宗紀、册府元龜卷三五七、資治通鑑卷一九三唐貞觀三年皆作「通漢道」，當是。

〔一七〕斥土界至于大漠　「斥」，底本作「闢」，據宋版、萬本、中大本、庫本、傅校及通典邊防一三、新唐書突厥傳上改。

〔一八〕但自渭水曾面爲盟　「自」，底本作「是」，據宋版、萬本、庫本及舊唐書突厥傳上改。

〔一九〕賜以田宅　「以」，底本作「其」，據宋版、萬本、庫本、傅校及通典邊防一三、舊唐書突厥傳上改。

〔二〇〕隋淮南公主之入北也　「入」，底本無，庫本同，據宋版、萬本及通典邊防一三補。按舊唐書突厥傳上亦無「入」字。

〔二一〕頻賜以御膳　「以」，底本脱，據宋版、萬本、庫本、傅校及通典邊防一三、舊唐書突厥傳上補。

〔二二〕遣帥部落還蕃　「帥」，底本作「使」，據宋版及舊唐書突厥傳上改。通典邊防一三作「率」。

〔二三〕天實禍淫　「實」，底本作「道」，據宋版、萬本、庫本及通典邊防一三、舊唐書突厥傳上改。

〔二四〕既事窮後　底本「既」上衍「汝」字，「窮」下脱「後」字，並據宋版、萬本及通典邊防一三、舊唐書突厥傳上删補。庫本無「汝」字而脱「後」字。

〔二五〕拓羯　宋版、庫本同，萬本「拓」作「柘」，同通典邊防一三。

〔二六〕猶於枝葉　「於」，底本作「如」，庫本同，據宋版、萬本及舊唐書卷六二李大亮傳改。

〔二七〕而求久安　「而」，底本作「欲」，據宋版、萬本、庫本、傅校及舊唐書李大亮傳改。

〔二八〕今者招致突厥　「致」，底本作「至」，萬本、庫本同，據宋版及舊唐書李大亮傳改。

〔二九〕未悟其有益也　「悟」，底本作「信」，庫本同，據宋版、傅校及舊唐書李大亮傳改。

〔三〇〕且謂之荒服者　「者」，底本脱，萬本、庫本同，據宋版及舊唐書李大亮傳補。

〔三一〕兼統鄯善且末　按舊唐書李大亮傳無「且末」二字，此從通典邊防一三。

〔三二〕遠尋秦漢　「尋」，底本作「鑒」，據宋版、萬本、庫本、傅校及舊唐書李大亮傳改。

〔三三〕賜物五匹　「物」，底本作「絹」，據宋版、萬本、庫本及舊唐書李大亮傳改。

〔三四〕理多縻費　「理」，底本作「致」，據宋版、萬本、庫本及舊唐書李大亮傳改。

〔三五〕俘之兖徐之地　「徐」，舊唐書突厥傳上作「豫」，此避唐代宗諱而改作「徐」。下同。

〔三六〕且其代寇中國　「代」，底本脱，萬本同，據宋版及通典邊防一三補。舊唐書突厥傳上作「世」。

〔三七〕百姓怨讎　「怨讎」，底本作「仇怨者」，萬本同，據宋版、庫本及通典邊防一三、舊唐書突厥傳上改删。

〔三八〕强必寇盗　「必」，底本作「則」，據宋版、萬本、庫本及通典邊防一三、舊唐書突厥傳上改。

〔三九〕非天地之道　「道」，底本作「心」，萬本、庫本同，據宋版及通典邊防一三、舊唐書突厥傳上改。

〔四〇〕且光武居南單于于内郡爲漢藩翰　底本「居」作「置」，脱「翰」字，並據宋版及通典邊防一三、舊唐書突厥傳上改補。萬本、庫本亦作「居」，脱「藩翰」二字。

〔四一〕太宗竟用其計　「計」，底本作「言」，據宋版、萬本、庫本及通典邊防一三、舊唐書突厥傳上改。

〔四二〕又分頡利之地六州左置定襄都督府右置雲中都督府　此二十二字底本脱，萬本、庫本同，據宋版及通典邊防一三、舊唐書突厥傳上補。

〔四三〕乙彌泥孰俟利苾可汗　「孰」，底本作「敦」，萬本同，據宋版、庫本及通典邊防一三、舊唐書突厥傳上、新唐書突厥傳上改。

〔四四〕終不得典兵焉　「焉」，底本作「馬」，萬本、庫本同，據宋版改。通典邊防一三作「終不得典兵爲設」。

〔四五〕南至于大河　「于」，底本脱，據宋版、萬本及通典邊防一三補。

〔四六〕爲種落初集　「集」，底本脱，宋版、萬本、庫本同，據通典邊防一三補。

〔四七〕所以廢而黜之　「黜」，底本作「出」，萬本同，據宋版、庫本、傅校及通典邊防一三、舊唐書突厥傳上改。

〔四八〕突厥及胡在諸州安置者　底本「胡」下衍「人」字，據宋版、萬本、庫本及通典邊防一三、舊唐書突厥傳上删。

〔四九〕先畜輕騎伺至而擊之　底本「畜」作「伏」，脱「而」字，並據宋版、萬本、庫本及通典邊防一三、舊唐書突厥傳上改補。傅校亦作「畜」，有「而」字。

〔五〇〕爲流矢所中　「流」，底本脱，萬本、庫本同，據宋版及通典邊防一三、舊唐書突厥傳上補。

〔五一〕其見顧遇如此　「顧」，底本作「親」，萬本、庫本同，據宋版、傅校及通典邊防一三、舊唐書突厥傳上改。

太平寰宇記卷之一百九十六

四夷二十五

北狄八

突厥下

先是，貞觀中，突厥别部車鼻可汗，亦阿史那之族也，代爲小可汗，牙在金山之北。頡利可汗之敗，北荒諸部將推爲大可汗，遇薛延陀爲可汗，車鼻不敢當，遂率所部歸于延陀。爲人勇烈，有謀畧，頗爲衆所附。延陀惡而將誅之，車鼻知其謀，竄歸于舊所，其地去京師尚萬里，〔一〕勝兵三萬人，自稱乙注車鼻可汗。西有歌邏禄，北有結骨，皆附隷之。遣其子沙鉢羅特勒來朝，且請身自入朝。太宗遣使徵之，竟不至。太宗大怒。貞觀二十三年，遣右驍衛郎將高侃潛引回紇、僕骨等兵衆襲擊之。〔二〕其酋長歌邏禄泥熟闕俟利發及拔塞匐處木昆莫賀咄俟斤等率部落背車鼻，〔三〕相繼來降。永徽元年，侃軍次阿息山。車鼻聞之，召所部兵，皆不赴，遂攜其妻子從數百騎而遁，其衆盡降。侶率精騎追車鼻，獲之，送于京師，乃獻于社廟，又獻于昭陵。高宗數其罪而赦之，拜左武衛將軍，〔四〕賜宅于長安，處其餘衆于鬱督軍山，置狼山都督以統之。車鼻未敗之前，遣其子菴鑠入朝，太宗嘉之，拜左屯衛將軍，更置新黎州以統其衆。

車鼻既破之後，突厥盡爲封疆之臣，于是分置單于、瀚海二都護府，單于領狼山雲中桑乾三都督、蘇農等十四州，瀚海都護領瀚海金微新黎等七都督、仙蕚賀蘭等八州，各以其首領爲都督、刺史。高宗東封泰山，狼山都督葛邏禄吐利等首領三十餘人，並扈從至岳下，勒名于封禪之碑。自永徽以後二十餘年，北鄙無事。

調露元年，單于管内突厥首領阿史德温傅、〔五〕奉職二部落相率反叛，立泥熟匐爲可汗，二十四州並叛應之。〔六〕高宗遣鴻臚卿蕭嗣業、右千牛將軍李景嘉率衆討之，反爲温傅所敗，兵士死者萬餘人。又詔禮部尚書裴行儉爲定襄道行軍大總管，率太僕少卿李思文、營州大都督周道務等統衆三十餘萬，討擊温傅，大破之，泥熟匐爲其下所殺，并擒奉職而還。永隆元年，突厥又迎頡利從兄之子阿史那伏念于夏州，將渡河立爲可汗，諸部落復響應從之。又令裴行儉率師討之。伏念窘急，詣行儉降，行儉遂虜伏念詣京師，斬于東市。

永淳二年，突厥阿史那骨咄禄復反叛。骨咄禄者，頡利之疏屬，其父本是單于右厢雲中都督舍利元英下首領，代襲吐屯啜。伏念既破，骨咄禄鳩集亡散，入總材山，〔七〕聚爲羣盜，有衆五千餘人，又抄掠九姓，〔八〕得羊馬甚多，漸至强盛，乃自立爲可汗，以其弟默啜爲殺，〔九〕咄悉匐爲葉護。其所因温彦博議處河南部落，分爲六州，後漸滋繁。至阿史德元珍習中國風俗，知邊塞虚實，在單于檢校降户部落，嘗坐事爲單于長史王本立所拘縶。會骨咄禄入寇，元珍請依舊檢校部落，本立許之，因而便投骨咄禄。骨咄禄得之，〔一〇〕甚喜，立爲阿波達干，令專統兵馬事。進寇蔚州，豐州都督崔智辯擊之，〔一一〕反爲所殺。文明元年，又寇朔州，殺掠人吏。垂拱二年，骨咄禄又寇朔、代等州，左玉鈐衛中郎將淳于處平爲陽曲道總管，與副中郎將蒲英節率兵赴援，行至忻州，與賊戰，大敗，死者五千餘人。三年，骨咄禄又寇昌平，詔左鷹揚衛大將軍黑齒常之擊卻之。其年八月，又寇朔州，復以常之爲燕然道大總管，擊賊于黄花堆，〔一二〕大破之，追奔四十餘里，賊衆遂散走磧北。〔一三〕右監門衛中郎將爨寶壁又率精兵萬三千人出塞窮追，反爲骨咄禄所敗，全軍盡没，寶壁輕騎遁歸。初，寶壁見常之破賊，遽表請窮其餘黨，武太后令常之與寶壁計議，遥爲聲援。寶壁貪功先行，又令人出塞二千餘里覘候，見元珍等部落皆不設備，遂率衆掩襲之。既至，又遣人報賊，令得設備出戰，遂爲賊所覆，寶壁坐此伏誅。武太后大怒，因改骨咄禄爲不卒禄。元珍後率兵討突騎施，臨陣戰死。骨咄禄，天授中病卒。

默啜者，骨咄禄之弟也。骨咄禄死時，其子尚幼，默啜遂篡其位，〔一四〕自立爲可汗。長壽三年，率衆寇靈州，殺掠人吏。武太后遣白馬寺僧薛懷義爲代北道行軍大總管，領十八將軍以討之，既不遇賊，尋班師焉。默啜俄遣使來朝，武太后大悦，册授左衛大將軍，封歸國公，賜物五千段。明年，復遣使請和，又加授遷善可汗。

萬歲通天元年，契丹首領李盡忠、孫萬榮反叛，攻陷營府，默啜遣使上言「請還河西降户，即率部落兵馬爲國家討擊契丹」，制許之。默啜遂攻討契丹，部衆大潰，盡獲其家口，默啜自此兵衆漸盛。武太后尋遣使册立默啜爲特進、頡趺利施大單于、立功報國可汗。聖曆元年，默啜表請與武太后爲子，并言有女，請和親。初，咸亨中，突厥諸部來降附者，多處之豐、勝、靈、夏、朔、代等六州，謂之降户。默啜至是又索此降户及單于都護府之地，兼請農器、種子。武太后初不許，默啜大怨怒，言辭甚慢，拘我使人司賓卿田歸道，將害之。時朝廷懼其兵勢，納言姚璹建議請許其和，〔一五〕遂盡驅六州降户數千帳，并種子四萬餘石、農器三千事以與之，默啜浸强由此也。

其年，武太后令魏王武承嗣男淮陽王延秀就納其女爲妃，遣右豹韜衛大將軍閻知微攝春官尚書，大賚金帛，送赴虜庭。行至黑沙南庭，默啜謂知微等曰：「我女擬嫁與李家天子兒，你今將武家兒來，我突厥積代已來，降附李家，〔一六〕今聞李家天子種末總盡，〔一七〕唯有兩兒在，我今將兵助立。」遂收延秀等，〔一八〕拘之別所，僞號知微爲可汗，與之率衆十餘萬，襲我靜難及平狄、清夷等軍，靜難軍使左玉鈐衛將軍慕容玄崱以兵五千人降之，俄進寇嬀、檀等州。武太后令司農卿武仲規爲天兵中道大總管，右武威衛將軍沙吒忠義爲天兵西道前軍總管，幽州都督張仁亶爲天兵東道總管，率兵三十萬擊之；右羽林衛大將軍閻敬容爲天兵西道後軍總管，統兵十五萬以爲後援。默啜又出恒岳道寇蔚州，陷飛狐縣，俄進攻定州，殺刺史孫彦高，焚燒百姓廬舍，虜掠男女，無少長皆殺之。武太后大怒，改默啜號爲斬啜。尋又圍逼趙州，長史唐波若翻城應之，刺史高叡抗節不從，遂遇害。武太后乃立廬陵王爲太子，令充河北道行軍大元帥，軍未發，而默啜盡殺所掠趙、定等州男女八九萬人，從五回道而去，所過殘殺，不可勝紀。〔一九〕沙吒忠義及後軍總管李多祚等皆持重兵，不敢戰。河北道元帥納言狄仁傑總兵十萬追之，無所及。

二年，默啜立其弟咄悉匐爲左廂察，骨咄祿子默矩爲右廂察，各主兵馬二萬餘人。又立其子匐俱爲小可汗，位在兩察之上，仍主處木昆等十姓兵馬四萬餘人，〔二〇〕又號爲拓西可汗。自是連歲寇邊。久視元年，掠隴右諸監馬萬餘匹。

長安三年，默啜遣使莫賀達干請以女妻皇太子之子。武太后令太子男平恩王重俊、義興王重明廷立見之。〔二一〕默啜遣大臣移力貪汗入朝，獻馬千匹及方物以謝許親之意。武太后燕之於宿羽亭，太子、相王及朝集使三品已上並會，重賜以遣之。

中宗即位，默啜又寇靈州鳴沙縣，靈武軍大總管沙吒忠義拒戰，敗績，死者六千餘人，賊遂進寇原、會等州，掠隴右羣牧馬萬餘匹而去，〔二二〕忠義坐免。中宗令内外官各進破突厥之策，〔二三〕右補闕盧俌上疏曰：「遠荒之地，兇悖之俗，難以德綏，可以威制。而降自三代，無聞上策。昔方叔帥師，功歌周雅，去病耀武，勳烈燕山，則萬里折衝，在于擇將。春秋謀元帥，取其説禮樂，敦詩書。晉臣元凱射不穿札，而建平吴之勳，是知中權制謀，不在一夫之勇。其蕃將沙吒忠義等身雖驍悍，志無遠圖，此乃騎將之材，本不可以當大任。〔二四〕且師出以律，將軍死綏，師敗棄軍，古有常典。近者鳴沙之役，主將先逃，輕挫國威，須正邦憲。又其中軍既敗，陣亂矢窮，義勇之士，猶能死戰，功合紀録，以勸戎行，賞罰既明，將士盡節，此擒敵之術也。臣又聞以蠻夷攻蠻夷，中國之長算，故陳湯統西域而郅支滅，常惠用烏孫而匈奴敗。請購辯勇之士，班、傅之儔，旁結諸蕃，與圖攻取，此又掎角之勢也。臣又聞昔置新秦以實塞下，宜因古法，募人徙邊，選其勝兵，免其行役，次廬伍，明教令，則狃習戎事，究識夷險，其所虜獲，因而賞之。〔二五〕近戰則守家，遠戰則利貨，趨赴鋒鏑，不勞訓誓，朝賦『楊柳』，夕歌杕杜，十年之後，可以久安。」上覽而善之。默啜于是殺我行人假鴻臚卿臧思言。上以思言對賊不屈節，特贈鴻臚卿，仍命左屯衛大將軍張仁愿攝右御史大夫，充朔方道大總管以禦之。景龍二年三月，張仁愿于河北築三受降城。先是，朔方軍北與突厥以河爲界，河北岸有拂雲祠，突厥將入寇，必先詣祠祭酹求福，〔二六〕因牧馬料兵，候冰合渡河。時默啜盡衆西擊娑葛，仁愿乘虚奪取漠南之地，築三城，首尾相應，絶其南寇之路。留年滿兵助成其功。以拂雲祠爲中城，與東西相去各四百里，皆據津濟，遥相應接。北拓三百餘里，于牛頭朝那山北置烽候千八百所。自是突厥不得度山放牧，朔方更無寇掠，減鎮兵數萬人。初羣議不同，中宗竟從仁愿計。時咸陽兵二百餘人逃歸，仁愿盡擒，斬于城下，軍中股慄盡力，六旬而三城俱就。本不置壅門及曲敵，或問之，仁愿曰：「兵法貴在攻取，不宜退守。寇若至此，〔二七〕即當并力出戰，迴顧望城，猶須斬之，何用守備，生退歸之心。」其後常元楷爲朔方總管，始築壅門焉。

默啜景雲中西擊娑葛，破滅之。契丹及奚自神功之後，常受其徵役。其地東西萬餘里，控弦四十萬，自頡利之後，最爲强盛。由是自恃兵威，虐用其衆。默啜既老，部落漸多逃散。開元二年，遣其子移涅可汗及同俄特勒、妹婿火拔頡利發、石阿失畢率精騎圍逼北庭。右驍衛將軍郭虔瓘嬰城固守，俄而出兵擒同俄特勒于城下，斬之，虜因退縮。火拔懼不敢歸，攜其妻來奔，制授左衛大將軍，封燕北郡王，封其妻爲金山公主，賜宅一區，〔二八〕奴婢十人，馬十匹，物千段。明年，十姓部落左廂五咄六啜、右廂五弩矢畢五俟斤及子婿高麗莫離支高文簡、〔二九〕𨁂跌都督𨁂跌思泰等各率其衆，相繼來降，前後總萬餘帳。令居其河南之舊地。授高文簡左衛員外大將軍，封遼西郡王；跌跌思泰爲特進、右衛員外大將軍兼跌跌都督，封樓煩郡公。自餘首領封拜賜物各有差。〔三○〕默啜女婿阿史德胡禄俄又歸朝，授以特進。其秋，默啜與九姓首領阿布思等戰于磧北，九姓大潰，人畜多死，阿布思率衆來降。

四年，默啜又北討九姓拔曳固，戰于獨樂河，拔曳固大敗。默啜負勝輕歸，而不設備，遇拔曳固迸卒頡質畧于柳林中，突出擊默啜，斬之，便與入蕃使郝靈佺傳默啜首至于京師。骨咄禄之子闕特勒鳩合舊部，殺默啜子小可汗及其諸弟并親信畧盡，立其兄左賢王默棘連，是爲毗伽可汗。

毗伽可汗以開元四年即位，本蕃號小殺。性仁友，自以得國是闕特勒之功，固讓之，闕特勒不受，遂以爲左賢王，專掌兵馬。是時奚、契丹相率款塞，突騎施蘇禄自立爲可汗，突厥部落頗多攜貳，乃召默啜時衙官暾欲谷爲謀主。初，默啜下衙官盡爲闕特勒所殺，〔三一〕暾欲谷以女爲小殺可敦，遂免死，廢歸部落，及復用，年已七十餘，蕃人甚敬伏之。

俄而降户阿悉爛、跌跌思泰等復自河曲叛歸。初，降户南至單于，左衛大將軍單于副都護張知運盡收其器仗，令渡河而南，蕃人怨怒。御史中丞姜晦爲巡邊使，蕃人訴無弓矢，不得射獵，晦悉給還之，故有抗敵之具。張知運既不設備，與降户戰于青剛嶺，爲降户所敗，臨陣生擒知運，擬將送與突厥，朔方總管薛訥率兵追討之。賊至大斌縣，又爲將軍郭知運所擊，賊衆大潰，散投黑山呼延谷，釋張知運而去。上以張知運喪師，斬之以徇。小殺既得降户，謀欲南入爲寇，暾欲谷曰：「唐主英武，人和年豐，未有閒隙，不可動也。我衆新集，猶尚疲羸，須且息養三數年，〔三〕始可觀變而舉。」小殺又欲修築城壁，造立寺觀，暾欲谷曰：「不可。突厥人户寡少，不敵中國百分之一，所以常能抗拒者，正以隨逐水草，居處無常，射獵爲業，人皆習武。强則進兵抄掠，弱則竄伏山林，唐兵雖多，無所施用。若築城而居，改變舊俗，一朝失利，必爲唐所併。〔三〕且寺觀之法，教人仁弱，本非用武爭强之道，不可置也。」小殺等深然其計。

八年冬，御史大夫王晙爲朔方大總管，奏請西徵拔悉密，東發奚、契丹兩蕃，期以明年秋，引朔方兵數道俱入，掩突厥衙帳于稽落河上。小殺聞之，大恐。暾欲谷曰：「拔悉密今在北庭，與兩蕃東西相去極遠，勢必不合。王晙兵馬，計亦無能至此。必若能來，候其臨到，即移衙帳向北三日，唐兵糧盡，自然去矣。且拔悉密輕而好利，聞命必是先來，王晙與張嘉貞不協，奏請有所不愜，必不敢動。若王晙兵馬不來，拔悉密獨至，即須擊取之，勢亦易爲也。」拔悉密果臨突厥衙帳，而王晙兵及兩蕃不至，拔悉密懼而引退。突厥欲擊之，暾欲谷曰：「此衆去家千里，必將死戰，未可擊也，不如以兵躡之。」去北庭二百里，暾欲谷分兵間道先掩北庭，因縱卒擊，拔悉密之還衆，盡爲突厥所擒，并虜其男女而還。暾欲谷回兵，因出赤亭以掠涼州羊馬。〔三四〕時楊敬述爲涼州都督，遣副將盧公利及判官元澄出兵邀擊之。暾欲谷曰：「敬述若守城自固，即與連和；若出兵相當，即須決戰。我今乘勝，必有功矣。」公利等兵至删丹遇賊，元澄令兵士揎臂持滿，仍急結其袖，會風雪凍烈，盡墮弓矢，由是官軍大敗，元澄脱身而走。敬述坐除官爵，〔三五〕白衣檢校涼州事。小殺由是大振，盡有默啜之衆。俄又遣使請和，乞與玄宗爲子，許之。仍請尚公主，上但厚賜而遣之。

十三年，上將東巡，中書令張説謀欲加兵以備突厥，兵部郎中裴光庭曰：「封禪告成之事，忽此徵發，豈非名實相乖？」説曰：「突厥比雖請和，獸心難測。且小殺者，仁而愛人，衆爲之用；闕特勒驍武善戰，所向無前；暾欲谷深沈有謀，老而益智，李靖、徐勣之流也。三虜協心，動無遺策，知我舉國東巡，萬一窺邊，何以禦之？」光庭請遣使徵其大臣扈從，即突厥不敢不從，又亦難爲舉動。説然其言，乃遣中書直省袁振攝鴻臚卿，往突厥以告其意。小殺與其妻及闕特勒、暾欲谷等環坐帳中設宴，謂振曰：「吐蕃狗種，唐國與之爲婚，奚及契丹舊是突厥之奴，亦尚唐家公主。突厥前後請結和親，獨不蒙許，〔三六〕何也？」袁振曰：「可汗既與皇帝爲子，父子豈合婚姻？」小殺等曰：「兩蕃亦蒙賜姓，猶得尚公主，但依此例，有何不可？且聞入蕃公主，皆非天子之女，今之所求，豈問真假。頻請不得，亦實羞見諸蕃。」振許爲奏請，小殺乃遣大臣阿史德頡利發入朝貢獻，因扈從東巡。發都，至嘉會頓，〔三七〕引頡利發及諸蕃酋長入仗，仍與之弓箭。時有兔起于御馬前，上引弓傍射，獲之。頡利發便下馬捧兔蹈舞，曰：「聖人神武超絶，若天上則不知，人間無也。」自是常令突厥入仗馳射，起居舍人吕向上疏曰：「臣聞鴟梟不鳴，未爲瑞鳥，猛虎雖伏，豈齊仁獸，是由醜性毒行，久務常積故也。今夫突厥者，正同此類，安忍殘賊，莫顧君親。陛下以武義臨之，文德來之，既慴威靈，又沐聲教，以力以勢，不得不庭，故稽顙稱臣，奔命遣使。陛下乃能收其傾効，雜以從官，赴封禪之禮，參玉帛之會，此德業自盛，固不可名焉。因復許其從遊，召入禁仗，仰英姿之四照，覩神藝之一發，恩意俱極，誠無得喻焉。乃更賜以馳逐，使操弓矢，競飛鏃于前，同獲獸之樂，是屑晷太過，未敢取也。雖聖胸豁達，〔三八〕與物無猜，而愚心徘徊，與時加慄。儻此等各懷犬吠，交肆盜憎，荆卿詭動，何羅竊至，蹔逼嚴蹕，稍冒清塵，縱即殪玄方，墟幽土，單于爲醢，穹廬爲洿，何塞過責？特願勿復親近，使知分限，待不失常，歸于得所，此謂回兩曜之鑒，祛九宇之憂，孰不幸甚！」上納其言，遂令諸蕃先發。東封迴駕，設宴厚賜而遣之，竟不許其和親。

十五年，小殺使其大臣梅録啜來朝，獻名馬三十四。時吐蕃與小殺書，將計議同時入寇，小殺并獻其書。上嘉其誠，引梅録啜宴于紫宸殿，厚加賞賚，仍許于朔方軍西受降城爲互市之所，每年齎縑帛數十萬匹就邊以遺之。〔三九〕二十年，闕特勒死，詔金吾將軍張去逸、都官郎中吕向齎璽書入蕃弔祭，并爲立碑，上自爲碑文，仍立祠廟，刻石爲像，四壁畫其戰狀。〔四〇〕二十二年，〔四一〕小殺爲其大臣梅録啜所毒，藥發未死，先討斬梅録啜，盡滅其黨，既卒，國人立其子爲伊燃可汗。詔宗正卿李佺往弔祭，令史官起居舍人李融爲其碑文。無幾，伊燃病卒，又立其弟爲登利可汗。

登利者，猶華言果報也。登利年幼，其母即暾欲谷之女，與其小臣飫斯達干姦通，干預國政，不爲蕃人所伏。登利從叔父二人分掌兵馬，在東者號爲左殺，在西者號爲右殺，精鋭皆分屬之。二十八年，上使右金吾衛將軍李質齎璽書入蕃册立登利爲可汗。俄而登利與其母誘斬西殺，盡併其衆，左殺懼禍及己，勒兵攻登利，殺之，自立，號爲烏蘇米施可汗。左殺又不爲國人所附，拔悉密部落起兵擊之，左殺大敗，脱身遁走，國中大亂。西殺妻子及默啜之孫勃德支特勒、毗伽可汗女大洛公主、伊燃可汗小妻余塞匐、登利可汗女余燭公主及阿布思頡利發等並率其部衆相次來降。天寶元年八月，降虜至京師，上令先謁太廟，仍于殿庭引見，御花蕚樓以宴之，上賦詩以紀其事。

四至：其地東自遼海已西，西至西海一萬餘里，南自沙漠，北至北海五六千里，〔四二〕皆屬焉。

土俗物産：其俗如古之匈奴。其異者，其主初立，近侍重臣等舁之以氈，隨日轉九迴，每一迴，臣下皆拜，拜訖，乃扶令乘馬，以帛絞其頸，使纔不至絶，然後釋而急問之曰：「你能作幾年可汗？」其主既神情瞀亂，〔四三〕不能詳定多少。臣下等隨其所言，以驗修短之數。其後大官有葉護，次設，次特勒，〔四四〕次俟利發，次吐屯發，餘小官凡二十八等，皆世襲焉。兵器有角弓、鳴鏑、甲、矟、刀劍，其佩飾則兼有伏突。旗纛之上，施金狼頭。侍衛之士，謂之附離，夏言亦狼也。蓋本狼生，志不忘舊。其徵發兵馬及科税雜畜，輒刻木爲數，并一金鏃箭，蠟封印之，以爲信契。候月將滿，輒爲寇鈔。其刑法：反叛、殺人者皆死，淫者割勢而腰斬之，鬬傷人目者償之以女，無女則輸婦，折支體者輸馬，盜者償贓十倍。有死者，停屍于帳，子孫及諸親屬男女，各殺羊馬，陳于帳前，以刀剺面且哭，〔四五〕剺，理之切。〔四六〕血淚俱流，七度乃止。春夏死者候草木落，秋冬死者候華葉榮茂，然始坎而瘞之。〔四七〕于墓所立石建標，其石多少，依平生所殺人數。是日也，男女咸盛服飾，會于葬所。男有悦愛于女者，歸即遣人聘問，父母多不違也。雖遷徙無常，而各有地分。〔四八〕可汗常處于都斤山，每歲率諸貴人，祭其先窟。又以五月中旬，集他人水拜祭天神。他人，水名。又於都斤西五百里，有高山迴出，無草樹，〔四九〕謂爲勃登凝梨，夏言地神也。其書字類胡，而不知年曆，惟以草青爲記。男子好樗蒲，女子多踏鞠，〔五〇〕飲馬酪爲酒取醉，歌呼相對。敬神鬼。

候山。陰山。雞扶山。賀鶻山。三彌山。勾慮劍山　蜀薛許山。　乞真蜀山。　監山。　天羊勾山。　兜御山。〔五一〕　越笳輔哥山。　跋辭處折施山。〔五二〕　匈奴遽山。〔五三〕　千秋山。　千璉山。〔五四〕　達羅河。　句慮劍水。〔五五〕　三彌水。　淥塗壘汗城，東北有小城，一名可賀敦城。　麻彈城。　楊義城。　馬矢城。〔五六〕　瓜城。　矢波羅城。　舍利城。〔五七〕　達羅城。　鷲木城。〔五八〕　達督城。　屈律城。　北諸城傍有美水豐草，皆前代突厥移徙不常處。

卷一百九十六校勘記

〔一〕其地去京師尚萬里　「尚」，萬本、庫本同，宋版作「向」。按通典卷一九八邊防一四、舊唐書卷一九四上突厥傳上並無「尚」或「向」字。

〔二〕遣右驍衛郎將高侃潛引回紇僕骨等兵衆襲擊之　底本「等」下衍「聚」字，「兵」下脱「衆」字，萬本、庫本同，並據宋版、傅校及通典邊防一四、舊唐書突厥傳上删補。

〔三〕拔塞匐處木昆莫賀咄俟斤　「塞」，底本作「寒」，萬本同，據宋版、庫本及通典邊防一四、舊唐書突厥傳上改。

〔四〕拜左武衛將軍　「武」，底本脱，萬本、庫本同，據宋版、傅校及通典邊防一四、舊唐書突厥傳上補。

〔五〕阿史德温傳　「傳」，底本作「傳」，萬本同，據宋版、庫本及舊唐書突厥傳上、資治通鑑卷二〇二唐調露元年改。下同。

〔六〕二十四州並叛應之　「叛」，底本脱，萬本、庫本同，據宋版及通典邊防一四、舊唐書突厥傳上、資治通鑑調露元年補。

〔七〕入總材山　底本作「竄入山林」，萬本作「總入山林」，據宋版、庫本及通典邊防一四、舊唐書突厥傳上改。新唐書卷二一五上突厥傳上作「保總材山」。

〔八〕又抄掠九姓　「又」，底本脱，據宋版、萬本、庫本及通典邊防一四、舊唐書突厥傳上補。

〔九〕以其弟默啜爲殺　「殺」，宋版、萬本及舊唐書突厥傳上同，庫本作「設」，同通典邊防一四。

〔一〇〕骨咄禄得之　「骨咄禄」，底本涉上文而脱，萬本、庫本同，據宋版及通典邊防一四、舊唐書突厥傳上補。

〔一一〕崔智辯　「辯」，底本作「辦」，萬本、庫本皆作「辨」，據宋版及通典邊防一四、舊唐書突厥傳上、資治通鑑卷二〇三唐弘道元年改。

〔一二〕黄花堆　「堆」，底本作「鎮」，萬本同，據宋版、庫本及通典邊防一四、舊唐書突厥傳上、新唐書突厥傳上、資治通鑑卷二〇四垂拱三年改。

〔一三〕賊衆遂散走磧北　「遂散」，底本作「散遂」，萬本同，據宋版、庫本及通典邊防一四、舊唐書突厥傳上乙正。

〔一四〕默啜遂篡其位　「遂」，底本脱，萬本、庫本同，據宋版及通典邊防一四、舊唐書突厥傳上補。

〔一五〕納言姚璹建議請許其和　「和」，宋版、萬本、庫本同，傅校作「和親」，同通典邊防一四、舊唐書突厥傳上。

〔一六〕降附李家　「附」，底本作「服」，據宋版、萬本、庫本及通典邊防一四、舊唐書突厥傳上改。

〔一七〕今聞李家天子種末總盡　「總」，底本作「殆」，萬本、庫本同，據宋版及通典邊防一四、舊唐書突厥傳上改。「末」，舊唐書同，通典作「未」。

〔一八〕遂收延秀等　「等」，底本脱，萬本、庫本同，據宋版及通典邊防一四、舊唐書突厥傳上補。

〔一九〕不可勝紀　「紀」，底本作「計」，萬本、庫本同，據宋版及通典邊防一四、舊唐書突厥傳上、資治通鑑卷二〇六唐聖曆元年改。

〔二〇〕仍主處木昆等十姓兵馬四萬餘人　「主」，底本作「立」，萬本、庫本同，據宋版及通典邊防一四、舊唐書突厥傳上改。新唐書突厥傳上作「典」。

〔二一〕平恩王重俊義興王重明　按舊唐書卷八六高宗中宗諸子傳、新唐書卷八一三宗諸子傳，平恩王爲重福，義興王爲重俊。

〔二二〕掠隴右羣牧馬萬餘匹而去　「羣」，底本作「郡」，萬本、庫本同，據宋版及舊唐書突厥傳上改。「萬」，底本作「千」，萬本、庫本同，據宋版及通典邊防一四、舊唐書突厥傳上改。

〔二三〕中宗令內外官各進破突厥之策　「官」，底本脱，萬本、庫本同，據宋版及舊唐書突厥傳上補。

〔二四〕本不可以當大任　「本」，底本脱，據宋版、萬本、庫本及通典邊防一四、舊唐書突厥傳上補。

〔二五〕究識夷險其所虜獲因而賞之　底本「險」作「情」，「其」上衍「因」字，「虜」下脱「獲因」，並據宋版、傳校及通典邊防一四、舊唐書突厥傳上删補。萬本、庫本亦作「情」，脱「獲」字。

〔二六〕必先詣祠祭酹求福　「詣」、「酹」，底本作「謁」、「禱」，據宋版、萬本及舊唐書卷九三張仁愿傳改。庫本亦作「詣」而誤「酹」爲「酎」。

〔二七〕寇若至此　「此」，底本脱，據宋版、萬本、庫本及舊唐書張仁愿傳補。

〔二八〕賜宅一區　底本「賜」下衍「第」字，據宋版、萬本、庫本及通典邊防一四、舊唐書突厥傳上改。

〔二九〕右厢五弩矢畢五俟斤　後「五」字，底本脱，萬本同，據宋版、庫本及通典邊防一四、舊唐書突厥傳上補。

〔三〇〕自餘首領封拜賜物各有差　底本「自」作「其」，「差」下衍「等」字，並據宋版、萬本、庫本、傳校及通典邊防一四、舊唐書突厥傳上改删。

〔三一〕默啜下衙官盡爲闕特勒所殺　「盡」，底本作「俱」，據宋版、萬本、庫本、傳校及通典邊防一四、舊唐書突厥傳上改。

〔三二〕須且息養三數年　「且」，底本作「其」，據宋版、萬本、庫本、傅校及通典邊防一四、舊唐書突厥傳上改。

〔三三〕必爲唐所併　底本「唐」下衍「家」字，據宋版、萬本、庫本及通典邊防一四、舊唐書突厥傳上删。

〔三四〕因出赤亭以掠涼州羊馬　底本「因」下衍「亦」字，「赤亭」作「北庭」，「掠」上脱「以」字，並據宋版及通典邊防一四、舊唐書突厥傳上删改補。萬本、中大本、庫本皆作「赤」，萬本有「以」字。

〔三五〕敬述坐除官爵　宋版同，萬本、庫本、傅校「坐」下有「削」字，同通典邊防一四、舊唐書突厥傳上。

〔三六〕獨不蒙許　「蒙許」，底本作「許我」，據宋版、萬本、庫本、傅校及通典邊防一四、舊唐書突厥傳上改。

〔三七〕嘉會頓　「頓」，底本作「領」，據宋版、萬本及通典邊防一四、舊唐書突厥傳上改。

〔三八〕雖聖胸豁達　「胸」，底本作「體」，據宋版、萬本、庫本、傅校及通典邊防一四、舊唐書突厥傳上改。

〔三九〕每年齎縑帛數十萬匹就邊以遺之　「邊」，底本脱，宋版、庫本同，據萬本及舊唐書突厥傳上補。

〔四〇〕四壁畫其戰狀　底本「畫」下衍「列」字，萬本同，據宋版、庫本及舊唐書突厥傳上删。

〔四一〕二十二年　底本作「二十三年」，據宋版、萬本、庫本改。資治通鑑卷二一四開元二十二年：「突厥毗伽可汗（即小殺）爲其大臣梅録啜所毒，未死，討誅梅録啜及其族黨。既卒，子伊然可汗立。」中大本作「二十年」，同舊唐書突厥傳上，亦誤。

〔四二〕北至北海五六千里　「六」，底本脱，萬本、庫本同，據宋版及通典邊防一四補。

〔四三〕其主既神情瞀亂　「其主」，底本脱，庫本同，據宋版、萬本及北史卷九九突厥傳、周書卷五〇異域傳下補。

〔四四〕特勒　通典卷一九七邊防一三、新唐書卷二一五上突厥傳上同，隋書卷八四北狄傳、舊唐書突厥傳上並作「特勤」。近人考證「勒」爲「勤」字之誤。參見本書卷一九四校勘記〔四四〕。

〔四五〕以刀剺面且哭　「剺」，底本作「剳」，庫本及隋書北狄傳同，據宋版、萬本及北史突厥傳、周書異域傳下、通典邊防一三、册府元龜卷九六一改。

〔四六〕剺理之切　底本脱，萬本、庫本同，據宋版、傅校及通典邊防一三補。

〔四七〕然始坎而瘗之　宋版、周書異域傳下同。萬本、庫本「然」下皆有「後」字，同北史突厥傳、通典邊防一三。

〔四八〕而各有地分　「分」，底本作「方」，萬本、庫本同，據宋版及北史突厥傳、周書異域傳下、通典邊防一三、册府元龜卷九六一改。

〔四九〕無草樹　傅校「無」上有「上」字，同北史突厥傳、周書異域傳下、通典邊防一三。

〔五〇〕女子多踏鞠　「子」，北史突厥傳、隋書北狄傳同。宋版、萬本、庫本、傅校皆作「人」。

〔五一〕兜御山　「御」，萬本、庫本同，宋版作「銜」。

〔五二〕跋辭處折施山　萬本、庫本同，宋版「跋」作「趺」，「辭」作「辞」。

〔五三〕匈奴遽山　萬本、庫本同，宋版「奴」作「河」，「遽」作「邃」。

〔五四〕千璉山　萬本、庫本同，宋版「山」作「水」。

〔五五〕句慮劍水　「水」，底本作「河」，據宋版、萬本改。庫本作「山」，當誤。

〔五六〕馬矢城　「矢」，宋版作「夭」。萬本、庫本皆缺。

〔五七〕舍利城　底本脱，萬本、庫本同，據宋版補。

〔五八〕鷩木城　「木」，萬本、庫本同，宋版作「未」。

太平寰宇記卷之一百九十七

四夷二十六

北狄九

西突厥

西突厥大邏便。木扞可汗之子。〔一〕初，木扞與沙鉢畧可汗有隙，因分爲二。大邏便即阿波可汗。〔二〕鐵勒、龜茲及西域諸國，皆歸附之。其人雜有都陸及弩矢畢、葛邏禄、處月、處密、伊吾等諸種。風俗大抵與突厥同，惟言語微異。其官有葉護，有設，有特勒，常以可汗子弟及宗族爲之；又有乙斤屈利啜、閻洪達、頡利發、吐屯、俟斤等官，皆世襲其位。

大邏便既爲處邏侯可汗所擒，其國立鞅素特勒之子，是爲泥利可汗。至其子達漫立，號泥撅處羅可汗。即大邏便之種落，〔三〕與北突厥處羅可汗號同，非一人也。其母向氏，本中國人，生達漫而泥利卒，向氏又嫁其弟婆實特勒。隋開皇末，婆實與向氏詣長安。處羅可汗居無常處，然多在烏孫故地。立小可汗，〔四〕分統所部。一在石國北，以制諸胡；一居龜茲北，其地名應娑。〔五〕每五月八日，相聚祭神，歲遣重臣向其先代所居之窟致祭焉。

煬帝大業六年，帝將西討吐谷渾，遣侍御韋節召處羅會于大斗拔谷，其國人不從，處羅謝使者，〔六〕辭以故，適會其酋長射匱遣使來求婚，裴矩因奏曰：「處羅不朝，自恃強大。臣請以計弱之，分裂其國，則易制也。射匱者，都六之子，達頭之孫，達頭舊爲西面可汗，初與沙鉢畧有隙，遂分爲別部，因東可汗雍虞閭死後，自立爲步迦可汗。達頭死後，其孫射匱微弱，不得爲可汗。代爲可汗，君臨西面。今聞其失職，〔七〕附隸于處羅，故遣使以結援耳。願厚禮其使，拜爲大可汗，突厥勢分，兩從我矣。」帝從之，遂召其使者，言處羅不順之意，稱射匱有好心，吾將立爲大可汗，令發兵誅處羅，然後當爲婚也。帝取桃竹白羽箭一枝以賜射匱，因謂之曰：〔八〕「此事宜速，疾如箭也。」使者返，路經處羅，處羅愛箭，將留之，使者譎而得免。射匱聞而大喜，興兵襲之，處羅大敗，棄妻子，將左右數千騎東走，遁于高昌東，保時羅漫山。高昌王麴伯雅上狀，帝遣裴矩將向氏親要左右往曉諭之，遂入朝。詔留其羸弱萬餘口〔九〕，令其弟闕達設牧畜會寧郡。

處羅可汗，從煬帝征高麗，賜號爲曷薩那可汗。〔一〇〕遇江都之亂，從宇文化及至河北。化及敗，唐已革命，歸京師，封歸義郡王。俄進大珠于高祖，上勞之曰：「珠信爲寶，王但赤心，殊無所用。」不受。自處羅朝隋後，射匱遂有其地。處羅既先與始畢有隙，及在京師，始畢遣使請殺之，高祖不許。羣臣諫曰：「今若不與，則是存一人而失一國也，後必爲惡。」遲回久之，不得已，乃引曷薩那可汗于内殿，與縱酒，既而送至中書門下省，縱北突厥使殺之。太宗即位，令以禮改葬。

闕達設初居于會寧，有部落三千餘騎。至隋末，自號闕達可汗。〔一一〕武德初，遣使内屬，厚加撫慰。尋爲李軌所滅。

特勒大柰，隋大業中，與曷薩那可汗同歸中國。及從煬帝討遼東，以功授金紫光禄大夫。後分其部落于樓煩。會高祖舉兵，大柰率其衆以從。隋將桑顯和襲義軍于飲馬泉，諸軍多已奔退，大柰將數百騎出顯和後，掩其不備，大破之，諸軍復振。拜光禄大夫。及定京城，以力戰功，賞物五千段，賜姓史氏。武德初，從太宗平薛舉。又從平王世充、竇建德、劉黑闥，〔一二〕並有殊功。賜宫女三人，雜綵萬餘段。貞觀三年，累遷右武衛大將軍，檢校豐州都督，封竇國公，實封三百户。十二年卒，贈輔國大將軍。初，曷薩那之朝隋也，爲煬帝所留，其國人遂立薩那之叔父射匱爲可汗，始開土宇，東至金山，西臨西海，自玉門以西諸國，皆役屬之，〔一三〕遂與北突厥爲敵，乃建庭于龜茲北三彌山。尋卒，弟統葉護可汗代立。

統葉護可汗，勇而有謀，善攻戰。遂北并鐵勒，西拒波斯，南接罽賓，悉歸之，〔一四〕控弦數十萬，霸有西域，據舊烏孫之地。又移庭于石國北之千泉。其西域諸國王悉授以頡利發，并遣吐屯一人監統之，督其征賦。西戎之盛，未之有也。

唐武德三年，遣使者貢條支巨卵。時北突厥作患，高祖厚加撫結，與之并力以圖北蕃。統葉護許以五年冬。大軍將發，〔一五〕頡利可汗聞之大懼，復與葉護通和，無相征伐。葉護尋遣使來請婚，高祖謂侍臣曰：〔一六〕「西突厥去我懸遠，急疾不相得力，今來請婚，計安在？」封德彝對曰：〔一七〕「當今之務，莫若遠交而近攻，正可權許其婚，〔一八〕以威北狄。待三數年後，〔一九〕中國盛全，徐思其宜。」高祖遂許之婚，〔二〇〕令高平王道立至其國，統葉護大悦。遇頡利可汗頻歲入寇，西蕃路梗，由是未婚。

貞觀元年，遣真珠統俟斤與道立來獻萬釘寶鈿金帶，馬五千匹。時統葉護自負强盛，無恩于國，部落咸怨，葛邏禄種多叛之。〔二一〕頡利可汗不欲中國與之和親，數遣兵入寇，又遣人謂統葉護曰：「汝若迎唐家公主，〔二二〕要須經我國中而過。」統葉護患之，未克婚，〔二三〕爲其伯父所殺而自立，是爲莫賀咄侯屈利俟毗可汗。

莫賀咄先分統突厥種類爲小可汗，及此自稱爲大可汗，國人不附。弩矢畢部共推泥孰莫賀設爲可汗，泥孰不從。時統葉護之子咥力特勒避莫賀咄之難，亡在康居，泥孰遂迎而立之，是爲乙毗鉢羅肆葉護可汗，連兵不息，俱遣使來朝，各請婚於我。〔二四〕太宗不許，諷令各保所部，無相征伐。其西域諸國及鐵勒先役屬于西突厥者，悉叛之，國內虛耗。

肆葉護既是舊主之子，〔二五〕爲衆心所歸，其西面都陸可汗及莫賀咄可汗二部豪帥，〔二六〕多來附之。又興兵以擊莫賀咄，大敗之。莫賀咄遁于金山，尋爲咄陸可汗所害，國人乃奉肆葉護爲大可汗。肆葉護可汗立，〔二七〕大發兵北征鐵勒，薛延陀逆擊之，〔二八〕反爲所敗。肆葉護性猜狠信讒，無統馭之畧。有乙利可汗者，于肆葉護功最多，由是授小可汗，以非罪族滅，羣下震駭，莫能自固。肆葉護素憚泥孰，而陰欲圖之，泥孰遂適焉耆。其後設卑達官與突厥弩失畢二部豪帥潛謀擊之，肆葉護以輕騎遁于康居，尋卒。國人迎泥孰于焉耆而立之，是爲咄陸可汗。

咄陸可汗者，亦稱大度可汗。父莫賀設，本隸統葉護。武德中，嘗至京師。時太宗居藩，務加懷輯，與之結盟爲兄弟。既被推爲可汗，遣使詣闕請降，太宗嘉之，賜以名號及鼓纛。貞觀七年，遣鴻臚寺少卿劉善因至其國，册授爲呑阿婁拔奚利邲咄祿可汗。明年，泥孰卒，其弟同娥設立，是爲沙鉢羅咥徒結切。利失可汗。

咥利失可汗以貞觀九年上表請婚，〔二九〕獻馬五百匹。朝廷惟厚加撫慰，未許其婚。俄而其國分爲十部，每部令一人統之，號爲十設。每設賜以一箭，故稱十箭焉。又分十箭爲左右廂，一廂各置五箭。其左廂號爲五咄六部落，置五大啜，一啜管一箭；其右廂號爲五弩矢畢，置五大俟斤，一俟斤管一箭。其後或稱一箭爲一部落，大箭頭爲大首領。五咄六部落居于碎葉以東，五弩矢畢部落居于碎葉以西，〔三〇〕自是都號爲十姓部落。咥利失既不爲衆所歸，部衆攜貳，爲其統吐屯所襲，麾下亡散。咥利失以左右百餘騎拒之，戰數合，統吐屯不利而去。咥利失奔其弟步利設，與保焉耆。其阿悉吉闕俟斤與統吐屯等召國人，將立欲谷設爲大可汗，以利失爲小可汗，〔三一〕統吐屯爲人所殺，欲谷設兵又爲其俟斤所破，咥利失復得故地，弩矢畢、處月、處密等並歸咥利失。十二年，西部竟立欲谷設爲乙毗咄陸可汗，與咥利失中分，自伊列河以西屬咄陸，以東屬咥利失。咄陸可汗又建庭于烏鏃曷山西，〔三二〕謂爲北庭。自厥越失、拔悉彌、駁馬、結骨、火燖、觸木昆諸國皆臣之。十三年，咥利失爲吐屯俟利發與欲谷設通謀作難，咥利失窮蹙，奔于鏺汗而死。

弩矢畢部落酋帥迎咥利失弟伽那之子薄布特勒而立之，〔三三〕是爲乙毗沙鉢羅葉護可汗。乙毗可汗既立，建庭于雖合水北，〔三四〕謂之南庭。東以伊列河爲界，自龜茲、鄯善、且末、吐火羅、焉耆、石國、史國、何國、穆國、康國，皆受其節度。累遣使朝貢，太宗降璽書慰勉。貞觀十五年，令左領軍將軍張大師册授焉，賜以鼓纛。于時咄陸可汗與葉護頻相攻擊。會咄陸遣使詣闕，太宗諭以敦睦之道。咄陸兵衆漸强，西域諸國復來歸附。未幾，咄陸遣石國吐屯攻葉護，擒之，〔三五〕送于咄陸，尋爲所殺。咄陸復率兵擊吐火羅，破之。遣兵寇伊州，安西都護郭恪率輕騎二千自烏骨邀擊，敗之。咄陸又遣處月、處密等圍天山縣，郭恪又擊走之。郭恪乘勝進拔處月俟斤所居之城，追奔及于遏索山，斬首千餘級，降處密之衆而歸。咄陸初以泥孰啜自擅取所部物，斬之以徇，尋爲泥孰啜部將胡祿屋所襲，〔三六〕衆多亡逸，其國大亂。貞觀十五年，部下屈利啜等謀欲廢咄陸，各遣使詣闕，請立可汗。太宗遣使齎璽書立莫賀咄乙毗可汗之子，〔三七〕是爲乙毗射匱可汗。乙毗立，乃發弩矢畢兵就白水擊咄陸，大敗之。咄陸自知不爲衆所附，乃西走吐火羅國。〔三八〕中國使人先爲咄陸所拘者，射匱悉以禮資送歸長安，〔三九〕復遣使貢方物，請賜婚。太宗許之，令割龜茲、于闐、疏勒、朱俱波、葱嶺等五國以充聘禮。〔四〇〕及太宗崩，賀魯反叛，射匱部落爲其所併。

阿史那賀魯者，曳步利設射匱特勒之子也。阿史那步真既來歸國，咄陸可汗乃立賀魯爲葉護，以繼步真，居于多邏斯川，在西州直北千五百里，統處月、處密、姑蘇、葛邏祿、弩失畢五姓之衆。〔四一〕其後，咄陸西走吐火羅國，射匱可汗遣兵迫逐，賀魯不常厥居。貞觀二十二年，乃率其部落内屬，詔居庭州。尋授左驍衛將軍、瑤池都督。永徽二年，與其子咥運率衆西遁，據咄陸可汗之地，總有西域諸郡，建牙于雙河及千泉，自號沙鉢羅可汗，統率咄陸、弩矢畢十姓。其咄陸有五啜，弩矢畢有五俟斤，各有所部，勝兵數十萬，並羈屬賀魯。其咄陸有五啜：一曰處木昆律啜；〔四二〕二曰胡祿居闕啜，賀魯以女妻之；三曰攝舍提暾啜；〔四三〕四曰突騎施賀邏施啜；〔四四〕五曰鼠尼施處半啜。〔四五〕弩矢畢有五俟斤：一曰阿悉結闕俟斤，〔四六〕最爲强盛；二曰舒哥闕俟斤；〔四七〕三曰拔塞幹暾沙鉢俟斤；四曰阿悉結泥孰俟斤；五曰哥舒處半俟斤。〔四八〕各有所部，勝兵數十萬也。西域諸國，亦多附隸焉。賀魯尋立咥運爲莫賀咄葉護，數侵擾西蕃諸部，〔四九〕又進寇庭州。三年，詔遣左武候大將軍梁建方、右驍衛大將軍契苾何力率燕然都護所部回紇兵五萬騎討之，前後斬首九千級，虜渠帥六十餘人。四年，咄陸可汗死，其子真珠葉護與五弩矢畢請擊賀魯，〔五〇〕破其牙帳，斬首千餘級。顯慶二年，遣左屯衛將軍蘇定方，〔五一〕燕然都護任雅相，副都護蕭嗣業，左驍衛大將軍、瀚海都督回紇婆閏等率師討擊，〔五二〕仍使右武衛大將軍阿史那彌射、左屯衛大將軍阿史那步真持節爲安撫大使。定方行至曳咥河西，賀魯率胡禄居闕啜等二萬餘騎列陣而待。定方率副總管任雅相等與之交戰，賊衆大敗，斬大首領都搭吐荅切。〔五三〕達官等二百餘人。賀魯及闕啜輕騎奔竄，渡伊麗河，兵馬溺死者甚衆。嗣業至千泉賀魯下牙之處，彌射進軍至伊麗水，處月、處密部落各率衆來降。彌射進次雙河，賀魯先使步失達干鳩集散卒，〔五四〕據柵拒戰。彌射、步真攻之，大潰；又與蘇定方攻賀魯于碎葉水，大破之。賀魯與咥運欲投鼠耨設，至石國之蘇咄城傍，人馬飢乏，城主伊涅達官詐將酒食出迎，〔五五〕賀魯信其言入城，遂被拘執。蕭嗣業既至石國，鼠耨設乃以賀魯屬之，〔五六〕俘至京師，令獻于昭陵及太廟，高宗特免死。〔五七〕分其種落置崑陵、濛池二都護府，〔五八〕其所役屬諸國，皆分置

州府，西盡于波斯，並隸安西都護府。四年，賀魯卒，詔葬于頡利墓側，刻石以紀其事。〔五九〕

阿史那彌射者，室點密可汗五代孫也。〔六〇〕初，室點密爲十大首領，〔六一〕有兵十萬衆，往平西域諸胡國，自立爲可汗，號十姓部落，世統其衆。〔六二〕彌射在本蕃爲莫賀咄葉護，與族兄步真有隙，以貞觀十三年率所部處月、處密部落入朝，〔六三〕授右監門大將軍。其後步真遂自立爲咄陸葉護，〔六四〕其部落多不服，委之遁去。步真復攜家屬入朝，授左屯衛大將軍。彌射從太宗征高麗有功，封平襄縣伯。顯慶二年，轉右武衛大將軍。及討平賀魯，乃册立彌射爲興昔亡可汗兼右衛大將軍、崑陵都護，分押賀魯下五咄陸部落；步真授繼往絶可汗兼右衛大將軍、濛池都護，仍分押五弩矢畢部落。因令與盧承慶等準其部落大小，〔六五〕職位高下，節級授刺史以下官。龍朔中，又令彌射、步真俱率所部從颵于畢切。〔六六〕海道大總管蘇海政討龜茲。步真欲併彌射部落，遂密告海政云：〔六七〕「彌射欲謀反，請以計誅之。」時海政兵纔數千，懸師在彌射境内，遂集軍吏而謀曰：「彌射若反，我輩即無噍類。今宜先舉事，則可克捷。」乃僞稱有勅，令大總管賫物數百萬段分賜可汗諸首領。〔六八〕由是彌射率其麾下，隨例請物，海政盡收斬之。其後西蕃盛言彌射非反，〔六九〕爲步真所誣，而海政不能審察，〔七〇〕濫行誅戮。武太后臨朝，以十姓無王數年，〔七一〕部落多散，垂拱初，遂擢授彌射子左豹韜衛翊府中郎將元慶爲左玉鈐衛將軍兼崑陵都護，令襲興昔亡可汗，押五咄陸部落；步真子斛瑟羅爲右玉鈐衛將軍兼濛池都護，押五弩矢畢部落。尋進授元慶左衛大將軍。如意元年，爲來俊臣誣搆謀反被害。〔七二〕其子獻配流崖州。長安三年，召還。累授右驍衛大將軍，〔七三〕襲父興昔亡可汗，充安撫招慰十姓大使。獻本蕃漸爲默啜及烏質勒所侵，遂不敢還國。開元中，累遷右金吾大將軍。卒于長安。

阿史那步真者，在本蕃授左屯衛大將軍，與彌射討平賀魯，加授驃騎大將軍、行右衛大將軍、濛池都護、繼往絶可汗，押五弩矢畢部落。尋卒。其子斛瑟羅，本蕃爲步利設，垂拱初，授右玉鈐衛將軍兼濛池都護，襲繼往絶可汗，押五弩矢畢部落。天授元年，拜左衛大將軍，改封竭忠事主可汗兼濛池都護。〔七四〕尋卒。子懷道，〔七五〕神龍中累遷右屯衛大將軍、光禄卿，轉太僕卿，爲十姓可汗兼濛池都護。自垂拱以後，十姓部落頻被突厥默啜侵掠，死散殆盡，隨斛瑟羅纔六七萬人，徙居内地，西突厥阿史那于是遂絶。〔七六〕

突騎施烏質勒者，西突厥之别種也。初隸在斛瑟羅下，號爲莫賀達干。後以斛瑟羅用法嚴酷，擁衆背之，尤能撫恤其部落，〔七七〕由是爲遠近諸胡所歸附。其下置都督二十員，各統兵七千人。嘗屯聚碎葉西北界，後漸攻陷碎葉，徙其牙帳居之。東北與突厥爲鄰，西南與諸胡國相接，〔七八〕東至西、庭州。斛瑟羅以部衆削弱，自武太后時入朝，〔七九〕不敢還蕃，其地並爲烏質勒所併。及卒，其長子娑葛代統其衆，詔便立娑葛爲金河郡王，仍賜以宫女四人。〔八〇〕初，娑葛代父統兵，烏質勒下部將闕啜忠節甚忌之，以兵部尚書宗楚客當朝任勢，密遣使齎金七百兩以賂楚客，請停娑葛統兵。楚客乃遣御史中丞馮嘉賓充使至其境，陰與忠節籌其事，并自致書以申意。在路爲娑葛遊兵所獲，遂斬嘉賓，仍進兵攻陷火燒等城，遣使上表以索楚客頭。景龍三年，娑葛弟遮弩恨所分部落少于其兄，遂叛入突厥，請爲鄉導，以討娑葛。默啜乃留遮弩，遣兵二萬人與其左右來討娑葛，擒之，與娑葛俱殺之。〔八一〕默啜兵還，娑葛下部將蘇禄鳩集餘衆，〔八二〕自立爲可汗。

蘇禄者，突騎施別種也。頗善綏撫，十姓部落漸歸附之，有衆二十萬，遂雄西域之地，尋遣使來朝。開元三年，制授蘇禄爲左羽林軍大將軍、金方道經畧大使，特遣侍御史解忠順齎璽書册立爲忠順可汗。自是每年遣使朝獻，上乃立史懷道女爲金河公主以妻之。〔八三〕時杜暹爲安西都護，公主遣牙官齎馬千匹詣安西互市，使者宣公主教與暹，〔八四〕暹怒曰：「阿史那氏女，豈合宣教與節度使耶！」杖其使者，留而不遣，其馬經寒雪，盡死。蘇禄大怒，發兵入寇四鎮。會暹入爲相，趙頤貞代爲安西都護，城守久之，由是四鎮貯積及人畜並爲蘇禄所掠而去，安西僅全。〔八五〕俄又遣使入朝獻方物。〔八六〕十八年，蘇禄使至京師，上御丹鳳樓設宴。突厥先遣使入朝，是日亦來同宴，與蘇禄使爭長。突厥使曰：「突騎施國小，〔八七〕本是突厥之臣，不宜居上。」蘇禄使曰：「今日此宴，乃爲我設，不合居下。」中書門下及百僚議，遂于東西幕下兩處分坐，突厥使在東，突騎施使在西，宴訖厚賞而遣之。蘇禄性尤清儉，〔八八〕每戰，有所克獲，盡分與將士及諸部落。其下愛之，甚爲其用。潛又遣使南通吐蕃，東附突厥。突厥及吐蕃亦嫁女與之。蘇禄既以三國女爲可敦，又分立數子爲葉護，費用漸廣，先既不爲積貯，晚年抄掠所得者，〔八九〕留不分之，又因風病，一手攣縮，其下諸部心始攜貳。

有大首領莫賀達干、都摩度兩部落，〔九〇〕最爲强盛。百姓又分爲黄姓、黑姓兩種，互相猜阻。二十六年，莫賀達干勒兵夜攻蘇禄，殺之。都摩度初與莫賀達干連謀，〔九一〕俄又相背，立蘇禄子吐火仙爲可汗，以輯其餘衆，與莫賀達干自相攻擊。莫賀達干遣使告安西都護蓋嘉運，嘉運率兵討之，〔九二〕大破都摩度之衆，臨陣擒吐火仙，并收得金河公主而還。又欲立史懷道之子昕爲可汗以撫鎮之，莫賀達干不許，曰：「討平蘇禄，本是我之元謀，若立史昕爲主，〔九三〕則國家何以賞于我？」乃不立史昕，便令莫賀達干統衆。二十七年，嘉運率將士詣闕獻俘，上御花萼樓以宴之，仍令將吐火仙獻于太廟。二十八年，册其大纛官都摩發闕頡斤爲三姓葉護，仍授左羽林大將軍。二十九年，以斛瑟羅之孫、懷道之子昕爲可汗，遣兵送之。天寶元載，昕至碎葉西南俱蘭城，爲莫賀咄所殺。莫賀自爲可汗，安西節度使馬靈詧追斬之，更册立其酋長爲伊地米里骨咄禄毗迦可汗。十三載秋，朝廷又册立黑姓種伊羅密施爲骨咄禄毗伽突騎施可汗，〔九四〕常羈屬安西。自至德已後，突騎施部落轉衰弱，〔九五〕分爲二部：一爲黄姓，即娑葛之族；一爲黑姓，即蘇禄之族。互相攻擊，〔九六〕各立可汗。旋又篡奪，〔九七〕因遂分散。至乾元元年，復遣朝貢。大曆之後，三姓葛邏禄還盛，移據碎葉川。百姓貧者，或納税于葛禄葉護處。

四至：其國居烏孫之故地，東至突厥國，西至雷翥海，南至疎勒，北至瀚海，在長安北七千里。自焉耆國西北七日行，至其南庭；自南庭又正北八日行，〔九八〕至其北庭。

卷一百九十七校勘記

〔一〕木扞可汗　「扞」，宋版同，萬本、庫本皆作「杅」，同北史卷九九突厥傳、隋書卷八四北狄傳、通典卷一九九邊防一五、舊唐書卷一九四下突厥傳下、新唐書卷二一五下突厥傳下，「扞」恐誤。周書卷五〇異域傳下作「汗」。參見本書卷一九四校勘記〔五〇〕。

〔二〕大邏便即阿波可汗　「大邏便」，底本脱；「即阿波可汗」，底本錯簡於上文「西突厥大邏便」下，並據宋版、萬本、庫本及通典邊防一五補乙。

〔三〕即大邏便之種落　「大邏便」，底本作「大邏可汗」，據萬本、傅校及通典邊防一五改。宋版、庫本作「大邏」。

〔四〕立小可汗　按北史突厥傳、隋書北狄傳皆作「立二小汗」，此蓋脱「二」字。

〔五〕應娑　「娑」，底本作「婆」，萬本、庫本同，據宋版及北史突厥傳、隋書北狄傳改。

〔六〕處羅謝使者　底本「處羅」下衍「使」字，據宋版、萬本、庫本及北史突厥傳、隋書北狄傳删。

〔七〕今聞其失職　「聞其」，底本脱，據宋版、萬本、庫本及北史突厥傳、隋書北狄傳補。

〔八〕帝取桃竹白羽箭一枝以賜射匱因謂之曰　「取」、「謂」，底本作「持」、「詔」，據宋版、萬本、傅校及北史突厥傳、隋書北狄傳改。庫本亦作「謂」，而誤「取」爲「握」。

〔九〕詔留其羸弱萬餘口　「羸」，萬本、庫本及北史突厥傳同，宋版作「累」，隋書北狄傳、通典邊防一五同。

〔一〇〕曷薩那可汗　「曷」，底本作「葛」，據宋版及北史突厥傳、隋書北狄傳、通典邊防一五改。下同。

〔一一〕闕達可汗　「達」，底本脱，宋版同，據舊唐書突厥傳下補。

〔一二〕又從平王世充竇建德劉黑闥　「又」，宋版作「及」。按通典邊防一五、舊唐書突厥傳下作「又」。

〔一三〕其國人遂立薩那之叔父射匱爲可汗至皆役屬之　底本脱「遂」字，「之」下衍「從」字，並據宋版及通典邊防一五、舊唐書突厥傳下補删。又「役屬」，底本作「從」，據宋版及通典、舊唐書改。

〔一四〕悉歸之　「悉」，底本作「皆」，據宋版、萬本、庫本及通典邊防一五、舊唐書突厥傳下改。

〔一五〕大軍將發　「將」，同舊唐書突厥傳下，宋版、萬本、庫本皆作「當」，同通典邊防一五。

〔一六〕高祖謂侍臣曰　「謂」，底本作「詔」，據宋版、萬本、庫本及通典邊防一五、舊唐書突厥傳下改。

〔一七〕封德彝對曰　「對」，底本脱，萬本、庫本同，據宋版及通典邊防一五、舊唐書突厥傳下補。

〔一八〕正可權許其婚　「正」，底本作「止」，據宋版、萬本、庫本及通典邊防一五、舊唐書突厥傳下改。

〔一九〕待三數年後　「三」，底本脱，萬本同，據宋版、庫本及通典邊防一五、文獻通考卷三四四四裔考二一補。

〔二〇〕高祖遂許之婚　「高祖」，底本脱，萬本、庫本同，據宋版、傅校及通典邊防一五、舊唐書突厥傳下補。宋版無「遂」字，同通典。

〔二一〕無恩于國部落咸怨葛邏禄種多叛之　底本「于」下衍「諸」字，「咸」作「皆」，並據宋版、萬本、庫本及通典邊防一五、舊唐書突厥傳下删改。「種」，底本脱，萬本、庫本同，據宋版及通典、舊唐書補。

〔二二〕汝若迎唐家公主　底本「若」下衍「要」字，「家」作「朝」，並據宋版、萬本、庫本及通典邊防一五、舊唐書突厥傳下删改。

〔二三〕未克婚　「克」，底本作「就」，萬本、庫本同，據宋版、傅校及通典邊防一五、舊唐書突厥傳下改。

〔二四〕各請婚於我　「於我」，底本脱，據宋版、萬本、庫本及通典邊防一五、舊唐書突厥傳下補。

〔二五〕肆葉護　「護」，底本脱，萬本同，據宋版、庫本、傅校及通典邊防一五、舊唐書突厥傳下補。

〔二六〕其西面都陸可汗及莫賀咄可汗二部　底本「西」下衍「都」字，「都」作「部」，萬本同，並據宋版、庫本及通典邊防一五、舊唐書突厥傳下删改。

〔二七〕國人乃奉肆葉護爲大可汗肆葉護可汗立　「乃」、「立」，底本脱，並據宋版及通典邊防一五、舊唐書突厥傳下補。萬本、庫本亦有「乃」字，而脱「肆葉護可汗立」六字。

〔二八〕薛延陀逆擊之　「逆」，底本作「迎」，萬本同，據宋版、庫本及通典邊防一五、舊唐書突厥傳下改。

〔二九〕咥利失可汗　「可汗」，底本脱，據宋版、萬本、庫本及舊唐書突厥傳下補。

〔三〇〕五咄六部落居于碎葉以東五弩矢畢部落居于碎葉以西　前「以」字，底本脱；後「以」字，底本作「之」，並據宋版、萬本、庫本、傅校及通典邊防一五、舊唐書突厥傳下補改。

〔三一〕以利失爲小可汗　「利」，底本作「立」，萬本同，據宋版改。按庫本作「咥利失」，同通典邊防一五、舊唐書突厥傳下、新唐書突厥傳下見於本書卷上下文，是也。

〔三二〕烏鏃曷山　通典邊防一五同，舊唐書突厥傳下、新唐書突厥傳下、資治通鑑卷一九五貞觀十三年皆無「烏」字。

〔三三〕弩矢畢　「畢」，底本作「利」，宋版、萬本同，據庫本、傅校及通典邊防一五、舊唐書突厥傳下、新唐書突厥傳下、資治通鑑貞觀十三年及本書卷前後文改。

〔三四〕雖合水　「雖」，宋版及通典邊防一五、新唐書突厥傳下、資治通鑑貞觀十三年同；萬本、庫本、傳校作「睢」，同舊唐書突厥傳下。

〔三五〕擒之　「之」，底本脱，萬本、庫本同，據宋版及通典邊防一五、舊唐書突厥傳下補。

〔三六〕胡禄屋　「禄屋」，底本作「屋录」，據宋版及新唐書突厥傳下、資治通鑑卷一九六貞觀十六年乙改。庫本作「胡禄居」，同舊唐書突厥傳下。通典邊防一五作「胡録屋」。

〔三七〕太宗遣使齎璽書立莫賀咄乙毗可汗之子　「璽」，底本脱，萬本同，據宋版、庫本及通典邊防一五、舊唐書突厥傳下補。

〔三八〕乃西走吐火羅國　「國」，底本脱，據宋版、萬本、庫本及通典邊防一五、舊唐書突厥傳下補。

〔三九〕射匱悉以禮資送歸長安　「歸」，底本作「回」，據宋版、萬本、庫本及通典邊防一五、舊唐書突厥傳下改。

〔四〇〕令割龜茲于闐疏勒朱俱波葱嶺等五國以充聘禮　「等」，底本脱，據宋版、萬本、庫本及通典邊防一五、舊唐書突厥傳下補。

〔四一〕弩失畢　「弩」，底本脱，宋版同，據萬本、庫本及通典邊防一五、舊唐書突厥傳下補。「失」，宋版同，萬本作「矢」，本書前後文皆作「矢」。通典作「矢」，舊唐書、新唐書作「失」。

〔四二〕處木昆律啜　「木」，底本作「末」，據宋版、萬本、庫本及通典邊防一五、舊唐書突厥傳下、新唐書突厥傳下改。

〔四三〕攝舍提暾啜　「暾」，底本作「督」，據宋版、萬本、庫本及通典邊防一五、舊唐書突厥傳下、新唐書突厥傳下改。

〔四四〕突騎施賀邏施啜　底本「騎」作「厥」，脱「施賀邏」三字，並據宋版、萬本、庫本及舊唐書突厥傳下、新唐書突厥傳下改補。通典邊防一五「邏」作「羅」。

〔四五〕鼠尼施處半啜　「尼」，底本作「凡」，據宋版、庫本、傅校及舊唐書突厥傳下、新唐書突厥傳下改。萬本作「泥」，同通典邊防一五。

〔四六〕阿悉結闕俟斤　「悉」，底本作「患」，據宋版、萬本、庫本及通典邊防一五、舊唐書突厥傳下、新唐書突厥傳下改。

〔四七〕舒哥闕俟斤　「舒哥」，通典邊防一五、舊唐書突厥傳下、新唐書突厥傳下皆作「哥舒」，疑此倒誤。

〔四八〕哥舒處半俟斤　底本脱「舒」字，「半」作「牟」，並據宋版、庫本及通典邊防一五、舊唐書突厥傳下、新唐書突厥傳下補改。

〔四九〕數侵擾西蕃諸部　「西蕃諸」，底本作「諸蕃」，據宋版、萬本、庫本、傅校及通典邊防一五、舊唐書突厥傳下改補。

〔五〇〕真珠葉護　「真珠」，底本作「貞殊」，據宋版及通典邊防一五、舊唐書突厥傳下、新唐書突厥傳下改。

〔五二〕左屯衛將軍蘇定方　「左」，底本作「右」，萬本同，據宋版、庫本及通典邊防一五、資治通鑑卷二〇〇顯慶二年改。舊唐書突厥傳下作「右」，亦誤。

〔五三〕率師討擊　「討擊」，底本作「擊討」，據宋版、萬本及通典邊防一五、舊唐書突厥傳下乙正。

〔五四〕吐苔切　此三字底本脱，萬本、庫本同，據宋版、傅校及通典邊防一五補。

〔五五〕步失達干　「干」，萬本同，宋版作「官」。按通典邊防一五作「官」，舊唐書突厥傳下、新唐書突厥傳下作「干」。

〔五六〕伊涅達官　「涅」，底本作「温」，據宋版、萬本、庫本及舊唐書突厥傳下、新唐書突厥傳下改。通典邊防一五、資治通鑑顯慶二年作「沮」，疑誤。

〔五七〕鼠耨設乃以賀魯屬之　「屬之」，底本作「之屬」，宋版同，據萬本、庫本及舊唐書突厥傳下乙正。

〔五八〕高宗特免死　底本「免」下衍「其」字，據宋版、萬本、庫本、傅校及通典邊防一五、舊唐書突厥傳下删。

〔五九〕分其種落置崑陵濛池二都護府　「落」，底本脱，萬本、庫本同，據宋版、傅校及通典邊防一五、舊唐書突厥傳下補。「崑」，底本作「昆」，萬本同，據宋版及通典、舊唐書、新唐書改，下同。

〔六〇〕詔葬于頡利墓側刻石以紀其事　底本脱「詔」字，「紀」作「記」，並據宋版及通典邊防一五、舊唐書突厥傳下補改。萬本、庫本、傳校皆脱「詔」字作「紀」。

〔六〇〕室點密可汗　「點」，底本作「黠」，據宋版、萬本、庫本及舊唐書突厥傳下、新唐書突厥傳下改。下同。通典邊防一五作「黠」。

〔六一〕室點密爲十大首領　按此文不可通，舊唐書突厥傳下作「室點密從單于統領十大首領」，此蓋誤。

〔六二〕號十姓部落世統其衆　「十姓部落世統其衆」，底本脱，宋版、萬本、庫本同，據舊唐書突厥傳下補。

〔六三〕處月處密　底本作「處密處月」，據宋版、萬本、庫本、傳校及通典邊防一五、舊唐書突厥傳下、新唐書突厥傳下乙正。

〔六四〕咄陸葉護　「陸」，庫本同，宋版、萬本及傳校皆作「禄」，按通典邊防一五、舊唐書突厥傳下、新唐書突厥傳下皆作「陸」。

〔六五〕因令與盧承慶等準其部落大小　「因」，底本脱，據宋版、萬本、庫本、傳校及通典邊防一五補。

〔六六〕于畢切　「于」，底本作「干」，據宋版、庫本及通典邊防一五改。

〔六七〕遂密告海政云　「遂」，底本脱，萬本同，據宋版及通典邊防一五、舊唐書突厥傳下補。

〔六八〕令大總管齎物數百萬段分賜可汗諸首領　「數」，底本脱，萬本、庫本同，據宋版及通典邊防一五、舊唐書突厥傳下補。

〔六九〕其後西蕃盛言彌射非反　底本「非」作「無」，「反」下衍「意」字，並據宋版、萬本、庫本、傅校及通典邊防一五、舊唐書突厥傳下改删。

〔七〇〕而海政不能審察　「而」，底本脱，據宋版、萬本、庫本及通典邊防一五、舊唐書突厥傳下補。

〔七一〕以十姓無王數年　「數年」，底本作「以來」，據宋版、萬本、傅校及通典邊防一五、舊唐書突厥傳下改。「王」，庫本、傅校作「主」，同通典、舊唐書。

〔七二〕爲來俊臣誣搆謀反被害　底本脱「謀」字，衍「叛」字，據宋版、萬本、庫本及通典邊防一五、舊唐書突厥傳下補删。

〔七三〕累授右驍衛大將軍　「右」，底本作「左」，據宋版、萬本、庫本及通典邊防一五、舊唐書突厥傳下改。

〔七四〕改封竭忠事主可汗兼濛池都護　底本「封」下衍「爲」字，據宋版、萬本、庫本及通典邊防一五、舊唐書突厥傳下删。

〔七五〕子懷道　底本「道」下衍「襲」字，據宋版、萬本、庫本及通典邊防一五、舊唐書突厥傳下删。

〔七六〕阿史那　宋版、萬本、庫本同，傅校作「阿史那氏」，同通典邊防一五、舊唐書突厥傳下。

〔七七〕尤能撫恤其部落　底本「其」下衍「衆」字，據宋版、萬本、庫本及通典邊防一五、舊唐書突厥傳下删。

〔七八〕西南與諸胡國相接　「南」，底本脱，宋版同，據萬本、庫本及通典邊防一五、舊唐書突厥傳下補。

〔七九〕武太后　「太」，底本脱，據宋版、萬本、庫本、傅校及通典邊防一五補。

〔八〇〕詔便立娑葛爲金河郡王仍賜以宫女四人　底本「便」作「使」，脱「立」、「以」二字，並據宋版、萬本、庫本、傅校及舊唐書突厥傳下改補。通典邊防一五作「使」，恐誤。

〔八一〕與娑葛俱殺之　「俱」，底本作「並」，據宋版、萬本、庫本、傅校及通典邊防一五、舊唐書突厥傳下改。

〔八二〕娑葛下部將蘇禄鳩集餘衆　「下部」，底本作「部下」，據宋版、萬本、庫本及通典邊防一五、舊唐書突厥傳下乙正。

〔八三〕金河公主　通典邊防一五、舊唐書突厥傳下同，新唐書突厥傳下、唐會要卷六作「交河公主」。

〔八四〕使者宣公主教與暹　「公主」，底本脱，庫本同；「與」，底本作「于」，並據宋版、萬本及通典邊防一五、舊唐書突厥傳下補。庫本亦作「與」。下「于」改同。

〔八五〕由是四鎮貯積及人畜並爲蘇禄所掠而去安西僅全　底本「積」作「畜」，「全」作「存」，並據宋版、萬本、庫本及通典邊防一五、舊唐書突厥傳下改。

〔八六〕俄又遣使入朝獻方物　「獻」，底本作「進」，據宋版、萬本、庫本、傅校及通典邊防一五、舊唐書突厥傳下改。

〔八七〕突騎施國小　「國小」，底本作「小國」，萬本、庫本同，據宋版及通典邊防一五、舊唐書突厥傳下乙正。

〔八八〕蘇禄性尤清儉　「性尤」，底本作「秉性」，據宋版、萬本、庫本及通典邊防一五、舊唐書突厥傳下改。

〔八九〕先既不爲積貯晚年抄掠所得者　「貯」、「所」，底本作「聚」、「而」，據宋版、萬本、庫本及通典邊防一五、舊唐書突厥傳下改。

〔九〇〕都摩度　「度」，底本作「使」，據宋版、萬本、庫本、傳校及通典邊防一五、舊唐書突厥傳下改。下同。

〔九一〕莫賀達干　「達干」，底本脱，據宋版、萬本、庫本及通典邊防一五、舊唐書突厥傳下補。

〔九二〕嘉運率兵討之　「嘉運」，底本脱，萬本、庫本同，據宋版及通典邊防一五、舊唐書突厥傳下補。

〔九三〕若立史昕爲主　底本「若」下衍「使」字，脱「史」字，並據宋版、萬本、庫本及通典邊防一五、舊唐書突厥傳下删補。

〔九四〕朝廷又册立黑姓種伊羅密施爲骨咄禄毗伽突騎施可汗　「又」，底本無，萬本、庫本同，據宋版補。

〔九五〕突騎施部落轉衰弱　「轉」，底本無，萬本、庫本同，據宋版補。

〔九六〕互相攻擊　「互」，底本作「自」，庫本作「頻」，據宋版、傳校改。

〔九七〕旋又篡奪　「奪」，底本作「國」，萬本、庫本同，據宋版改。

〔九八〕自南庭又正北八日行　「又」，底本作「入」，據宋版及通典邊防一五、舊唐書突厥傳下改。

太平寰宇記卷之一百九十八

四夷二十七

北狄十

鐵勒　薛延陀　歌邏禄　僕骨　同羅　都波　拔野古
多濫葛　斛薛　阿跌　契苾羽　鞠國　榆枍　大漠
白霫　庫莫奚

鐵勒

鐵勒之先，匈奴之苗裔也，種類最多。自西海之東，依據山谷，往往不絶。獨洛河北有僕骨、同羅、韋紇、拔野古、〔一〕覆羅，並號俟斤，蒙陳、吐如紇、〔二〕斯結、渾、斛薛等諸姓，勝兵可二萬。伊吾已西，焉耆之北，傍白山，則契弊、薄落職、〔三〕乙咥、蘇婆、那曷、〔四〕烏護、紇骨、也咥、於尼護等，勝兵可二萬。金山西南有薛延陀、咥勒兒、十槃、達契等萬餘兵。康國北傍阿得水，則有訶咥、曷截、才結切。〔五〕撥忽、比干、具海、曷比悉、〔六〕何嵯蘇、拔也末、〔七〕渴達等二萬餘兵。〔八〕傍嶷海東西，有蘇路羯、三索咽、蔑促、薩忽等諸姓，八千餘兵。拂菻東則有思屈、阿蘭、北褥、〔九〕九離、伏嗢烏没切。昏等，近二萬人。北海南則有都波等。雖姓氏各別，總謂爲鐵勒。並無君長，分屬東西兩突厥。隨水草流移。人性凶忍，善于騎射，貪婪尤甚，以寇掠爲生。近西邊者，頗爲藝植，多牛羊而少馬。〔一〇〕自突厥有國，東西征討，皆資其用，以制北荒。當十六國慕容垂時塞北、後魏末河西並云有敕勒部，鐵勒蓋言訛也。

隋大業元年，突厥處羅可汗擊鐵勒諸部，厚税斂其物，又猜忌薛延陀等，恐爲變，遂集其魁帥數百人，盡誅之。由是一時反叛，拒處羅，遂立俟利發、俟斤契弊歌楞爲易勿真莫何可汗，〔一一〕居貪汗山，復立薛延陀内俟斤字也咥爲小可汗。處羅既敗，莫何始大焉，甚得衆心，爲鄰國所憚，伊吾、高昌、焉耆諸國悉附之。其俗大抵與突厥同，〔一二〕唯丈夫婚畢，便就妻家，待産乳男女然後歸，此其異也。

唐史云：「武德初，有薛延陀、契苾、回紇、都播、骨利幹、多覽葛、僕骨、拔野古、同羅、渾部、思結、斛薛、奚結、阿跌、白霫等，皆磧北鐵勒之部内諸部也。」

貞觀二十年，既破延陀，太宗幸靈州，次涇陽縣，鐵勒拔野古、同羅、僕骨、都波、〔一三〕多濫葛、思結、阿趺、契丹、奚、渾、斛薛等十一姓各遣使貢獻，因奏：「延陀可汗不事大國，暴虐無道，不能與奴爲主，以自死敗，部落鳥散，不知所之，奴等各有分地，不能逐延陀去也，〔一四〕歸命天子。願賜哀憐，乞置漢官，養育奴等。」太宗既已破延陀，欲遂空漠庭，〔一五〕見其使甚悦，遣黄門侍郎褚遂良引于縣廨，浮觴積胾以禮之。異日，召鐵勒等入行宫，張樂以宴之，拜爲郎將及昭武校尉等官，乃降璽書，勞其酋長，及賚綾錦等，以將其厚意，仍遣與乘輿會于靈州，并使右領軍衛郎將安永壽往報焉。十一月，太宗至靈州，〔一六〕鐵勒諸部俟斤、頡利發等諸姓至靈州者數千人，咸請列其地以爲州縣，〔一七〕又曰：「願得天至尊爲奴等作可汗，可汗子子孫孫常爲天至尊作奴，死無恨。〔一八〕」于是北荒悉平。太宗爲五言詩以敍其事，公卿咸請勒于石，從之。

二十一年正月，鐵勒、回紇俟利茲等並同詣闕朝見，太宗親賚以緋黄地瑞錦及褾領袍，〔一九〕鐵勒等覩而驚駭，以其未嘗聞見，捧戴拜謝，盤叫于塵埃中，及還蕃，太宗御天成殿陳十部樂而遣之。〔二〇〕

麟德初，餘黨復叛。乾封元年三月，鐵勒道行軍大總管、右武衛大將軍鄭仁泰，左武衛大將軍薛仁貴等，破鐵勒之衆于天山。初，仁泰等將發京，内燕以餞之，積甲于殿前，令仁貴試之，帝曰：「古之善射，能有穿七札者，卿且射五重。」仁貴射而徹之，帝大驚賞，更取甲以賜之。時九姓有衆十萬餘，令驍健數十人逆來挑戰，仁貴發三矢，射殺三人，其餘一時下馬請降。〔二一〕仁貴恐其爲後患，並坑殺之。更就磧北討餘衆，擒其葉護兄弟三人而還。軍中歌曰：「將軍三箭定天山，壯士長歌入漢關。〔二二〕」自後遂絶矣。

薛延陀

薛延陀，鐵勒之别部，〔二三〕前燕慕容儁時，匈奴單于賀剌頭率部三萬五千來降，〔二四〕延陀蓋其後也。與薛部雜居，因號薛延陀。〔二五〕可汗姓壹利吐氏，代爲强族。初蠕蠕之滅也，並屬于突厥，而部落中分，在鬱督軍山者，東屬于始畢；在貪汗山者，西屬于葉護，其主夷男，唐貞觀中，遣使朝聘，封爲毗伽可汗，居大漠之北，俱淪水之南，去長安萬四千餘里。後鐵勒僕骨、同羅共擊薛延陀，大敗之。太宗以其破亡，遣江夏王道宗、左衛大將軍阿史那社爾爲瀚海道安撫使。

初，薛延陀真珠毗伽可汗遣使請婚，太宗許以女妻之，徵可汗備親迎之禮，詔幸靈州與之禮會。延陀先無府藏，調斂其國，且行萬里，既涉沙磧，無水草，羊馬多死，遂後期。太宗于是停幸靈州。既而其聘羊馬損耗將半，于是返其使者。羣臣或云，許以公主妻延陀，邊境得以休息，納其獻聘，不可失信于蕃人，宜在速成。太宗曰：「君等知古而不知今。昔漢家匈奴强而中國弱，所以厚飾子女，嫁與單于。今中國强而北狄弱，漢兵千人擊其數萬。〔二六〕延陀所以扶服稽顙、恣我所爲、不敢驕慢者，以新得立爲君長，雜居非其本屬，將倚大國，用服其衆。彼同羅、僕骨等十餘部落，〔二七〕兵各數萬，足制延陀；所以不敢發者，以延陀爲我所立，懼中國也。今若以女妻之，大國子婿，〔二八〕增崇其禮，深結黨援，雜姓部落，更尊服之。〔二九〕夷狄之人，豈知恩義，微不得意，勒兵南下，所謂養獸自噬也。吾今不與其女，使命頗簡，諸姓部落知吾棄之，其爭擊延陀必矣。」既而延陀夷男死，其少子肆葉護殺其兄突利失而自立，〔三〇〕是爲頡利俱利失薛娑多彌可汗。〔三一〕以太宗征高麗，遂發兵寇夏州，執失思力擊敗之，多彌輕騎遁走，部内騷然，聞太宗發兵入其界，多彌與數十騎往投阿史那，〔三二〕尋爲回紇所殺，宗族殆盡。衆尚五萬，立真珠毗伽可汗猶子咄摩支爲酋帥，遣使請居鬱督軍山之北，乃使兵部尚書崔敦禮、英公李勣就安撫之，太宗謂曰：「叛則擊之。」勣等既至，咄摩支惶駭，潛謀拒戰，因縱兵追擊，斬首五千餘級，虜男女三萬人。後咄摩支入朝，拜右武衛將軍。

延陀以貞觀初建牙于磧北，歷三主，凡二十二年，〔三三〕爲李勣、崔敦禮所滅。總章二年，延陀部落餘衆擾亂，詔發突厥進討，至烏德鞬山，大破其黨。按西蕃異物志云：「貞觀二十一年，薛延陀獻疾蘭麢，毛而牛，角狀大如麢。〔三四〕」

歌邏祿國

歌邏祿國，本突厥之族也。在金山之西，〔三五〕與車鼻部落相接。薛延陀破滅之後，車鼻人衆漸大，歌邏祿率其下歸之。及高侃之經畧車鼻也，〔三六〕歌邏祿相繼來降，仍發兵征之。及車鼻破滅，歌邏祿摸剌、婆匐、踏實力三部落，〔三七〕並詣闕朝貢。

僕骨

僕骨，鐵勒之別部也，習俗與突厥畧同。在多濫葛東境，〔三八〕勝兵萬餘，與同羅宿敦鄰好，最居北偏。先臣于頡利，苦頡利政亂，後附薛延陀。唐貞觀中，遣使朝貢。及延陀之滅也，其大酋婆匐、俟利發歌藍伏延詣闕內附。〔三九〕

同羅

同羅，鐵勒之別部也。〔四〇〕在薛延陀之北，去長安萬七千五百里，户萬五千，俗與突厥畧同。初臣突厥，苦頡利政亂，〔四一〕太宗時，其酋俟利發時健啜遣使內附。中間無聞。洎天寶初，其酋帥阿布思以萬餘帳來降，處之朔方河南之地，給其廩食，每歲仍賚繒絮數十萬段，〔四二〕其河曲郡縣倉廩爲之空虚。至十年背叛，〔四三〕劫掠諸姓部落，度河還漠北。尋爲回紇所破，黨衆離散。阿布思後奔葛邏禄，北庭節度程千里購之以獻，戮于京師。

都波

都波，鐵勒之别種也。南去回紇十三日行。分爲三部，自相統攝。結草爲廬，無牛羊，不知耕稼。土多百合草，取其根以爲糧，兼捕魚射獵爲食，而衣貂、鹿之皮，〔四四〕貧者緝鳥羽以爲服。婚姻，富者以馬，貧者用鹿皮及草根爲聘禮。死亡以木櫃盛尸，〔四五〕置山中，或懸于樹上，送葬哭泣畧與突厥相類。莫知四時之候。國無刑罰，偷盗倍徵其贓。前代未通中國，聞骨利幹來通，唐貞觀二十一年，遣使朝貢。

拔野古

拔野古，亦鐵勒之别部也。在僕骨東境，勝兵萬餘，口六萬人。〔四六〕其地豐草，人皆殷富。其酋俟利發屈利失，貞觀二十一年舉其部來降。〔四七〕其地東北千餘里曰康干河，〔四八〕有松木入水，二年化爲石，其色青，有國人居住，〔四九〕其人謂之「康干石」。〔五〇〕其松爲石以後，仍似松文。人皆能著木脚，冰上逐鹿。以耕種獵射爲業。國多好馬，又出鐵。風俗與鐵勒同，言語稍別。

多濫葛

多濫葛。在延陀東界，居近同羅水，〔五一〕勝兵萬人。自古未通中國。其大酋、俟斤多濫葛共率所部朝見。〔五二〕

斛薛

斛薛，亦鐵勒之別部也。在多濫葛北境，兩姓合居。〔五三〕勝兵七千。

阿跌

阿跌，鐵勒之別部也。在多濫葛西北，勝兵千七百。隋代號訶咥部是也。〔五四〕遷徙無常所。

契苾羽

契苾羽。在多濫葛南境，兩姓合居，勝兵二千。〔五五〕

鞠國

鞠國，在拔野古東北五十日行。〔五六〕有樹無草，但有地苔。無羊馬，家畜鹿如中國牛馬，使鹿牽車，可勝四人。人衣鹿皮，食地苔。聚木爲屋，尊卑共居其中。

榆枍國

榆枍國，在鞠國東十五日行。其土地寬大，百姓衆多。風俗與拔野古同。少牛馬，〔五七〕多貂鼠骨咄也。

大漠國

大漠國，在鞠國北，饒羊馬。人極長大，長者至丈三四尺。問其國，云北有骨師國，與大漠接，户萬五千，勝兵三萬。自鞠國以下並是唐貞觀三年朝貢使至。

白霫國〔五八〕

白霫國，匈奴之别種也。在拔野古東，與靺鞨爲鄰。勝兵萬人，並臣于頡利。習俗與突厥同。唐貞觀二十一年朝貢使至，〔五九〕列其地爲寘顔州，即以酋長爲刺史。先是，太宗平突厥，其蕃望子弟授以侍衛之官，〔六〇〕沙漠之人，素愛錦罽。太宗既招來遐域，特賜其所好者，因錦文所用舊縷，而錯綜其色，花葉翔走，事各殊形，每頒賜其酋長，大爲榮寵。顯慶五年，以酋長李含珠爲居延都督。含珠死，以其弟厥都爲居延都督。自後無聞焉。

庫莫奚

庫莫奚，聞于後魏及後周。其先東部鮮卑宇文之别種也。初爲慕容晃所破，遺落者竄匿松漠之間。〔六一〕其地在今柳城郡之北。〔六二〕其俗甚不潔，而善射獵，好爲寇抄。〔六三〕後魏之初，頻爲寇盜，及突厥興而臣屬之。後稍强盛，分爲五部：一曰辱紇主，二曰莫賀弗，三曰契箇，四曰木昆，五曰室得。理饒樂水北，即鮮卑故地。一名如洛環水，〔六四〕蓋「饒樂」之訛也。每部置俟斤一人爲其帥，隨逐水草，頗同突厥。有阿會氏，五部中爲盛，諸部皆歸之。其俗，死者以葦薄裹尸，懸之樹杪。〔六五〕其後款附。至隋代號曰奚，自突厥稱蕃之後，亦遣使入貢。其部落並在柳城郡東北二千餘里。

唐景雲元年，其酋領李大輔遣使朝貢。開元五年，大輔入朝，封爲饒樂郡王，授左金吾衛員外大將軍，詔封外生女辛氏爲固安公主以妻之。其年，大輔與契丹首領李失活請于柳城復置營州，制曰可。至八年，〔六六〕大輔卒，弟魯蘇立，襲其兄官爵，仍以固安公主爲妻。時魯蘇牙官塞默羯謀害魯蘇，翻歸突厥，公主密知之，遂誘宴設，執而殺之。〔六七〕上嘉其功，賞賜累萬。公主嫡母妬主榮寵，乃上書云主是庶人，此實欺罔稱嫡，請更以所生女嫁與魯蘇。〔六八〕上怒，令與魯蘇離婚，封成安公主女韋氏爲東光公主以妻魯蘇。〔六九〕十四年，改封魯蘇奉誠王。後爲契丹衙官可突于所脅，走投榆關，移其部于幽州界内別置部落安置之。天寶五載，封其王娑固爲昭信王，〔七〇〕仍授饒樂都督。

自大曆之後，朝使繼至。至十一年四月，幽州奏破奚六萬餘衆。〔七一〕又至元和元年六月，其王饒樂府都督、襲歸誠王梅落來朝，加檢校司空，放還蕃。三年，以奚首領索低爲左威衛將軍同正，充檀、薊二州游奕兵馬使，〔七二〕仍賜姓李氏。〔七三〕八年，遣使朝貢。十一年，貢名馬。爾後每歲朝貢不絶，〔七四〕或歲中二三至。故事，嘗以范陽節度使爲押奚、契丹兩蕃使。自至德後，其蕃臣擅封壤，〔七五〕朝廷優容之，彼務自完，斥堠益謹，不生邊事，故二蕃少爲寇。每歲朝賀，常遣數百人至幽都，則選其酋渠三五十人赴闕，〔七六〕引見麟德殿，賜以金帛遣還，其餘皆駐而館之，率以爲常。

四至：奚部落多居在營州東北二千餘里。

土俗：隨水草畜牧。其死者以葦薄裹屍，懸之樹杪。

卷一百九十八校勘記

〔一〕拔野古　「野」，庫本同，宋版、萬本、傅校作「也」。按北史卷九九鐵勒傳、隋書卷八四北狄傳、册府元龜卷九五六皆作「也」，通典卷一九九邊防一五、舊唐書卷一九九下北狄傳、唐會要卷九六作「野」。下同。

〔二〕蒙陳吐如紇　「蒙」，底本作「濛」，據宋版、萬本、庫本及北史鐵勒傳、隋書北狄傳、通典邊防一五、册府元龜卷九五六改。「紇」，底本作「阣」，據宋版、萬本、庫本、傅校及北史、隋書、通典、册府元龜改。

〔三〕薄落職　「薄」，底本作「部」，庫本同，據宋版、萬本、中大本及北史鐵勒傳、隋書北狄傳、通典邊防一五改。

〔四〕那曷　「那」，底本作「即」，據宋版及北史鐵勒傳、隋書北狄傳、通典邊防一五改。

〔五〕曷巀才結切　「曷」，底本作「蜀」，據宋版、萬本、中大本、庫本、傅校及隋書北狄傳、通典邊防一五改。「巀」，底本作「截」，中大本、庫本同，據宋版、萬本及隋書北狄傳、通典邊防一五、册府元龜卷九五六改，北史鐵勒傳作「截」。「才結切」，底本脱，萬本、庫本同，據宋版、傅校補。

〔六〕比干具海曷比悉　二「比」字，底本皆作「北」，前者據宋版、庫本及北史鐵勒傳、隋書北狄傳、册府元龜卷九五六改，後者據宋版、中大本、庫本及北史、隋書、通典邊防一五、册府元龜改。

〔七〕何嵯蘇拔也末　「何」，底本作「阿」，萬本同，據宋版、庫本、傅校及北史鐵勒傳、隋書北狄傳、册府元龜卷九五六改。通典邊防一五作「阿」。「也」，底本作「野」，據宋版、萬本、庫本、傅校及北史、隋書、通典、册府元龜改。「末」，北史同，隋書、通典、册府元龜作「未」。

〔八〕二萬餘兵　「二」，宋版、庫本同，萬本、傅校作「三」，同北史鐵勒傳、隋書北狄傳、通典邊防一五、册府元龜卷九五六。

〔九〕北褥　「褥」，底本作「耨」，庫本同，據宋版及北史鐵勒傳、隋書北狄傳、册府元龜卷九五六改。

〔一〇〕多牛羊而少馬　「而」，底本脱，據宋版、萬本、庫本及北史鐵勒傳、隋書北狄傳、通典邊防一五補。

〔一一〕易勿真莫何可汗　「易」，底本作「曷」，庫本同，據宋版、萬本及北史鐵勒傳、隋書北狄傳、通典邊防一五改。「何」，底本作「阿」，據宋版、傅校及北史、隋書、通典改，下同。

〔一二〕其俗大抵與突厥同　底本「其」下有「風」字，據宋版、萬本、庫本及北史鐵勒傳、隋書北狄傳、通典邊防一五删。

〔一三〕都波　萬本、庫本同，宋版無。按舊唐書卷三太宗紀下載：貞觀二十年，「鐵勒迴紇、拔野古、同羅、僕骨、多濫葛、思結、阿跌、契苾、跌結、渾、斛薛等十一姓各遣使朝貢。」資治通鑑卷一九八同。又新唐書卷二一七回鶻傳下："都播，亦曰都波，「貞觀二十一年，因骨利幹入朝，亦以使通中國。」則貞觀二十年，都波尚未遣使，此當衍。

〔一四〕部落鳥散至不能逐延陀去也　「部」，底本脱，萬本、庫本同，據宋版及舊唐書太宗紀下、唐會要卷九六補。底本「能」下衍「分」字，據宋版、萬本、庫本及舊唐書太宗紀下、唐會要卷九六删。

〔一五〕欲遂空漠庭　「漠」，底本作「漢」，萬本、庫本同，據宋版、傅校及唐會要卷九六改。

〔一六〕太宗至靈州　「太宗」，底本脱，萬本、庫本同，據宋版及舊唐書卷一九九下北狄傳、唐會要卷九六補。

〔一七〕咸請列其地以爲州縣　「列」，底本作「立」，據宋版、萬本、庫本及舊唐書北狄傳、唐會要卷九六改。

〔一八〕可汗子子孫孫常爲天至尊作奴死無恨　「可汗」，底本脱，據宋版、萬本、庫本補。「常」，資治通鑑卷一九八貞觀二十年同，宋版、萬本、庫本及唐會要卷九六作「嘗」。底本「死」下有「也」字，據宋版、萬本、庫本、傅校及唐會要删。

〔一九〕緋黄地瑞錦及褾領袍　「地」，底本作「袍」，據宋版、萬本、庫本改。「褾」，底本作「標」，萬本、庫本同，據宋版及册府元龜卷九七四改。

〔二〇〕天成殿　「成」，底本作「威」，萬本、庫本同，據宋版及册府元龜卷九七四、唐會要卷九六改。

〔二一〕其餘一時下馬請降　「其」，唐會要卷九六同，宋版、萬本、庫本皆作「自」，舊唐書卷八三薛仁貴傳同。

〔二二〕壯士長歌入漢關　「壯士」，新唐書卷一一一薛仁貴傳同，宋版、萬本、庫本及舊唐書卷八三薛仁貴傳皆作「戰士」。

〔二三〕鐵勒之别部　「部」，底本作「種」，萬本、庫本同，據宋版、傅校及通典邊防一五、册府元龜卷九五六改。

〔二四〕賀剌頭　「剌」，底本作「利」，據宋版、萬本、庫本、傅校及通典邊防一五改。晉書卷一一〇慕容儁載記作「賴」。

〔二五〕因號薛延陀　「因」，底本作「故」，據宋版、萬本、庫本、傅校及通典邊防一五、册府元龜卷九五六改。

〔二六〕漢兵千人擊其數萬　底本「其」下衍「延陀」二字，據宋版、萬本、中大本、庫本、傅校及通典邊防一五、册府元龜卷九五六删。

〔二七〕彼同羅僕骨等十餘部落　「彼」，底本作「故」，據宋版、萬本、庫本及通典邊防一五、册府元龜卷九五六改。

〔二八〕大國子婿　「子婿」，底本作「予婚」，據宋版、萬本、庫本、傅校及通典邊防一五、册府元龜卷九五六改。

〔二九〕更尊服之　「服」，底本作「奉」，據宋版、萬本、庫本及通典邊防一五、册府元龜卷九五六改。

〔三〇〕其少子肆葉護殺其兄突利失而自立　「失」，底本脱，萬本同，據通典邊防一五、舊唐書北狄傳補；宋版作「矢」，爲「失」字之誤。「而」，底本作「始」，萬本、庫本同，據宋版及舊唐書改。

〔三一〕頡利俱利失薛娑多彌可汗　「娑」，底本作「婆」，萬本、庫本同，據宋版及唐會要卷九六改，舊唐書北狄傳作「沙」。又舊唐書、唐會要皆無「失」字。

〔三二〕多彌與數十騎往投阿史那　「往」，底本作「後」，庫本同，據宋版及唐會要卷九六改。

〔三三〕凡二十二年　萬本、庫本同，宋版作「凡二十年」，唐會要卷九六同，此後「二」字蓋衍。

〔三四〕薛延陀獻疾蘭麢毛而牛角狀大如麢　「疾蘭麢」，宋版同，萬本、庫本皆作「疾麢」。按「麢」、「麢」同。册府元龜卷九七〇作「拔蘭鹿麢」，唐會要卷一〇〇作「拔蘭鹿」，「疾」、「拔」，未知孰是，疑册府元龜衍「鹿」，唐會要「鹿」應作「麢」，萬本、庫本脱「蘭」。又「而牛」，底本脱，據宋版及册府元龜補，萬本、庫本及唐會要作「如牛」。「大如」，底本作「如大」，據宋版、庫本、傅校及册府元龜乙正。

〔三五〕在金山之西　萬本、庫本同，宋版「在」上有「城」字。

〔三六〕高偘　底本「偘」下注：「音侃。」宋版、萬本、庫本皆無，傅校删，從删。

〔三七〕摸刺婆匐踏實力　「摸」，底本作「撲」，據宋版改，萬本作「莫」，中大本、庫本皆作「模」。「踏」，底本作「達」，據宋版、萬本、中大本、庫本改。

〔三八〕多濫葛　「葛」，底本脱，宋版、萬本、中大本、庫本同，據本書卷前後文及舊唐書太宗紀下、册府元龜卷九五八、資治通鑑卷一九八貞觀二十年補。

〔三九〕歌藍伏延　「延」，底本脱，據宋版、萬本、庫本及通典邊防一五補。資治通鑑貞觀二十年作「歌濫拔延」。

〔四〇〕鐵勒之别部也　「部」，底本作「屬」，據宋版、萬本、庫本、傅校及通典邊防一五改。

〔四一〕苦頡利政亂　底本「苦」上衍「後」字，據宋版、萬本、中大本、庫本及通典邊防一五删。

〔四二〕每歲仍費繒絮數十萬段　「歲仍」，底本脱，萬本、庫本同，據宋版及通典邊防一五補。傅校亦有「歲」字。

〔四三〕至十年背叛　「至」，底本作「其」，庫本同，據宋版、萬本及通典邊防一五改。

〔四四〕衣貂鹿之皮　「鹿」，底本作「貉」，據宋版、萬本、庫本及通典邊防一五、新唐書卷二一七下回鶻傳下改。

〔四五〕死亡以木櫝盛尸　「亡」，底本脱，據宋版、萬本、庫本及通典邊防一五補。

〔四六〕口六萬人　「人」，底本脱，據宋版、萬本、庫本及傅校補。

〔四七〕舉其部來降　「其」，底本脱，據宋版、萬本、庫本、傅校及通典邊防一五補。

〔四八〕康干河　「干」，萬本、庫本及通典邊防一五、新唐書回鶻傳下、唐會要卷九八同，宋版作「千」。下文「康干石」之「干」同，蓋誤。

〔四九〕有松木入水至有國人居住　前「有」，底本作「投」，萬本同，據宋版、庫本及通典邊防一五、唐會要卷九八改。後「有」，底本誤繫於「國人」下，庫本同，據宋版、萬本及通典、唐會要乙正。

〔五〇〕其人謂之康干石　「人」，底本作「上」，據宋版、萬本、庫本及通典邊防一五、唐會要卷九八改。

〔五一〕居近同羅水　「居」，底本脱，據宋版、萬本、庫本及通典邊防一五補。

〔五二〕共率所部朝見　「共率」，底本作「自統」，據宋版、萬本、庫本及通典邊防一五改。傅校亦作「共」。

〔五三〕兩姓合居　「居」，底本脱，據宋版、萬本、庫本及通典邊防一五補。

〔五四〕隋代號訶咥部是也　「是也」，底本脱，據宋版、萬本、庫本及通典邊防一五補。

〔五五〕兩姓合居勝兵二千　「居」、「勝」，底本脱，萬本、庫本同，據宋版及通典邊防一五補。

〔五六〕在拔野古東北五十日行　按通典邊防一五作「在拔野古東北五百里，六日行」，唐會要卷九八作拔野古國「東北六日行至鞠國」，此恐誤。

〔五七〕少牛馬　「馬」，底本作「羊」，據宋版、萬本、庫本及通典邊防一五、唐會要卷九八改。

〔五八〕白霫國　底本「國」下注：「霫音習。」宋版、萬本、庫本皆無，據删。

〔五九〕唐貞觀二十一年　「唐」，底本脱，據宋版、萬本、庫本補。

〔六〇〕其蕃望子弟授以侍衛之官　底本「望」下衍「其」字，萬本同，據宋版、庫本删。

〔六一〕遺落者竄匿松漠之間　「匿」，底本作「于」，據宋版、萬本、庫本及通典卷二〇〇邊防一六改。底本「松漠」下衍「荒落」二字，據宋版、萬本、庫本、傅校及通典删。

〔六二〕其地在今柳城郡之北　「之北」，底本作「地」，庫本同，據宋版、萬本及通典邊防一六改補。

〔六三〕好爲寇抄　「抄」，底本作「掠」，萬本、庫本同，據宋版及通典邊防一六改。

〔六四〕如洛環水　「如」，底本作「爲」，據宋版及通典邊防一六改。

〔六五〕懸之樹杪　「杪」，萬本、庫本同，宋版作「上」，通典邊防一六同。按本書後文亦作「杪」。

〔六六〕至八年　「至」，底本作「以」，萬本、庫本同，據宋版改。

〔六七〕遂誘宴設執而殺之　底本作「遂設宴，誘執而殺之」，通典邊防一六同，據宋版、萬本改。庫本「遂誘宴設」作「遂誘設宴」。

〔六八〕請更以所生女嫁與魯蘇　「女」，底本脱，萬本、庫本同，據宋版及通典邊防一六補。

〔六九〕成安公主　「安」，底本作「國」，萬本、庫本同，據宋版及通典邊防一六、舊唐書北狄傳改。

〔七〇〕娑固　底本作「沙國」，萬本、庫本同，宋版作「娑國」。舊唐書北狄傳、資治通鑑卷二一一五天寶五載作「娑固」，新唐書北狄傳、册府元龜卷九六五、唐會要卷九六作「婆固」，今據改爲「娑固」。

〔七一〕至十一年四月幽州奏破奚六萬餘衆　「至」，底本脱，據宋版、萬本、庫本補。又據舊唐書北狄傳、新唐書北狄傳、資治通鑑卷二三五載，貞元十一年四月，幽州奏破奚六萬餘衆，此「十一年」上脱「貞元」二字。

〔七二〕充檀薊二州游奕兵馬使　底本「充」上衍「同」字，庫本同，據宋版、萬本及舊唐書北狄傳、唐會要卷九六删。

〔七三〕仍賜姓李氏　「氏」，底本作「至」，宋版、庫本同，據萬本、傅校及舊唐書北狄傳改。

〔七四〕爾後每歲朝貢不絶　「爾」，底本作「自」，據宋版、萬本、庫本及舊唐書北狄傳改。

〔七五〕其蕃臣擅封壤　「其」，底本脱，據宋版、萬本、庫本及傅校補。萬本「擅」上有「多」字，同舊唐書北狄傳。

〔七六〕每歲朝賀常遣數百人至幽都則選其酋渠三五十人赴闕　「賀」，底本作「貢」；「其」，底本脱，並據宋版、萬本及舊唐書北狄傳改補。庫本亦作「賀」而有「其」字。「常」，舊唐書同，宋版、萬本、庫本作「嘗」。「三」，底本脱，萬本、庫本同，據宋版及舊唐書補。

太平寰宇記卷之一百九十九

四夷二十八

北狄十一

契丹　室韋　地豆于　烏洛侯　驅度寐　霫　拔悉彌

流鬼　回紇　黠戛斯舊名結骨

契　丹

契丹之先與庫莫奚異種而同類，並爲慕容氏所破，俱竄于松漠之間。後魏初，大破之，遂逃迸，與庫莫奚分背。經數十年，稍滋蔓，有部落于和龍之北數百里，和龍，今柳城郡。多爲寇盜。魏太武帝以來，〔一〕歲貢名馬，于是東北羣狄悉萬丹部、〔二〕阿大何部、伏弗郁部、羽陵部、日連部、〔三〕匹潔部、黎部、吐六于部各以其名馬文皮入獻，皆得交市于和龍、密雲之間。密雲，今郡。其後爲突厥所逼，又以萬家寄于高麗。

隋開皇末，有別部四千餘家背突厥來降。文帝方與突厥和好，重失遠人之情，〔四〕悉令給糧還本處，勑突厥撫納之。固辭不去。部落漸衆，遂北逐水草，當遼西正北二百里，依託紇臣水而居，〔五〕東西亘五百里，〔六〕南北三百里，亦鮮卑故地。分爲十部，多者三千，少者千餘，隨水草畜牧。

唐貞觀二十二年，契丹帥窟哥率其部內屬，〔七〕以契丹部爲松漠都督府，拜窟哥爲持節十州諸軍事、松漠都督，于營州兼置東夷都護，以統松漠、饒樂之地，罷護東夷校尉官。武太后萬歲通天元年，〔八〕窟哥曾孫松漠都督羈縻松漠都督府屬，今柳城郡。李盡忠與其妻兄歸誠州刺史孫萬榮殺都督趙文翽舉兵反，陷營州，今柳城郡。自號可汗。命左鷹揚衛將軍曹仁師、右金吾大將軍張玄遇、右武威大將軍李多祚、司農少卿麻仁節等二十八將討之，〔九〕遇賊于西硤石、黄麞谷，官軍敗績，玄遇、仁節没于賊。〔一〇〕李盡忠死，孫萬榮代領其衆，攻陷冀州，〔一一〕今信都郡。刺史陸寶積死之。又陷瀛州屬縣。今河間郡。乃遣夏官尚書王孝傑與羽林衛將軍蘇宏暉率兵十八萬，與孫萬榮戰于東硤石，官軍又大敗，孝傑没于陣，宏暉棄甲而遁。又命河内郡王武懿宗爲大總管，右肅政御史大夫婁師德爲副，沙吒忠義爲前軍總管，帥兵二十萬以討之。萬榮爲其家奴所殺，其黨遂潰。〔一二〕開元二年，李盡忠從父弟失活歸款，復封失活爲松漠郡王兼都督，授金吾衛大將軍，仍于其府置靜析軍。五年，以永樂公主出降于失活。婚姻之夜，遣諸親高品及兩蕃大首領觀花燭。至六年，失活卒，册其從父弟娑固爲松漠郡王。七年十一月，〔一三〕娑固與公主來朝。及歸，娑固銜官可突于勇悍得衆，娑固欲除之。事洩，可突于反攻之，娑固奔營州。可突于立娑固從父弟鬱于，鬱于遣使入朝謝罪。玄宗復册鬱于，〔一四〕令襲娑固之位，仍赦可突于之罪。十年，鬱于入朝請婚，又封餘姚縣主長女慕容氏爲燕郡公主以妻之，封鬱于爲松漠郡王，授左金吾衛員外大將軍兼靜析軍經畧大使。〔一五〕鬱于死，其弟咄于襲其官爵，復以燕郡公主爲妻。十三年，咄于復與可突于相猜阻，攜公主來奔，改封遼陽郡王。國人立其弟邵固，邵固詣行在，從至東岳，〔一六〕授邵固左羽林員外大將軍，改封廣化郡王，仍封宗室外生女陳氏爲東華公主以妻之。十八年，邵固爲可突于所殺，以其衆降突厥，東華公主走投平盧軍。〔一七〕詔遣信安王禕、幽州長史薛楚玉等討之，不克。二十二年，幽州節度使張守珪大破之，遣使獻捷。至十二月，張守珪發兵討契丹，斬其王屈列及大臣可突于等，傳首東都。可突于餘衆及叛奚俱走山谷，〔一八〕立其酋長李過折爲契丹王，仍授封特進，封北平郡王。〔一九〕其年，過折又爲可突于餘黨泥禮所殺，唯一子刺乾走投安東獲免，拜左驍衛將軍。〔二〇〕

自後至今與奚王朝貢歲至，蕃禮甚修。至貞元四年，犯我北鄙，幽州以聞。自元和之後，至于會昌，朝貢不絕。會昌二年，幽州節度使張仲武奏：「契丹新立王屈戍等云，契丹舊用回紇印，今懇請當道聞奏，〔三一〕乞國家賜印。」勑以「奉國契丹之印」爲文。

四至：居潢水之南，〔三二〕黄龍之北，鮮卑之故地，在長安東北五千三百里。東與高麗鄰，西與奚國接，南至營州，北至室韋，地方二千里。

土俗：其俗頗與靺鞨同。父母死而悲哭者爲不壯，〔三三〕但以其屍置于山樹之上，經三年之後，乃收其骨而焚之。因酹酒而祝曰：「冬月時，向陽食。夏月時，向陰食。若我射獵時，使我多得猪鹿。〔三四〕」其無禮頑嚚，〔三五〕於諸夷中最甚。

室韋

室韋。後魏末通焉，並在靺鞨之北。按隋書：「室韋有五部：一南室韋，二北室韋，三鉢室韋，四深末怛室韋，五大室韋。並無君長，人衆貧弱。」突厥沙鉢畧可汗嘗以吐屯潘垤徒結切。〔三六〕統領之，並契丹之別種也。〔三七〕南室韋在契丹北三千里，自南室韋北行十一日至北室韋。鉢室韋，在北室韋之北。深末怛室韋，在北室韋之西北。大室韋，在室建河之南，深末怛室韋之西北也。按後魏書云：〔三八〕「自契丹路經啜水、蓋水、犢了山，其山周迴三百里，又經屈利水、刃水，始到其國。」北室韋分爲九部落，其渠帥號乞引莫賀咄。氣候最寒，冬則入山，居土穴中，牛畜多凍死。饒麞鹿，射獵爲生，鑿冰，没水而網射魚鼈。地多積雪，懼陷坑穽，騎木而行。俗皆捕貂爲業，冠以狐貉，衣以魚皮。〔二九〕又北行千里至鉢室韋，依胡布山而住，人衆多于北室韋，不知爲幾部落。〔三〇〕用樺皮蓋屋，其餘同北室韋。從鉢室韋西四日行，〔三一〕至深末怛室韋，因水爲號也。冬月穴居，以避太陰之氣。〔三二〕又西北數千里至大室韋，徑路險阻，言語不同，尤多貂鼠及青鼠。北室韋，後魏武定、隋開皇大業中，並遣使朝貢。

大唐有九部焉，所謂嶺西室韋、山北室韋、〔三三〕黄頭室韋、大如者室韋、〔三四〕小如者室韋、婆萵室韋、〔三五〕訥北室韋、駱駝室韋，並在柳城郡之東北，近者三千五百里，遠者六千二百里。今室韋最西與回紇接界者，有烏素固部落，〔三六〕當俱輪國之西南。〔三七〕次東有移塞没部落。〔三八〕次東又有塞曷支部落，〔三九〕此部落有良馬，人户亦多，居啜河之南，其河彼俗謂之燕支河。次東又有和解部落。次東又有烏羅護部落，一名烏羅渾，元魏謂之烏落，〔四〇〕居磨蓋獨山北，啜河之側，此部落自魏太武真君四年，歷北齊、周、隋及唐武德、貞觀，洎乎天寶九年，朝貢不絶。又有那禮部落，與烏羅護犬牙而居。又東北有山北室韋，又有小如者室韋，北又有婆萵室韋，〔四一〕東又有嶺西室韋，又東南至黄頭室韋，此部落兵强，人户亦多，東北與達垢接。〔四二〕嶺西室韋北又有納北之室韋，〔四三〕此部落稍小。烏羅護東北二百餘里，那河之側，〔四四〕有古烏丸之遺人，今亦自稱爲烏丸國。武德、貞觀中，亦遣使朝貢。其國北大山之北又有大車室韋部落，傍室建河居。其河源出突厥東北界俱輪泊，屈曲東流，經西室韋界，又東經大室韋界，〔四五〕又東經蒙兀室韋之北，落恒室韋之南，〔四六〕又東流與那河、忽汗河合，又東經南黑水靺鞨之北，北黑水靺鞨之南，東流注于海。烏丸東南三百里，又有東室韋部落，在猺越河之北。〔四七〕其東南流，與那河合。歷貞元八年，至會昌三年，室韋朝貢不絕。

四至：南室韋在契丹北三千里。後魏書云：「自契丹路經啜水、犢了山，又經屈利水，始到其國。」

土俗物産：土地卑濕，至夏則移向西貸勃、欠對二山，〔四八〕多草木，饒禽獸，又多蚊蚋，人皆巢居，以避其患。後漸分爲二十五部，其酋帥號餘莫不滿咄。死則子弟代之，嗣絕則擇賢而立之。盤髮衣服與契丹同。乘牛馬，蘧蒢爲室，如突厥氈車之狀。渡水則束薪爲筏，〔四九〕或有以皮爲舟者。馬則織草爲韉，結繩爲轡。寢則屈木爲室，以蘧蒢覆上，移則載行。〔五〇〕以猪皮爲蓆，編木藉之。氣候多寒，田收甚薄。無羊，少馬，多猪、牛。造酒、食噉、〔五一〕言語與靺鞨同。婚姻之法，二家相許，壻輒盜婦去，然後送牛馬爲聘。婦人不再嫁，以爲死人之妻，難以共居。〔五二〕部落共爲大棚，人死則置屍其上，居喪三年。其國無鐵，取給于高麗。

地豆于

地豆于。在室韋西千餘里。多牛羊，出名馬，皮爲衣服，無五穀，唯食肉酪。魏孝文帝延興二年，遣使朝貢。

烏洛侯〔五三〕

烏洛侯。亦曰烏羅渾國，後魏通焉。在地豆于之北。太武帝真君四年來朝，稱其國西北有魏先帝舊墟石室，南北九十步，東西四十步，高七十尺，室有神靈，人多祈請。〔五四〕太武帝遣中書侍郎李敞告祭焉，刊祝文于石室之壁而還。貞觀六年，遣使朝貢云。烏羅渾國，亦謂之烏護，乃言訛也。

四至：東與靺鞨，南與契丹，北與烏丸鄰。〔五五〕地當地豆于之北。

土俗物産：其土下濕，多霧氣而寒，人冬則穿地爲室，〔五六〕夏則隨原阜畜牧。多豕，有穀麥。無大君長，部落莫弗皆代爲之。其俗繩髮，皮服以珠爲飾。人尚勇，不爲奸竊，故慢藏野積而無寇盜。好射獵。〔五七〕樂有胡箜篌，木槽革面而九絃。其俗大類靺鞨。

完水，在其國西北，東北流合于難水。蕃中記云：「完水即烏丸水也。〔五八〕」難水即那河，其地水小，〔五九〕皆注于此，東入于海。

北水，國西北二十日行有于巳尼水，〔六〇〕即謂之北海是也。

驅度寐

驅度寐。隋時聞焉，在室韋之北。其人甚長而衣短，不索髮，皆裹頭。居土窟中。唯有豬，更無諸畜。〔六一〕人輕健，一跳三丈餘，又能立浮，卧浮，〔六二〕履水没腰，與陸走不別。數乘大船，至北室韋抄掠。無甲冑，以石爲矢鏃。

霫

霫，匈奴之别種也。隋時通焉。與靺鞨爲鄰，居潢水北，〔六三〕亦鮮卑故地。勝兵萬餘人。習俗與突厥畧同。亦臣于頡利，其渠帥號爲俟斤。唐貞觀中，遣使内附。

拔悉彌

拔悉彌。一名弊剌國，隋時聞焉。在北庭北海南，結骨東南，依山散居。去燉煌九千餘里。有渠帥，無王號。户二千餘。〔六四〕其人雄健，能射獵。國多雪，恒以木爲馬，雪上逐鹿，其狀如楯而頭高，其下以馬皮順毛衣之，〔六五〕令毛著雪而滑，如著屧屐，縛之足下。屧，先叶切。屐，巨戟切。〔六六〕若下阪，走過奔鹿，若平地履雪，即以杖刺地而走，如船焉，亦及奔鹿；上阪即手持之而登。每獵得鹿，將家室就而食之，盡則更移處。〔六七〕其所居即以樺皮爲舍。丈夫翦髮，樺皮爲帽。

流鬼〔六八〕

流鬼。去長安一萬五千里，〔六九〕在北海之北，北至夜叉國，餘三面皆抵大海，南去莫設靺鞨船行十五日。〔七〇〕無城郭，依海島散居，掘地深數尺，兩邊斜竪木，構爲屋。人皆皮服，〔七一〕以狗毛雜麻爲布而衣之，婦人冬衣豕鹿皮，〔七二〕夏衣魚皮，制與獠同。多沮澤，有魚鹽之利。地氣沍寒，早霜雪，每堅冰之後，以木廣六寸，長七尺，施系其上，以踐層冰，逐及奔獸。俗多狗，以其皮毛爲裘褐。勝兵萬餘人。無相敬之禮、官僚之法。不識四時節序。有他盜入境，乃相呼召。弓長四尺餘，箭與中國同，以骨石爲鏃。作木切。〔七三〕樂有歌舞。死解封樹，哭之三年，無餘服制。靺鞨有乘海至其國貨易，陳國家之盛業，〔七四〕于是其君長孟蜯遣其子可也餘志，〔七五〕唐貞觀十四年三譯而來朝貢。初至靺鞨，不解乘馬，上即顛墜。其長老又傳，言其國北一月行有夜叉人，皆豕牙翹出，噉人，莫有涉其界，〔七六〕未嘗通中國。

回紇

回紇。在薛延陀北境，居近娑陵水，去長安六千九百里，勝兵五萬人。先屬突厥，初有時健俟斤，死，其子菩薩立。唐貞觀初，與薛延陀俱叛突厥頡利可汗，侵其北邊，〔七七〕頡利遣騎討之，戰于天山，大破之，俘其部衆。回紇由是大振，〔七八〕因率其衆附于薛延陀，號爲活頡利發，仍遣使朝貢。及薛延陀之敗，其酋胡禄俟利發吐迷度率其部詣闕，請同編户。自突厥衰滅，其國漸盛，國主亦號可汗。貞觀二十一年，率衆内附。龍朔三年，移燕然都護府于回紇部落，仍改名瀚海都護府，其瀚海都護移于雲中古城，改名雲中都護，仍以磧爲界，磧北諸蕃州悉屬瀚海，〔七九〕磧南並隸雲中。其後部落中征戰有功，〔八〇〕並自磧北移居甘州界，故天寶末取驍壯以爲赤水軍騎士。

自天寶初，回紇葉護逸標苾襲滅突厥小殺之孫烏蘇米施可汗。未幾，自立爲九姓可汗，由是至今兼九姓之號，因而南徙居突厥舊地，依烏德犍山、嗢昆河，〔八一〕雖行逐水草，〔八二〕大抵以此山比中國之長安城，直南去西城一千七百里，西城即漢之高闕塞。北去磧口三百里。有十一都督，九姓部落，一部落置一都督，于本族中選有人望者爲之。破拔悉密及葛邏禄，皆收一部落，各置都督一人。每行止戰鬭，以二客部落爲軍鋒。其九姓：一曰回紇，二曰僕固，三曰渾，四曰拔曳固，即拔也固。五曰同羅，六曰思結，七曰契苾羽。〔八三〕以上七部，自唐初以來，著在史傳。八曰阿布思，九曰骨崙屋骨思，此二姓，天寶後始與七姓齊列。至貞元年，〔八四〕以咸安公主降，請改「紇」字爲「鶻」字，蓋欲誇國俗俊健如鶻也，〔八五〕德宗從之。

土俗物産：俗頗類突厥。地沙鹵，有大羊，而足長五寸。

黠戛斯

黠戛斯。西北荒之國也。〔八六〕本名結骨，又名居勿，〔八七〕又謂之堅昆，史記謂之鬲昆，〔八八〕漢書謂之隔昆，〔八九〕在回鶻西北四十日程，一本云三千里。其人身悉長大，赤髮，緑睛。有黑髮者，謂之不祥。蓋嘉惠撰西域記云：「黑髮黑睛者，則李陵之後也。〔九〇〕故其自稱是都尉苗裔。」初屬薛延陀，〔九一〕薛延陀常令頡利發一人監統其國，而其渠帥曰紇悉輩，次曰居沙波輩，次曰阿米輩，〔九二〕三人共理其國政。官有宰相、都督、職使、長史、將軍、達干之號。

唐貞觀六年，太宗遣偃師尉王義弘使其國。十七年，堅昆遣使貢貂裘及貂皮。二十二年，酋長俟利發失鉢屈阿棧身自入朝，云：「臣既一心歸國，望得國家官職，執笏而已。」遂授左屯衛大將軍、堅昆都督，仍列其地爲堅昆都督府，隸燕然都護。永徽四年，又遣使朝貢，仍言：「國内大有中國人，今欲放還，請一使受領。」高宗遣范强多賫金帛往仍處分，〔九三〕云但有人即須贖。至于天寶時，朝貢不絶。

會昌三年，其國遣使注吾合素上聲。〔九四〕等七人來朝，獻名馬二匹。以久不修貢，且莫詳改更之名，中旨訪求，惟賈躭所撰四夷述具載黠戛斯之號，然後知躭之通習荒憬，没而不誣。〔九五〕先是，回鶻背恩，〔九六〕侵劫諸部，又擅入靈州，上以爲天亡之兆，不可容之，〔九七〕乃命河東等道分兵討之。至正月，大破回鶻于殺胡山，就帳中奉太和公主歸于我軍，可汗亦被瘡，與數十騎踰山而遁走。〔九八〕黠戛斯乘其破亡，遂有其國。二月，遣使注吾合素等七人來朝，貢名馬，且憑大唐威德，〔九九〕求册命焉。至四年，上命太僕寺卿兼御史中丞趙蕃持節宣慰。五年，册爲宗英雄武誠明可汗。值武宗升遐。大中元年，方行册禮。會昌中，秘書少監吕述狀黠戛斯朝貢圖傳并宰臣李德裕撰序，甚詳其事。〔一〇〇〕

四至：其國南有貪漫山，〔一〇一〕夏沮洳，〔一〇二〕冬積雪。有水從回鶻北流踰山。〔一〇三〕又云其國依青山之西面有金海，分爲二河，一曰牟河，一曰劍平聲。〔一〇四〕側河。從天德軍西二百里至西受降城，又北三百里鸊鵜泉，西北回鶻帳一千五百里，回鶻西北四十日程，方至其國。東去單于庭七千里，南去車師國五千里。〔一〇五〕

土俗物産：其王及國人皆露首鬈髮，衣服同于突厥。冬則以貂鼠爲帽，夏則以金裝帽，〔一〇六〕銳頂而卷其末，此回鶻所與，至今猶冠之。其下則以白氈爲帽，餘制畧同。衣有錦罽雜色，腰佩刀礪。賤者衣皮而露首，如畫圖之狀。女衣毛褐，而富者亦衣綾錦，蓋安西、北庭及大食貨易所得也。阿熱衙立木爲柵，坐大氈帳，號爲「密的支」，其首領以降，皆有小氈帳，兼以木皮爲屋。人謂歲首爲茂師，謂月爲哀，每三哀爲一時，以分春夏秋冬。以十二屬紀年，假如歲在子，則謂之鼠年，在戌則謂之狗年，與回鶻同也。其氣候多寒，〔一〇七〕每冰合，雖大河亦凍徹其半。五穀唯出大小麥、青稞、麻米，嘗以三月耕種，八月九月收穫。〔一〇八〕糜以爲飯，〔一〇九〕又以釀酒，麥以步磑爲麪。阿熱食兼餅餌，其部下則唯食肉及馬酪而已。其樂器有鼓、笛、笙、觱篥、盤鈴，大會又有弄槖駝、獅子、馬伎、繩伎之類。〔一一〇〕其馬至壯大，能鬬者謂之頭馬。其雜畜有槖駝、牛、羊，〔一一一〕而牛尤多，富室有二三千頭。其獸有野馬、骨咄、黄羊、羱羝、鹿及黑尾，黑尾者如麞而尾大色黑，蕃人謂之已没。其魚有蔑魚，〔一一二〕長七八尺，有莫痕魚，口在頷下而無骨。其鳥有鴈、鶩、烏鵲、〔一一三〕鷹、隼，多如中國。其草種類至多，大抵與回鶻同。其樹有松及蒲，松高者箭射不及杪，又有榆、柳，而樺尤多。其五金出鐵與錫，〔一一四〕王會圖云：「其國每有天雨鐵，收之以爲刀劍，異于常鐵。〔一一五〕」曾問使者，隱而不答，但云鐵甚堅利，工亦精巧，蓋是其地中產鐵，因暴雨淙樹而出，〔一一六〕既久經土蝕，故精利爾，若每從天而雨，〔一一七〕則人畜必遭擊殺，理固不通。賈躭曰：「俗出好鐵，〔二八〕號曰迦沙，每輸之于突厥。」此其實也。其兵器多用牌及弓箭，其馬上牌自股及足，又爲牌縛于兩肩，可便施用。其牌析木交横爲之，以捍箭，箭不能裂。亦有旗幟。其阿熱建一纛，下皆尚赤，餘則各以部落爲號。〔二九〕其兵數號三十萬，問其實，乃曰每徵發則百姓及諸蕃部落役屬者盡行。其稅唯貂鼠及青鼠。丈夫健者，悉黥手以爲異。婦人嫁訖，自耳以下至項亦黥之。其人服飾以貂、豽貂，音雕。豽，〔三〇〕女滑切。爲貴。食用手。婚姻無財聘。性多淫佚，與外人通者不忌。其壻男女雜處，每一姓，〔三一〕或千口或五百口共一室，〔三二〕同一床一被。〔三三〕若死，惟哭三聲，不剺面，火葬，收其骨，踰年而爲墳墓。冬爲室，覆以木皮。人好獵獸，皆乘木馬，升降山險，追赶若飛。

卷一百九十九校勘記

〔一〕魏太武帝以來　「以來」，底本作「乙未」，萬本、庫本同，據宋版、傅校及北史卷九四契丹傳、通典卷二〇〇邊防一六改。

〔二〕悉萬丹部　「悉」，底本作「蒸」，據宋版、萬本、庫本及北史契丹傳、通典邊防一六改。又底本「蒸」下注「音滕」，宋版、萬本、庫本皆無，據删。

〔三〕日連部　「日」，底本作「曰」，庫本同，據宋版、萬本、傅校及北史契丹傳、通典邊防一六改。

〔四〕重失遠人之情　此六字底本脱，據宋版、萬本、庫本、傅校及北史契丹傳、通典邊防一六補。

〔五〕託紇臣水　底本作「托回紇臨水」，萬本、庫本同，宋版作「託紇臨水」，據北史契丹傳、隋書卷八四北狄傳改。

〔六〕東西亘五百里　「亘」，底本作「且」，據宋版及隋書北狄傳、通典邊防一六改。「五」，底本脱，據宋版、萬本及隋書、通典補。

〔七〕契丹帥窟哥率其部内屬　「帥」，底本作「師」，萬本、庫本同，據宋版、中大本及資治通鑑卷一九九貞觀二十二年改。

〔八〕武太后　底本無「太」字，據宋版、萬本及傅校補。

〔九〕二十八將討之　底本「將」下衍「以」字，據宋版、萬本、庫本及通典邊防一六、新唐書卷二一九北狄傳删。

〔一〇〕玄遇仁節没于賊　「没」，底本作「投」，據宋版、萬本及通典邊防一六改。

〔一一〕攻陷冀州　「攻」，底本作「次」，庫本同，據宋版、萬本、傅校及通典邊防一六改。

〔一二〕其黨遂潰　「遂潰」，底本作「潰散」；萬本、庫本作「皆潰」，傅校同。據宋版改。

〔一三〕七年十一月　「十一月」，底本脱，據宋版、萬本、庫本補。唐會要卷九六作「十年十一月」，「十年」爲「七年」之誤。

〔一四〕玄宗復册鬱于　底本「玄宗」下衍「因」字，「册」作「立」，據宋版及傅校删改。庫本無「因」字，「册」作「立」。

〔一五〕左金吾衛員外大將軍　「衛」，底本脱，宋版、庫本同，據傅校及舊唐書北狄傳補。舊唐書卷四四職官志三有左右金吾衛大將軍各一員。

〔一六〕從至東岳　「至」，底本作「主」，庫本同，據宋版及舊唐書北狄傳、唐會要卷九六改。

〔一七〕東華公主　「東華」，底本脱，據宋版、庫本及舊唐書北狄傳補。

〔一八〕可突于餘衆及叛奚俱走山谷　「奚」，底本作「夷」，據宋版、庫本、傅校及唐會要卷九六改。「俱」，宋版、庫本皆作「盡」。

〔一九〕仍授封特進封北平郡王　「仍」，底本脱，據宋版及唐會要卷九六補。「北平郡王」，底本作「東平郡王」，宋版同，據舊唐書北狄傳、新唐書卷二一九北狄傳、册府元龜卷九六四、唐會要卷九六改。

〔二〇〕拜左驍衛將軍　底本「衛」下衍「大」字，據宋版及舊唐書北狄傳、新唐書北狄傳、唐會要卷九六删。

〔二一〕今懇請當道聞奏　「聞奏」，底本作「奏聞」，據宋版及舊唐書北狄傳、唐會要卷九六乙正。

〔二二〕潢水　「潢」，底本作「黄」，宋版、萬本、庫本同，據新唐書北狄傳、唐會要卷九六改。

〔二三〕父母死而悲哭者爲不壯　「哭」，底本作「哀」，據宋版、萬本、庫本及北史契丹傳、隋書北狄傳改。

〔二四〕使我多得猪鹿　「猪」，底本作「麐」，萬本、庫本同，據宋版及北史契丹傳、隋書北狄傳改。

〔二五〕其無禮頑嚚　「嚚」，底本作「囂」，萬本同，據宋版及北史契丹傳、隋書北狄傳改。

〔二六〕潘垤徒結切　「潘垤」，底本作「蕃咥」，據宋版及通典邊防一六改。萬本、庫本及傅校皆作「垤」。「徒結切」，底本脱，萬本、庫本同，據宋版補。

〔二七〕並契丹之别種也　「並」，底本脱，萬本、庫本同，據宋版補。

〔二八〕按後魏書云　「云」，底本脱，據宋版、萬本、庫本及通典邊防一六補。

〔二九〕冠以狐貉衣以魚皮　二「以」字底本脱，據宋版、萬本、庫本、傅校及北史卷九四室韋傳、隋書北狄傳、通典邊防一六補。

〔三〇〕人衆多于北室韋不知爲幾部落　「衆」、「爲」，底本脱，並據宋版、萬本、庫本、傅校及北史室韋傳、隋書北狄傳、通典邊防一六補。

〔三一〕從鉢室韋西四日行　通典邊防一六、唐會要卷九六同，北史室韋傳、隋書北狄傳「西」下有「南」字。

〔三二〕以避太陰之氣　「太」、「之」，底本脱，並據宋版、萬本、庫本及北史室韋傳、隋書北狄傳、通典邊防一六補。

〔三三〕山北室韋　底本脱，據宋版、傅校及舊唐書北狄傳、册府元龜卷九五六、唐會要卷九六補。萬本作「北室韋」，脱「山」字，庫本作「山室韋」，脱「北」字。

〔三四〕黄頭室韋大如者室韋　底本原倒爲「大如者室韋黄頭室韋」，據宋版、萬本、庫本、傅校及通典邊防一六、舊唐書北狄傳、册府元龜卷九五六、唐會要卷九六乙正。

〔三五〕娑萵室韋　「娑」，宋版及唐會要卷九六同，通典邊防一六、舊唐書北狄傳、新唐書北狄傳皆作「婆」。「萵」，底本作「窩」，庫本同，據宋版、萬本及通典邊防一六、舊唐書北狄傳、唐會要卷九六改。

〔三六〕烏素固部落　底本「素」下衍「布」字，萬本、庫本同，據宋版、中大本及舊唐書北狄傳、新唐書北狄傳、唐會要卷九六删。

〔三七〕俱輪國　「國」，舊唐書北狄傳、新唐書北狄傳、唐會要卷九六皆作「泊」。

〔三八〕移塞没部落　「塞」，底本作「寒」，據宋版、萬本、中大本、庫本、傅校及舊唐書北狄傳、新唐書北狄傳、唐會要卷九六改。

〔三九〕塞曷支部落　「曷」，底本作「葛」，萬本、庫本同，據宋版及舊唐書北狄傳、新唐書北狄傳、唐會要卷九六改。

〔四〇〕元魏　「魏」，底本脱，萬本、庫本同，據宋版及唐會要卷九六補。

〔四一〕娑葛室韋　「娑葛」，底本作「婆羅」，據舊唐書北狄傳、唐會要卷九六改。宋版、中大本作「娑曷」，「曷」爲「葛」字之誤。參見本卷校勘記〔三五〕。

〔四二〕達垢　「垢」，舊唐書北狄傳、唐會要卷九六作「姤」。

〔四三〕納北之室韋　「之」，舊唐書北狄傳、唐會要卷九六作「支」。

〔四四〕那河之側　「側」，舊唐書北狄傳、唐會要卷九六作「北」。

〔四五〕又東經大室韋界　「界」，底本脱，據宋版、萬本、庫本及舊唐書北狄傳、唐會要卷九六補。

〔四六〕落怛室韋　「落怛」，舊唐書北狄傳作「落俎」，新唐書北狄傳作「落坦」，唐會要卷九六作「路丹」。

〔四七〕猱越河　「猱」，底本作「崛」，庫本作「掘」，據宋版、萬本及舊唐書北狄傳、新唐書北狄傳、唐會要卷九六改。

〔四八〕至夏則移向西貸勃欠對二山　「貸」，底本作「緎」，據宋版、萬本及北史室韋傳、隋書北狄傳、通典邊防一六、新唐書北狄傳改。又「西」，北史作「北」，隋書作「西北」。

〔四九〕渡水則束薪爲筏　「筏」，庫本及册府元龜卷九六一同；宋版、萬本及北史室韋傳、隋書北狄傳、通典邊防一六、唐會要卷九六皆作「栰」，是。

〔五〇〕移則載行　「移」，底本作「行」，據宋版、萬本、庫本、傅校及北史室韋傳、隋書北狄傳、通典邊防一六、唐會要卷九六改。

〔五一〕食噉　「噉」，底本脱，據宋版、傅校及隋書北狄傳、通典邊防一六、册府元龜卷九六一補。萬本、庫本誤作「敢」。

〔五二〕難以共居　「以」，底本作「與」，據宋版、萬本、庫本、傅校及北史室韋傳、隋書北狄傳、通典邊防一六、册府元龜卷九六一改。

〔五三〕烏洛侯　「洛」，底本作「落」，萬本、庫本同，據宋版及魏書卷一〇〇烏洛侯傳、北史卷九四烏洛侯傳、通典邊防一六、舊唐書北狄傳改。本書卷目録及下文同改。

〔五四〕人多祈請　「請」，底本作「禱」，據宋版、萬本、庫本及魏書烏洛侯傳、北史烏洛侯傳、通典邊防一六改。

〔五五〕東與鞢鞨南與契丹北與烏丸鄰　底本「鞢鞨」下衍「接」字，「丸」作「桓」，並據宋版、萬本、庫本及通典邊防一六、舊唐書北狄傳删改。傅校亦作「丸」。又舊唐書云：「東與鞢鞨，西與突厥，南與契丹，北與烏丸接。」此蓋脱「西與突厥」四字。

〔五六〕人冬則穿地爲室　「人」，底本脱，萬本同，據宋版及北史烏洛侯傳補。魏書烏洛侯傳作「民」，此與北史避唐太宗李世民諱而改。庫本作「入」，誤。

〔五七〕好射獵　「射獵」，宋版、萬本、庫本皆作「獵射」。下拔悉彌條「射獵」同。

〔五八〕烏丸水　「丸」，底本作「桓」，據宋版、萬本、庫本及傅校改。

〔五九〕其地水小　「地」，萬本、庫本及魏書烏洛侯傳同，宋版、中大本皆作「他」。

〔六〇〕于巳尼水　「于」，底本作「干」，據宋版及魏書烏洛侯傳、北史烏洛侯傳、通典邊防一六改。

〔六一〕更無諸畜　「諸」，底本作「他」，據宋版、傅校及通典邊防一六改。萬本、庫本皆作「別」。

〔六二〕卧浮　底本脱，庫本同，據宋版、萬本、傅校及通典邊防一六補。

〔六三〕居潰水北　「居」，舊唐書北狄傳同，宋版、萬本、庫本及通典邊防一六皆作「理」。

〔六四〕户二千餘　「餘」，底本脱，據宋版、萬本、中大本、庫本及通典邊防一六改。又「二」，通典作「三」。

〔六五〕其下以馬皮順毛衣之　「以」，底本作「有」，萬本、庫本同，據宋版及通典邊防一六改。

〔六六〕屧先叶切屐巨戟切　底本「先叶切」注於上文「屧」下，脱「屧」、「屐巨戟切」，據宋版及通典邊防一六補乙。

〔六七〕盡則更移處　「則」，宋版無，同通典邊防一六。

〔六八〕流鬼　「鬼」，底本作「思」，注「一作流鬼」，據宋版、萬本、庫本、傅校及通典邊防一六、新唐書卷二二〇東夷傳、唐會要卷九九改删。卷目及下文同。

〔六九〕一萬五千里　底本「千」下衍「餘」字，萬本、庫本同，據宋版及新唐書東夷傳、唐會要卷九九删。

〔七〇〕莫設靺鞨　「莫」，底本作「萬」，據宋版、萬本、庫本、傅校及通典邊防一六改。「莫設」，新唐書東夷傳、唐會要卷九九作「莫曳」。

〔七一〕人皆皮服　「服」，底本作「帽」，據宋版、萬本、庫本及通典邊防一六改。

〔七二〕婦人冬衣豕鹿皮　「豕」，底本脱，萬本、庫本同，據宋版、傅校及通典邊防一六補。

〔七三〕作木切　底本脱，萬本、庫本同，據宋版及傅校補。

〔七四〕陳國家之盛業　「家」，底本脱，據宋版、萬本、庫本、傅校及通典邊防一六補。

〔七五〕孟蜯遣其子可也餘志　「蜯」，底本作「啈」，庫本同，據宋版、萬本及通典邊防一六改。「可也餘志」，新唐書東夷傳作「可也莫貂皮」。

〔七六〕噉人莫有涉其界　底本「噉」作「啖」，「其」下衍「國」，「界」下衍「者」字，並據宋版、萬本、庫本及通典邊防一六改删。

〔七七〕侵其北邊　「北邊」，底本作「地」，萬本作「邊地」，庫本作「地邊」，據宋版及通典邊防一六、舊唐書卷一九五迴紇傳、新唐書卷二一七上回鶻傳上改補。

〔七八〕俘其部衆回紇由是大振　「部」，底本脱；「由」，底本作「于」，並據宋版、萬本、庫本、傅校及通典邊防一六、舊唐書迴紇傳補改。

〔七九〕磧北諸蕃州悉屬瀚海　「悉」，底本脱，據宋版、萬本、庫本及新唐書回鶻傳上、唐會要卷九八補。

〔八〇〕其後部落中征戰有功　「中」，底本無，萬本、庫本同，據宋版補。

〔八一〕嗢昆河　底本作「嗢河」，萬本、庫本同，宋版作「嗢昷河」。唐會要卷九八：「因而南徙，居突厥舊地，依烏德健山、嗢昆河居焉。」新唐書卷四三下地理志七下：回鶻衙帳，「東有平野，西據烏德鞬山，南依嗢昆水。」則「嗢昷河」之「昷」爲「昆」字之誤，此脱「昆」字，據補。

〔八二〕雖行逐水草　「行」，底本作「有」，庫本同，據宋版及唐會要卷九八改。

〔八三〕契苾羽　萬本、庫本同，宋版作「契苾」。按舊唐書迴紇傳、唐會要卷九八作「契苾」，新唐書回鶻傳上作「契苾羽」。

〔八四〕貞元年　底本作「貞元元年」，據宋版删後「元」字。唐會要卷九八：「貞元五年七月，公主至衙帳，迴紇使李義進請因咸安公主下降，改『紇』字爲『鶻』字，蓋欲誇國俗俊健如鶻也。德宗允其奏，自是改爲迴鶻。」資治通鑑卷二三三貞元四年：十月，「回紇至長安，可汗仍表請改回紇爲回鶻，許之。」則改回紇爲回鶻，在貞元四年或五年，非貞元元年。

〔八五〕蓋欲誇國俗俊健如鶻也　「也」，底本作「毛」，萬本、庫本同，據宋版及舊唐書迴紇傳、唐會要卷九八改。

〔八六〕西北荒之國也　「荒」，底本作「方」，據宋版、萬本、中大本、庫本及傅校改。

〔八七〕居勿　「勿」，底本作「曷」，據宋版、萬本及新唐書回鶻傳下改。

〔八八〕史記謂之鬲昆　「鬲」，底本作「南」，據宋版、中大本、庫本及史記卷一一〇匈奴列傳改。

〔八九〕漢書謂之隔昆　「隔」，底本作「鬲」，萬本同，據宋版及漢書卷九四上匈奴傳上改。

〔九〇〕蓋嘉惠撰西域記云黑髮黑睛者則李陵之後也　「惠」，唐會要卷一〇〇作「運」。「黑髮」，宋版、萬本、庫本皆作「髮黑」，唐會要引作「黑髮」。「則」，底本脱，萬本、庫本同，據宋版及唐會要補。

〔九一〕初屬薛延陀　底本脱，萬本、庫本同，據宋版補。

〔九二〕阿米輩　「米」，底本作「朱」，據宋版、萬本、庫本改。

〔九三〕范强　「范」，底本作「萬」，據宋版、萬本、庫本改。

〔九四〕上聲　底本脱，萬本、庫本同，據宋版補。

〔九五〕知戫之通習荒憬没而不誣　底本「習」下衍「遐」字，據宋版、萬本、庫本及唐會要卷一〇〇删。「没」，底本作「設」，萬本作「信」，據宋版、庫本及傅校改，唐會要作「洽」。

〔九六〕回鶻背恩　「背恩」，底本脱，據宋版、萬本、庫本及傅校補。唐會要卷一〇〇作「回鶻背恩德」。

〔九七〕上以爲天亡之兆不可容之　底本「以爲」下衍「背恩之夷」四字，據宋版、萬本、庫本、傅校及唐會要卷一〇〇删。「兆」，底本作「寇」，萬本、庫本作「逃」，據宋版改。又「之」，底本作「也」，據宋版、萬本、庫本及傅校改。

〔九八〕可汗亦被瘡與數十騎踰山而遁走　「瘡」，底本作「鎗」，萬本、庫本同，據宋版改。「走」，底本脱，據宋版、萬本、庫本及唐會要卷一〇〇補。

〔九九〕且憑大唐威德　「憑」，底本作「慕」，據宋版、萬本、庫本、傅校及唐會要卷一〇〇改。

〔一〇〇〕吕述狀黠戛斯朝貢圖傳并宰臣李德裕撰序甚詳其事　底本「傳并」作「得冢」，「宰」下脱「臣」字，「詳」上脱「甚」，下衍「記」字，並據宋版改補删。萬本、庫本皆作「吕述畫黠戛斯朝貢圖并宰相李德裕撰序甚詳其事」。

〔一〇一〕貪漫山　「漫」，底本作「澇」，據萬本及通典邊防一六、新唐書回鶻傳下、唐會要卷一〇〇改。宋版作「縵」，誤。

〔一〇二〕夏沮洳　「沮」，萬本及通典邊防一六、新唐書回鶻傳下同；宋版、庫本作「浸」，册府元龜卷九五八同。

〔一〇三〕有水從回鶻北流踰山　按册府元龜卷九五八、唐會要卷一〇〇皆作「有水從迴紇北流踰山經其國」，此「踰山」下蓋脱「經其國」三字。

〔一〇四〕平聲　底本脱，萬本、庫本同，據宋版補。

〔一〇五〕車師國　宋版、萬本、庫本皆無「國」字。

〔一〇六〕冬則以貂鼠爲帽夏則以金裝帽　二「則」字底本脱，據宋版、萬本、庫本補。

〔一〇七〕其氣候多寒　「氣」，萬本、庫本同，宋版作「風」。

〔一〇八〕八月九月收穫　「八月」，底本脱，據宋版、萬本、庫本補。

〔一〇九〕糜以爲飯　「飯」，底本作「飲」，萬本、庫本同，據宋版及新唐書回鶻傳下改。

〔一一〇〕大會又有弄橐駝獅子馬伎繩伎之類　「繩伎」，底本脱，萬本、庫本同，據宋版及新唐書回鶻傳下補。

〔一一一〕其雜畜有橐駝牛羊　「有」，底本脱，萬本同，據宋版補。

〔一一二〕蔑魚　「蔑」，底本作「篾」，萬本、庫本作「篾」，據宋版及新唐書回鶻傳下改。

〔一一三〕烏鵲　「鵲」，底本作「雀」，據宋版、萬本、庫本及新唐書回鶻傳下改。

〔一一四〕其五金出鐵與錫　「五金出」，底本作「土出金」，萬本、庫本同，據宋版及傳校改。

〔一一五〕異于常鐵　「常」，底本脱，萬本、庫本同，據宋版補。

〔一一六〕蓋是其地中産鐵因暴雨淙樹而出　「中」，底本脱，萬本、庫本同；「淙」，底本作「凉」，萬本、庫本同，並據宋版補改。

〔一一七〕若每從天而雨　「而」，底本脱，萬本、庫本同，據宋版補。

〔一一八〕俗出好鐵　底本「鐵」下注「一作錢」，宋版、萬本皆無，據删。

〔一一九〕下皆尚赤餘則各以部落爲號　「尚」，底本作「上」；「以」，底本作「一」，萬本同，並據宋版及新唐書回鶻傳下改。

〔一二〇〕貂音雕豽　底本脱，萬本、庫本同，據宋版補。

〔一一〕每一姓　「每」，底本作「其」，據宋版及通典邊防一六改。

〔一二〕或千口或五百口共一室　宋版無後一「或」字，傅校及通典邊防一六同。

〔一三〕同一床一被　底本「同」作「用」，「床」下衍「共」字，並據宋版、萬本、庫本、傅校及通典邊防一六改删。

太平寰宇記卷之二百

四夷二十九

北狄十二

骨利幹　駮馬　鬼國　突越失　雜説并論

骨利幹

骨利幹。居回紇北方瀚海之北，二俟斤同居，勝兵四千五百人。其北又拒大海，晝長夜短，日没後，天色正曛，煮一羊胛，〔一〕纔熟，而東方已曙，蓋近日出没之所也。唐貞觀二十一年，遣使來朝，獻良馬，十匹尤駿，太宗奇之，爲制名號爲十驥：〔二〕其一曰騰霜白，二曰皎雪驄，三曰凝露驄，四曰懸光驄，〔三〕五曰決波騟，〔四〕六曰飛霞驃，七曰發電赤，八曰流金騧，九曰翔麟紫，〔五〕十曰奔虹赤。太宗乃爲文，以敍其事。

土俗物産：地多百合草，人以爲糧食。出名馬，其馬頭類槖駝，筋骨粗壯，好者日行數百里。

駮馬

駮馬，在結骨之北，其地近熱海，〔六〕去長安萬四千里，經突厥大部落五所乃至。勝兵三萬人，馬三十萬匹。其國以俟斤統領，與突厥不殊。以弓箭刀矟傍排，無宿衛隊仗。不行賞賜。馬色並駮，故以名云。其馬不乘，但取其乳酪充食而已。〔七〕與結骨數相侵伐。貌類結骨，而言語不通。

唐永徽中，遣使朝貢。突厥謂駮爲曷剌，亦名曷剌國也。

四至：其土境，東西一月行，南北五十日行。地近北海，去鬼國六十日行。

土俗物産：土俗嚴寒，每冬積雪，樹木不没者一二尺，〔八〕至暖消，逐陽坂，浦波切。〔九〕以馬及人挽犁種五穀。好漁獵，取魚、鹿、獺、貂、鼠等肉充食，〔一〇〕以其皮爲衣。少鐵器，用陶瓦釜及樺木根爲盤盌。音椀。〔一一〕隨水草居止，〔一二〕累木爲井欄，樺皮蓋以爲屋，土床草蓐，加氈而寢處之。草盡則移，〔一三〕居無定所。

鬼國

鬼國，在駮馬國西，六十日行。其國夜遊晝隱，身著渾剥鹿皮衣。〔一四〕眼鼻耳與中國人同，〔一五〕口在頂上。食用瓦器。土無米粟，〔一六〕噉鹿及蛇。駮馬國南三十日行，至突騎施，二十日行至鹽莫念咄六闕俟斤部落，〔一七〕又北八日行至可史檐部落。〔一八〕其駮馬、鹽莫並無牛羊雜畜。其婚姻嫁娶與突厥同。土多松、樺樹，每年税貂獺青白二鼠皮以奉酋長。

唐永徽中，並遣使朝貢。

突越失國

突越失國，本後魏之高車國，〔一九〕在北庭北，雷翥海東。魏書北夷傳云：「高車，蓋古赤狄之餘種也，自號爲狄歷，諸夏以爲高車。」其俗車輪高大，輻數至多。後徙于鹿渾海西北百餘里，部落寖大，常與蠕蠕爲敵，亦每侵盜魏境。太祖親勒六軍，自駮髯水西北，畧其國諸部落，得男女七百口，牛馬將二百萬，〔二〇〕高車二十餘萬乘而還。太祖自牛川南引大校獵，以高車爲圍，騎周七百里，聚雜獸于其中。因驅至平城，即以高車衆起鹿苑，南因臺陰，北距長城，東包白登，屬之西山。

雜説并論

唐貞觀中，户部奏言，中國人自塞外來歸及突厥前後降附開四夷爲州縣者，男女百二十餘萬口。〔二二〕時諸蕃君詣闕頓顙，請太宗爲大可汗。〔二三〕制曰：「我爲大唐天子，又下行可汗事乎？〔二三〕」羣臣及四夷咸稱萬歲。自後以璽書賜西域、北荒之君長，〔二四〕皆稱「皇帝大可汗」。諸蕃渠帥有死亡者，必詔册立其後嗣焉。臨統四夷，自茲始也。

傅奕曰：「西晉時，匈奴諸部在太原離石，其酋劉元海覆兩都，執天子，自是戎夷赫連氏、〔二五〕沮渠氏、李氏、石氏、慕容氏、佛氏、禿髮氏、拓拔氏、宇文氏、高氏、〔二六〕苻氏、吕氏、姚氏、翟氏，被髮左衽，遞據中壤，〔二七〕衣冠殄盡。周、齊每以騎戰，驅夏人爲肉籬，詫丑啞切。曰『當剉漢狗飼馬，刀刈漢狗頭，不可刈草也。』羌胡異類，寓居中夏，禍福相恤，中原之人，衆心不齊，故夷狄少而强，中華衆而弱也。石季龍死，羯胡大亂，冉閔令胡人不願留者聽去，或有留者，乃誅之，死者二十餘萬。氐羌分散，各還本部，部至數萬，故苻、姚代興。鮮卑既入中國，〔二八〕而蠕蠕據其土。後魏時，蠕蠕主阿那瓌大餒，求糧于魏，魏帝使元孚賑恤之，既飽，遂寇暴。及蠕蠕衰而突厥興，自劉、石至後周，皆北狄種類，相與婚姻，高氏聘蠕蠕女爲妻，宇文氏以突厥女爲后。北齊供突厥馬歲十萬匹，〔二九〕周氏傾國事之，錦衣玉食長安者，恒數千人。可汗驕曰：『但使我在南二兒無患，何憂哉！〔三〇〕』周齊使于突厥遇其喪，剺面如其國臣，其爲夷狄所屈辱也如是。〔三一〕」

天册萬歲二年，補闕薛謙光上疏曰：

臣聞戎夏不雜，自古所誡，夷狄無信，易動難安，故斥居塞外，不遷中國，〔三二〕前史所稱，其來久矣。然而帝德廣被，時有朝謁，受向化之誠請，納梯山之禮貢，事畢則歸其父母之國，導以指南之車，此三王之盛典也。自漢魏以後，遂革其風，務飾虚名，徵求侍子，喻其解辮，使襲衣冠，居室京師，不令歸國，此又中葉之故事也。較其利害，則三王是而漢魏非；論其得失，則備邊長而徵質短。殷鑒在乎往代，豈可不懷經遠之慮哉！昔郭欽獻策于武皇，江統納諫于惠主，咸以夷狄處中夏，勢必爲變，〔三三〕晉武不納二臣之遠策，徒好慕化之虚名，縱其習史漢等書，官之以五部都尉，此皆計之失也。〔三四〕若前事之不忘，則後代之龜鑑，此臣所以極言不隱者也。

竊惟突厥、吐蕃、契丹等往因入貢並叨殊獎，或執戟丹墀，册名戎秩，或曳裾庠序，高步學門，服胡氈裘，語兼中夏，明習漢法，覩衣冠之儀，日覿朝章，知經國之要，窺成敗于國史，察安危于古今，識邊塞之盈虚，知山川之險易，〔三五〕或委以經略之功，令其展效；或矜其首丘之志，〔三六〕放使歸蕃。于國家雖有冠帶之名，在夷狄廣其縱横之智。〔三七〕雖則慕化之美，苟悦于當時；〔三八〕而狼子孤恩，旋生于過後。及歸部落，鮮不稱兵。邊塞罹災，實由于此。故老子云「國之利器，不可以示人。」在于齊人，猶不可以示之，況于夷狄乎！

謹按楚申公巫臣奔晉而使于吴，使其子狐庸爲吴行人，教吴戰陣，使之叛楚，吴于是始伐楚，取巢駕克棘，入州來，子反一歲七奔命。〔三九〕所以能謀楚，良以此也。〔四〇〕又按漢桓帝遷五部匈奴于汾晉，〔四一〕其後卒有劉、石之難。向使五部不徙，〔四二〕則晉祚猶未可量也；鮮卑不遷，則慕容無中原之僭。又按漢史書陳湯云：〔四三〕「夫胡兵五而當漢兵一，何者？兵刃樸鈍，弓弩不利。今聞頗得漢工，然猶三而當一。」自是言之，利兵尚不可使胡人得法，況處之中國而使其習見哉！〔四四〕昔漢東平王請太史公書，朝臣以爲太史公書有戰國縱横之説，不可以與諸侯。此則内地諸王尚不可與，而況外國乎！

臣竊計秦并天下及劉項之際，累戰用兵，〔四五〕人户凋散。以晉惠方之，當八王之喪師，則輕于楚漢之塗地，匈奴冒頓之全實，過于五部之微弱。當曩時冒頓之强盛，乘中國虚弊，〔四六〕高帝餒厄平城，而冒頓不能入中國者，何也？非兵不足以侵諸夏，力不足以破汾晉，〔四七〕其所以解圍而縱高祖者，爲不習中土之風，不安中國之美，〔四八〕生長磧漠之北，以穹廬堅于城邑，以氈罽美于章紱。〔四九〕既安其所習，而樂其所生，是以無窺中國之心者，〔五〇〕爲生不在漢故也。豈有心不樂漢而欲深入者乎？〔五一〕劉元海，五部離散之餘，而卒能自振于中國者，爲少居内地，〔五二〕明習漢法，非元海悦漢，而漢亦悦之，一朝背誕，〔五三〕四方響應，遂鄙單于之號，竊帝王之寶，賤沙漠而不居，擁平陽而鼎峙者，爲居漢故也。向使元海不内徙，止當劫邊人繒綵麴糵，以歸陰山之北，安能使王彌、崔懿爲其用耶？〔五四〕

當今皇風遐覃，含識革面，凡在虺性，莫不懷馴，方使由余効忠，日磾盡節，以臣愚見，國家方傳無窮之祚于後。〔五五〕脱備防不謹，邊臣失圖，則夷狄稱兵不在方外，非所以肥中國，削四夷，經營萬乘之規，貽厥孫謀之道也。臣愚以爲願充侍子者，一皆禁絶，必若先在中國者，〔五六〕亦不可更使歸蕃，則夷人保疆，邊邑無事矣。〔五七〕

劉起居貺武指曰：

自昔議邊者，推高于嚴尤、班固。嚴尤議曰：「御匈奴自古無得上策者。〔五八〕周時玁狁内侵，命將征之，盡境而還，譬蚊蝱螫施隻切。人，驅之而已，〔五九〕是爲中策。漢武輕齎深入，〔六〇〕連兵三十年，中國罷耗，匈奴亦克，是爲下策。秦築長城，勤于轉輸，疆境完而中國弱，〔六一〕是爲無策。」是古無得上策者是也。其班固曰：「言匈奴者，大要歸于兩科，搢紳則守和親，介胄則言征伐。漢興以來，有修文以和之，有用武以克之，有卑下而承事之，有威服而臣畜之。和親之論，發于劉敬。天下新定，故從其言，賂遺以救安邊境。孝惠、高后，遵而不違，匈奴加驕，寇盜不止，與通關市，妻以漢女，歲賂千金，無益之明驗也。仲舒復欲守舊文，厚結以財，質其愛子，邊城不選武略之臣，修障隧備塞之具，勵長戟勁弩，恃吾所以待寇，而務賦斂于人，遠行貨賂，割剥百姓，以奉寇讎。信甘言，守空約，而冀胡馬不窺，不亦過乎！王莽時，單于棄其愛子，昧利不顧，侵掠所獲，每歲巨萬，而和親賂遺，不過千金，安在其不棄質而失重利也？夷狄之人，貪而好利，人面獸心，聖王禽獸畜之，不與約誓，不就攻伐；約之則費賂而見欺，攻之則勞師而招寇。外而不內，疏而不親，政教不及其人，正朔不加其國；〔六二〕來則懲而禦之，去則備而守之。慕義則接之以禮讓，使曲在彼，蓋聖王御蠻夷之常道也。」

既以爲嚴尤之議辨而未詳，班固之論詳而未盡。推而爲言，周得上策，秦得其中，漢無策焉。何以言之？〔六三〕荒服之外，聲教所遠，其叛也不爲之勞師，其降也不爲之釋備，嚴其守禦，險其走集，犯塞則有執訊之捷，深入則有殪戎之勳，俾其欲爲寇而不能，願臣妾而不得。斯禦戎之上策，禁暴之良筭。惠此中夏，以綏四方，周人之道也，既故曰周得上策。

易稱「王侯設險，以守其國。〔六四〕」築長城，修障塞，〔六五〕易之設險也。今朔塞之上，〔六六〕多古長城，未知起自何代也。七國分爭，國有長城，趙簡子起長城以備胡，燕秦亦築長城，以限中外，則長城之築其來遠矣。秦兼天下，益理城塹，城全國滅，人歸咎焉。自漢至隋，因其成業，或修或築，無代無之。後魏時，〔六七〕築長城，議曰：「虜騎輕捷，風來電往，塢壁未遑閉，牛羊不暇收，雷擊至于近郊，雲飛出于塞表，不得不立長城以備之。人築一步，千里之地役三十萬人，不有旬朔之勞，安獲久長之逸。始皇斥中國之戎，出諸塞表，匈奴不敢南下而牧馬，戰士不敢彎弓而報怨。」既故曰秦得中策。

史稱劉敬說高祖以魯元公主嫁匈奴，嗣王則漢之外孫，〔六八〕豈敢與大父爭哉！假立宗女，匈奴不信，無益也。帝欲遣魯元，后泣而諫曰：「帝唯一女，柰何棄之匈奴乎！」由是遣宗女行。又按魯元公主則趙王張敖之后也。人告趙王反，呂后言趙王以公主故，不宜有此。高祖曰：「使張敖有天下，豈少乃女乎！」高祖審魯元不能止趙王之謀，而謂能息匈奴之叛耶？假有欲遣之辭，固戲言耳。〔六九〕且冒頓手刃頭曼，躬射其母，而冀其不與外祖爭强，豈不惑哉！然則高祖知和親之不能安久而爲之者，以天下初定，苟舒歲月之禍，以息兆人之勤耳！而天姿豁達，不矜智能，〔七〇〕沈謀内斷，衆莫之識。武帝時，中國康寧，胡寇益鮮，〔七一〕疏而絶之，此其時也。方更糜耗華夏，連兵積年，嚴尤以爲下策，可矣。而漢之失策，非止用兵。至于昭宣，武士練習，斥堠精審，〔七二〕胡入則覆亡，居又畏逼，收迹遠徙，窮竄海陰。朝廷不遵宗周之故事，乃襲奉春之過舉，啟寵納侮，傾竭府藏，給西北方，無慮歲二億七十萬，賞賜之費，傳送之勞，尚不計焉。皇室淑女，嬪于穹廬；〔七三〕掖庭良人，降于沙漠。夫貢子女方物，〔七四〕臣僕之職也。詩云：「莫敢不來享，〔七五〕莫敢不來王」，傳云「荒服者來王」，此皆稱其來，不言當往也。杞用夷禮，經貶其爵；公及吴盟，諱而不書。柰何以天子之尊與匈奴約爲兄弟，帝女之號與胡媪並爲戎妻，蒸母報子，從其污俗。中國之異于蠻夷者，以有父子、男女之別也。若乃位配天地，職調陰陽，不能革聾昧之性，使漸習華風，反令婉冶之姿，〔七六〕毁節異類，其爲垢辱，可勝道哉！漢之君臣，曾莫之耻。東漢至曹馬，招來羌狄，内之塞垣，資奉所費，有踰于昔。百人之酋，千口之長，〔七七〕金印紫綬，食王侯之俸者，相半于朝；牧馬之童，乘羊之隸，齎毳毼之資，邀綾紈之利者，相錯于路。九州五服，耒耨之所利，絲枲之所生，方三千里。植于三千里之中，散于數萬里之外，人焉得不勞，國焉得不貧。故夷狄歲驕，〔七八〕華夏日蹙。當其强也，竭人力以征之；其服也，又如是其養之。病則受養，强則内攻。嗚呼！中國爲羌胡服役且千載而莫之恤，可不大悲哉！爲政者誠能移其財以賞戍卒，則我民富矣；移其爵以餌守臣，則我將良矣。富利歸于我，危亡移于彼，無納女之辱，無傳送之勞，此之不爲，而棄同即異，與頑用嚚，以夷亂華，以裔謀夏，變上國之風俗，汩中和之正氣，既故曰漢無策焉。

嚴尤稱古無上策者，爲不能臣妾也。〔七九〕聖王誠能之，而不用耳。稱秦氏無策者，謂其攘狄而亡國也。秦亡之咎，非攘狄也。稱漢得下策者，謂伐胡而人病。人既病矣，又役人而奉之，是無策也。既故曰嚴尤之議辨而未詳也。

班固之論，頗究其情，而曰「其來慕義，接以禮讓，使曲在彼」，是未盡也。何者？禮讓以交君子，不以接小人，況于禽獸夷狄乎！夫奇貨内來，即華夏之情蕩，纖麗外散，則戎羯之心生。華夏情蕩，出兵之源也。戎羯心生，侵盜之本也。聖人唯此之慎，不貴奇貨，不寶遠物，禽獸非其土性不育，器物非其所産不御，豈惟贄幣不通哉！至于飲食聲樂，不與共之，故夷狄來朝，坐之門外，使舌人體委以食之，若禽獸然，不使知馨香嘉味也。獲其身，不列于庭廟。受其貢，不過楛矢獸皮，不爲贄幣，不爲財貨。利既小矣，酬亦宜然。漢氏習玩驕虜，使悦燕趙之名倡雅質，甘太官之八珍六齊，使五都之文綺羅紈，〔八〇〕供之則長慾而增求，絶之則滅德而招怨。〔八一〕加以斥候不明，士卒不習，是猶飽豺狼以良肉，〔八二〕而縱其獵噬疲人。求其禍源，接以禮讓之所致也。故通貢獻則去錦繢而得毛革，〔八三〕討負約則獲犬馬而喪士人，〔八四〕許和親則毁禮義而順戎俗。張騫使西域，得摩訶兜勒曲，漢武採之以爲鼓吹。東漢、魏、晉，樂則胡笛箜篌，坐則胡床，〔八五〕食則羌煮、貊炙，器則鑾盤，祠則胡天。晉末五胡遞居中夏，豈無天道，亦人事使之然也。華人，步卒也，利險阻；虜人，騎兵也，利平地。彼利馳突，我則堅守，無與追奔，無與競逐。來則杜險使無進，去則閉險使無還。衝以長戟，臨以强弩，非求勝之也，創之而已。措彼頑凶，置之度外，譬諸蟲豸，方乎虺蜴。〔八六〕如是，何禮讓之節，何曲直之爭哉！既故曰班固之論詳而未盡者也。

四夷之猾夏，尚矣。明達之士論備邊之要，無代無之。〔八七〕國朝有房司空上書諫伐高麗云，〔八八〕比來犯罪死囚，每令三覆，重惜人命至此，而億萬士卒無一罪戾，委之鋒刃，實爲冤酷。薛補闕上書諫，諸蕃侍子久在京師，恐其知邊塞盈虛險易，悦華夏服玩聲色，或窺圖籍，〔八九〕兼達古今，如有劉元海之徒，終成大憝。劉起居武指云，秦逐戎狄出塞，限隔華夷，是爲中策。三賢所陳，可謂篤論，言詳理切，度越前古，斯仰嘆不暇，豈敢繁述耳。

魏徵論曰：「自古開遠夷，通絶域，必因宏放之主，皆起好事之臣。張騫鑿空于前，班超投筆于後，或結之以重寶，或懾之以利劍，投軀萬死之地，以邀一旦之功，皆由主尚來遠之名，臣徇輕生之節。是知上之所好，下必有甚者也。煬帝規模宏侈，掩吞秦漢，裴矩方進西域圖記以蕩其心，故萬乘輕出玉門，開置伊吾、且末，而關右暨于流沙，蕭然無聊生矣。〔九〇〕哲王之制，方五千里，務安諸夏，不事要荒。豈威不能加，德不能被，蓋不以四夷勞中國，不以無用害有用也。是以秦戍五嶺，漢事三邊，或道殣相望，或户口減半。隋室恃其强盛，亦狼狽于青海。此皆一人失其道，故億兆罹其毒者也。」

貞觀二十一年，以遠夷各貢方物有異于常，詔所司詳録焉：

葉護國獻馬乳葡萄一房，長二尺，子亦稍大，其色紫。

康國獻黄桃，大如鵝卵，其色金，亦呼爲金桃。

伽毘國獻鬱金香，葉如麥冬，〔九一〕九月花開，狀如芙蓉，其色紫碧，香聞數十步，花而不實，欲種者取其根。

罽賓國獻俱物頭花，其色丹白相間，而香遠聞。

伽失畢國獻泥樓鉢羅花，〔九二〕葉類荷葉，跌圓，〔九三〕其花色碧，而蘂黄，香芳數十步。

健達國獻佛土菜，〔九四〕一莖五葉，花赤，中心黄，而蘂紫。〔九五〕

泥婆羅國獻波稜，似紅藍花，實類蒺藜，〔九六〕火熟之，能益食味。又酢菜，狀葉闊而長，味如美酢苦菜，〔九七〕狀如苣，其葉長而闊，味雖少苦，久食益人。胡芹狀似芹，而味香。渾提葱，其狀似葱而白，辛嗅藥，其狀如蘭，凌冬而青，收乾作末，味如桂椒，其根能愈氣疾。

薛延陀獻疾蘭麢，〔九八〕毛如牛，角大如麃。

西蕃突厥獻咄陸羊，其蹄似馬。

波斯國貢獻活褥蛇，類鼠而色青，長八九寸，入穴能取鼠。

西蕃咄阿可汗獻金卵雞，〔九九〕鷇鳥鷇也，雕刻作禽獸，而塗以黄金。

西蕃胡國出石蜜，中國重之，太宗遣使至摩伽陀國取其法，令揚州煎蔗汁，于中厨自造焉，色味愈于西域所出者。〔一〇〇〕蒲萄酒，西域有之，前代或有貢獻，〔一〇一〕及破高昌，收馬乳蒲萄實，于苑中種之，并得其酒法，太宗自損益造酒，酒成，凡有八色，〔一〇二〕芳香酷烈，味兼醍醐，既頒賜羣臣，京師始識其味。

西蕃諸國通唐使處，悉置銅魚，雄雌相合十二隻，〔一〇三〕皆銘其國名，第一至十二，雄者留在内，雌者付本國，如國使正月來者，賫第一魚，餘月準此，閏月即賫本月而已。校與雄合，乃依常禮待之；差謬，則推按奏聞。〔一〇四〕開元二十六年十一月，鴻臚與舊章奏曰：「近緣突厥背叛，〔一〇五〕蕃國銅魚，多有散失，望令所司取鑄。〔一〇六〕」制曰可。天寶六載四月二十五日，上因問西蕃諸國遠近，〔一〇七〕鴻臚卿王忠嗣奏曰：臣謹按西域圖記：

陀拔思單國，〔一〇八〕在踈勒西南二萬五千里，東至勃達國一月程，西至涅滿國一月程，南至羅刹支國十五日程，〔一〇九〕北至海二月程。

羅刹支國東至都槃國十五日程，西至沙蘭國二十日程，南至大食國二十日程，北至陀拔國十五日程。

都槃國東至大食國十五日程，西至羅刹國十五日程，南至大食國二十五日程，北至勃達國一月程。

勃達國東至大食國兩月程，西北至岐蘭國二十日程，南至都槃國一月程，北至大食國一月程。

阿没國東南至陀拔國十五日程，西北至岐蘭國二十日程，南至沙蘭國一月程，北至海二月程。

岐蘭國東南至河漠國二十日程，西至大食國兩月程，南至涅滿國二十日程，北至海五月程。〔二〇〕

涅滿國東至陀拔國一月程，西至大食國兩月程，南至大食國一月程，北至岐蘭國二十日程。

沙蘭國東至羅刹支國二十五日程，南至大食國二十日程，〔二一〕北至涅滿國二十五日程。

罽賓國在疎勒西南四千里，東至俱蘭城國七百里，西至大食國一千里，南至婆羅國五百里，北至吐火羅國二百里。

東女國在安國西北二千二百里，〔一三〕東至碎葉國五千里，西南至石國一千五百里，南至拔汗那國一千五百里。

史國在疎勒西二千里，東至俱密國一千里，西至大食國二千里，南至吐火羅國二百里，西北至康國七百里。

卷二百校勘記

〔一〕煮一羊胛　底本「胛」注「音甲」，宋版、萬本、庫本皆無，據删。

〔二〕爲制名號爲十驥　「驥」，底本作「駿」，據宋版、萬本、庫本、傅校及新唐書卷二一七下回鶻傳下、册府元龜卷九七〇改。

〔三〕其一曰至懸光驄　「其」，底本脱，據宋版、萬本、庫本補。「懸」，底本作「月」，庫本同，據宋版改。萬本及新唐書回鶻傳下作「縣」。

〔四〕决波騟　「决」，底本作「次」，庫本同，據宋版、萬本及新唐書回鶻傳下、册府元龜卷九七〇改。

〔五〕翔麟紫　「翔」，底本作「祥」，據宋版、萬本、庫本及新唐書回鶻傳下、册府元龜卷九七〇改。

〔六〕熱海　宋版、庫本同，萬本作「北海」，通典卷二〇〇邊防一六、册府元龜卷九六一同。

〔七〕但取其乳酪充食而已　「食」，萬本、庫本及新唐書回鶻傳下、册府元龜卷九六一同；宋版作

「滄」，通典邊防一六同。

〔八〕樹木不没者一二尺　宋版、庫本及册府元龜卷九六一同，萬本「一」上有「纔」字，通典邊防一六同。

〔九〕浦波切　底本脱，萬本、庫本同，據宋版、傅校及通典邊防一六補。

〔一〇〕取魚鹿獺貂鼠等肉充食　底本脱「獺」、「肉」作「物」，下衍「以」字，並據宋版、萬本及通典邊防一六、册府元龜卷九六一補改删。庫本有「獺」字無「以」字，而誤「肉」作「因」。

〔一一〕音椀　「椀」，底本作「碗」，據宋版改。

〔一二〕隨水草居止　底本「草」下衍「以」字，據宋版、萬本、庫本及傅校及通典邊防一六删。

〔一三〕草盡則移　「則」，萬本、庫本及册府元龜卷九六一同；宋版及通典邊防一六作「即」，傅校改同。

〔一四〕身著渾剥鹿皮衣　「著」，底本作「着」，萬本同，據宋版、庫本及通典邊防一六改。又底本「皮」下衍「爲」字，據宋版、萬本、庫本及通典删。

〔一五〕眼鼻耳與中國人同　「鼻耳」，底本作「耳鼻」，萬本、庫本同，據宋版及通典邊防一六、唐會要卷一〇〇乙正。

〔一六〕土無米粟　「米」，底本作「禾」，據宋版、萬本、庫本、傅校及通典邊防一六、唐會要卷一〇〇改。

〔一七〕鹽莫　「莫」，通典邊防一六、册府元龜卷九六一並作「漠」。下同。

〔一八〕可史檐　「檐」，底本作「襜」，據宋版、萬本、庫本及册府元龜卷九六一改。通典邊防一六作「擔」。

〔一九〕後魏　「後」，底本作「東」，據宋版、萬本、庫本及傅校改。

〔二〇〕得男女七百口牛馬將二百萬　「口」，底本作「人」，據宋版、萬本、庫本及傅校改。按通典卷一九七邊防一三作「虜獲男女五萬餘口，馬牛羊百餘萬」，此誤。

〔二一〕男女百二十餘萬口　「百二十」，底本作「二百」，萬本同，據宋版及通典邊防一六改補。

〔二二〕大可汗　宋版、萬本同，傅校改「大」爲「天」，同通典邊防一六、資治通鑑卷一九三貞觀四年。下文「大可汗」，通典、資治通鑑亦作「天可汗」。

〔二三〕又下行可汗事乎　「下」，底本作「不」，萬本同，據宋版及通典邊防一六、資治通鑑貞觀四年改。

〔二四〕西域北荒　「西域北」，底本作「四夷百」，萬本作「西北夷」，中大本作「西夷北」，據宋版及通典邊防一六改。

〔二五〕戎夷　「夷」，底本作「狄」，據宋版、萬本及通典邊防一一六改。

〔二六〕宇文氏高氏　原倒爲「高氏宇文氏」，據宋版、萬本及通典邊防一六乙正。

〔二七〕遞據中壤　「壤」，底本作「原」，據宋版、萬本、傅校及通典邊防一六改。

〔二八〕鮮卑既入中國　「既」，底本作「俱」，據宋版、萬本及通典邊防一六改。

〔二九〕北齊供突厥馬歲十萬匹　宋版、萬本皆無「馬」字，同通典邊防一六。

〔三〇〕但使我在南二兒無患何憂哉　底本「無患」作「孝順」，據宋版、萬本、傅校及通典邊防一六改。又底本「憂」下衍「貧」字，據宋版、萬本、傅校及通典删。

〔三一〕其爲夷狄所屈辱也如是　「是」，底本作「此」，據宋版、萬本及通典邊防一六改。

〔三二〕不遷中國　「遷」，底本作「入」，據宋版、萬本及通典邊防一六、全唐文卷二八一薛登請止四夷入侍疏改。

〔三三〕咸以夷狄處中夏勢必爲變　「夏」，底本作「華」，據宋版、萬本及通典邊防一六、全唐文薛登請止四夷入侍疏改。

〔三四〕此皆計之失也　「此」，底本脱，據宋版、萬本及通典邊防一六、全唐文薛登請止四夷入侍疏補。

〔三五〕知山川之險易　「易」，底本作「阻」，據宋版、萬本、傅校及通典邊防一六、全唐文薛登請止四夷入侍疏改。

〔三六〕或矜其首丘之志　「首丘」，底本作「守舊」，宋版作「守丘」，據萬本、傅校及通典邊防一六、全唐文薛登請止四夷入侍疏改。

〔三七〕在夷狄廣其縱横之智　「智」，底本作「志」，萬本同，據宋版及通典邊防一六、全唐文薛登請止四夷入侍疏改。

〔三八〕荀悦于當時 「悦」，底本作「効」，據宋版、萬本、傅校及通典邊防一六、全唐文薛登請止四夷入侍疏改。

〔三九〕吴于是始伐楚取巢駕克棘入州來子反一歲七奔命 按左傳成公七年：「吴始伐楚、伐巢、伐徐，子重奔命。馬陵之會，吴入州來，子重自鄭奔命。子重、子反於是乎一歲七奔命。」左傳昭公四年：「吴伐楚，入棘、櫟、麻，以報朱方之役。」則此「駕」字衍，又取巢入州來在成公七年（公元前五八四年），克棘在昭公四年（公元前五三八年），二事前後相距四十六年，此混淆爲一。

〔四〇〕良以此也 底本「良」下衍「有」字，脱「此」字，並據宋版、萬本、傅校及通典邊防一六、全唐文薛登請止四夷入侍疏删補。

〔四一〕漢桓帝 「桓」，底本作「武」，據宋版、萬本、傅校及通典邊防一六、全唐文薛登請止四夷入侍疏改。

〔四二〕向使五部不徙 「徙」，底本作「從」，宋版、萬本同，據通典邊防一六、全唐文薛登請止四夷入侍疏改。

〔四三〕漢史書陳湯云 「史」，底本脱，據宋版、萬本、傅校及通典邊防一六補。

〔四四〕況處之中國而使其習見哉 「之」、「其」，底本作「於」、「之」，據宋版、萬本及通典邊防一六、全唐文薛登請止四夷入侍疏改。

〔四五〕累戰用兵　「戰」，宋版同；萬本作「載」，通典邊防一六、全唐文薛登請止四夷入侍疏皆同，當是。

〔四六〕冒頓之强盛乘中國虚弊　「之」、「乘」，底本脱，並據宋版及通典邊防一六、全唐文薛登請止四夷入侍疏補。萬本亦有「之」字。

〔四七〕非兵不足以侵諸夏力不足以破汾晉　「諸」，底本作「中」，萬本同，據宋版及通典邊防一六、全唐文薛登請止四夷入侍疏改。「破」，底本作「拔」，據宋版、萬本及通典、全唐文改。

〔四八〕其所以解圍而縱高祖者爲不習中土之風不安中國之美　底本「祖」作「帝」，脱「爲」字，「不」作「未」，「國」作「土」，並據宋版、萬本及通典邊防一六、全唐文薛登請止四夷入侍疏改補。

〔四九〕以氈罽美于章紱　「紱」，底本作「服」，據宋版、萬本及通典邊防一六、全唐文薛登請止四夷入侍疏改。

〔五〇〕是以無窺中國之心者　「者」，底本脱，據宋版、萬本及通典邊防一六、全唐文薛登請止四夷入侍疏補。

〔五一〕豈有心不樂漢而欲深入者乎　「欲」，底本脱，據宋版、萬本及通典邊防一六、全唐文薛登請止四夷入侍疏補。

〔五二〕爲少居内地　「少」，底本作「身」，據宋版、萬本、傅校及通典邊防一六、全唐文薛登請止四夷入侍疏改。

〔五三〕一朝背誕　「誕」，底本作「叛」，據宋版、萬本及通典邊防一六、全唐文薛登請止四夷入侍疏改。

〔五四〕安能使王彌崔懿爲其用耶　底本「崔懿」下衍「而」字，據宋版、萬本、傅校及通典邊防一六刪。全唐文薛登請止四夷入侍疏作「反」。

〔五五〕日磾盡節以臣愚見國家方傳無窮之祚于後　宋版「盡節」下有「磾，都泥切」四字，此蓋脱。「無窮之」，底本作「福」，據宋版、萬本、傅校及通典邊防一六、全唐文薛登請止四夷入侍疏改補。

〔五六〕必若先在中國者　「者」，底本脱，據宋版、萬本、傅校及通典邊防一六、全唐文薛登請止四夷入侍疏補。

〔五七〕則夷人保疆邊邑無事矣　底本「保疆」作「臣服」，「邑」下衍「爲」字，並據宋版、萬本、傅校及通典邊防一六、全唐文薛登請止四夷入侍疏改刪。

〔五八〕御匈奴自古無得上策者　「者」，底本脱，據宋版、萬本及通典邊防一六補。

〔五九〕驅之而已　「驅」，底本作「抾」，下注「音祛」，據萬本、傅校及漢書卷九四下匈奴傳下、通典邊防一六改刪。宋版作「歐」，乃「敺」（同驅）之譌。

〔六〇〕漢武輕齎深入　「武」，底本脱，據宋版、萬本及漢書匈奴傳下、通典邊防一六補。

〔六一〕疆境完而中國弱　「弱」，萬本同，漢書匈奴傳下、通典邊防一六皆作「竭」。

〔六二〕政教不及其人正朔不加其國　「及」，底本作「加」；「加」，底本作「及」，並據萬本及漢書匈奴傳下、通典邊防一六改。

〔六三〕何以言之　「以」，底本脱，據萬本及通典邊防一六、全唐文卷三七八劉貺武指補。

〔六四〕以守其國　「守」，萬本作「固」，全唐文劉貺武指同，傅校改同。

〔六五〕修障塞　「修」，底本作「保」，據萬本、傅校及通典邊防一六、全唐文劉貺武指改。

〔六六〕今朔塞之上　「塞」，底本作「方」，據萬本及通典邊防一六、全唐文劉貺武指改。

〔六七〕後魏時　「時」，底本脱，據萬本及通典邊防一六、全唐文劉貺武指補。

〔六八〕嗣王則漢之外孫　「王」，底本作「主」，據萬本及通典邊防一六、全唐文劉貺武指改。

〔六九〕固戲言耳　「固」，底本作「故」，據萬本及通典邊防一六、全唐文劉貺武指改。

〔七〇〕不矜智能　「矜」，底本作「務」，據萬本、傅校及通典邊防一六、全唐文劉貺武指改。

〔七一〕胡寇益鮮　「益」，底本作「亦」，據萬本、傅校及通典邊防一六、全唐文劉貺武指改。

〔七二〕斥堠精審　「審」，底本作「密」，據萬本、傅校及通典邊防一六、全唐文劉貺武指改。

〔七三〕皇室淑女嬪于穹廬　「淑」，底本作「娵」，據萬本、傅校及通典邊防一六、全唐文劉貺武指改。「穹」，底本作「窮」，據萬本及通典、全唐文改。

〔七四〕夫貢子女方物　「子女」，底本作「女子」，據萬本及通典邊防一六、全唐文劉貺武指乙正。

〔七五〕莫敢不來享　底本脱，據萬本及通典邊防一六、全唐文劉貺武指補。

〔七六〕反令婉冶之姿　「姿」，底本作「女」，據萬本、傅校及通典邊防一六、全唐文劉貺武指改。

〔七七〕千口之長　「口」，底本作「人」，據萬本及通典邊防一六、全唐文劉貺武指改。

〔七八〕故夷狄歲驕　「故夷狄」，底本作「胡夷」，萬本同，據通典邊防一六、全唐文劉貺武指改補。

〔七九〕嚴尤稱古無上策者爲不能臣妾也　「稱」，通典邊防一六、全唐文劉貺武指皆作「深以」。底本「妾」下衍「之」字，萬本同，據通典、全唐文删。

〔八〇〕使五都之文綺羅紈　「使」，底本作「便」，萬本同，據傅校及通典邊防一六、全唐文劉貺武指改。「都」，底本作「部」，據通典、全唐文改。

〔八一〕絶之則滅德而招怨　「滅」，底本作「亡」，據萬本、傅校及通典邊防一六、全唐文劉貺武指改。

〔八二〕是猶飽豺狼以良肉　「良」，底本作「粱」，據萬本及通典邊防一六、全唐文劉貺武指改。

〔八三〕故通貢獻則去錦繢而得毛革　「繢」，底本作「繡」，萬本作「繪」，據傅校及通典邊防一六、全唐文劉貺武指改。

〔八四〕討負約則獲犬馬而喪士人　「士」，底本作「土」，萬本同，據傅校及通典邊防一六、全唐文劉貺武指改。

〔八五〕坐則胡床　「坐」，通典邊防一六、全唐文劉貺武指皆作「御」。

〔八六〕方乎𤑔蝪　「蝪」，萬本同，據傳校及通典邊防一六、全唐文劉貺武指改。

〔八七〕無代無之　前「無」，底本作「何」，據萬本、傳校及通典邊防一六改。

〔八八〕房司空上書諫伐高麗云　「上書」，底本脱，據萬本、傳校及通典邊防一六補。

〔八九〕或窺圖籍　「籍」，底本作「史」，據萬本及通典邊防一六改。

〔九〇〕蕭然無聊生矣　「蕭」，萬本作「囂」，傳校改「騷」，此疑誤。

〔九一〕伽毘國獻鬱金香葉如麥冬　「毘」，底本作「仳」，據萬本、傳校及册府元龜卷九七〇、唐會要卷一〇〇改。「麥冬」，萬本作「麥門冬」，唐會要同。

〔九二〕伽失畢國　「失」，底本作「矢」，據萬本、中大本及册府元龜卷九七〇、唐會要卷一〇〇改。

〔九三〕趹圓　萬本作「稍圓」，册府元龜卷九七〇作「缺圓」，唐會要卷一〇〇作「圓缺」。

〔九四〕健達國　「健」，底本脱，萬本同，據新唐書卷二二一下波斯傳、册府元龜卷九七〇、唐會要卷一〇〇補。

〔九五〕而蘂紫　傅校「紫」下有「色」字，同册府元龜卷九七〇、唐會要卷一〇〇。

〔九六〕實類蒺藜　「類」，萬本作「似」，同唐會要卷一〇〇。

〔九七〕狀葉闊而長味如美酢苦菜　「狀」，底本作「收」，據萬本及傳校改。按唐會要卷一〇〇作「狀如菜，闊而長，味如美鮮苦菜」，此疑有誤。

〔九八〕疾蘭鸖 「蘭」，底本脱，萬本同，據本書卷一九八薛延陀補，參見該卷校勘記〔三四〕。「鸖」，萬本作「𪇰」，字同。

〔九九〕咄阿可汗 「咄阿」，册府元龜卷九七〇作「咄陸」，唐會要卷一〇〇作「咄禄」。

〔一〇〇〕色味愈于西域所出者 「所出者」，底本脱，據萬本及唐會要卷一〇〇補。傅校及册府元龜卷九七〇皆無「者」字。

〔一〇一〕前代或有貢獻 「代」，萬本及唐會要卷一〇〇作「世」，傅校改同。按册府元龜卷九七〇作「代」。

〔一〇二〕太宗自損益造酒酒成凡有八色 底本「益」下衍「之」字，據萬本及册府元龜卷九七〇、唐會要卷一〇〇删。又「凡」，底本作「比」，據萬本、傅校及册府元龜、唐會要改。

〔一〇三〕雄雌相合十二隻 按唐會要卷一〇〇作「雄雌相合，各十二隻」，此疑脱「各」字。

〔一〇四〕則推按奏聞 「則」，底本作「即」，據萬本及唐會要卷一〇〇改。

〔一〇五〕開元二十六年十一月鴻臚與舊章奏曰近緣突厥背叛 按唐會要卷一〇〇作「開元一十六年十一月五日，鴻臚卿舉舊章奏曰，近緣突騎施背叛」，所記年代有差，此蓋脱「卿」字，「與」爲「舉」之誤，「突厥」爲「突騎施」之誤。

〔一〇六〕望令所司取鑄 「取」，萬本作「改」，傅校改同。

〔一〇七〕天寶六載四月二十五日上因問西蕃諸國遠近　「六載」，唐會要卷一〇〇作「二載」。「遠近」，底本作「程途」，據萬本及唐會要改。

〔一〇八〕陀拔思單國　「思」，底本作「恩」，萬本同，新唐書波斯傳、册府元龜卷九七一皆作「斯」，中外史地考證唐代大食七屬國考證：「按恩乃思誤。」據改。「單」，底本作「覃」，據中大本及册府元龜、唐會要卷一〇〇改。

〔一〇九〕南至羅刹支國十五日程　「羅刹支」，新唐書卷二二一下西域傳下作「羅利支」，中西交通史匯編第二册第二章唐代中國與阿拉伯之交通八賈耽記通大食海道註：「羅刹支乃羅利支之誤刊。」下同。「十五日」，底本作「一月」，下注「一作十五日」，據萬本、傳校及唐會要卷一〇〇改删。新唐書卷四三下地理志七賈耽記廣州通海夷道：「陀拔思單國「南至羅刹支國半月行。」「半月」，即十五日。

〔一一〇〕北至海五月程　「月」，萬本同；中大本作「日」，新唐書地理志賈耽記廣州通海夷道同，此「月」蓋爲「日」之誤。

〔一一一〕南至大食國二十日程　「二十」，新唐書地理志賈耽記廣州通海夷道作「二十五」，此疑脱「五」字。

〔一一二〕東女國在安國西北二千二百里　「女」，唐會要、新唐書地理志賈耽記廣州通海夷道作「米」；「二千二百」，新唐書地理志賈耽記廣州通海夷道作「二千」。

樂氏祠堂本原跋

吾崇自宋後理學名賢，著作甚富，我祖以文學開一邑先，撰書二十餘種，而太平寰宇記尤較著者。皇上崇儒重道，稽古右文，每命督學大臣博採遺書，以充史館。先祖此記，代遠年湮，亦時時見於他説，其登之祕閣，以佐經史也。固宜顧梓行之責，誰實任之。吾邑先賢，如草廬吴集道園虞集，其子孫皆鐫刻以行於世。誰非人後，忍令吾祖八百餘年所流貽之書，日就荒蕪。乾隆壬戌秋，先伯邑庠諱淑奮志捐資，剞劂將半，以力孤未果。今族叔郡庠之篪與吾長男邑庠蕤賓戮力同心，相助爲理，閱兩歲月，告厥成功，庶可公諸同好矣。夫一書也，帙至二百卷，非獨山川風景，綜閱寰區，亦且人物權衡，悉分臧否，後之覽者，將以爲如左氏之浮誇乎！抑以爲如太史之實録乎！將以爲如郡國志之簡略乎！抑以爲如一統志之詳核乎！流之長者其源遠，膏之沃者其光華，仁義之人其言藹，如豈區區假著作爲詞章之末，能與草廬諸集後先濟美，而爲聖朝所採輯也哉？是爲跋。

皇清乾隆五十八年歲，君癸丑孟秋月中澣穀旦，三十世孫、邑增生斯盛謹跋

太平寰宇記闕卷逸文

太平寰宇記卷之一百一十九

江南西道十七

辰州

羣蠻遂平，號辰陽縣。輿地紀勝卷七五。

唐武德四年平蕭銑，置辰州。紀勝卷七五。陳運溶太平寰宇記拾遺卷七。

按沅陵記云：「五溪十洞，頗爲邊患，自馬伏波征南之後，雜爲郡縣，其民叛擾，蓋恃險所致。」紀勝卷七五。方輿勝覽卷三〇。拾遺卷七。

沅陵縣

芋山，在沅陵，山有蹲鴟，如兩斛大，食之終身不飢，今民取之。紀勝卷七五。勝覽卷三〇。拾遺卷七。

葱山，沅水記云：「沅陵縣有孤山，巖石上有葱如人植，人時往拔取輒絶，禱神而求，不拔自出。」武陵記謂之葱嶺。紀勝卷七五。勝覽卷三〇。拾遺卷七。

壺頭山，後漢馬援征蠻，穿山爲室，以避炎氣。武陵記曰壺頭山邊有石窟，即援所居室也。紀勝卷七五。勝覽卷三〇。拾遺卷七。

五溪蠻，故老相傳云，楚子滅巴，巴子兄弟五人，流入黔中。漢有天下，名曰酉、辰、巫、武、沅等五溪，各爲一溪之長，故號曰五溪蠻。又曰皆槃瓠子孫，自爲溪長，非巴子兄弟。紀勝卷七五。拾遺卷七。

古漏城，漢横海將軍韓説集兵於此。紀勝卷七五。拾遺卷七。

黔中故城，今沅陵縣西二十四故城，是也。紀勝卷七五。拾遺卷七。

大曲山，在沅陵山中，多枯木。紀勝卷七五。拾遺卷七。

龍門山，一名光明砂井，土人採取，入井把火行二里，燒石取之。紀勝卷七五。拾遺卷七。

辰溪縣

辰溪，即五溪之一也。有白璧灣，灣如半月，亦號半月灣。紀勝卷七五。拾遺卷七。

錦州

麻陽縣

欺阿崖，望之如積雪，故名。紀勝卷七一。拾遺卷七。劉文淇輿地紀勝校勘記卷十六：「以文義考之，欺阿似當作欺雪。」

苞茅山，即楚國入貢之茅。紀勝卷七一。勝覽卷三一。拾遺卷七。

敘州

舞溪，荆州記云舞溪謂之朗溪，蓋與朗水合流也。又舞溪東流入沅而接牂牁，即此水也。紀勝卷七一。拾遺卷七。

茗山，尤特險峻，木多杉柟，獸多熊貊也。紀勝卷七一。

武陽山，郡國志云：「龍標武陽山有人，每土人聚，即來入，衆莫能辨，惟脚趾向後而踵向前，以刀斧斫之不死，唯以杉木爲刀擬之，方去。」紀勝卷七一。

附録

宋史樂黄目傳

樂黄目字公禮，撫州宜黄人。世仕江左李氏。

父史，字子正。齊王景達鎮臨川，召掌牋奏，授秘書郎。入朝，爲平原主簿。太平興國五年，與顔明遠、劉昌言、張觀並以見任官舉進士。太宗惜科第不與，但授諸道掌書記。史得佐武成軍，既而復賜及第。上書言事，擢爲著作佐郎、知陵州。獻金明池賦，召爲三館編修。

雍熙三年，獻所著貢舉事二十卷，登科記三十卷，題解二十卷，唐登科文選五十卷，孝弟録二十卷，續卓異記三卷。太宗嘉其勤，遷著作郎、直史館。轉太常博士、知舒州，遷水部員外郎。淳化四年春，與司封員外郎、直昭文館李蕤同使兩浙巡撫，加都官、知黄州。又獻廣孝傳五十卷，總仙記一百四十一卷。詔秘閣寫本進内。史好著述，然博而寡要，以五帝、三王，皆云仙去，論者嗤其詭誕。

咸平初，遷職方，復獻廣孝新書五十卷，上清文苑四十卷。出知商州。史前後臨民，頗以賄聞。俄以老疾爲言，聽解職，分司西京。五年，郊祀畢，奉留守司表入賀，因得召對。上見其矍鑠不衰，又知篤學，盡取所著書藏祕府，復授舊職，與黄目同在文館，人以爲榮。出掌西京磨勘司，黄目爲京西轉運。改判留司御史臺。車駕幸洛，召對，賜金紫。史久在洛，因卜居，有亭榭竹樹之勝，優游自得。未幾卒，年七十八。所撰又有太平寰宇記二百卷，總記傳百三十卷，坐知天下記四十卷，商顔雜録、廣卓異記各二十卷，諸仙傳二十五卷，宋齊丘文傳十三卷，杏園集、李白别集、神仙宫殿窟宅記各十卷，掌上華夷圖一卷。又編己所著爲仙洞集百卷。

黄目淳化三年舉進士，補伊闕尉。遷大理寺丞、知壽安縣。咸平中，徙知壁州，未行，上章言邊事，召對，拜殿中丞。久之，直史館、知浚儀縣。俄上言曰：「伏以從政之原，州縣爲急；親民之任，牧宰居先。今朝官以數任除知州，簿尉以兩任入縣令，雖功過易見，而能否難明。伏見唐開元二年選羣官，有宏才通識、堪致理化者，授刺史、都督。又引新授縣令於宣政殿，試理人策一道，惟鄄城令袁濟及格，擢授醴泉令，餘二百人，且令赴任，十餘人並放令習學。臣欲望自令審官院差知州，銓曹注縣令，候各及三二十人，一次引見於御前，試時務策一道。察言觀行，取其才識明於吏治、達於教化者充選；其有不分曲直、罔辨是非者，或黜之釐務，或退守舊資。如此，則官得其人，事無不治。」上頗嘉其好古。歷度支、鹽鐵判官，遷太常博士、京西轉運使。丁内艱，時真宗將幸洛，以供億務繁，起令涖職。史尋卒，上復詔權奪。

大中祥符中，使契丹還，改工部員外郎、廣南西路轉運使。就拜起居郎，改陝西轉運使，賜金紫。陳堯咨知永興，好以氣凌黄目，因表求解職，不許。堯咨多縱恣不法，有密言其事者，詔黄目察之，得實以聞，堯咨坐罷龍圖閣職，徙知鄧州。八年，黄目入判三司三勾院。天禧初，馬元方奏黄目職事不舉，遂分三勾院，以三人掌之。黄目罷任，奉朝請。踰月，拜兵部員外郎、知制誥，充會靈觀判官。黄目屬辭淹緩，朝議以爲不稱職。時以盛度知京府，辭不拜，即遷黄目右諫議大夫、權知開封府，度爲會靈觀判官，兩換其任。

仁宗升儲，拜給事中兼左庶子。入内副都知張繼能，嘗以公事請託黄目，至是未申謝，事敗，降左諫議大夫、知荆南府。明年，復爲給事中，徙潭州。長沙月給，減於荆渚，特詔增之，又諭以兵賦繁綜寄任之意。五年，代還，知審官院。黄目以風疾題品乖當，改知通進、銀臺司兼門下封駁事。數月，求外任，得知亳州。俄而幼子死，聞訃慟絶，所疾加甚，卒，年五十六。録其子理國爲衛尉寺丞，定國爲大理評事。

黄目面柔簡默，爲吏處劇，亦無敗事。有集五十卷，又撰學海搜奇録四十卷，聖朝郡國志二十卷。

黄目兄黄裳，弟黄庭，黄裳孫滋，並進士及第。黄裳、黄庭皆至太常博士。

萬廷蘭本太平寰宇記陳序

學者讀書稽古，左圖右史，不容偏廢。考前人之經猷廣狹，即可證目前之方隅情僞，孟氏所謂論其世也。周禮大司徒掌建邦之土地之圖，與其人民之數，故能周知九州之地域廣輪，而辨山林、川澤、丘陵、墳衍、原隰之名物，以土會辨五地之物生，而施十有二教，則地理之所關於世道人心，固甚大也。

昔之爲地理志者，如顧野王之輿地志、李吉甫之元和郡縣志、王存之元豐九域志，即酈道元之水經注，與諸志相爲表裏，然輿地雖見於諸志傳所引，而全本不少概見。元和志於考覈沿革獨詳，而山川形勢皆從其略，且殘缺頗多；九域志僅載緊、望、赤、畿及道里之數，寥寥簡略，使閱者均有廢然之想。夫足跡不能遍天下，而先王畫井分疆，與夫名山大川之流峙今古者，或莫得而稽其由來，審其方向，亦學者之一憾事也。

我朝德威遐播，疆宇式闢，東西南朔來享來王者，極古來不臣之地，盡入版圖。大清一統志編纂美備，中外一家，猗歟盛矣，每一繙閱，見其中引寰宇記者不少，而全書則未見也。先祖父文恭公仰荷殊恩，歷任節旄，森追隨宦轍，大江南北，二陝東西，以及豫章、兩楚、閩嶠、滇黔，皆親涉其地，其山川風土之異宜，民情物産之殊科，雖考而驗之，而分圖按部，以古證今，未遑及也。先祖父於官齋督課時，嘗令就恩賜之大清一統志撮要成書，以便案頭稽考，乃編抄粗竣，終苦浩繁。年來繫官江右，職司轉運，歲泛江湖，思裒集職方要略，以成先志，而考識未能精當，耿耿於懷。南昌萬芝堂稽古有年，老而不倦，嘗與商榷所志，乃出宋宜黄樂子正所輯太平寰宇記相示，因得盡讀之，紀人紀地紀事，由周秦迄漢唐，援引之富，比類之賾，志怪搜神，靡不備載。惜書僅抄本，而其後裔所存者，又皆砌字成文，登時散佚，讐校之疎，顛倒錯亂，爲時既久，流傳漫漶，遂使當日纂修之苦心費，依稀影嚮之摩揣。

嗚呼！讀書論世，關乎學識，有志者生古人後，即不能窺古人全書，而魯魚亥豕，溯其所從來，以竄謬誤，而歸馴雅，期不失當年考證之初，非述古之責，而誰責歟！惟其書共缺八卷，而自江南西道一百十三卷至十九卷，凡七卷皆缺，按之目録，皆楚南、嶺西州縣。森生於桂林，瀟湘從宦，故鄉風物，衡嶽邀遊，猶堪記述。至第四卷開封府七縣，則宋室西京，勝迹名區，班班可考，乃從而補輯之，附之卷末，并屬芝堂再爲訂正。大要以大清一統志爲宗，而參之元和、九域諸志，中有引寰宇記者，一字必存，以無忘所本。他如山川人物，或史或傳，悉原舊載，無取煩言，寰宇記數百年之書，於是完然大備。又如原記州縣廢置紀年，參差互見，既非傳刊之誤，不能更易復作，芝堂乃另列紀元表附篇末，以備參考。閲年而功竣，適與夙志相合，亟分清俸，以倡剞劂，而公諸當世。夫莫爲之前，雖美弗彰，莫爲之後，雖盛弗傳。今芝堂以稽古之功，訂舊本之舛，使後之學者案置一書，藉以引古證今，因流溯源，條分縷晰，綱舉目張，不出户庭，而可以讀書論世，豈非有助博雅之一快乎！若夫纂述端委，詳於凡例，兹不具贅。時乾隆癸丑長至，桂林陳蘭森撰。

萬廷蘭本太平寰宇記凡例

一、原本首列表文載「朝奉郎太常博士直史館賜緋魚袋臣某」。考宋史樂黄目列傳：「父史，字子正，齊王景達鎮臨川，召掌牋奏，授秘書郎。入朝，爲平原主簿。太平興國五年，與顔明遠、劉昌言、張觀並以見任官舉進士。太宗惜科第不與，但授諸道掌書記。史得佐武成軍，既而復賜及第。上書言事，擢爲著作佐郎、知陵州。獻金明池賦，召爲三館編修。雍熙三年，獻所著貢舉事二十卷，登科記三十卷，題解二十卷，唐登科文選五十卷，孝弟録二十卷，續卓異記三卷。太宗嘉其勤，遷著作郎、直史館，轉太常博士、知舒州，遷水部員外郎。淳化四年春，與李蕤同使兩浙巡撫，加都官、知黄州。又獻廣孝傳五十卷，總仙記一百四十一卷。詔秘閣寫本進内。咸平初，遷職方，復獻廣孝新書五十卷，上清文苑四十卷。出知商州，以老疾，解職，分司西京。五年，郊祀畢，奉留守司表入賀，因得召見。上見其矍鑠不衰，又知篤學，盡取所著書藏秘府，復授舊職，與黄目同在文館，人以爲榮。出掌西京磨勘司，黄目爲京西轉運，改判留司御史臺。車駕幸洛，召對，賜金紫。史久在洛，因卜居，有亭榭竹樹之勝，優游自得。未幾卒，年七十八。所撰又有太平寰宇記二百卷，總記傳百三十卷，坐知天下記四十卷，商顔雜録、廣卓異記各二十卷，諸仙傳二十五卷，宋齊丘文傳十三卷，杏園集、李白別集、神仙宫殿窟宅記各十卷，掌上華夷圖一卷，又編己所著爲仙洞集百卷。」云云。據此，則史之官，於宋爲著作郎、直史館，轉太常博士，知舒州，知黄州，出知商州，復職後，掌西京磨勘司，車駕幸洛，賜金紫，無授朝奉郎及賜緋魚袋事，且上寰宇記表云「臣職居館殿」，似此書之成，在遷職方之時，非初仕於宋，爲著作郎時也。又別本於每卷第二行下書「司經局長」四字，而不稱姓氏，若以爲史之官爵者。考史在南唐爲秘書郎，入宋則直史官，宋史不載司經局史之職，或因其富於著述而附會之耶？茲録其表文，仍其官爵，而備書宋史別傳如右，以俟訂正。

一、樂史字子正，不從「政」，宋史無避「政」之文，且「正」之義與史合。子黄目，字公禮，可例推也。今據宋史更定。

一、是書採摭繁富，於前代地理志而外，旁及詩賦，又好引仙佛雜記，史稱論者，嗤其詭誕是也。第流傳久而多漫漶，間有文義不可曉者，庋閣寥寥，窮於搜輯，又不敢參以臆説，强作解事，或闕或仍，以竢博物君子。

一、是書本二百卷，原本目録於河南道四及江南西道十一及十七下注原缺，朱竹垞見王阮亭家藏則云河南道四缺，江南西道一百一十二至一十七缺，凡七卷。恭閲欽定四庫全書目録序載一百九十三卷，與七卷之數相符，實自江南西道之第一十一至一十七皆缺，合河南道四，共缺八卷，年代既久，流傳漫漶，在所不免，然如水經注、元和志之殘缺，尚有遺憾。兹觀察桂林陳公見示補闕八卷，即於近代地理各編所引寰宇記者一一採入，參用元和、九域諸志及漢唐各史、玉海、通典、通考，徵引確鑿，居然完備，無異於原本，故訂而正之，以附卷末，庶爲全璧。

一、樂氏此書採擇最爲繁富，如每州總序禹貢某州之域下，必上溯唐虞至周春秋戰國，迄秦漢唐宋，六朝五代，紀年紀人紀事，必詳細臚列，如小醜、野寇、里居、姓氏，無一遺漏，而其書久而湮毁，加以砌字之時不加校對，至有字不可識，無可稱指者，十居三四。又細繙所引書史全部及本人列傳内摘出添改，仍注明原委，以昭徵信，不可考者，缺之。至所引用有與原書刺謬者，另加一案，分别觀之可也。

一、劍南之拓州，考前史諸志皆從「柘」，惟樂氏從「拓」，總序云「以開拓爲名」，前志並無此解，然未詳所本，故按而存之。惟河南道宿州之符離縣，則自漢書至宋史及旁見諸書皆符離縣，而樂氏獨作「苻」，引爾雅「『莞，苻蘺』，以地多此草，故名」。查各地理志及鳳陽府志土産内均不載，若據以草爲名，則離字亦應從草頭矣，似近杜撰。今於總序至元領縣仍作「符離」，自列縣以下通作「苻離」，以存考正之意。

一、原本漏誤，既於補正下注明，以昭徵信，但不勝其注，亦過繁勩，今自一百卷以後稍從節省，如實有關於名姓年號及似是而非字句，詳注之，閲者取原本對勘，便瞭然矣。

一、是書經活字板擹印，體例參錯，全不畫一。今細加校勘，自始至終，欵式一律，中有可仍而不甚牴牾者，仍之。

一、考近時各志所引寰宇記文俱雅飭，原本因砌字陋習妄填「也」、「焉」、「耳」等字塞空，致文氣隔斷，今一概從删。

一、是書州縣沿革，其總序散序所引年號大半參差，或有總序係二年，而散序係三年，正大有相懸殊者，然核對出處，皆本之新舊唐書及元和志，並非傳繕之訛。今欲核而釐正之，則不知孰爲是否，不能以臆斷，故皆仍其舊，考之作記之初，亦自覺其不畫一也。

一、樂氏引書務爲繁富，如光武帝生於南頓，本之後漢書固已，而於冤句縣濟陽故城又引東觀漢記云「光武帝父爲濟陽令時生帝，光照一室」，近於矛盾。查東觀漢記備載此文，並非杜撰。總之帝王降生不偶有其紀之，不嫌重見，兹並存之。大抵樂氏之長，其異於諸史地理志者，稗官叢説，在所必收，故體例至此而一變，然後謂之大備也。

一、是書徵引既多，舛誤不少，欲求完善，覆勘真非易事，離孫魏生文杰從事有年，好讀古書，遠稽博覽，考覈不懈，故得晝夜參閲，商確訂正，一字一句，丹黄甲乙，必衷諸至當，庶不見哂大方云。

一、是書卷末校勘記不著姓氏，中有史傳與本紀不相蒙者，亦有舊本所略，而今本較詳者，因復按而並存之，考據之書，不厭其繁也。南昌萬廷蘭謹述。

萬廷蘭本太平寰宇記後序

太平寰宇記向無家藏善本，近十年來，予凡四見：乾隆丙午，今江南觀察謝藴山先生同修府志，於其架上取而繙閲，此初見也；明年，主瑞州書院講席、高安令、今銅鼓營張古腴司馬署重閲之；又明年，署高安令、今廬陵徐午園明府處見之，午園，年家子也，曾攝篆宜黄，僅購一部，總其玉溪後裔砌字成書，所謂活字板者是也；又明年，於世講蔣孝廉藕船藏書中得抄本，與玉溪板稍異，亦稍勝，究之皆非原本也。一日，午園謂余曰：「是書徵引詳備，惜開卷訛舛，至不可句讀，幸有以考正之。」於是披圖經，考正史，逸書、外傳、廣雅、博物，舉蠧帙之高閣而封識者，朝夕檢校，旁搜遠紹，悉心釐訂，而藏書甚少，存疑者多，然不敢意爲增删也。大約有畫一者，有錯出者，均參諸各家之意，備臚其所自，字畫之謬，聲音之訛，有據者易之，無考者仍之，凡閲歲而脱藁。時督糧觀察桂林陳公博學多識，乃就正焉。觀察亟爲許可，並輯原缺八卷示予，予受而卒業曰「此文公補闕之意也」。公乃慨然捐俸三百金爲梓倡，於是張司馬暨豐城劉、廬陵徐、高安俞三明府皆醵金開雕，而責校讐，於予既以費弗克集，幾中輟，適陳公督運回署，熟籌於吾邑侯徐斗垣先生，先生乃獨飲四百金而蕆事，且謂予曰「吾不肯負若數年考據之功也」。書甫成，聞崇仁有新刻，亟取而觀之，其題欵則宋兵部侍郎崇仁樂史著，表文之下銜曰「朝散大夫行尚書職方司員外郎直史館上柱國賜緋魚袋臣樂史」云云，不惟與宋史列傳剌謬，即其序銜，支離錯雜，已可概見。又其甚者，如原缺卷四之河南道四，以五卷之河南道五補之，以卷五之陝州、虢州分爲二卷，一似未嘗缺四卷者，真可發一噱矣。

嗟乎！自宋至今七百餘年，以流傳膾炙之書，幾不能參之正史之紀載，予方冀新刻之殫見洽聞，以濟予之疎漏，使當日博採羣書以成一代之典故者，炳炳烺烺，宛然在目，而開卷便欲使人廢然而返，則又不得不以玉溪之本爲原本，而予之靦然公諸世，以竢博物君子，何能已哉，爰次其顛末，而書於後。時乾隆癸丑嘉平上浣，計樹園主人萬廷蘭識。

群書題跋

1　晁公武郡齋讀書志卷二

太平寰宇記二百卷

右皇朝樂史等撰。太平興國中，盡平諸國，天下一統，史悉取自古山經地志，考正謬誤，纂成此書，上之於朝。

2 陳振孫直齋書録解題卷八

太平寰宇記二百卷

太常博士、直史館宜黄樂史子正撰。起自河南，周於海外，當太宗朝上之。

3 鄭樵通志卷六六藝文略第四

太平寰宇記二百卷，宋朝樂史撰。

4 王應麟玉海卷一五

太平寰宇記

書目，直史館樂史撰，凡二百卷，載天下州郡國志所著古今事跡。太平興國中，天下一統，史取自古山經地志，考正訛謬，纂成此書上之，始於河南道，終於四夷。又有總記傳一百三十卷，坐知天下記四十卷，掌上華夷圖一卷。樂黄目著聖朝郡國志二十卷。

5 馬端臨文獻通考卷二〇四經籍考三一

太平寰宇志二百卷

晁氏曰：皇朝樂史等撰。太平興國中，盡平諸國，天下一統，史悉取自古山經地志，考正訛謬，纂成此書上之。陳氏曰：其書起自河南，周於海外。

6 朱彝尊曝書亭集卷四四

太平寰宇記跋

太平寰宇記二百卷，目録二卷，宋朝奉郎、太常博士樂史撰。康熙癸亥抄自濟南王祭酒池北書庫，缺七十餘卷。後二年，復借昆山徐學士傳是樓本繕寫補之，尚缺河南道第四卷、江南西道第十一至十七卷。聞黄岡王少詹購得上元焦氏所藏足本，及詢之，則卷數殘缺同焉。是編稽之國史，多有不合，殆取諸稗官小説者居多，不若九域志、輿地記之簡而有要也。

7 程晉芳勉行堂文集卷五太平寰宇記跋

唐以來輿地專書，當以元和郡縣志及此爲第一。元和志體例最善，惜其闕佚，而亦有過簡之病。此本載山川古蹟最詳，且所引如宋武北征記、隋東藩風俗記等書，皆世無傳本。又所載水道如濟、渭諸川，必徵引禹貢，以相符合。詩、春秋，所引尤多。引水經於鎮州真定縣蒲澤下云：「滹沱河東逕常山城北，又東南爲蒲澤。」又滋水下：「滋水又東至新市縣，注滹沱河。」此皆今水經注本所無，而誠夫水經注釋不之載，何也？故沛城，漢志及史記各注俱未詳，是書載在沛縣東南微山下；蔡蒙諸山，元和志不載，是書於始陽縣下云：「始陽山，在盧山縣東七十里，本名蒙山，唐天寶中始改名始陽縣。」此更足備考訂。載泗水出磬云：「泗水無磬石，其山泗水南四十里，今取磬石上，使擊之，其聲清越；或禹治水時，泗水即至此山。」此注疏所未備也。各州風俗下歷叙州之大姓，得左傳祝鮀述古之義。地之四至及風俗、人物、土産各門，皆此書爲之例。竹垞乃謂不及歐陽之輿地廣記，得毋未之深考耶。

8　錢大昕十駕齋養新録卷一四

太平寰宇記

予所藏太平寰宇記，寶山朱寄園所贈，其闕卷與曝書亭殘本同，其書成於太平興國中，當無十五路之分，故仍唐十道名目。幽、涿、雲、朔諸州，雖未入版圖，猶著於録，亦見當時君臣未嘗忘山前後也。是書體例雖因李吉甫，而援引更爲詳審，間採稗官小説，亦唯信而有徵者取之。有宋一代志輿地者，當以樂氏爲巨擘。竹垞有意貶抑，謂「不如九域志、輿地記之簡要」，豈其然乎。

9　洪亮吉更生齋文甲集卷三萬刺史廷蘭重校刊太平寰宇記序

太平寰宇記二百卷，宋太常博士直史館樂史所撰。史事蹟見子黄目傳首，所著又有坐知天下記、掌上華夷圖等，今不傳。史官至商州刺史，判留司御史臺，傳列其生平所撰述，不下數十種。蓋史官南唐及宋初，其時漢、晉以來載籍尚未散佚，故太宗修御覽等三大書，及史撰此志，徵引繁富，多南宋以後所未見本。即以地志論，晉太康土地記、宋永初山川古今記、闞駰十三州記、顧野王輿地記、魏王泰括地志、賈耽、李吉甫十道志，以迄圈稱、譙周、鮑堅、李克、周處、陸機、晏謨、張勃、鄧基、任昉諸人所剳録者，多至百數十種。史雖不善决擇，然零篇斷簡，藉是書以存者實多，此其所長也。至若地理外又編入姓氏、人物、風俗數門，因人物又詳及官爵及詩辭雜事，遂至祝穆等撰方輿勝覽，寧略建置沿革，而人物瑣事必登載不遺，實皆濫觴於此，此其所短也。甚者佛肸叛之中牟在河北，而此於開封所屬中牟載入佛肸墓，並云墓有二所。漢書地理志雲陵、雲陽并左馮翊縣，而云雲陵即雲陽；至以宋蒙門當漢蒙縣，以唐陵當楚棠谿，蓋以訛傳訛，多不參考如此。性顧嗜雜家小説，於洛陽下則載樊元寶爲洛水神，附書潤州下載高驪山海神以酒醴聘外夷女等事，意在徵奇，罔知傳信，是又非史例矣。乃自序反譏賈耽之漏落，吉甫之缺遺，不知己之病適與之相反也。然地理書自吉甫以後，藉以考鏡今古，聯綴前後，實無逾此書，宜其傳之久而必不能廢矣。

自元以來，雖刊本不一，然皆不甚精審。此刻自宋影鈔本外，能彙集諸舊本，補其遺亡，校其訛舛，於近日刊本中最爲完善，則先生之有功於樂氏爲不少也。刊成，屬之爲序，爰書其得失，即以質之先生。

10 王芑孫惕甫未定稿卷三太平寰宇記補闕序

曩閩龔君景瀚在京師劇譚地理之學，予不好考訂，而於地理書尤疏，因謂龔君何不注班書地理志，班志不獨詳古今沿革，併其形勝、風澤、遷流之所以而著之。作史者稟其法，説經者援爲詁，不較勝他書之專固乎？龔君曰：「然哉，子雖不講考訂，非數十年讀書，不能作是語矣。」維時龔君方借鈔太平寰宇記一書，慨然欲資以注班而憾其闕佚，相與咨商往復，已而别去，於今十餘年，不知其書成不成也。

日者，南昌萬君承紀遇予揚州，爲言太公芝堂先生刊校太平寰宇記，其原闕河南道四及江南西道卷十一至十七、八，爲自來藏書家暨秘館所弗具者，亦皆補綴成本，因以其書貽予，條條井井，犂然粲然。蓋太平寰宇記今本所闕而見之他書者，亦既蒐緝靡遺，間有旁摭，亦皆斷以宋初之書，自非先生收藏之富，瀏覽之勤，用功之密，烏能臻是。予考樂子正生平著録，宋史所載數嬴千卷，今雖不盡傳，要非鴻覽博識，貫徹於辭章、考訂兩家之間，無繇攀逮其津涯。昔班昭之補孟堅氏，其書孟堅氏若也。褚少孫之補子長氏，其書不子長氏若也。蓋必其源同，然後其流合。先生惟有子正之才之學，故能補子正之書，而使讀者忘乎其非子正之書，是豈專固溝猶者所能與乎其間哉！

予未得見先生，而習遊於承紀，知先生康强老壽，著書之願甚長，嗣是出其篋，衍以飫，海内學者之望正未有已。予既荒嬉墜學，而龔君久在其間，困於官事，度未得從容講業，往所咨齎悵惘而莫從措手者，一旦於先生獲償焉，其快有不勝言者，遂書以爲序。嘉慶六年秋九月，長洲王芑孫撰。

11　趙承恩舊學山房藏板太平寰宇記校宋本重印序

古今輿地方域諸書，類皆藉其都邑、山川及星野、水道、形勝所分劃，以爲考據家備□記之用，他無及焉。惟宋使郎樂公所撰寰宇記，徵引繁富，幾於完備，足爲地輿方域諸書善本，而於郡縣、户口外，仍復詳以風俗、姓氏、土産、人物，上溯唐虞周秦，下迄漢唐宋，六朝五代，編年紀地紀人紀事，細大不遺，視輿地考、郡縣志、九域志等書，尤爲賅括詳盡。雖其採取之濫，掇拾之冗，間有乖外錯謬處，而其書爲卷二百，囊賅上下七百餘年，舉人世足跡所不能到，起自河南，周於海外，碁布星列，包諸所有，則蒐輯固難，讐校匪易，自非以卓越不世之才，兼富有百家之學，亦安能窮搜極覽、殫慮研思，有此如許大之著述，俾後之人可不出户庭而坐知天下若是哉。

國朝來復得芝堂萬氏，正其訛紊，補其闕漏，樂氏原本，藉以釐定編訂，將見是書之行，公之天壤，傳之奕世，博見洽聞之士，提以按圖索覽，而稱毫髮無遺憾者，則萬氏之功，當不在宋柱國樂公下也。後學珊城趙承恩省菴氏序。

12 四庫全書總目提要卷六八史部二四地理類一

太平寰宇記一百九十三卷，浙江汪啓淑家藏本，宋樂史撰。史有廣卓異記，已著録。宋太宗時，始平閩越，并北漢，史因合輿圖所隸，考尋始末，條分件繫，以成此書。始於東京，迄於四裔，然是時幽、媯、營、檀等十六州，晉所割以賂遼者，實未入版章，史乃因賈耽十道志、李吉甫元和郡縣志之舊，概列其名，蓋太宗置封樁庫，冀復燕雲，終身未嘗少置，史亦預探其志，載之於篇，非無所因而漫録也。史進書序譏賈耽、李吉甫爲漏闕，故其書採摭繁富，惟取賅博，於列朝人物，一一並登，至於題詠古蹟，若張祜金山詩之類，亦皆並録，後來方志必列人物、藝文者，其體皆始於史。蓋地理之書，記載至是書而始詳，體例亦自是而大變。然史書雖卷帙浩博，而考據特爲精核，要不得以末流冗雜，追咎濫觴之源矣。原本二百卷，諸家藏本，並多殘闕，惟浙江汪氏進本所闕自一百十三卷至一百十九卷，僅佚七卷，又每卷末附校正一頁，不知何人所作，辨析頗詳，較諸本最爲精善，今據以著録。文獻通考作「太平寰宇志」，此本標題實作太平寰宇記，諸書所引，名亦兩歧。今考史進書原序亦作「記」字，則通考爲傳寫之誤，不足據也。

13 周中孚鄭堂讀書記補逸卷十一

太平寰宇記一百九十三卷。化龍池樂刊本。

宋樂史撰。史字子正，宜黄人，官太常博士、直史館。四庫全書著録，崇文總目、晁陳書目、通考、宋志俱作二百卷，今本佚其七卷，然晁氏、馬氏「記」作「志」，誤也。自明以來，傳本多殘闕，朱竹垞曝書亭集四十四有是書跋，謂「鈔自濟南王祭酒池北書庫，闕七十餘卷，後借崑山徐學士傳是樓本繕寫補之，尚闕河南道第四卷、江南西道第十一至十七卷」，今是本止闕第十一至十七卷，與提要所載浙江汪氏進本同。當太平興國中，盡平諸國，天下一統，子正因悉取自古山經地志，考正訛謬，纂成此書上之，其書起自河南，周於海外，是時尚未分十五路，故仍唐十道名目。幽、涿、雲、朔諸州，雖未入版圖，亦著於録，可見當日君臣，志未嘗忘山前山後也。其體例雖因元和郡縣志，而援引更加詳審，間采稗官小説，亦惟信而有徵者取之。有宋一代志輿地者，當以子正爲巨臂，竹垞有意貶抑，謂不若九域志、輿地記之簡而有要，豈其然乎，前有上書時自序。此本乃乾隆癸丑其三十世孫斯盛所校刊，并爲跋，每卷之末，多附有校勘語，辨證精詳，不知出自誰手，但目録中於闕卷不爲注明，亦一疏也。

14 曾釗面城樓集鈔卷三舊抄本太平寰宇記跋

此書每帙俱有毛子晉及其子扆印，蓋汲古閣藏本也。內闕第四、八十二、一百十一至百十九凡十一卷。按四庫書目提要稱汪啓淑本闕百十三至百十九凡七卷。近世有兩刻本皆從之，若朱氏曝書亭藏本有八十二卷，而餘闕皆同。其跋云「上元焦氏所藏宋本」，闕卷亦同。然則此書無足本，以四庫本爲善矣。此本所附校勘，間有脱誤，不如近刻之詳，然以其舊抄，終有佳處，故並存於笥以俟考。道光三十年望記。

15 楊守敬古逸叢書太平寰宇記跋

太平寰宇記，中土宋刊本久不存。四庫著録，據浙江汪氏所進鈔本，闕一百十三至一百十九凡七卷，而乾嘉間江西萬氏、樂氏兩刊本，更缺河南道第四一卷，考曝書亭所見池北書庫本，亦缺河南道第四，則審缺八卷矣。余於森立之訪古志見有此書宋槧殘本，藏楓山官庫，意或有足以補中土所佚者，因託修史館監事巖谷修探之，並告知星使黎公行咨於其太政大臣，借之以出。計原書凡二十五册，爲蝴蝶裝，其存者不及半焉，乃以近刻本校一過，其一百十三至一百十八，一百十四尾缺湘鄉以下五縣。則重刊之古逸叢書中，並刊其卷首一表，雖尚佚其二卷有半，河南道第四一卷，一百十九一卷，一百十四尾數葉。未爲完書，亦足以慰好古之懷矣。世傳岣嶁禹碑，始自宋何致一，多有疑其僞造者。今按此書於潭州下引庾仲雍湘州記云「夏禹刻石書名，在山之上」，而不敢質言之，則樂氏時不見此碑審矣。又錢竹汀養新録稱元史地理志於郴州之郴陽縣云，舊敦化，至元十三年改今名。疑「敦」字犯宋諱，湖南爲宋土，不得有敦化縣，因據輿地紀勝引寰宇記爲晉天福初所改，漢初復舊，以訂其誤。今此書與紀勝悉合，其他所引逸書逸事，不遑縷述，固非後人所得臆補者也。至江西兩刻本，皆據傳鈔及活字本入木，互有脱誤，而萬氏本臆改尤甚。世有好事君子，因此所存殘本，以正江西兩刻，又以兩刻互校，而一一考樂氏所引原書，雖未必盡復舊觀，亦庶幾十得八九，若陳氏蘭森臆補之卷，固無論焉。光緒癸未九月，宜都楊守敬記於日本東京使館。

刻成後，乃知金陵書局已據樂氏祠本重雕，校訂頗審，惜乎其未見此宋殘本也。十二月望日，守敬再記。

附

致日本太政大臣公函

敬啓者。敝國所傳樂史撰進之太平寰宇記二百卷，乾隆年間四庫著録時，即闕自一百十三至一百十九七卷，無別本可補，今聞貴國官書庫中尚有此書宋本具在，意欲煩請貴大臣啓明貴朝家，借與本大臣一觀。如此數卷尚存，擬影刻補完，亦同文盛事。特此奉商。順頌日祉

光緒九年五月十二日

欽差大臣黎庶昌

太政大臣兼修史館總裁三條實美閣下

敬啓者。昨准台函宋槧太平寰宇記一書，承貴朝家破格相借，足爲斯文之幸，本大臣實任欣感。所有交收此書，已飭使署隨員楊守敬與貴館員巖谷修妥爲商辦。耑此復謝。拜頌

勳祺

光緒九年五月十七日

同上銜

太政大臣覆函

肅復者。貴大臣欲借我秘閣宋槧太平寰宇記影刻，以補貴邦所傳之闕，敬領來意。我秘閣藏本，例不許外出，而如本項則屬同文盛事，乃稟啓朝家破格以應請焉。如其交收，本大臣命館員巖谷修措辦，貴大臣亦使委員相商量而可。并頌

台安

明治十六年六月二十日

太政大臣兼修史館總裁三條實美

欽差大臣黎庶昌閣下

16 陳運溶麓山精舍叢書太平寰宇記辨僞序

影宋本寰宇記補闕之僞，已詳爲辨證，皆附録各條下，兹舉其大者而約略言之。如沅江縣，楚馬氏改爲橋江縣，宋太祖復爲沅江縣，樂史在太宗時何得尚有橋江縣之稱，其證一也。潭州長沙縣所引故事甚多，中有數條見之御覽，其餘各條恐亦從他書鈔來；湘潭縣則金録衡山縣遺跡，蓋衡山尚屬潭州，而南嶽本在衡山，兹反引於湘潭縣下何也，實因湘潭無所依據，敷衍成篇，遂於益陽縣後云已殘闕，其證二也。武岡縣招屈亭之後十三條，影宋本與紀勝同，而紀勝云引自類要，非出於寰宇記可知，其證三也。營道縣道州風俗首二句，紀勝云引寰宇紀，已後遂云類要，同引一事，强分二書，恐無是理，其證四也。舜廟一條，影宋本所云，與紀勝所引晏公類要相同，而與紀勝所引寰宇記不合，其證五也。義昌改爲桂東，義章改爲宜章，紀勝云避太宗諱所改，而影宋本猶有義昌、義章二縣，若不避諱，殊不可解，其證六也。有此六證，臆補顯然。是書初觀，竟可亂真，流傳海内，並無疑議，余因閲輿地紀勝，而恍然是書之僞所由來矣，雖未逐條勘校，亦已十得八九，以當爰書，無可置喙。因思作者用功良苦，使不假托宋本，明爲是書補闕，則亦未始非樂氏功臣也。其州縣沿革，以及四至八到，勤爲考證，頗覺詳明，而奈何蹈豐坊故智，以自欺欺人，良可慨矣。光緒己亥春，陳運溶謹序。

17 余嘉錫四庫提要辨證卷七史部五

太平寰宇記一百九十三卷宋樂史

史進書序譏賈耽、李吉甫為漏闕，故其書採摭繁富，惟取賅博，於列朝人物，一一並登，至於題詠古蹟，若張祐金山詩之類，亦皆並録，後來方志必列人物藝文者，其體皆始於史。蓋地理之書，記載至是書而始詳，體例亦自是而大變。然史書雖卷帙浩博，而考據特為精核，要不得以末流冗雜，追咎濫觴之源矣。

嘉錫案：謂一統志不當及人物，其説始於萬斯同，而閻若璩稱述之，因謂著書自有體裁，苟其人其事無關地理，不容闌入。見閻氏校本困學記卷十，及尚書古文疏證卷六上。然閻氏之言，特爲明一統志之誇多泛濫者發耳，於寰宇記之志人物，猶有取也。閻氏云：「近覽太平寰宇記，一州内或人物無，或僅姓名貫址，即間舉生平，亦寥寥數語，不似明一統志誇多泛濫，令人厭觀。」提要始謂地理書之記人物，自樂史始，體例自是大變，然猶稱其考據精核。至洪亮吉作寰宇記序，見更生齋文甲集卷三，及萬氏刻寰宇記卷首。遂謂史於地理外，又編入姓氏、人物、風俗數門，因人物又詳及官爵、詩詞、雜事。遂至祝穆等撰方輿勝覽，寧略建置沿革，而人物瑣事，必登載不遺，實濫觴於此，此其所短也。又謂史自序譏賈耽之漏落，吉甫之缺遺，不知己之病適與之相反，洪氏撰乾隆府廳州縣圖志，惟詳地理沿革，其餘一概削去，意在矯正樂史以來舊例也。其詆諆史可謂至矣。蓋自萬氏唱地志不當及人物之説，閻氏和之，提要因以立論，洪氏又推廣其意，持之益堅。然考李吉甫元和郡縣圖志序曰：「古今言地理者凡數十家，尚遠古者，或搜古而略今；採謠俗者，多傳疑而失實。飾州郡而敘人物，因丘墓而徵鬼神。」是則自吉甫以前，地理之書敘人物鬼神者多矣，吉甫意不謂然，乃從而矯之耳。今考太平御覽諸書所引古地志如闞駰十三州志、顧野王輿地記、郎蔚之隋諸州圖經之類，凡敘山川州郡，莫不備紀先賢，侈陳神怪，其鋪敘之廣泛，較之寰宇記有過之無不及，安得謂著述之體例至樂史而大變乎？元和郡縣志删除雜事，專志地理，固不失爲謹嚴，然因此遂謂古地理書不記人物，則尤非也。隋志雜傳小序曰：「自史官曠絶，其道廢壞，漢武帝從董仲舒之言，始舉賢良文學，天下計書，先上太史，善惡之事，靡不畢集，司馬遷、班固撰而成之，而操行高潔不涉於世者，史記獨傳夷、齊，漢書但述楊王孫之儔，其餘皆略而不記。後漢光武始詔南陽撰作風俗，故沛三輔有耆舊節士之序，魯廬江有名德先賢之讚，郡國之書，由是而作，推其本源，蓋亦史官之末事也。載筆之士，删採其要焉。」又地理書小序曰：「漢初蕭何得秦圖書，故知天下要害。武帝時，計書既上太史，郡國地志固亦在焉，而史遷所記，但述河渠而已。其後劉向略言地域，丞相張禹使屬朱贛，條記風俗，班固因之作地理志，其州國郡縣，山川夷險，時俗之異，經星之分，風氣所生，區域之廣，户口之數，各有攸敘，與禹貢周官所記相埒。是後載筆之士，管窺末學，不能及遠，但記州郡之名而已。晉世摯虞依禹貢周官作畿服經，其州郡及縣分野，封略事業，國邑山陵水泉鄉亭城，道里土田，民物風俗，先賢舊好，案：以上二十七字，蓋即是畿服經之分類子目，知摯虞書於每一郡縣之下，皆列有先賢一門。然則地志之記人物，不始於樂史亦明矣。靡不具悉，凡一百七十卷，今亡，而學者因其經歷，并有記載，然不能成一家之體。齊時陸澄聚一百六十家之説，謂之地理書。任昉又增八十四家，謂之地記。陳時顧野王抄撰衆家之言作輿地志。隋大業中，普詔天下諸郡，條其風俗物産地圖，上於尚書，故隋代有諸郡物産土俗記一百三十一卷、區宇圖志一百二十九卷、諸州圖經集一百卷，其餘記注甚衆。」王謨撰地理書抄有通論十二則，今王氏書刻本不載通論，吾邑趙文恪公慎畛據王氏稾本録入日記中，余從趙公後人借讀轉引。首引隋志地理書序論之云：「謨案：此讖服經乃秦漢以下地理書一大樞紐，而晉書摯虞本傳不載，隋唐志、御覽書目亦不著録，諸傳注類書絶不稱引，案：隋志明言其已亡，且不言梁有此書，則其亡甚早，疑在永嘉之亂時，故諸書絶不稱引也。然其體例亦大略可見。據言『民物風俗，先賢舊好，靡不具悉』。固已並郡國書而一之，則謂一統志不當並載人物，未爲篤論。」又引閻若璩之語論之云：「謨案：班固志西漢地理，以風俗發端，而人才爲風俗之本，故於魯地言周公教化，孔氏庠序，漢興以來，魯東海多至卿相，於衛地言周末有子路、夏育，民人慕之，故其俗剛武尚氣力；於巴蜀則言司馬相如，鄉黨慕其跡，後有王褒、嚴遵、楊雄之徒，文章冠天下；於吴楚則言屈原、宋玉、唐勒，以及嚴助、朱買臣貴顯漢朝，文詞並發，則地以人重也。故謂地理志必不及人物，終屬偏論。」其言可謂深切著明，通知著作體例者矣。余嘗即其言而更推論之，漢書地理志曰：「凡民函五常之性，而其剛柔緩急，音聲不同，繫水土之風氣，故謂之風，好惡取舍，動静亡常，隨君上之情欲，故謂之俗。孔子曰：『移風易俗，莫善於樂。』言聖王在上，統理人倫，必移其本，而易其末，此混同天下，壹之虖中和，然後王教成也。」由此觀之，則古之言地理者，未有不留意於風俗者也。風，風也，教也，風以動之，教以化之。詩大序語。其郡國守相，及其鄉之士大夫能以風教率下，則其民化之，以成其俗。班固志地理，於蜀舉司馬相如、王褒等；於吳楚舉屈原、宋玉等，固爲地志敍人物之始，王氏既言之矣。然班志又於蜀紀文翁；於南陽紀鄭弘、召信臣；於潁川紀韓延壽、黄霸；於東郡復紀韓延壽，此非地志敍名宦之始乎？若其於秦則言有后稷、公劉、太王文武之遺風，好稼穡，務本業；於衛則言康叔之風既歇，而紂之化猶存，故俗剛彊多豪傑；於陳則言元女大姬好祭祀，用史巫，故其俗巫鬼；於燕則言太子丹賓養勇士，不愛後宮美女，民化以爲俗，男女無别；於齊則言太公治齊，而其士好經術，矜功名，襄公淫亂，而其民至今以爲俗；於魯則言周公、孔子之教化，雖去聖久遠，而其好學，猶愈於它俗；於宋則言其爲堯、舜、成湯之所游處，故其民厚重多君子；於吳則言闔廬、句踐皆好勇，故其民至今輕死易發。其他皆推此意言之，由斯以談，地方風俗之美惡，豈不以其人哉！其後摯虞作畿服經，遂以先賢舊好爲郡縣中之子目，亦仿班氏而爲之也，謂地志不當及人物，然則班氏非歟？自漢武詔天下上計書，凡四方人物風俗善惡之事，與地志同在太史。東漢以後，學者承風，各有撰述，於是傳先賢耆舊者，謂之郡國書；敍風俗地域者，謂之地理書；至摯虞乃合而一之。南北朝人著書記州郡風土，多喜敍先賢遺蹟，耆舊逸聞，如盛弘之荆州記、雷次宗豫章記、陸歜鄴中記之類，隋志皆著録於地理類，史通雜述篇以盛弘之荆州記、常璩華陽國志、辛氏三秦記、羅含湘中記爲地理書。考其佚文，皆李吉甫所謂飾州邦而敍人物，因丘墓而徵鬼神者。酈道元注水經，聚此羣書，加之筆削，遂爲不朽之盛業。蓋郡國書可不記地理，而地理書則往往兼及人物，後來方志，雖復踵事增華，究其濫觴之始，所從來者遠矣，惡得歸罪於樂史乎？尋郡國書所以及人物者，蓋一以補正史所不及，隋志所謂操行高潔，不涉於世，史記、漢書皆畧而不記也。一以備史氏之要删，隋志所謂推其本源，亦史官之末事，載筆之士，删取其要也。蓋凡正史之所記，惟汲汲於一朝興衰治亂之大者，其餘非所急也，故官高者必見録，名微者不得書，惟史記爲馬遷發憤之所作，既不滿朝廷貴人，乃頗采録民間豪俠，然不免退處士而進奸雄之譏。後來諸史，多不遵用其例，如游俠貨殖二傳，班固抄録原文，未及删除，蔚宗以下，遂成絶響，至於刺客滑稽，更無嗣音，然此猶可云史記本自成爲一家之言，時移事異，不盡可從。若蔚宗後漢紀卓行逸民，此其人皆特立獨行，有裨世教，真隋志所謂操行高潔者，揆諸顯微闡幽之義，固不可使之無傳，然後來諸史，或敍或否，體例不一，又況史之所敍，必已名聞天下，或經文士表彰，其力乃足以自傳，至於閭修之士，聲名不出里閈者，固不得而敍也。使郡國之書不紀先賢，則一鄉一邑之善士，姓名不登簡牘，其嘉言懿行，流風餘韻，遂至湮没而不彰，豈不重可惜哉！後漢紀卷二十八云：「袁湯爲陳留太守，褒善敍舊，以勸風俗。嘗曰：『不值仲尼，夷齊西山餓夫，柳下東國黜臣，致聲名不泯者，篇籍使然也。乃使户曹吏追録舊聞，以爲耆舊傳。』」富哉言乎！蓋自後漢以著作之事歸之東觀，史由官修，而立傳之例嚴，郡國之書，由斯並作，以補國史之不及。易代之後，秉筆修史者，恒取資焉。袁宏作後漢紀序，自謂旁及諸郡耆舊先賢傳凡數百卷，是其徵也。夫史之體裁非一，而其流別大要有三：曰國史、曰地方史、曰家史。紀傳編年，國史也。耆舊先賢傳記，隋志所謂郡國書者，地方史也。家傳世譜，家史也。南北朝時以門户用人，寒門素族不爲人所稱述，故家傳盛而郡國書衰。隋唐志可考。隋唐而後，世族陵替，家傳亦衰，於是諸郡皆修圖經，合地理與郡國書而一之，所以上輔國史，下包家傳也。夫著述體例，代有變遷，郡國書與地理書分撰未必是，圖經兼敘地理人物未必非，唐宋以來，先賢耆舊之傳，已不復作。隋唐兩代無此類書，宋人僅有句延慶錦里耆舊傳、無名氏京口耆舊傳二種。今又謂地志不當及人物，則史之途益狹，將使紀傳孤行，如暴秦之盡焚諸侯史記，使四方之民情風俗，皆無可考而後快乎！由是言之，彼萬斯同、閻若璩之説，特一時興到之言，而未深考夫古今著作之變者也。提要從而附和之，洪亮吉復爲之推波助瀾，亦過矣。若夫明代方志，記載冗濫，彼自不諳體例，豈容追咎古人。至於祝穆方輿勝覽，本以備四六表啓之用，自是類書，無關輿地，其書之善否，尤與寰宇記如風馬牛之不相及矣。

原本二百卷，諸家藏本，並多殘闕，惟浙江汪氏進本所闕自一百十三卷至一百十九卷，僅佚七卷，今據以著録。

案：黎庶昌所刻古逸叢書，有影宋本太平寰宇記補闕五卷半，楊守敬跋云：「太平寰宇記，中土宋刊本久不存。四庫著録，據浙江汪氏所進鈔本，闕一百十三至一百十九凡七卷，而乾嘉間江西萬氏、樂氏兩刊本，更缺河南道卷四一卷，考曝書亭所見池北書庫本，亦缺河南道第四，則審缺八卷矣。余於森立之訪古志見有此書宋槧殘本，藏楓山官庫，意或有可以補中土所佚者，因託修史館監事巖谷修探之，並告知星使黎公行咨於其太政大臣，借之以出。許原書凡二十五册，爲蝴蝶裝，其存者不及半焉，乃以近刻本校一過，其一百十三至一百十八，自注云：一百十四尾缺湘鄉以下五縣。則重刻之古逸叢書中，並刊其卷首一表，雖尚佚其二卷有半，自注云：河南道第四一卷，一百十九卷一卷，一百十四尾數葉。未爲完書，亦足以慰好古之懷矣。錢竹汀養新録稱元史地理志於郴州之郴陽縣云，舊敦化，至元十三年改今名。疑敦字犯宋諱，湖南爲宋土，不得有敦化縣。因據輿地紀勝引寰宇記爲晉天福初所改，漢初復舊，以訂其誤。今此書與紀勝悉合，其他所引逸書逸事，不遑縷述，固非後人所得臆補者也。」此跋亦見日本訪書志卷六。自黎氏刻出此數卷後，學者信爲樂史原書無異詞，獨善化陳運溶詆爲僞作，撰太平寰宇記辨僞六卷，又别據諸書所引寰宇記逸文撰拾遺七卷，刻入所著麓山精舍叢書中，葉德輝從而附和之，著其説於書林清話。不知宋刻原本，今尚存日本圖書寮中，吾國人游彼都者，皆嘗見之，非楊氏所能杜撰，亦非彼國人所能僞作也。陳氏之言，不免少見多怪，猶是錢大昕不信群書治要，見竹汀日記鈔。江藩不信論語義疏之比耳，江説見漢學師承記余蕭客傳中。不足據也。